W9-BUR-993

COLLECTION
FOLIO CLASSIQUE

Racine

Théâtre complet

I
La Thébaïde
Alexandre le Grand
Andromaque
Les Plaideurs
Britannicus
Bérénice

Édition présentée,
établie et annotée
par Jean-Pierre Collinet
Professeur à l'Université de Dijon

Gallimard

PRÉFACE

Les six pièces de Racine que contient ce volume et qui constituent l'exacte moitié de son théâtre montrent un poète qui s'élève par degrés jusqu'à la parfaite maîtrise de son art. La souveraine aisance à laquelle atteint ici le chant ne doit pas nous laisser oublier que la mélodie racinienne, loin d'avoir été donnée d'avance, résulte d'une patiente conquête. Cette maturation du génie, qui procède par sauts de La Thébaïde *à la tragédie d'*Andromaque *puis à celle de* Britannicus, *et dont chaque bond en avant semble, avec* Alexandre, Les Plaideurs, Bérénice, *comme suivi d'un repos, d'un palier, d'un écart, presque d'une retombée, garde pour elle ses secrets. Les maigres données de la biographie restent comme extérieures au travail de création et ne jettent sur lui que des lueurs incertaines. L'œuvre n'en exige pas moins, pour être appréciée à sa juste valeur, qu'on la replace dans le temps qui l'a vue naître et qu'on tente de la ressaisir dans sa genèse.*

I. LES PREMIÈRES ANNÉES

Nous devons sans doute Racine à ce qu'il devint très vite orphelin. Si ses parents avaient assez vécu pour l'élever, il aurait vraisemblablement continué cette lignée de petite ou moyenne bourgeoisie provinciale, vivant de charges qui dépendaient, à La Ferté-Milon, du grenier à sel. Le futur trésorier de France aurait obscurément vieilli dans les emplois de la gabelle.

Son éducation à Port-Royal, qui logiquement aurait dû l'éloigner davantage encore du théâtre, l'en écarter même à tout jamais, l'y conduit au contraire par le chemin détourné des études classiques. Le jeune latiniste a pu découvrir de bonne heure le charme de Térence grâce à l'édition expurgée de L'Andrienne, *des* Adelphes *et de* Phormion[1] *qu'avait publiée, sous le nom de Saint-Aubin, à l'usage des petites écoles, Isaac Le Maistre de Sacy. Sa traduction, à laquelle avait peut-être collaboré l'avocat Antoine Le Maître, modernisait discrètement le texte latin[2] et le tournait avec autant de délicatesse que de pureté. L'amour, qu'on évitait de nommer, s'y transformait en « affection violente[3] ». Les scènes par trop scabreuses étaient remplacées par d'autres, adroitement tirées du même auteur. Racine, plus tard, se moquera de ces pieuses infidélités : « Vous direz peut-être, écrit-il en 1666 dans sa* Lettre à l'auteur des Hérésies imaginaires et des deux Visionnaires[4], *que vous en avez retranché quelques libertés ; mais vous dites aussi que le soin qu'on prend de couvrir les passions d'un voile d'honnêteté ne sert qu'à les rendre plus dangereuses. » Parlerait-il ici par expérience, et se souviendrait-il d'avoir subi lui-même cette insidieuse impression ?*

Il n'est pas interdit de penser qu'à cette époque de sa vie remonte également son initiation à la tragédie grecque. Mais, s'il annote dès 1655 le Plutarque des Vies parallèles[5] *et des* Moralia, *nous ne possédons d'un travail analogue aucune trace antérieure à 1664 semble-t-il pour Euripide ou Sophocle, ni, pour Eschyle, à l'année suivante[6]. Il demeure toutefois qu'il n'est venu d'abord au théâtre que par la lecture. De ce premier contact à travers les livres, toute son œuvre dramatique restera profondément marquée.*

1. *Comédies de Térence traduites en français*, Paris, Veuve Martin Durand, 1647.
2. Suivant un procédé de transposition qu'on retrouvera dans *Les Plaideurs*.
3. *Les Adelphes, Argument*, p. 83.
4. Cet auteur était Pierre Nicole.
5. Et notamment la *Vie d'Alexandre le Grand*, dont il se souviendra dans sa deuxième pièce.
6. Voir Roy C. Knight, *Racine et la Grèce*, pp. 145 sq. Voir références en bibliographie.

II. RACINE À PARIS :
LA DÉCOUVERTE DE LA VIE THÉÂTRALE

En octobre 1658, il entre au collège d'Harcourt, afin d'y terminer ses études. Il ne quittera Paris que trois ans plus tard, lorsqu'il partira pour Uzès. Au cours de cette période, pleine encore pour lui d'incertitudes quant à son avenir, mais déterminante pour sa formation, son expérience de la scène, jusqu'alors purement livresque et limitée aux textes antiques, devient directe, vivante, en même temps qu'elle s'ouvre au répertoire contemporain. Il existait alors principalement trois salles. Les Comédiens du Roi, depuis 1629, étaient installés rue Mauconseil, à l'Hôtel de Bourgogne. La troupe du Marais jouait depuis 1634 rue Vieille-du-Temple, mais ses affaires avaient tellement périclité que le théâtre qui l'abritait, rénové pourtant à grands frais en 1644 à la suite d'un incendie, resta fermé d'avril 1657 à mars 1659. Molière enfin, revenu de province, partage avec les Italiens, pendant près de deux ans, jusqu'en octobre 1660, le Petit-Bourbon, avant d'émigrer au Palais-Royal.

Une saison particulièrement faste s'ouvre, pour la vie théâtrale, avec le retour de la paix, signée le 7 novembre 1659 entre la France et l'Espagne. Les « comédiens de Paris », tant « la Troupe Royale » que ceux « du Marais » ou « de Monsieur »[1] célèbrent en février 1660 l'événement par des représentations gratuites. Le public s'y presse : peu s'en faut que les loges, la scène, sur les deux côtés de laquelle prenaient place les spectateurs privilégiés, et le parterre n'en crèvent. Les réjouissances qui suivent le mariage de Louis XIV et de l'Infante Marie-Thérèse, célébré le 9 juin 1660, entretiennent cet engouement, qui se manifeste par la prolifération momentanée des troupes. Loret, dans sa Muse historique *du 1ᵉʳ janvier 1661, en dénombre jusqu'à cinq : jamais encore il ne s'en était trouvé simultanément un aussi grand nombre dans Paris*[2]

1. Loret, *La Muse historique* [...], 21 février 1660. « La Troupe Royale » désigne celle de l'Hôtel ; « ceux de Monsieur », les comédiens de Molière.
2. Voir François et Claude Parfaict, *Histoire du Théâtre français* [...], Paris, P. G. Le Mercier et Saillant, t. IX (1746), p. 1.

Foucquet, par qui sont protégés, jusqu'à son arresta-
tion le 5 septembre 1661, les artistes et les gens de lettres,
s'intéresse au théâtre. Il a décidé Corneille à retravailler
pour la scène, après une interruption de sept années, lui
proposant trois sujets, parmi lesquels il a choisi celui
d'Œdipe, créé le 24 janvier 1659 par les Comédiens de
l'Hôtel avec un vif succès, notamment auprès des pré-
cieux. Le surintendant invite Molière à venir en visite
jouer à Vaux-le-Vicomte, où sera représentée pour la
première fois, le 17 août 1661, lors de la fameuse fête
qu'il offre au roi, la comédie-ballet des Fâcheux. Il se
laisse avec plaisir dédier des pièces, qui valent en retour
à leurs auteurs des gratifications.

La pastorale, florissante vers 1620, se survit à peine.
La tragi-comédie, après avoir culminé dans les années 30
et s'être maintenue jusqu'aux environs de 1650, déclinait
vite. La comédie, en revanche, se renouvelle et tend à
prédominer, grâce à Molière. Mais la tragédie conserve
ses partisans. Corneille entame avec vigueur une seconde
carrière. Son frère Thomas, en 1656, avec Timocrate,
avait obtenu le triomphe du siècle. Après avoir tâté de la
tragi-comédie pastorale[1]*, de la tragi-comédie*[2]*, de la*
comédie[3]*, Philippe Quinault aborde à son tour le genre*
plus proprement tragique vers 1659 avec La Mort de
Cyrus. *Il y cède au goût du jour pour le romanesque*

1. *La Généreuse Ingratitude*, 1654, publiée en 1656. On y trouve un
exemple du schéma, traditionnel dans la pastorale, dont *Andromaque*
gardera la trace : Zélinde aime Zégri, qui s'est épris de Fatime. Celle-ci
le dédaigne en faveur d'Abidar, qui brûle pour Zayde, amoureuse
d'Almansor et aimée de lui. Zélinde, après des rebondissements très
romanesques, finit par se marier avec Zégri, Zayde avec Almansor,
Abidar avec Fatime.
2. *Les Coups de l'Amour et de la Fortune*, 1655, *Amalasonte*, 1657, *Le*
Fantôme amoureux, 1658, pièces qui seront suivies par *Le Mariage de*
Cambyse en 1659 et *Stratonice* en 1660. On voit dans cette dernière
tragi-comédie un fils (Antiochus) amoureux en secret de celle qui doit
devenir la femme de son père (Séleucus). L'heureux dénouement
permis par l'abdication du roi, qui s'efface devant l'amour de son fils
pour éviter qu'il n'en meure, présente quelque analogie avec celui de
Mithridate, en même temps qu'il apparaît par avance comme l'inverse
de ce qui se passera dans *Phèdre*.
3. *L'Amant indiscret ou Le Maître étourdi*, 1656. L'année précédente,
sa *Comédie sans comédie* juxtaposait une pastorale (*Cléonice*), une
pièce burlesque (*Le Docteur de verre*), une tragédie (*Clorinde*), une
tragi-comédie en machines (*Armide*), lointain prélude au livret d'opéra
mis en musique par Lully.

*galant et son faible pour les héros doucereux lui vaut un
reproche qu'on ne manquera pas non plus de formuler
contre Racine : on l'accuse d'avoir, comme déjà Madeleine de Scudéry dans son roman, mué « le Grand
Cyrus » en un « petit dameret*[1] *». Sa tragédie ne diffère
point d'une pièce telle qu'*Amalasonte, *que Loret donnait
à ses lecteurs, le 1*er *décembre 1657, pour « délicate,
amoureuse et tendre ». Un climat nouveau s'instaure,
dans lequel va bientôt pouvoir éclore et s'épanouir
l'œuvre racinienne. Les accents mélodieux que cette
sensibilité trouve par instants pour s'exprimer préludent,
sur un mode un peu grêle, à la musique dont* Andromaque *enrichira l'orchestration*[2].

*Un tournant se dessine dans la dramaturgie classique.
Rien ne l'annonce mieux que* La Pratique du théâtre, *que l'abbé d'Aubignac avait écrite aux environs de 1640,
mais qu'il ne publie qu'en 1657. Sa réflexion, semble-t-il,
ne s'y fonde sur l'exemple de Corneille et de ses premiers
chefs-d'œuvre que pour mieux préparer les voies à son
futur successeur, notamment lorsqu'il insiste sur la
nécessité de plaire, d'observer la vraisemblance, de
simplifier l'action, qui doit être prise aussi près que
possible de la catastrophe, de limiter le nombre des
personnages, de les placer dans un décor neutre et
dépouillé. Corneille lui-même, dans ses trois* Discours *de
1660, ne tire le bilan de ses expériences passées qu'afin de
pouvoir prendre un second départ, en même temps qu'il
se donne du champ, dans ses* Examens, *à l'égard de ses
œuvres antérieures.*

*Un jeune homme de vingt ans, qui cherchait à se
lancer, ne pouvait rencontrer de conjoncture plus propice que cette période charnière. Racine suit de près
l'actualité. Sans doute, en compagnie de La Fontaine,
lui-même depuis longtemps féru de théâtre, et des
« autres loups » ses « compères*[3] *», hante-t-il déjà les
coulisses. Il ne va pas tarder à saisir sa chance. Mais il
frappera d'abord en vain à toutes les portes, et n'entrera*

1. Parfaict, *Histoire du Théâtre français*, t. VIII (1746), p. 165.
2. Voir par exemple ces vers prononcés par Cyrus, prisonnier de
Thomiris, reine des Scythes : « Et pour dernière grâce en ce fatal
moment,/Souffrez que je m'arrête en ce lieu si charmant. »
3. Racine, lettre du 11 novembre 1661, adressée à La Fontaine.

*vraiment dans la carrière d'auteur dramatique qu'après
plusieurs tentatives infructueuses.*

III. *AMASIE* ET LE THÉÂTRE DU MARAIS

*Le poète, chez lui, devance le dramaturge. Il a débuté,
dans ses classes, par des vers latins, dont l'élégie* Ad
Christum, *composée vraisemblablement vers 1655 ou
1656, représente le plus ancien vestige. Un an ou deux
plus tard, il célèbre en français, dans un moule strophi-
que de facture malherbienne,* Le Paysage ou Les Promenades de Port-Royal, *série d'odes où sont successivement évoqués le monastère et ses dépendances, les bois,
l'étang, les prairies, les troupeaux, les jardins. A sa sortie
du collège, il donne dans les genres à la mode, trousse à
l'occasion le sonnet ou le madrigal, rime des épîtres dans
le mètre octosyllabique propre au style burlesque, des
stances galantes, des pièces fugitives, quelques chansons,
cultivant comme tant d'autres à cette époque un lyrisme
léger devenu monnaie courante. Mais un champ s'ouvre,
qui s'annonce plus lucratif, pour la poésie : après s'être
joint en 1659 aux thuriféraires de Mazarin, Racine prête
la parole à* La Nymphe de la Seine *pour souhaiter la
bienvenue à la reine Marie-Thérèse lors de son entrée
solennelle à Paris, le 26 août 1660. L'œuvre, soumise par
Nicolas Vitart à Chapelain, de même qu'à Charles
Perrault, est imprimée peu de semaines après l'événement.*

*Le jeune auteur, alors, a déjà commencé de travailler
pour le théâtre. Il a même achevé sa première pièce,
aujourd'hui perdue, et entamé des pourparlers à son
sujet*[1] *avec le Marais. Elle portait pour titre « l'Amasie* ». *Ce nom, s'il ne faut pas lire* Amasis, *paraît celui
d'un personnage imaginaire : il incite à supposer qu'il
devait s'agir moins d'une tragédie à proprement parler
que d'une tragi-comédie sur une donnée romanesque,
dans le goût et la manière de Thomas Corneille ou de
Quinault.*

---

1. Racine, lettre à l'abbé Le Vasseur, *Œuvres complètes*, éd. Raymond Picard, t. II, p. 380.

Le texte en avait été lu d'abord par une actrice de la
.roupe, qui s'était montrée satisfaite et, par complai-
sance pour l'abbé Le Vasseur, intermédiaire de Racine
auprès d'elle, avait promis de recommander le drama-
turge débutant à ses camarades. Cette Mlle Roste « n'est
pas autrement connue[1] ».

Racine, probablement escorté par son cousin Vitart,
avait ensuite porté son manuscrit à La Rocque, le
directeur du Marais[2]. Ce comédien, de talent médiocre,
sera réputé, sur la fin de sa longue carrière, pour avoir
appris à juger mieux que personne le mérite des œuvres
nouvelles qu'on lui soumettait, de sorte qu'il prévoyait
avec certitude leur succès ou leur échec, « ce qui est un
grand article pour ne pas tomber dans le malheur de
produire un ouvrage qui fût rebuté[3] ». A-t-il flairé le
premier l'avenir auquel était promis ce jeune inconnu ?
Fut-il, s'il entendit l'auteur lire lui-même ses vers,
subjugué par une diction dont on vantera plus tard le
pouvoir d'envoûtement ? Ou le dramaturge néophyte
prit-il pour argent comptant des éloges de pure politesse
destinés à masquer la décision déjà bien arrêtée in petto
de l'éconduire ? La Rocque déclara l'Amasie « toute
admirable », et « il n'y avait pas un vers dont il ne parût
être charmé ». Mais il avait demandé qu'on la lui laissât,
afin qu'il pût « en considérer le sujet plus à loisir[4] ». Et,
au début de septembre, il mande qu'elle n'est pas accep-
tée. Il allègue, semble-t-il, qu'elle pèche par l'excessive

---

1. Georges Mongrédien et Jean Robert, *Les Comédiens du XVIIe siè-*
cle, dictionnaire biographique, troisième édition, Paris, Édition. du
Centre National de la Recherche Scientifique, 1981, p. 189.
2. Il tenait aussi l'emploi d'orateur, dans lequel il avait succédé
depuis une quinzaine d'années à Floridor, et remplissait parfois, non
sans courage, les fonctions de portier. Et comme il s'appelait en réalité
Pierre Regnault Petitjean, il a pu sembler tentant de voir une référence
malicieuse à lui dans le personnage des *Plaideurs* à qui Racine a donné
son nom (voir René Jasinski, *Vers le vrai Racine*, t. I, pp. 277-278). La
conjecture demeure fragile. Notons encore que, selon Mlle Poisson,
quelques années plus tard, lorsqu'en 1668 la Champmeslé, pour deux
saisons, entre au Marais, La Rocque, par ses « utiles conseils »
(Parfaict, *Histoire du Théâtre français*, t. XII, 1747, p. 199), contribue à
former celle qui va devenir l'incomparable interprète des héroïnes
raciniennes.
3. Samuel Chappuzeau, *Le Théâtre français* [...] Lyon et Paris,
Guignard, 1674, t. III, p. 282.
4. Lettre à l'abbé Le Vasseur, 5 septembre 1660.

simplicité du style et la trop fluide aisance de la versification. Vitart, plus optimiste que Racine, ne veut pas croire encore irrévocable ce refus et s'interroge sur les motifs d'un tel revirement, dont il imagine plusieurs explications.

La raison la plus plausible, cependant, reste que la troupe, à cette époque, mise tout sur La Toison d'or, pièce à machines de Pierre Corneille annoncée depuis des mois, et qu'elle ira jouer en novembre chez le marquis de Sourdéac, au Neufbourg, sa résidence normande, avant de la monter à Paris avec un énorme succès. Elle engage, pour les décors et la machinerie, des frais considérables, dont la commande est passée, par-devant notaire, avec « l'ingénieur » Denis Buffequin le 7 septembre 1660, surlendemain du jour où Racine annonce à Le Vasseur que son Amasie est refusée. On conçoit que les comédiens du Marais aient alors mobilisé dans cette entreprise toutes leurs forces vives et que le moment ne se soit guère prêté pour eux à la création risquée d'une première pièce, œuvre d'un débutant. Mais on devine dès lors à qui peut penser très précisément Racine quand il écrit avec amertume : « [...] pour moi, j'ai bien peur que les comédiens n'aiment à présent que le galimatias, pourvu qu'il vienne d'un grand auteur[1] ». Cette allusion transparente apparaît comme le signe avant-coureur d'une animosité contre Corneille qui se manifestera bientôt avec plus d'éclat.

Vitart, de son propre chef, communiqua l'ouvrage, en même temps que La Nymphe de la Seine, à Charles Perrault, qui trouva « que l'ode valait dix fois la comédie[2] », peut-être parce qu'il estimait plus utile et plus urgent de travailler pour le roi que pour le théâtre. La cause d'Amasie, désormais, n'en était pas moins entendue.

IV. *OVIDE* ET L'HÔTEL DE BOURGOGNE

Racine, pourtant, ne se tient pas pour battu. L'année suivante, il met en chantier une pièce dans laquelle il se

1. Au même, 5 septembre 1660.
2. Au même, 13 septembre 1660.

proposait de prendre Ovide pour protagoniste. Un tel choix ne pouvait que plaire. L'art ingénieux et la brillante facilité du poète latin se trouvaient en harmonie avec le goût du temps. L'amour élégant, léger, sensuel et tendrement passionné qu'il avait chanté prenait une résonance très moderne dans le climat de capiteuse galanterie dont s'enivraient la jeune Cour, l'entourage de Foucquet, les milieux mondains. La Fontaine avait tiré des Métamorphoses *la matière de son* Adonis, *qu'il avait offert en 1658 au Surintendant.* Philémon et Baucis, Les Filles de Minée *témoigneront tardivement que, dès cette époque sans doute, il envisageait d'y puiser d'autres sujets. Racine, dans une lettre envoyée d'Uzès le 4 juillet 1662, s'emploiera, dans des stances badines, à lui remettre en mémoire les épisodes consacrés à Pyrène et aux Piérides*[1]. *Ses* Bains de Vénus, « *bagatelle* » *qu'il avait achevée avant son départ pour le Languedoc et sur laquelle il sollicite son avis, devaient se rattacher aussi, par leur inspiration mythologique et voluptueuse, à cette veine ovidienne. Le prolifique abbé de Marolles multipliait de son côté les traductions en prose : en 1660 avaient paru* Les Fastes, L'Art d'aimer, Les Remèdes d'amour, *en 1661,* Les Amours, Les Héroïdes, Les Pontiques *et* Les Tristes.

Sans doute, cette fois, le héros que choisit Racine appartient-il à l'histoire et non plus à la fiction. Mais la donnée se prêtait aux complications romanesques. La pièce, autant qu'on puisse juger, aurait évoqué la cour d'Auguste, les scandales provoqués par l'inconduite de sa fille et l'exil dont aurait été frappé l'auteur des Métamorphoses *pour avoir été mêlé de trop près à ses galanteries. Tragédie donc, par son dénouement, mais non sanglante, comme plus tard* Bérénice, *elle se serait vraisemblablement infléchie vers l'élégie pour peindre les affres de l'absence et les douleurs mortelles de la séparation. Entièrement différente de la pastorale héroïque inspirée par* Les Amours d'Ovide *au médiocre Gabriel Gilbert, pièce à machines qui sera créée à l'Hôtel de Bourgogne le 1ᵉʳ juin 1663, elle aurait certainement ressemblé davantage par son intrigue à l'*Histoire *du poète, telle que*

---

1. Voir Ovide, *Métamorphoses*, V, v. 250-293 et 294-314.

l'imaginera Mme de Villedieu dans son roman des Exilés, *publié pour les premiers tomes en 1672 et l'année suivante pour les derniers.*

   Le dramaturge novice, dans son travail, suit déjà la méthode à laquelle, ainsi que l'atteste le canevas de premier acte établi vers 1673, semble-t-il, pour une Iphigénie en Tauride, *il restera fidèle. Il commence par « un beau plan » de tout ce que son personnage « doit faire ». Il emploie quinze jours à mettre « dans sa dernière perfection » tout son « dessein », le remaniant au point que Le Vasseur ne le reconnaîtra qu'avec peine. Les « actions » du protagoniste « étant bien réglées, il lui sera aisé après cela de dire de belles choses*[1] *» : l'auteur peut presque se targuer que sa « tragédie est faite », selon le mot de lui que rapportera son fils*[2]. *Il n'en a toutefois écrit encore que « quelques vers », et Vitart se trompe quand il croit que l'acte I est achevé mais que Racine refuse d'en convenir pour ne pas le lui montrer. Cependant il a « lu et marqué tous les ouvrages » de son « héros*[3] *» : il s'en imprègne, comme plus tard des tragiques de la Grèce ou de Rome pour* Les Frères ennemis, *de Quinte-Curce pour* Alexandre, *de Tacite pour* Britannicus, *tirant de sa culture classique les matériaux qu'exige l'architecture soigneusement élaborée de ses pièces. S'il n'a pas — tant s'en faut — déjà trouvé sa véritable voie, du moins progresse-t-il à grands pas dans l'apprentissage de son art et l'expérimentation de ses moyens.*

   Il destine cette fois l'œuvre qu'il projette à l'Hôtel de Bourgogne, puisque, aussi bien, le Marais tend à se spécialiser dans les spectacles à machines. Il n'attend pas de l'avoir terminée pour se mettre en relations avec les comédiens : il consulte « Mlle de Beauch[âteau] », qu'il appelle « la seconde Julie d'Ovide », parce qu'il écrivait sans doute le rôle pour elle, et tient compte de toutes ses remarques. L'actrice, qui jouait les « princesses dans le tragique[4] *», ne manquait pas de talent, bien*

---

1. Lettre à l'abbé Le Vasseur, juin 1661
2. Louis Racine, *Mémoires contenant quelques particularités sur la vie et les ouvrages de Jean Racine.*
3. Lettre à l'abbé Le Vasseur, juin 1661.
4. Parfaict, *Histoire du Théâtre français*, t. IX. p. 413.

*que Molière lui reproche « ce visage riant qu'elle
conserve dans les plus grandes afflictions*[1] *». Elle « joignait à de la beauté beaucoup d'esprit*[2] *». Son expérience
d'actrice rendait ses suggestions précieuses pour un
auteur dramatique dont aucun ouvrage n'avait encore
subi l'épreuve de la scène. En juin 1661, elle se trouvait
avec le reste de la troupe à la Cour, qui séjournait à
Fontainebleau. Mais Racine correspond avec elle et, par
lettre, la met au courant des modifications que, sur ses
observations, il apporte à son projet primitif.*

*La tentative, pourtant, n'aboutira pas, sans doute
interrompue peu de temps après par la dangereuse
maladie*[3] *qui l'éloigna de tout travail suivi jusqu'à son
départ pour Uzès.*

V. LE VOYAGE D'UZÈS :
THÉAGÈNE ET CHARICLÉE ?

*En Languedoc, il craint de désapprendre le français,
non sans comparer sa situation à celle d'Ovide chez les
Sarmates : « J'ai vu, dit-il à l'abbé Le Vasseur dans une
lettre du 26 décembre 1661, qu'Ovide vous faisait pitié
quand vous songiez qu'un si galant homme que lui était
obligé à parler scythe lorsqu'il était relégué parmi ces
barbares : cependant il s'en faut beaucoup qu'il fût si à
plaindre que moi. Ovide possédait si bien toute l'élégance
romaine qu'il ne la pouvait jamais oublier ; et quand il
serait revenu à Rome après un exil de vingt années, il
aurait toujours fait taire les plus beaux esprits de la cour
d'Auguste : au lieu que, n'ayant qu'une petite teinture de
bon français, je suis en danger de tout perdre en moins de*

---

1. Molière, *L'Impromptu de Versailles*, scène première.
2. Parfaict, *loc. cit.*
3. Peut-être fut-il touché par l'épidémie dont Loret parle dans sa *Muse historique* du 24 septembre 1661 et du 1ᵉʳ octobre. Cette « fièvre archimaligne » (*Muse historique*, 1ᵉʳ octobre 1661), semble-t-il, n'épar- gna pas non plus La Fontaine, qui tomba lui-même cette année-là gravement malade. Les Comédiens de l'Hôtel ne renoncèrent pas à l'idée de jouer une pièce consacrée à l'auteur des *Métamorphoses*, puisqu'ils créèrent un peu plus tard *Les Amours d'Ovide*, remplaçant par cette tragi-comédie à grand spectacle de Gilbert la tragédie que Racine avait abandonnée à l'état d'ébauche.

*six mois, et de n'être plus intelligible si je reviens jamais
à Paris. »* Ces lignes prolongent comme d'un ultime écho
la pièce de naguère, à laquelle il a désormais renoncé. Un
sentiment de frustration avive sa curiosité pour l'actualité théâtrale. La Fontaine, de loin, le tient au courant : il
« *m'a écrit,* apprend à l'abbé Le Vasseur, le 4 juillet
1662, le jeune parent du chanoine Sconin, et me mande
force nouvelles de poésies, et surtout de pièces de
théâtre ».

Racine éprouve à nouveau la velléité d'écrire pour la
scène. Cependant il ne forme que de vagues projets, car il
ne se trouve pas dans une ambiance propice et souffre
que son isolement le prive d'un ami sûr à consulter : « Je
cherche quelque sujet de théâtre, et je serais assez disposé
à y travailler, confie-t-il à Le Vasseur ; mais j'ai trop
sujet d'être mélancolique en ce pays-ci, et il faut avoir
l'esprit plus libre que je ne l'ai pas. Aussi bien me serait-
ce une gêne de n'avoir pas ici une personne comme vous,
à qui je pusse tout montrer à mesure que j'aurais fait
quelque chose[1]. »

Selon Louis Racine, son « goût pour la tragédie lui en
fit commencer une dont le sujet était Théagène et
Chariclée ». Mais il aurait fini par l'abandonner, « ne
trouvant pas vraisemblablement que des aventures
romanesques méritassent d'être mises sur la scène tragique », de sorte qu'il n'en a « rien laissé ». Cette absence
de traces, à vrai dire, inquiète. Cependant le théâtre,
alors, puise volontiers sa matière dans les romans.
L'abbé Boyer, en 1661, avait tiré d'un épisode qui compte
parmi les plus attachants du Grand Cyrus la tragi-
comédie de Policrite. Pourquoi Racine, remontant jusqu'aux origines du genre et passant, après son Ovide, par
une alternance qui lui deviendra familière, de Rome à la
Grèce, n'aurait-il pas cherché son inspiration chez
Héliodore ? Le romancier grec semble avoir enchanté
son adolescence, même si ce que rapporte à ce sujet
Valincour[2] ne mérite qu'un crédit des plus limités.

1. Lettre à l'abbé Le Vasseur, 4 juillet 1662.
2. Lettre à l'abbé d'Olivet, dans *Histoire de l'Académie française
depuis 1652 jusqu'à 1700,* par l'abbé d'Olivet, Paris, Jean-Baptiste
Coignard fils, 1730, p. 365.

Préface 19

Traduit jadis par Amyot, il garde sa vogue près du public mondain et lettré. La Fontaine, quand il énumère les « livres d'amour » qui lui plaisent le plus[1], ne manque pas de lui donner une place de choix. Surtout, par une troublante rencontre, dix jours tout juste après que Racine confiait à Le Vasseur son vague désir de se remettre à l'œuvre, avait été représentée pour la première fois, le 14 juillet 1662, à l'Hôtel de Bourgogne, devant Monsieur et Madame, une tragédie de Théagène, due à l'abbé Gilbert[2]. Elle ne paraît pas avoir tenu longtemps l'affiche et n'a pas survécu. Racine l'aurait-il appris ? S'est-il senti, du fond de son exil, saisi par l'émulation ? Après sa dernière lettre languedocienne, qui date du 25 juillet 1662, une lacune qui s'étend sur un an presque entier dans l'histoire de sa vie empêche malheureusement de savoir avec précision quand il revint à Paris. Suivant Grimarest, il serait venu trouver Molière afin de lui proposer « une pièce intitulée Théagène et Chariclée qui, à la vérité, ne valait rien, mais qui lui avait fait voir que ce jeune homme en travaillant pouvait devenir un excellent auteur[3] ». Plus tôt, Molière l'eût peut-être acceptée, pour l'opposer à celle des Grands Comédiens. Mais le moment était passé. Tous ses soins devaient d'ailleurs se concentrer sur sa nouvelle comédie : il préparait alors L'École des femmes.

VI. LA THÉBAÏDE

Racine, si l'on en croyait son fils, écartant le romanesque pour prendre son sujet chez Euripide et revenir aux sources vraies du tragique, aurait non seulement formé le dessein, mais poussé très avant la composition de sa Thébaïde lors de son séjour dans le Languedoc, « en

1. Voir sa *Ballade* sur les « livres d'amour », publiée en 1665 à la suite des *Contes et nouvelles en vers*.
2. Voir Loret, *La Muse historique*, 15 juillet 1662.
3. *Vie de Monsieur de Molière* parut Jean-Léonor Gallois sieur de Grimarest, réimprimée d'après le texte de 1705, Paris, La Renaissance du Livre, 1930, p. 21. L'anecdote est prise à son compte par Antoine de Léris dans son *Dictionnaire portatif des Théâtres* [...], Paris, C. A. Jombert, 1754, p. 320.

*même temps qu'il s'appliquait à la théologie ». Ces
allégations sont démenties par ce que révèlent sur l'élaboration de la pièce trois lettres écrites en novembre et
décembre 1663 par le poète lui-même à l'abbé Le Vasseur. On devine ce qui dut pousser l'auteur des* Mémoires
sur la vie de son père, *par piété filiale, à falsifier en ce
sens la chronologie : il réduisait de la sorte à néant le
rôle décisif dans la genèse de l'œuvre, tant à l'arrivée
qu'au départ, attribué par Grimarest à Molière. Suivant
le biographe de ce dernier, en effet, il s'agissait d'une
commande, au reste pressée, dont le chef de troupe aurait
pris l'initiative. Racine, a raison d'un acte par semaine,
aurait travaillé selon ses directives. Forcé d'aller vite, il
aurait démarqué de trop près l'Antigone de Rotrou. Mais,
averti[1] qu'il se devait mieux, pour son début d'auteur
dramatique, il aurait remanié ce plagiat à peine déguisé.
Pour que la pièce pût être achevée dans les délais voulus,
Molière l'aurait aidé. La* Préface *de 1676 reste davantage
dans le vague. Racine y déclare formellement que l'idée
première n'est pas venue de lui : le sujet des* Frères
ennemis *lui fut proposé. Cependant il ne prononce
aucun nom. Molière, à cette date, sera mort depuis trois
ans. Après l'avoir abandonné, lors d'*Alexandre, *pour ses
concurrents, le transfuge de naguère pouvait-il décem-
ment reconnaître la dette auparavant contractée par le
dramaturge novice ? Il se borne à mentionner « quelques
personnes d'esprit », entre les mains desquelles étaient
tombés de ses vers, sans doute l'*Ode *sur la convalescence du roi, publiée en juillet 1663, et* La Nymphe de la
Seine *à la reine, imprimée en novembre. On songe à
Saint-Aignan. La tragédie, lorsqu'elle paraîtra, dans les
derniers jours d'octobre 1664[2], lui sera dédiée. Elle était
presque terminée quand Racine lui fut présenté, mais*

---

1. Par Boileau ? Selon Brossette (*Mémoires [...] sur Boileau-Despréaux,* dans *Correspondance entre Boileau et Brossette* [...] publiée sur
les manuscrits originaux par Auguste Laverdet, Paris, J. Techener,
1858, p. 520), « M. Racine en travaillant sur la pièce de Rotrou avait
conservé le récit que ce poète fait de la mort de [Sans doute s'agit-il de
Ménécée, auquel correspond chez Racine Hémon. Voir Rotrou, *La
Thébaïde,* I, 2 ; Racine, *La Thébaïde,* v. 619-661]. M. Despréaux
n'approuva pas cela et encouragea M. Racine lui-même à faire ce récit.
M. Racine le fit et c'est le plus bel endroit de sa *Thébaïde.* »
   2. L'achevé d'imprimer porte la date du 30.

rien ne prouve que Saint-Aignan n'ait pas lu quelques semaines plus tôt « La Renommée », qu'il avait « trouvée fort belle[1] *». Racine l'associe spontanément à Molière, comme si, dans son esprit, leurs deux noms étaient liés*[2]. *Le duc allait, dans un étroit accord avec l'auteur de* Tartuffe, *prendre activement part à l'organisation des fêtes données à Versailles du 6 au 13 mai 1664 : les Plaisirs de l'Île enchantée lui doivent d'avoir été choisis pour thème. Suggéra-t-il à Molière de mettre le talent du jeune poète à l'épreuve et de s'adresser à lui pour* La Thébaïde *adaptée de Rotrou qu'il projetait d'opposer à celle de ses rivaux ?*

Les hostilités déclenchées par L'École des femmes *dès sa création le 26 décembre 1662 battaient encore leur plein. A* La Critique de l'École des femmes, *représentée à partir du 1ᵉʳ juin, l'Hôtel de Bourgogne avait répondu, fin septembre ou début octobre, par la « contre-critique » d'Edme Boursault, intitulée* Le Portrait du Peintre. *A* L'Impromptu de Versailles, *joué pour la première fois devant le roi le 18 ou le 19 octobre, puis à Paris le 4 novembre, la troupe adverse réplique, fin novembre, avec* La Vengeance des Marquis, *qu'elle doit à Jean Donneau de Visé, fin décembre avec* L'Impromptu de l'Hôtel de Condé, *composé par Antoine Montfleury, dont le père, vers la même date, accuse Molière auprès de Louis XIV « d'avoir épousé la fille, et d'avoir autrefois couché avec la mère ». Or, en décembre*[3], *une* Thébaïde *est annoncée par les Comédiens de l'Hôtel*[4]. *Écrite par l'abbé Boyer, cette tragédie subit un échec si mémorable qu'Antoine Furetière, plus de vingt ans après, s'en gausse encore dans ses* Factums[5]. *Elle dut être vite retirée de l'affiche et ne fut jamais imprimée. Mais, avant qu'on ne pût prévoir sa chute, Molière a vraisemblablement voulu la concurrencer. L'opération rappelle curieusement ce*

1. Voir la lettre de Racine à l'abbé Le Vasseur [novembre 1663].
2. Voir *ibid.* : « Je ne l'ai pas trouvé aujourd'hui au lever du Roi ; mais j'y ai trouvé Molière », etc.
3. Voir la lettre de Racine à l'abbé Le Vasseur [décembre 1663].
4. Voir à ce sujet Raymond Picard, *La Carrière de Racine*, p. 104.
5. Voir le *Second factum*, dans *Nouveau recueil des factums* [...], Amsterdam, Henry Desbordes, 1694, t. I, p. 277. Voir encore le *Plan et Dessein du Poème allégorique et tragico-burlesque intitulé Les Couches de l'Académie*, 5ᵉ chant, *ibid.*, t. II, pp. 325-326.

qui, l'année précédente, s'était passé, semble-t-il, avec
Théagène et Chariclée. *Cependant, alors que la tentative*
antérieure n'avait pas abouti, le nouveau projet parvient
à se réaliser. Le directeur de troupe, cette fois, court
après le poète qu'il avait éconduit et finit par le dénicher.
Si l'on ne voulait pas se laisser prendre de court, on ne
pouvait guère envisager mieux que de « rajuster », selon
le mot de Boileau rapporté par Brossette[1]*, l'Antigone de*
Rotrou, créée en 1637 et publiée deux ans plus tard. Sans
doute Molière attendait-il de Racine le genre de remanie-
ments auquel il procédera lui-même, à partir des Sosies,
en 1668, dans Amphitryon. *Il dut lui tracer sa tâche et*
lui marquer les modifications qu'il souhaitait, peut-être
aussi le guider de ses conseils, comme naguère Mlle de
*Beauchâteau pour l'élaboration de l'*Ovide. *Pour un tel*
travail, le rythme d'un acte par semaine, quoi qu'en dise
la Lettre critique *sur la* Vie de Molière[2]*, ne paraît pas*
excessif. Les délais, toutefois, furent légèrement dépassés.
Entre-temps était tombée d'elle-même La Thébaïde
qu'on se proposait d'effacer[3]*. Il devenait inutile de se*
hâter. L'adaptation, restée d'abord par endroits trop
proche du modèle, put se muer à loisir en une œuvre plus
personnelle, qui renouait avec Euripide par-delà son
moderne continuateur. La tragédie des Frères ennemis
ne fut créée qu'à l'extrême fin de la saison, le 20 juin
1664, trop tard pour susciter le moindre parallèle avec la
pièce de Boyer, dont on ne parlait plus depuis longtemps.
Elle passa presque inaperçue. La médiocrité des recettes
l'empêcha de se maintenir par la suite, en dépit des
reprises tentées par Molière. Corneille dominait encore
la scène tragique. Il avait donné l'année précédente
Sophonisbe, *que l'Hôtel de Bourgogne avait jouée pour*

1. *Mémoires de Brossette sur Boileau-Despréaux* [...], dans *Correspon-*
dance entre Boileau et Brossette [...], p. 519.
2. *Lettre critique écrite à M. de *** sur le livre intitulé La Vie de M. de*
Molière (par Grimarest lui-même, suivant Brossette. Voir Grimarest,
La Vie de M. de Molière, pp. XII-XIII) : « Ou Molière avait bien peu de
raison de demander à M. Racine un acte d'une tragédie par semaine ;
ou celui-ci était un terrible poète alors de se charger de fournir ce
pénible ouvrage. Ce fait n'est absolument point dans la nature, et il
faut que l'auteur ait pris les semaines pour des mois » (*ibid.* p. 105).
3. Le terme est employé par Brossette, *Mémoires* [...] *sur Boileau-*
Despréaux, loc. cit.

la première fois vers le 18 janvier et contre laquelle avait longuement polémiqué l'abbé d'Aubignac, suscitant des prises de position passionnées. Othon n'était pas moins attendu. Qui pouvait prévoir alors que le jeune inconnu dont le Palais-Royal venait de monter la première pièce allait se poser si vite en égal et successeur du vieux maître ?

Pour l'instant, du reste, il continuait à subir son influence. Les réflexions sur la royauté dont La Thébaïde est semée rappelaient les maximes cornéliennes sur la politique, et la passion de Créon pour le trône pouvait apparaître comme un reflet un peu pâle de celle dont était animée la terrible Cléopâtre de Rodogune. *L'oracle du deuxième acte place Hémon et Antigone dans une situation comparable à celle de Thésée et de Dircé dans* Œdipe [1], *à la différence que la princesse racinienne craint pour celui qu'elle aime, tandis que, chez Corneille, la menace paraissait au contraire viser l'amante et non l'amant. Mais des vers comme ceux-ci :*

Tels que seront pour eux [2] vos arrêts tout-puissants,
Ils seront criminels ou seront innocents

ressemblent trop à ce distique :

Je viens prendre de vous l'ordre qu'il me faut suivre ·
Mourir s'il faut mourir, et vivre s'il faut vivre [3].

*pour ne pas souligner l'analogie. Plus loin, le récit du combat singulier entre Étéocle et Polynice, avec l'effet de surprise que permet son fractionnement, témoigne à l'évidence que l'exemple d'*Horace *n'a pas été perdu pour l'apprenti dramaturge. On peut d'ailleurs se demander dans quelle mesure ces différentes réminiscences ne seraient pas dues aux suggestions de Molière.*

Elles n'empêchent pas en tout cas Racine de commencer à suivre son génie et de préluder à quelques-uns de ses thèmes les plus personnels. Longtemps avant Phèdre, *Jocaste, dès la première scène, invoque le Soleil et gémit*

1. Corneille, *Œdipe*, II, 4.
2. Les « soupirs » d'Hémon. *La Thébaïde*, v. 437-438.
3. *Œdipe*, v. 671-672.

*sur son inceste. Elle annonce Agrippine quand elle
s'emploie à détourner Étéocle de vouloir supprimer son
frère et qu'elle croit pouvoir empêcher en lui le monstre
de naître. L'inimitié de ses fils trouvera de même son
écho dans la rivalité de Néron et de Britannicus[1].
Hémon dit les affres de la séparation et les maux de
l'absence[2] avec les accents élégiaques de Bérénice :*

Un moment loin de vous me durait une année[3].

*Les supplications d'Antigone et de sa mère, lorsque, à
tour de rôle, elles tentent de fléchir Polynice, anticipent
de loin sur les tendres reproches d'Iphigénie et les
violentes récriminations de Clytemnestre auprès d'Agamemnon. Bajazet pourrait s'appliquer ces vers, que
prononce le frère d'Étéocle :*

Le trône, sans l'amour, me serait donc fermé ?
Je ne régnerais pas si l'on ne m'eût aimé[4] ?

Comme dans Phèdre, *déjà sont dénoncés les flatteurs et
la mort de Créon semble une esquisse préparatoire pour
les fureurs d'Oreste. Certes, la comparaison accuse
chaque fois ce qui peut manquer encore de force, de
souffle et de maîtrise chez le poète à ses débuts. Mais,
rétrospectivement, on décèle dans* La Thébaïde *la promesse et le germe de presque toute l'œuvre future, qui s'y
trouve, à demi latente, comme à l'état naissant. Si l'on
conçoit que la première tragédie de Racine ait vu le jour
sans provoquer dans le public un frisson nouveau, l'on
comprend aussi que lui-même n'ait jamais songé par la
suite à la regarder comme un négligeable essai de*

1. Cf. *La Thébaïde*, v. 890 : « Ils s'étouffent, Attale, en voulant
s'embrasser », et *Britannicus*, v. 1304 : « J'embrasse mon rival, mais
c'est pour l'étouffer. »
2. Racine, ici, s'est-il souvenu de son *Ovide* ?
3. *La Thébaïde*, v. 331. La mélodie s'ébauche. Mais il y manque
l'orchestration qui lui donnera plus tard son incomparable résonance.
4. *La Thébaïde*, v. 1125-1126. Polynice repousse avec indignation
l'idée, suggérée par sa mère, qu'il devrait se contenter de régner
ailleurs qu'à Thèbes, sur les États de son beau-père. On notera que la
tragédie de *Bajazet* reprend, transféré de l'Antiquité grecque dans la
Turquie moderne, le thème des frères ennemis.

*jeunesse. Elle marque pour lui plus qu'un simple point
de départ.*

VII. ALEXANDRE LE GRAND

Si la polémique autour de L'École des femmes *s'était
arrêtée dans les premiers mois de 1664, l'année suivante
la concurrence entre l'Hôtel de Bourgogne et le Palais-
Royal continuait de plus belle. On venait de voir simultanément deux* Mère coquette, *plagiées l'une sur l'autre.
Celle de Quinault, en cinq actes, avait été créée le
16 octobre 1665 par les Grands Comédiens. Celle, en
trois actes, qu'avait écrite Donneau de Visé ne fut donnée
par Molière que le 23. Il reste difficile de dire quel auteur
avait copié l'autre. Par Mme de Montausier, qui protège
Quinault et qui se verra dédier sa comédie, ainsi que par
d'autres personnes de qualité qui favorisaient son
concurrent, l'affaire alla jusqu'aux oreilles du roi, qui
refusa de s'en mêler. L'œuvre de Quinault tint un peu
moins longtemps l'affiche que l'autre, mais par son
incontestable supériorité sur elle mérita de rester plus
durablement au répertoire.*

*Ce différend permet de mieux comprendre ce qui va se
passer, immédiatement après, pour* Alexandre le Grand.
*La compétition des deux troupes quitte le terrain du
genre comique pour se porter sur celui de la tragédie. Les
Comédiens de l'Hôtel veulent une revanche. Faute de
mieux, ils opposent à la pièce de Racine, créée sur la
scène du Palais-Royal le 4 décembre 1665, la reprise d'un*
Porus *composé par l'abbé Boyer et qui remontait à
1647[1]. Aux deux* Mère coquette *succèdent ainsi deux*

1. Cherchaient-ils, avant la désertion de Racine, à suggérer qu'il
avait plagié l'abbé Boyer, bien que l'*Alexandre* de l'un offrît peu de
points communs avec le *Porus* de l'autre, comme il avait précédemment pillé Rotrou pour sa *Thébaïde* ? Ou cette manœuvre était-elle
destinée à masquer le passage, qui se tramait déjà, du jeune dramaturge avec armes et bagages dans leur camp ? Ce qui s'est alors produit
reste, on doit l'avouer, très mal connu. Cependant la dédicace allègue
des efforts tentés auprès du roi pour dénigrer la pièce : on peut
supposer que les partisans de Quinault dans l'affaire de *La Mère
coquette*, et probablement Mme de Montausier, n'avaient pas désarmé.
Voyant qu'ils n'avaient pas réussi, par leur crédit, à nuire à la nouvelle
tragédie de Racine, ils auraient pris le parti de l'annexer, pour tenir du
moins Molière en échec. Mais de telles conjectures, on ne saurait trop
le répéter, demeurent incontrôlables.

Alexandre. *Mais, si Molière avait été précédemment rejoint par Donneau de Visé, cette fois il est quitté par le jeune auteur auquel il avait mis naguère le pied à l'étrier et dont le propre* Alexandre *est représenté bientôt à l'Hôtel de Bourgogne. La singularité de l'événement consiste en ce qu'on vit, non plus deux ouvrages différents, mais le même, encore dans sa primeur, joué sur deux scènes, alors que, suivant l'usage, il n'aurait pas dû tomber en quelque sorte dans le domaine public avant que la première série de représentations données par les acteurs qui l'avaient créé fût terminée. Ce procédé fut ressenti comme une trahison par La Grange, ses camarades, et sans doute aussi leur chef, bien que sa réaction ne soit guère connue que par quelques mots du Bolaeana* [1], *car Grimarest, discret sur tout cet épisode, saute droit de* La Thébaïde *à* La Critique d'Andromaque, *sans rien dire du motif pour lequel Racine et Molière ne restèrent « pas longtemps en bonne intelligence* [2] ».

Sans prétendre atténuer la responsabilité du transfuge, qui semble avoir agi de propos délibéré, sinon même avoir prémédité sa désertion, l'on peut observer que son passage dans le camp adverse fut cautionné par la présence du roi, de son frère et de sa belle-sœur à la représentation privée que donnèrent dès le 14 décembre chez Mme d'Armagnac les comédiens de l'Hôtel, si, comme il paraît assez probable, ils jouèrent ce jour-là, non le Porus *de Boyer, mais l'*Alexandre *de Racine. On ne s'étonnerait même qu'à demi que l'impulsion, ou du moins l'autorisation, lui fût venue d'en haut. Le monarque, en dépit de Mme de Montausier, s'était désintéressé des deux* Mère coquette, *mais* Alexandre *le touchait de plus près dans la mesure où ses thuriféraires, pour le louer, le comparaient au conquérant grec. De plus, la troupe du Palais-Royal, patronnée auparavant par Monsieur, était, depuis le 14 août, protégée, comme celle de l'Hôtel, par Louis XIV lui-même, qui devenait l'arbitre*

1. Jacques de Losme de Montchesnay, *Bolaeana, ou Entretiens de M. de Montchesnay avec l'auteur*, dans *Ana* [...], Amsterdam et Paris, Belin, an VII, t. X, p. 415. Encore « ce qui déplut à Molière » n'y désigne-t-il pas la défection de Racine, mais le succès d'*Alexandre* chez les comédiens rivaux.

2. Grimarest, *La Vie de M. de Molière*, p. 22.

de leurs conflits. Voulut-il, ou voulut-on pour lui, que la tragédie fût transférée sans délai chez les interprètes jugés les plus qualifiés, réduisant la scène ainsi dépossédée à se spécialiser dans le genre comique, où son directeur excellait ? On ne peut former là-dessus que des hypothèses, en l'absence de documents. La pièce, en tout cas, lorsqu'elle est publiée, en janvier 1666, avec un achevé d'imprimer daté du 13, sera dédiée au souverain.

Elle n'avait pas tenu chez Molière plus de sept représentations, tandis qu'elle poursuivait chez ses concurrents une carrière assez belle pour commencer de porter ombrage aux admirateurs de Corneille. Le vieux maître, à qui son jeune émule, selon Valincour [1], *l'avait lue, aurait voulu le dissuader de continuer à travailler pour le théâtre. Saint-Évremond, de loin, ne va pas tarder à prendre les armes pour défendre l'auteur du* Cid, *composant une* Dissertation *sévère jusqu'à l'injustice à l'égard d'*Alexandre. *La première* Préface *de la pièce atteste même l'existence d'une cabale, suscitée par les doctes. Comme elle dura plus de six séances consécutives mais semble avoir cessé du jour où la tragédie ne fut plus jouée que sur une seule scène, la victoire demeurant à l'Hôtel de Bourgogne après que Molière eut abandonné la partie, on peut se demander si la troupe de la rue Mauconseil n'était pas entrée en collusion avec le parti des « cornéliens » pour fomenter sous main chez Molière ces menées, au reste plus ridicules que dangereuses.*

Le transfert de l'œuvre, cependant, ne désarma pas tous ses détracteurs. Leurs critiques, sur certains points, étaient fondées. Il manque ici le souffle d'héroïsme qu'appelaient le personnage principal et le sujet. Quand on se réfère au grand Corneille, comme Saint-Évremond, pour prendre la mesure de Racine, on s'expose inévitablement à se sentir déçu. La reine Axiane, à l'instar de Sophonisbe naguère, tient tête au vainqueur, mais cette analogie ne sert qu'à souligner la distance qui les sépare. Le dramaturge, avec application, s'emploie à tirer de Quinte-Curce tous les éléments susceptibles d'entrer dans son ouvrage afin de lui donner un semblant de

1. Lettre à l'abbé d'Olivet, dans *Histoire de l'Académie française* [...] par l'abbé d'Olivet, p. 373.

couleur historique et de prêter au conquérant légendaire une stature digne de lui, sans y parvenir de façon très convaincante : là, visiblement, ne réside pas l'essentiel.

Mais pourquoi prétendre aussi qu'il continue Corneille lorsque précisément il commence à devenir lui-même ? Car si l'amour demeurait presque absent de La Thébaïde, *comme l'auteur s'en justifiait dans la* Préface, *il en va désormais tout autrement. Pour la première fois, les passions amoureuses trouvent pour s'exprimer des accents raciniens. Le poète essaie la voix qu'il se découvre et prélude à son chant. Sans doute cultive-t-il encore trop volontiers l'antithèse et la pointe, chères à la galanterie précieuse, ainsi quand il montre l'héroïne excitant les princes qui l'aiment à se battre*

Pour cette liberté que détruisent ses charmes [1],

ou lorsque Porus court au combat
                              bien moins pour éviter
Le titre de captif que pour le mériter [2].

Ailleurs, la musique, faute de ce frémissement impondérable qui lui donne sa résonance, ne réussit pas à naître et le vers tombe presque dans la platitude [3].

Mais déjà s'annoncent les thèmes de la captive éprise de son ennemi, qu'on retrouve sous une autre forme avec Ériphile dans Iphigénie, *ou tombée, telle Andromaque, au pouvoir d'un maître qui l'aime et qui passe du respect à la menace, celui du jeune héros, d'abord indifférent, puis devenu soudain sensible, comme Hippolyte, pour avoir été fasciné par deux beaux yeux, pour lesquels il brûle d'une ardeur violente. Devançant Phèdre, tel personnage brusquement chancelle sous le coup de la*

---

1. V. 70.
2. V. 647-648. Cette influence de la préciosité se reconnaît encore à d'autres détails : on recule, comme chez Molière (*Les Précieuses ridicules*, scène 4), devant l' « aveu qui fait tant de peine » (voir *Alexandre le Grand*, v. 662-675) ; on ne se déclare, comme dans *Le Grand Cyrus* la princesse Mandane, que parce qu'on croit mort l'objet de sa tendresse (voir *ibid.*, v. 1179-1181).
3. Voir v. 1527-1528. Voir encore v. 91 : « Elle se fait un dieu de ce prince charmant. »

*jalousie et cherche, en vain, à s'aveugler. Par endroits
l'incantation s'élève, fervente et contenue :*

Après tant de soupirs que faut-il qu'il espère ? [...]
Voulez-vous que son cœur, incertain et confus,
Ne se donne jamais sans craindre vos refus[1] ?

*Tantôt la tendresse trouve pour dire ce qu'elle appré-
hende ou ce qui l'effarouche des inflexions émues et
pénétrantes .*

Mais, Seigneur, cet éclat, ces victoires, ces charmes,
Me troublent bien souvent par de justes alarmes[2].

Tantôt s'amorce une ébauche d'élégie :

Songerez-vous, Seigneur, qu'une jeune princesse
Au fond de ses États, vous regrette sans cesse,
Et rappelle en son cœur les moments bienheureux
Où ce grand conquérant l'assurait de ses feux ?

*Parfois le sentiment se condense dans un seul alexan-
drin, pour exprimer soit les tourments de l'absence :*

Mon âme loin de vous languira solitaire[4],

soit le tragique de la passion non partagée :

Ainsi je brûle en vain pour une âme glacée[5] ?

*soit même, dans un registre différent, l'humiliation des
peuples vaincus :*

Ils pleurent en secret leurs rois sans diadèmes[6].

1. V. 353, 355-356.
2. V. 873-874.
3. V. 921-924.
4. V. 1309. Le vers pourrait être prononcé par Bérénice, qu'évoque
également par avance, dans la citation précédente, une variation sur le
même thème. Faut-il voir dans ces accents élégiaques des vestiges de
l'*Ovide* abandonné ?
5. V. 1185.
6. V. 493.

Jamais encore on n'avait entendu cette simplicité mélodieuse. Un instrument poétique s'invente, où tend à s'exprimer une sensibilité vive, originale, délicate et profonde. Racine se cherche, prend possession de sa thématique et de son art. Il achève ici ses gammes. L'apprentissage terminé, la notoriété conquise, il va pouvoir, avec un chef-d'œuvre, manifester avec éclat qu'il s'est pleinement trouvé, montrer qu'il s'impose désormais comme un maître.

VIII. *ANDROMAQUE*

*Près de deux années pourtant s'écoulent entre la création d'*Alexandre *et celle de sa tragédie suivante, représentée, pour la première fois semble-t-il, par les Comédiens de l'Hôtel, dans l'appartement de la reine, devant le roi, le 17 novembre 1667, puis peu de jours après sur leur théâtre. Tandis qu'à l'*Agésilas *de Corneille, créé sans grand succès rue Mauconseil le 28 février 1666, succédait son* Attila, *donné depuis le 4 mars 1667 au Palais-Royal, et que Molière, à partir du 4 juin 1666, jouait son* Misanthrope, *Racine laisse passer une saison entière sans produire de nouvel ouvrage dramatique. Dans les premiers mois de 1666, il s'occupe à polémiquer contre Pierre Nicole et ses deux apologistes anonymes[1], ayant pris pour lui l'offensante qualification d'empoisonneur public[2] par laquelle était visé Desmarets de Saint-Sorlin pour avoir, avant de persécuter les jansénistes, composé des pièces ou des romans. Il écrit deux lettres, l'une à Nicole même, qu'il publie, l'autre à ses défenseurs, qui n'est pas imprimée. En avril 1667, un ultime rebondissement de l'affaire réveille en lui l'envie de les éditer ensemble, précédées d'une préface tout aussi virulente, qu'il rédige, mais garde finalement par-devers lui, préférant, par prudence, renoncer à son projet. Il semble qu'il annote vers le même temps la*

---

1. Probablement Philippe Goibaud du Bois et ce Jean Barbier d'Aucour à qui l'on devra l'inepte *Apollon vendeur de mithridate.*
2. L'expression se trouve dans la *Première Visionnaire* de Nicole, datée du 31 décembre 1665.

Poétique *d'Aristote, non peut-être sans déjà songer à sa prochaine œuvre. On ignore cependant à quelle époque* Andromaque *fut mise en chantier.*

Henriette d'Angleterre, qui se la verra dédier, en suivit de près l'élaboration, au triple titre de protectrice attentive, de collaboratrice bénévole, d'auditrice attendrie. Longtemps convalescente, à la suite d'une fausse couche survenue en 1666, elle put trouver dans sa sollicitude et sa curiosité pour le travail de Racine un dérivatif à ses ennuis. Elle avait perdu le 8 décembre un enfant né le 16 juillet 1664 : cette circonstance dut la sensibiliser encore davantage au drame de cette mère qui craint pour les jours de son fils. L'intérêt qu'elle prit à la tragédie contribua sans doute pour une large part à son retentissement.*

La pièce remporte un succès que Charles Perrault, dans ses* Hommes illustres, *pourra comparer à celui du* Cid *: autant qu'on s'était, quelque trente ans plus tôt, grisé d'héroïsme, on se plut à verser des larmes, ainsi qu'en témoigne aussi bien La Fontaine dans* Psyché [1] *que* Mme *de Sévigné dans une lettre à sa fille* [2]. La Du Parc, *engagée à l'Hôtel de Bourgogne en mars, triomphe dans le rôle d'Andromaque. La Des Œillets jouait Hermione, Floridor Pyrrhus. Oreste et ses fureurs allaient bientôt coûter la vie à Montfleury, son trop véhément interprète.*

Andromaque *doit sa tonalité propre et son charme au mélange du romanesque avec l'épopée. Euripide, retrouvé par-delà Rotrou dans* Les Frères ennemis, *est abandonné cette fois au profit d'Homère et surtout de Virgile. Formant toile de fond, les souvenirs de Troie donnent à l'œuvre cette couleur historique et légendaire dont Alexandre était dépourvu. Colère d'Achille, dernière entrevue d'Hector et d'Andromaque, incendie des vaisseaux, démarche de Priam pour que le cadavre de son fils, ignominieusement traîné derrière le char du vainqueur, lui soit restitué, chute de Troie, livrée aux flammes et au carnage, supplices de Polyxène et d'un faux Astyanax, répartition des captifs, retour des Grecs victorieux, jusqu'à des épisodes plus obscurs, tels que le*

---

1. Livre premier, *Œuvres diverses,* éd. Pierre Clarac, pp. 179-180.
2. Lettre du 12 août 1671.

meurtre d'Eétion et le massacre de sa famille : rien n'est oublié de la vaste fresque offerte à l'imagination par les poètes de l'Antiquité. La trame serrée de ces rappels tisse la riche tapisserie devant laquelle se joue l'action. Une culture admirablement assimilée affleure, assez discrète pour ne pas entraver le choc des passions ni leurs développements inéluctables, assez présente pour lester le drame, en élargir et prolonger la résonance.

Mais cette aura d'épopée nimbe surtout le couple formé par Andromaque et Pyrrhus. Celui d'Hermione et d'Oreste, bien qu'ils soient issus également de ce fonds mythique, est traité plus librement et se pare d'un romanesque grâce auquel il se modernise. D'entrée, les retrouvailles inopinées de deux amis qu'une tempête a séparés, la mélancolie distinguée que l'un promène, les efforts obstinés de l'autre pour l'empêcher d'attenter à ses jours, l'intention manifestée par le premier d'oublier sur les champs de bataille un amour malheureux, l'ambassade qui lui procure le moyen de revoir sa maîtresse, plus tard l'enlèvement qu'il médite, avec la complicité du fidèle Pylade, devaient évoquer pour les spectateurs d'alors le climat des romans dont ils se délectaient[1]. Ceux qui naguère encore s'étaient laissé, comme La Fontaine[2], captiver par le Polexandre *de Gomberville, par la* Cassandre *ou la* Cléopâtre *de La Calprenède, par* Le Grand Cyrus *et la* Clélie *des Scudéry ne pouvaient se sentir dépaysés. Racine, pour justifier ironiquement la violence de Pyrrhus, allègue dans sa première* Préface *que son personnage « n'avait pas lu les romans » et il ironise sur les « Céladons ». Mais il se garde bien de souffler mot sur ce qu'Oreste doit, avant de retrouver sa dimension tragique lors de ses fureurs finales[3], à des romanciers plus récents qu'Honoré d'Urfé.*

1. Ce romanesque déteint même sur Andromaque, lorsqu'elle rêve d'élever en secret dans une « île déserte » (v. 878) le fils qu'elle a sauvé par une adroite substitution, ou sur Pyrrhus, quand il ordonne à Phoenix de conduire l'enfant, pour le mettre à l'abri, dans un « fort éloigné du temple et du palais » (v. 1456).
2. Voir la *Ballade* évoquée ci-dessus, p. 19.
3. Cette modulation progressive du romanesque au tragique constitue même une des clés qui permettent le mieux d'expliquer l'évolution du personnage.

Faut-il voir, dans cette situation originale d'équilibre où se maintient la tragédie, à mi-distance de l'épopée antique et du roman moderne, le résultat d'un effort pour se conformer aux tendances générales de l'heure, ou la trace de l'influence exercée plus précisément sur la composition de l'œuvre par Madame, dont on sait, grâce à Bossuet, que des lectures plus sérieuses l'avaient guérie lorsqu'elle mourut d'un goût tenace pour les romans et « leurs fades héros[1] » ? Mais Racine a pu suivre aussi son propre penchant. On décèle ici comme un écho lointain de ce romanesque galant vers lequel, comme ses projets de jeunesse paraissent l'indiquer, il s'était senti d'abord porté. Pyrrhus, par endroits, ne s'exprime pas autrement que Porus : ainsi quand il sollicite de sa captive « un regard moins sévère[2] ». Oreste se montre, comme Hémon dans La Thébaïde[3], habile à pousser le tendre et le passionné[4] : son langage ne serait pas désavoué par un mourant de ruelle[5].

Cependant le vers condense et par là même intensifie ce que le roman délayait dans sa prose diffuse. Surtout, à sa psychologie conventionnelle et stéréotypée se substituent les accents vrais de la passion devenue chant. Qu'importe, dès lors, ce que l'agencement de l'intrigue peut devoir au Pertharite *de Corneille ? En dépit des analogies mises en évidence par Voltaire, les inflexions de la musique racinienne traduisent une sensibilité nouvelle et rendent un tout autre son.*

IX. *LES PLAIDEURS*

A la fin de 1668, alors que Molière venait de donner le 13 janvier Amphitryon, *le 18 juillet* George Dandin, *le 9 septembre* L'Avare, *l'auteur d'*Andromaque *délaisse provisoirement la muse tragique pour celle de la comédie. La Paix d'Aix-la-Chapelle, signée le 2 mai 1668,*

1. *Oraison funèbre de Henriette d'Angleterre.*
2. V. 290 sq. Cf. *Alexandre le Grand*, v. 662-674.
3. Voir *La Thébaïde*, v. 439-442.
4. Voir *Andromaque*, v. 495-500.
5. Voir encore v. 502-504.

rendait le moment favorable aux œuvres gaies. Avec elle coïncide une période faste pour le genre comique.

Une lecture des Guêpes *donne d'abord à Racine l'idée d'adapter Aristophane pour les Italiens. Ils avaient, dans les mois précédents, attiré particulièrement l'attention sur eux grâce à trois spectacles :* Le Régal des dames, *en* avril, *comédie à machines dont Robinet, dans sa* Lettre en vers *du 5 mai, décrit les changements à vue, et dont un décor, notamment, représentait une baraque de la foire Saint-Germain*[1] ; Le Théâtre sans comédie, *en* juillet, *où l'on improvisait chaque soir sur nouveaux frais, suivant la technique propre à la* commedia dell'arte ; Les Remèdes à tous maux, *en* septembre, *pièce due, comme la précédente, à celui de leurs acteurs qui jouait sous le nom de Cinthio. Molière, pour son* Avare, *venait de ne puiser pas moins dans le répertoire de la Comédie Italienne que dans l'*Aulularia *de Plaute. Boileau non plus, à cette date, semble ne pas se désintéresser de la scène italienne : Desmarets de Saint-Sorlin, dans sa* Défense du Poème héroïque[2], *l'accusera d'avoir tiré d'une « comédie italienne [...] son beau conte » de « l'huître à l'écaille », qu'il avait introduit, en 1668 précisément, à la fin de son épître I.*

Le rôle du juge aurait été tenu par Scaramouche, assez agile pour sauter par les fenêtres et plus capable que personne de provoquer le rire seulement par ses mimiques expressives pendant le procès du chien Citron. Mais il partit pour l'Italie. Le projet en serait demeuré là, si des amis n'avaient fini par décider Racine à l'exécuter, mais pour la scène française, bien qu'il protestât, puisqu'il s'agissait dès lors de composer une comédie régulière, qu'il aimerait mieux en ce genre s'inspirer de Ménandre ou de Térence que d'Aristophane ou de Plaute. On lui dit, pour le convaincre, qu'on ne lui proposait qu'une expérience, un exercice de traduction ou plutôt de transposition, afin de voir si les bouffonneries aristopha-

1. Voir François et Claude Parfaict, *Histoire de l'Ancien Théâtre Italien*, Paris, 1753, p. 318.
2. Jean Desmarets de Saint-Sorlin, *La Défense du Poème héroïque* [...], Paris, Jacques et Augustin Le Gras, Augustin Besoigne, Claude Audinet, 1674, p. 62.

nesques pourraient, sans choquer les bienséances ni heurter le goût, passer dans notre langue.

On ne s'étonnerait nullement que, parmi ceux qui le poussèrent à nous donner Les Plaideurs, *ait figuré Boileau. Le satirique et lui se connaissaient vraisemblablement depuis octobre ou novembre 1663[1], peut-être, comme l'affirme Brossette[2], par l'entremise de La Fontaine, à qui Racine en aurait manifesté le désir. Boileau venait de rire à* L'Avare, *qu'il mettait au-dessus de* L'Aulularia[3]. *Il ne pouvait qu'appuyer le projet des* Plaideurs, *d'autant que, par sa famille, il touchait de près à la chicane.*

Mais, parmi ces conseillers officieux à qui nous devons l'existence de la comédie, sans doute faut-il compter aussi La Fontaine. En effet, la Préface *de la pièce, immédiatement après son impression en janvier 1669, trouve son écho dans un passage de* Psyché[4]. *Ariste, au cours de sa dispute avec Gélaste sur le rire et les larmes, censée se passer lors d'une promenade à Versailles durant l'arrière-saison de 1668, donc avant la mise en chantier des* Plaideurs, *dit à son adversaire :* « Vous savez combien nous avons ri en lisant Térence, et combien je ris en voyant les Italiens : je laisse à la porte ma raison et mon argent et je ris après tout mon saoul[5]. » *On croirait entendre ici Racine discuter avec Boileau, partageant la prédilection du satirique pour Térence, mais sans bouder pour autant son propre plaisir à la* commedia dell'arte.

Mais, pour n'être pas née dans ce que Jean Demeure appelait « l'introuvable société des quatre amis[6] », *la comédie n'en fut pas moins conçue au sein d'une joyeuse compagnie, où Racine, pour son début en ce genre, se vit prodiguer à la fois des encouragements et de l'aide. Il doit*

---

1. Voir Raymond Picard, *La Carrière de Jean Racine,* p. 77.
2. *Mémoires* [...] *sur Boileau-Despréaux, loc. cit.,* p. 517.
3. Voir le *Bolaeana, loc. cit.,* t. X, p. 415.
4. La Fontaine, *Les Amours de Psyché et de Cupidon,* 1669. L'achevé d'imprimer porte la date du 31 janvier.
5. La Fontaine, *Psyché,* Livre premier, *Œuvres diverses,* éd. Pierre Clarac, p. 179.
6. Titre d'un article publié par Jean Demeure dans la *Revue d'Histoire littéraire de la France* en 1929 (pp. 161-180 et 321-336)

*à Boileau l'idée de la querelle entre la Comtesse et
Chicanneau, calquée sur le différend analogue qui mit
aux prises, chez son frère Jérôme, le greffier, le président
de Lyonne avec Mme de Crissé.* Furetière, dont Le Roman
bourgeois *avait paru deux ans plus tôt, lui fournit aussi
des suggestions, de même probablement que Chapelle,
peut-être La Fontaine, et quelques autres, tels que le duc
de Vivonne, frère de la Montespan, ou le chevalier de
Nantouillet, au cours d'agapes qui, si l'on en croit
Brossette*[1], *se déroulaient chez un fameux traiteur, dont
le cabaret, sis place du Cimetière Saint-Jean, portait
pour enseigne une croix de Lorraine, et qui réservait un
« réduit » à « cette troupe choisie » :* « Ces soupers, où
tant de gens de goût se réunissaient, produisirent quantité de choses ingénieuses, et même la comédie des
Plaideurs *leur fut redevable de plusieurs traits plaisants,
que Racine ne fit pas difficulté d'adopter*[2]. »

*A la Ville, on fut d'abord déconcerté, semble-t-il, par
cette incursion du poète dans un genre si différent du
sien. Les acteurs, selon Valincour, faillirent être sifflés et
la pièce ne fut donnée que deux fois. Peut-être aussi la
bourgeoisie parlementaire et la noblesse de robe menacè-
rent-elles de s'émouvoir. Elle ne se releva qu'un mois
plus tard, lorsqu'elle fut jouée devant la Cour et qu'elle
eut été cautionnnée par* « les grands éclats de rire*[3] »
auxquels s'abandonna Louis XIV, se départant pour un
soir de son habituelle gravité.*

*Cet étourdissant exercice de style témoigne surtout de
la souplesse avec laquelle son auteur peut passer, sans
effort apparent, du registre tragique à celui de la comédie. Quelle différence, pour la langue, avec tout le reste de
l'œuvre ! Elle se colore et se rehausse de locutions
proverbiales*[4], *d'expressions familières*[5], *de termes
empruntés au jargon du Palais, de jeux sur les mots*[6]. *La*

1. *Œuvres de M. Boileau-Despréaux* [...], Genève, Fabri et Barrillot, 1716, t. I, p. 437.
2. *Ibid.*, t. I, pp. LXIII-LXIV.
3. Valincour, lettre à l'abbé d'Olivet, dans l'*Histoire de l'Académie française* [...], par l'abbé d'Olivet, p. 369.
4. Voir par exemple aux v. 6, 11, 15, 27, 48, 396, 698, 716.
5. Voir par exemple aux v. 7, 9, 14, 30, 32, 52, 54, 85-86, 96-97, 707-709.
6. Voir par exemple aux v. 4, 681-684, 700-701, 794.

*versification, en outre, se désarticule avec une acrobati-
que virtuosité. Racine s'amuse à disloquer ce « grand
niais » d'alexandrin, à varier l'allure, à tirer de la
prosodie des effets burlesques. Il détache à la dernière
place un monosyllabe[1] qui déséquilibre le rythme, choisit des rimes inattendues[2], risque des enjambements non
moins audacieux que ceux d'*Hernani*[3], s'autorise les
assonances intérieures[4] et les phénomènes d'écho[5],
glisse des hexamètres latins[6]. Le vers, qui le plus
souvent ne sert chez Molière que de véhicule au comique,
en devient ici la source, grâce à l'agilité prodigieuse avec
laquelle il est manié : la souplesse du versificateur tient
lieu de celle qu'il comptait primitivement demander aux
contorsions de Scaramouche.*

*Ne cherchons pas dans cette pochade une satire
sérieuse de la justice, de ses lenteurs et de ses abus : les
plaisanteries contre les Chicquanous étaient devenues
traditionnelles depuis le temps de Rabelais[7], et le
ridicule, comme le titre de la pièce l'indique, de même
que dans la fable de L'Huître et les Plaideurs chez La
Fontaine[8], tombe moins sur les vices du système judiciaire que sur la folie de ceux qui se ruinent pour
satisfaire leur passion des procès. Il suffit à Racine
d'avoir gagné la difficile partie à laquelle ses amis
l'engageaient et d'avoir montré qu'on pouvait, sur la
scène française, retrouver l'esprit d'Aristophane. Mêlant
à la peinture des mœurs et des caractères quelques
éléments d'une intrigue à l'italienne, grâce au double
déguisement de Léandre et de son acolyte, puis s'élevant
avec le jugement du chien Citron jusqu'à la parodie
burlesque, il crée un comique étonnamment riche, subtil,
complexe, qui tranche sur la médiocrité générale de la
production contemporaine et lui permet, pour son uni-*

1. Voir les v. 109 et 731.
2. Voir les v. 157-158.
3. Voir les v. 187-188 et 256-257.
4. Voir les v. 225-226.
5. Voir les v. 700-703.
6. Voir les v. 742, 809 et 810.
7. Voir son *Quart Livre*, chapitres XII à XVI.
8. Mais non dans l'apologue qui lui correspond chez Boileau
(*Epître II*, v. 41-52).

*que incursion dans ce domaine, de se hausser avec
aisance, par une voie originale, presque au niveau de
Molière.*

X. BRITANNICUS

L'année 1669, marquée, le 5 février, par le triomphe de
Tartuffe, après la levée d'une interdiction qui durait
depuis près de cinq ans, s'achève, le 13 décembre, sur ce
qu'il faut bien nommer l'insuccès de Britannicus[1].
Boursault assistait à la création de la tragédie. Il a donné
de cette représentation un amusant compte rendu qui
sert de préambule à son bref roman d'Artémise et
Poliante. Corneille s'y trouvait, seul dans une loge. Ses
confrères s'étaient également mobilisés. La pièce tombe,
victime de leur cabale. Si l'intérêt se maintient pendant
deux actes, le troisième ennuie ; on juge le quatrième trop
chargé d'histoire et le dénouement ridicule, avec cette
insolite retraite de Junie chez les Vestales. Les admirateurs de Floridor, acteur chéri du public, sont déconcer-
tés de le voir jouer le rôle odieux de Néron. L'œuvre
disparaît au bout de cinq séances ou peu davantage. Elle
ne sera mise au rang qu'elle mérite qu'après une éclipse
qui peut nous sembler aujourd'hui surprenante.

Cet accueil dut décevoir l'auteur. Jamais encore il
n'avait si soigneusement travaillé, consultant Boileau,
supprimant sur ses conseils une scène entière, s'impré-
gnant, surtout, de Tacite. Le satirique, peut-être, en dépit
de Louis Racine, ironisait à part soi sur la brusque
entrée en religion de la jeune princesse, après la mort de
son amant, comme dans « un couvent d'Ursulines », et
trouvait « Britannicus trop petit, en face de son rival »,
donnant sur ces points raison aux adversaires de son
ami. Mais il estime qu'il n'a « jamais fait de vers plus
sentencieux[2] » et se vante même, comme il se plaît à le

---

1. Racine a-t-il été ramené vers la tragédie, après l'intermède que
constituent *Les Plaideurs,* par le chagrin que lui causa la mort de la
Du Parc, survenue le 11 décembre 1668 ? Il se peut, bien que rien ne le
prouve.
2. *Bolaeana, loc. cit.,* t. X, p. 416.

répéter souvent par la suite, de l'avoir instruit « à faire des vers difficilement[1] *».*

Racine publie sa pièce en janvier 1670. Il se peut qu'il ait brigué l'honneur de la lire à Colbert avec le secret espoir qu'il en accepterait la dédicace, réduit, devant son refus, à se rabattre sur son gendre. Dans une Préface de ton très polémique, il se défend contre ses détracteurs. L'apologie tourne au réquisitoire contre Corneille, dont les partisans, de leur côté, ne désarment pas : Saint-Évremond, sur la tragédie nouvelle, émet un jugement réservé, ne lui concédant, presque à regret, des qualités, que pour condamner plus radicalement le choix d'un sujet qui contraignait à mettre en scène de trop horribles criminels.

Britannicus *reprend, à certains égards, la formule mise au point dans* Andromaque. *D'une part, figures empruntées non plus à la Grèce légendaire mais à la Rome historique, la mère et le fils qui s'affrontent ; de l'autre, un couple de personnages qui, moins connus de tous, laissent davantage de place à la fiction. Après l'épopée antique, le poète met les Annales de Tacite (livres XII à XIV) en coupe réglée, donnant cette fois pour toile de fond à sa tragédie le sombre tableau de la cour impériale. Il peint en même temps celle de France, qui s'y reflète. Le présent et le passé se rejoignent, mais sans anachronismes ni trop voyantes disparates, car la nature humaine, sous d'autres dehors, ne change guère. L'ambition, la fausseté, la basse flatterie, le vice et le crime appartiennent, hélas ! à tous les temps.*

Dira-t-on, comme Charles Péguy[2], que Racine recommence toujours la même tragédie, se bornant à varier les lieux et les époques ? Certes Néron ne se conduit pas avec sa prisonnière autrement que Pyrrhus avec sa captive. L'œuvre cependant reçoit de l'extérieur divers apports qu'elle s'amalgame et dont elle s'enrichit. On y reconnaît d'abord, étonnante à première vue, mais incontestable, une double série de dettes à l'égard de Molière. Quelques

1. Louis Racine, *Mémoires* [...]. Voir aussi Brossette, *Mémoires* [...] sur *Boileau-Despréaux, loc. cit.*, p. 520.
2. Voir Charles Péguy, *Victor-Marie, Comte Hugo. Solvuntur objecta*, § 31, *Œuvres en prose, 1909-1914*, Paris, Gallimard, Bibliothèque de la Pléiade, 1961, pp. 782-784.

rapprochements peuvent être établis avec Dom Juan. *Les récriminations d'Agrippine rejoignent par instants*[1] *les reproches de Dom Louis*[2]. *Le père du libertin ne se laissait pas moins abuser par la feinte conversion de son fils*[3] *qu'elle par les apparences trompeuses d'une réconciliation avec le sien. De même, l'illusion vite dissipée de l'honnête Burrhus*[4] *transpose dans le registre du tragique l'erreur naïve du crédule Sganarelle*[5].

D'autres liens se tissent, plus nombreux et plus précis, avec Tartuffe. *L'hypocrite pourrait prendre à son compte tel vers prononcé par Néron*[6]. *Des ressemblances d'expression soulignent l'analogie de situation entre Octavie, que son mari veut répudier, et Damis, chassé de la maison paternelle*[7]. *Avec le masque porté par le faux dévot contraste la transparente sincérité de Junie, exprimée dans un alexandrin*[8] *qui prélude à celui d'Hippolyte. Ces similitudes multipliées éclairent, dans une certaine mesure, la chronologie, mal connue, de la composition : l'acte II de* Britannicus, *en particulier, paraît pouvoir difficilement remonter plus haut que février 1669. La jeune princesse de Racine, en effet, n'apprend pas avec moins de surprise douloureuse et de répulsion que Mariane à quel mariage elle se voit exposée*[9]. *L'empereur, auprès d'elle, tient à la fois le rôle d'Orgon*[10],

1. Voir *Britannicus*, v. 1275-1278.
2. Voir *Dom Juan*, IV, 5. Rappelons que la pièce avait été créée le 15 février 1665.
3. Voir *ibid.*, V, 1.
4. *Britannicus*, v. 1305-1315.
5. Voir *Dom Juan*, V, 2.
6. Cf. *Britannicus*, v. 622 et *Tartuffe*, v. 1479-1486.
7. Cf. *Britannicus*, v. 632 : « Le crime d'en avoir dépouillé l'héritière », et *Tartuffe*, v. 1258 : « [...] Qui montre à dépouiller l'héritier légitime. » Voir encore *Britannicus*, v. 633 : « C'est de ses intérêts [ceux d'Octavie] prendre beaucoup de soin », et *Tartuffe*, v. 1219 : « Des intérêts du Ciel pourquoi vous chargez-vous ? »
8. *Britannicus*, v. 627 : « Le Ciel connaît, Seigneur, le fond de ma pensée. » *Phèdre*, v. 1112 : « Le jour n'est pas plus pur que le fond de mon cœur. »
9. Cf. *Britannicus*, v. 569-573 et *Tartuffe*, v. 441-452.
10. Il évoque encore Orgon quand Junie lui propose, pour mettre d'accord les deux rivaux, de se retirer chez les Vestales et qu'il observe : « L'entreprise, Madame, est étrange et soudaine » (*Britannicus*, v. 1079). Cf. *Tartuffe*, v. 1301 : « Ah ! voilà justement de mes religieuses », etc.

puisque sa qualité lui donne sur elle une puissance absolue, et celui de Tartuffe : en lui se confondent le père tyrannique et l'époux qu'il prétend imposer. Chez Molière s'ensuivait une querelle d'amoureux, variation sur le thème du Dépit qui lui permettait d'étoffer son deuxième acte. Mais Britannicus, devant la froideur de sa maîtresse, dont il ne devine pas la véritable cause, ne réagit guère autrement que Valère[1]*. Ici, cependant, l'imitateur va devenir l'imité : car lorsque l'auteur du Bourgeois gentilhomme, l'année suivante, introduit dans sa pièce une nouvelle scène, étonnamment enlevée, sur le motif de la brouille puis du raccommodement, et montre Lucile détournant ses regards de Cléonte, ainsi que Nicole tournant le dos à Covielle, à cause d'une vieille tante qui les chaperonnait*[2]*, tout porte à croire que, désireux en quelque sorte de reprendre son bien, il parodie le malentendu, suivi d'un éclaircissement, d'où le poète avait tiré, dans Britannicus, des effets d'un pathétique si touchant, mais qu'il choisit de traiter sur le mode tout différent de la gaieté légère. La pièce de Racine sert ainsi, curieusement, de relais à Molière entre deux des siennes*[3]*. Ces interférences attestent que les genres sont alors moins cloisonnés que ne le prétendent les théoriciens de la doctrine classique*[4]*. Lorsque la comédie s'élève et que la tragédie au contraire s'infléchit, toutes deux tendent à se rejoindre dans ce qui deviendra le drame. On constate en outre que la rupture de relations provoquée par l'affaire d'*Alexandre entre le poète et le comédien n'a pas empêché leurs œuvres, ensuite, de communiquer secrètement par de subtils phénomènes d'osmose.*

Un rapprochement plus explicite et non moins intéressant s'impose avec deux ouvrages de Corneille, l'un

1. Voir *Britannicus*, v. 707-708.
2. Voir *Le Bourgeois gentilhomme*, III, 8-10. Cf. en particulier la fin de la scène 9 et *Britannicus*, v. 981-992.
3. Par exemple, les vers prononcés par Junie (*Britannicus*, v. 985-986), à l'intérieur d'un passage dont on a vu que la note précédente qu'il allait recevoir son écho dans le *Bourgeois*, renvoient également à ce que disait Dorine (*Tartuffe*, v. 792-793).
4. Racine lui-même venait du reste, avec *Les Plaideurs*, de passer avec une déconcertante facilité du tragique à la comédie la plus débridée.

récent, l'autre ancien. Othon, *qui s'inspire aussi de
Tacite, permet de comparer le parti que tirent de leur
source le vieux dramaturge et son jeune émule, comme de
mesurer, à l'égard de l'historien, leur degré d'indépen-
dance ou de fidélité*[1]. Néron apparaît d'autre part
comme l'antithèse d'Auguste dans Cinna. L'un suit en
sens inverse exactement le même chemin que l'autre. Le
premier se hausse par un effort héroïque à la vertu,
passant de la tyrannie sanglante à l'exercice légitime du
pouvoir. Le second, renonçant à bien régner, sombre
dans le crime. L'opposition est soulignée presque d'entrée par Agrippine[2]. Burrhus[3], pour tenter jusqu'au bout
d'enrayer l'irréparable, parle à l'empereur le langage
qu'Octave savait se tenir à lui-même[4]. L'avenir heureux
que jadis prophétisait Livie[5] menace de se muer en un
passé désormais révolu[6]. La clémence de son époux
devait lui valoir, annonçait-elle, d'universelles bénédic-
tions, avec lesquelles contrastent sinistrement les imprécations maternelles d'Agrippine[7]. Junie, pour échapper à
son persécuteur, ne trouve d'autre ressource que d'embrasser en suppliante, dans un geste chargé de signification, la statue d'Auguste comme d'une divinité tutélaire.
Rien ne montre mieux que ce contrepoint d'une pièce à
l'autre la divergence qui sépare Corneille et Racine. On
conçoit d'autant plus facilement l'alarme qu'a jetée dans
le camp des « cornéliens » le nouveau venu.

Mais Néron ne forme pas avec Titus dans sa tragédie
suivante un couple moins fortement contrasté. Le premier va devenir l'horreur d'un genre humain dont il a
passé jusque-là les « délices[8] ». Aucun « reste de ten-

---

1. Othon est d'ailleurs évoqué fugitivement chez Racine (*Britannicus*, v. 1205). Il ne pouvait être peint, à cette époque de sa vie, que
comme un jeune voluptueux. Corneille, qui portait à la scène son
accession à l'empire, sans dissimuler ses vices, avait mis surtout
l'accent sur ses vertus. Voir *Othon, Au Lecteur.*
2. *Britannicus*, v. 32-34.
3. *Ibid.*, v. 1342-1354.
4. Voir *Cinna*, IV, 2, v. 1130-1148 et surtout 1162-1168.
5. *Ibid.*, v. 1757-1774.
6. Voir *Britannicus*, v. 1355-1358.
7. *Ibid.*, v. 1672-1692.
8. Voir *ibid.*, v. 40-42, où le précédent de Caligula préfigure le destin
de Néron.

dresse[1] » ne le retient auprès d'Octavie, dont il ne songe qu'à divorcer. Le second, toujours passionnément épris de Bérénice, ne congédiera qu'à regret la reine étrangère, sacrifiant son bonheur personnel aux exigences de sa gloire. Nulle part l'opposition des deux personnages, dont l'un semble symboliser les entraînements de la jeunesse, l'autre l'entrée dans les responsabilités de l'âge mûr, ne se manifeste plus nettement que lorsqu'on entend Néron s'insurger contre son image idéale, demeurée jusqu'à cette heure intacte, de prince bien aimé[2], Burrhus lui remettre en mémoire les heureux commencements de son règne[3] et Narcisse le persuader au rebours qu'il ne doit pas craindre de lasser la servile complaisance de ses sujets[4]. Les deux pièces romaines de Racine doivent donc être considérées comme les volets contraires d'un même diptyque, où sont mis en regard le mal et le bien. Le passage à des couleurs moins sombres n'impliquera pas pour autant un retour aux valeurs héroïques jadis exaltées par Corneille, car la volonté ne triomphe plus sans un déchirement douloureux et tragique. La différence de Tite et Bérénice avec l'élégie que le même thème inspire à son rival témoigne assez que l'œuvre racinienne se développe désormais selon sa loi propre. Elle tend dès ses origines à croître suivant un rythme binaire. Après les deux premiers essais, Andromaque et Les Plaideurs ont tenté successivement les voies des larmes et du rire. Viennent ensuite quatre groupes de deux tragédies, consacrés à la Rome impériale, à l'Orient, ancien ou moderne, à la Grèce légendaire, enfin, longtemps plus tard, à l'Antiquité judaïque. Britannicus en ouvre le cortège et marque une étape importante sur cette route royale jalonnée de chefs-d'œuvre. Plus qu'aucune des précédentes, la pièce prouve, avec éclat, que le dramaturge, en pleine possession de son art, entre dans la précoce maturité de son génie.

1. *Britannicus*, v. 463.
2. *Ibid.*, v. 1332-1336.
3. *Ibid.*, v. 1357-1372.
4. *Ibid.*, v. 1432-1454.

XI. *BÉRÉNICE*

La Bérénice *de Racine, créée le 21 novembre 1670 à l'Hôtel de Bourgogne, et la comédie héroïque de Corneille sur le même sujet, représentée pour la première fois le 28 au Palais-Royal, ne se sont pas suivies de si près par une coïncidence fortuite. Reste à savoir qui prit l'initiative de la compétition, car on ne peut tirer argument d'une antériorité probablement imputable aux comédiens plutôt qu'aux auteurs. Les témoignages strictement contemporains gardent là-dessus le plus complet silence, comme si la question ne se fût même pas posée. On vient de voir que des liens thématiques unissent Titus avec Néron, dans* Britannicus. *La nouvelle tragédie racinienne semble donc être née, pour ainsi dire, de la précédente et s'inscrire dans son prolongement direct. Mais le « monstre naissant » pouvait donner au peintre d'Auguste dans* Cinna *l'idée de relever le défi que son rival avait semblé lui porter et d'opposer un portrait du bon empereur à cette image du plus mauvais. Cette reine qu'on hésite à répudier le ramenait au surplus vers ce type d'intrigues dont il se plaisait à débrouiller l'écheveau dans ses tragédies matrimoniales. Il demeure cependant peu vraisemblable que l'un ou l'autre des deux adversaires ait pris de soi-même l'initiative de vider leur querelle en champ clos. Le plus vieux allait se retirer au terme d'une longue et glorieuse carrière. Le plus jeune touchait presque au faîte de la sienne. Pour quel profit risquer d'être battu dans cet affrontement ? On voit bien ce que l'un et l'autre y pouvaient perdre, non ce qu'ils y gagnaient.*

La compétition se comprend mieux si l'on admet qu'ils s'y sont trouvés engagés probablement à leur insu. Certes, la concurrence des troupes reste vive et l'on pourrait supposer qu'il s'agit là d'un épisode parmi d'autres dans la guerre qu'elles se livraient. Mais l'hypothèse finalement la plus plausible demeure celle du commandement qu'ils auraient reçu de Madame. Que personne, à l'époque, n'en ait rien dit s'explique. Tant que les deux pièces ne furent pas achevées, il fallait éviter que le secret n'en fût éventé, de peur que le projet *n'échouât par suite d'indiscrétions*[1]. *Lorsqu'elles furent mises en répétition*, Henriette d'Angleterre *venait de mourir, à peine quelques mois plus tôt, dans des circonstances mal élucidées. La cour portait son deuil. Saint-Denis retentissait encore des éloquentes paroles qu'avait prononcées Bossuet dans son oraison funèbre. La plus élémentaire décence interdisait de mêler son nom aux affaires du théâtre. Elle avait suivi l'élaboration d'*Andromaque, *aimait les* « ouvrages de l'esprit*[2] *», commençait à se prendre d'intérêt pour des lectures sérieuses, après en avoir longtemps goûté de plus frivoles. Quoi de plus naturel qu'après* Britannicus *et la cabale que la pièce avait suscitée, elle ait engagé Racine à composer une seconde tragédie romaine, d'où ne serait pas bannie la tendresse, où même l'on ne verserait pas moins de larmes qu'à la représentation d'*Andromaque, *mais où l'accent serait mis sur « les devoirs de ceux dont la vie compose l'histoire*[3] *», de manière à contrebalancer les noirceurs de l'œuvre précédente, et qu'elle ait voulu, comme par gageure, le voir jouter contre le vieux* Corneille, *sans que ni l'un ni l'autre le sache, sur un thème commun, traité dans un genre et surtout un esprit différent ? L'abbé du Bos,* Fontenelle *et Louis* Racine, *somme toute, n'avancent rien de plus, sinon ce que, selon le premier et le dernier,* Boileau *se plaisait à répéter : qu'il aurait empêché son ami de s'engager s'il s'était trouvé là.*

Ne mérite en revanche nul crédit l'absurde légende, colportée par la Princesse Palatine puis reprise à son compte par Voltaire, *suivant laquelle Madame aurait choisi ce sujet pour évoquer, à travers lui, la touchante séparation, en 1659, de Louis XIV et de Marie Mancini. Non content d'indiquer cette clé, qui peut à bon droit laisser sceptique, le philosophe en propose encore une autre, qui ne convainc pas davantage. Henriette et le roi son beau-frère avaient éprouvé l'un pour l'autre une vive attirance, à laquelle ils « mirent un frein », non sans*

---

1. Bossuet vante la discrétion de la jeune princesse : « Aussi pouvait-on sans crainte lui confier les plus grands secrets » (*Oraison funèbre de Henriette d'Angleterre*).
2. *Ibid.*
3. *Ibid.*

conserver dans leur cœur « *une inclination secrète* » : *la princesse aurait souhaité voir « ces sentiments [...] développés sur la scène[1] ».* Cet étalage au grand jour d'une passion qu'on cherche à tenir cachée cadrerait assez mal avec les usages de l'époque et ne répond guère à l'image que la jeune femme entend donner d'elle-même dans les derniers temps de sa vie. Racine, sans doute, lorsqu'il dédiera Bérénice à Colbert, dans les premiers mois de 1671, ne manquera pas de souligner discrètement, avec un art tout classique de la litote, qu'elle « *n'a pas déplu à Sa Majesté* ». Mais, loin de s'identifier à Titus, le monarque ne l'aurait trouvée « *à son goût que pour ressembler en tout à Alexandre, avec qui il a déjà de commun le courage, la valeur, la prudence, et toutes les vertus d'un héros[2]* ». Sans y chercher plus d'implications que vraisemblablement elle n'en contient, on peut seulement déduire de son succès qu'elle se trouvait accordée à la sensibilité générale du moment.

Trente représentations n'en épuisèrent pas la vogue. La comédie héroïque de Tite et Bérénice ne s'était soutenue, avec plus de peine, peut-être en partie à cause d'interprètes jugés insuffisants, que jusqu'à la vingt-quatrième. Les deux pièces furent critiquées, à quelques jours d'intervalle, en janvier 1671, par l'abbé Montfaucon de Villars, qui venait de publier aussi son Comte de Gabalis. Mme de Sévigné, dont on sait la prévention en faveur de Corneille, trouvera « *plaisante et spirituelle[3]* » celle des deux dissertations qui porte sur la Bérénice de Racine. Cette brochure, pourtant, vaut moins encore que La Folle Querelle *inspirée naguère à* Subligny *par* Andromaque. Saint-Glas se chargea d'y répondre. Mais Racine lui-même, plus justement, estima qu'elle ne méritait que le dédain[4].

A l'appréciation toujours sévère de Saint-Évremond s'ajoute celle d'un autre exilé : Bussy-Rabutin, sur la foi

---

1. Voltaire, *Commentaires sur Corneille.*
2. *Réponse à la Critique de Bérénice*, dans Parfaict, *Histoire du Théâtre français*, t. XI, pp. 82-83.
3. Lettre du 16 septembre 1671.
4. Il avait pris le 16 janvier un privilège pour sa pièce, dont l'impression fut achevée le 24 février. A la fin de sa *Préface*, il traite par le mépris le misérable auteur de la *Critique.*

d'une correspondante dijonnaise, s'attendait à plus de tendresse et se montre déçu par Titus. D'autres, tels que Chapelle, ou Condé, ne se privent pas d'ironiser :

Marion pleure, Marion crie,
Marion veut qu'on la marie[1].

*Une tragédie qui tirait aux spectateurs tant de larmes ne pouvait que mettre en gaieté les railleurs et susciter la parodie. Après la caricature d'*Andromaque, *jouée sur la scène du Palais-Royal en 1668, celle de* Bérénice, *plus affligeante encore, prendra place en 1683 dans l'*Arlequin Protée *de Fatouville et sera représentée par les Comédiens Italiens. Entre-temps, auront paru les trois actes anonymes de* Tite et Titus ou les Bérénice, *publiés en 1673 par un libraire d'Utrecht, pièce où les personnages de Corneille intentent à ceux de Racine un procès en usurpation d'identité : Apollon tranche le différend, déclare imposteurs Tite et sa Bérénice, mais non sans que le couple reconnu comme authentique ne soit blâmé d'avoir quitté l'histoire pour le théâtre. Cet arbitrage mythologique départage des adversaires que l'abbé de Villars, dans ses deux* Critiques, *avait renvoyés dos à dos et consacre, à sa manière, la défaite du plus âgé devant le plus jeune.*

Bérénice *permet de mesurer le chemin parcouru par le dramaturge en l'espace de quelques années. La tragédie s'inscrit à distance dans le prolongement d'*Andromaque, *surtout grâce au personnage d'Antiochus, qui, par son rôle et sa situation, rappelle Oreste, avec un inflé-chissement de la frénésie tragique vers la mélancolie*

1. Louis Racine ; *Mercure* d'août 1724, cité dans Parfaict, *Histoire du Théâtre français* [...], t. XI, p. 99. On peut se demander si de cette plaisanterie ne serait pas venu le rapprochement établi plus tard avec Marie Mancini. Marion représente en effet le diminutif de son prénom. Mais inversement, les allusions qu'on a cru déceler dans la pièce à son idylle avec Louis XIV ont pu susciter ce quolibet. N'oublions pas toutefois que le même prénom était porté par Marie Desmares, autrement dit la Champmeslé, l'inoubliable interprète de Bérénice (voir ce qu'écrira là-dessus La Fontaine en 1682 dans le prologue de *Belphégor*), dont elle avait créé le rôle, tandis que son mari jouait Antiochus. Tous deux, après être passés par le Marais, qui les avait engagés en 1668, étaient entrés à l'Hôtel de Bourgogne le 22 mars 1670.

*élégiaque. Paulin tient auprès de son maître un peu le
même emploi que Phoenix auprès de Pyrrhus*[1]. *La reine,
comme Hermione délaissée, cherche, vainement, à s'illusionner*[2].

Mais *l'œuvre nouvelle continue plus directement
encore* Britannicus *par le contrepoint qui, comme on l'a
vu, s'institue entre l'avènement du bon empereur et la
naissance du monstrueux tyran. On n'y relève pas moins
de quatre passages qui mentionnent Néron*[3]. *Titus, à la
vérité, s'est, dans sa jeunesse, laissé pervertir, prenant
part, avec d'autres «jeunes voluptueux*[4]*» aux débauches de son prédécesseur. Quand sa maîtresse lui tient un
langage comparable à celui de l'insidieux Narcisse*[5], *il
chancelle, presque prêt à succomber. Les exhortations de
son confident ne l'empêchent pas de connaître, avant
qu'il ne se reprenne, des instants de faiblesse et de
vertige*[6]. *Inversement, le fils d'Agrippine, au début de
son règne, a goûté les douceurs de la bienfaisance*[7].
*Entre eux, pourtant, passe la ligne de partage qui sépare
le bien et le mal. Placés devant le même dilemme, ils
choisissent en sens opposé, de sorte qu'à la sombre
fatalité du crime se substitue, plus pathétique, celle de la
vertu.*

Cependant *la pièce doit son originalité principale à ce
qu'elle évoque, avec une saisissante vérité dans la peinture des sentiments, sans jamais contrevenir pour autant
à la plus délicate bienséance, une liaison de cinq années,
qui se dénoue par une rupture. Rien de plus simple, et
dans un sens de plus banal, que l'anecdote qui forme tout
le sujet. Dépouillons de sa vaine et pesante grandeur ce
couple d'amants, on dirait qu'il joue, deux siècles et plus
avant Jules Renard,* Le Plaisir de rompre. *L'héroïne
apparaît comme une de ces maîtresses près de qui les
jeunes gens, après avoir jeté leur gourme, se forment;*

1. Voir notamment *Bérénice*, v. 555-556.
2. Cf. *Bérénice*, v. 918 et *Andromaque*, v. 428-432.
3. *Bérénice*, v. 349-356 (cf. *Britannicus*, v. 1437-1454); v. 397-402;
v. 506-508 (cf. *Britannicus*, v. 1204-1206); v. 1209-1216.
4. Voir *Britannicus*, v. 1195, et *Bérénice*, v. 506-508.
5. Cf. *Bérénice*, v. 1151-1152, et *Britannicus*, v. 481-482, 1433-1435.
6. Voir *Bérénice*, v. 1209-1218.
7. Cf. *Britannicus*, v. 1355-1372, et *Bérénice*, v. 514-518.

sous l'influence desquelles s'acquièrent les qualités du
cœur[1] ; à qui, lorsqu'on les quitte, on éprouve le senti-
ment qu'on doit, pour la vie, le meilleur de soi ; comme
une de ces amoureuses par lesquelles on se laisse
irrésistiblement prendre aux pièges de la tendresse[2] ; qui
ne vivent plus elles-mêmes dès qu'elles croient remarquer
la plus légère trace de désaffection, mais appartenant à la
catégorie des femmes que les convenances interdisent
d'épouser. Après avoir le plus longtemps possible retardé
l'échéance[3] et refusé d'envisager les lendemains du
bonheur, il faut bien finir par se détacher l'un de l'autre,
non sans souffrance ni déchirement, sous peine de
traîner comme un fardeau ce honteux lien, cette habitude
invétérée dont on ne saurait plus se passer[4], ou de
tomber dans une déchéance dégradante[5].

Le cœur manque à Titus pour trancher ainsi dans le
vif. Il en charge l'ami qu'il ne sait pas son rival[6]. Mais il
n'éludera point la pénible nécessité de mettre lui-même
Bérénice en face de l'irrévocable. Peu s'en faudra qu'elle
n'en meure[7]. Jamais encore on n'avait mis sur la scène
tragique, sans se départir de la noblesse qu'exigeait le
genre, avec une économie de moyens plus dépouillée, qui
permet au poète de se réduire à l'essentiel, la touchante
histoire d'une passion qui se dénoue par une séparation
douloureuse. Le chant racinien trouve des vers chargés
de résonances pour dire les longs regrets que laisse le
départ de la personne aimée, dans des lieux pleins
encore de son radieux souvenir[8], ou, plus poignante, la

1. Voir v. 509-519.
2. Voir v. 531-547.
3. Voir v. 1088-1094.
4. Voir v. 1132-1134.
5. Voir v. 1399-1406.
6. Cet aspect d'Antiochus l'apparente à des personnages de confidents dévoués et malheureux, tels que Chabanes dans *La Princesse de Montpensier* (Mme de La Fayette, *La Princesse de Clèves* et autres romans, édition de Bernard Pingaud, Folio, 1972, pp. 43-44, 62-67, etc.). Cette similitude, quand on connaît les relations de la romancière avec Madame, renforce l'hypothèse en vertu de laquelle on trouverait dans Henriette d'Angleterre l'instigatrice des deux *Bérénice*.
7. Voir v. 1227-1233.
8. Voir v. 234-240. Le thème sera repris par La Fontaine, sur un mode moins sombre, et sans la magie qu'ajoute ici l'Orient, dans l'élégie finale des *Deux Pigeons*. Ce mouvement lyrique, amorcé dès

perspective d'une absence qui doit durer toujours[1].

A côté des œuvres qui suivront, Bérénice pourra paraître une pièce un peu pâle, où le tragique tend à se diluer en élégie. Elle n'en aura pas moins porté la poésie de Racine à l'un de ses sommets. D'autres de ses tragédies viendront, plus fortes, plus profondes, plus parfaites, plus lourdes de sens, mais aucune où se perçoive de manière aussi pure et continue cette musique expressive, sensible aux moindres nuances du sentiment ou de la passion, dont le secret n'appartient qu'à lui.

Jean-Pierre Collinet.

NOTE SUR LA PRÉSENTE ÉDITION

Nous reproduisons ici le texte donné par la troisième édition collective des *Œuvres* (Paris, Denis Thierry, Claude Barbin ou Trabouillet, 2 volumes in-12), la dernière parue du vivant de Racine.

Nous modernisons l'orthographe. Nous modifions, aussi discrètement que possible, la ponctuation afin de l'adapter à l'usage actuel.

On trouvera dans les notes les principales variantes offertes par les éditions antérieures à celle de 1697.

juin 1671 dans une lettre du fabuliste à la duchesse de Bouillon (*Œuvres diverses* de La Fontaine, éd. Pierre Clarac, p. 577), pourrait bien avoir pour une part tiré son origine des v. 236 et 238 dans la tragédie de Racine. Notons encore que les v. 277-280 de *Bérénice* trouvent aussi leur écho, sur un ton plus léger, vers la fin de 1674, dans cet ironique fragment d'idylle que constitue la fable de *Tircis et Amarante*, dédiée à la nièce de La Rochefoucauld :

> *Se mire-t-on près un rivage?*
> *Ce n'est pas soi qu'on voit, on ne voit qu'une image*
> *Qui sans cesse revient et qui suit en tous lieux.*

1. Voir *Bérénice*, v. 1111-1117.

LA THÉBAÏDE

OU LES FRÈRES ENNEMIS

Tragédie

A MONSEIGNEUR
LE DUC DE SAINT-AIGNAN

PAIR DE FRANCE

MONSEIGNEUR,

Je vous présente un ouvrage qui n'a peut-être rien de considérable que l'honneur de vous avoir plu. Mais véritablement cet honneur est quelque chose de si grand pour moi que, quand ma pièce ne m'aurait produit que cet avantage, je pourrais dire que son succès aurait passé mes espérances. Et que pouvais-je espérer de plus glorieux que l'approbation d'une personne qui sait donner aux choses un juste prix, et qui est lui-même l'admiration de tout le monde? Aussi, MONSEIGNEUR, si *La Thébaïde* a reçu quelques applaudissements, c'est sans doute qu'on n'a pas osé démentir le jugement que vous avez donné en sa faveur; et il semble que vous lui ayez communiqué ce don de plaire qui accompagne toutes vos actions. J'espère qu'étant dépouillée des ornements du théâtre, vous ne laisserez pas de la regarder encore favorablement. Si cela est, quelques ennemis qu'elle puisse avoir, je n'appréhende rien pour elle, puisqu'elle sera assurée d'un protecteur que le nombre des ennemis n'a pas accoutumé d'ébranler. On sait, MONSEIGNEUR, que si vous avez une parfaite connaissance des belles choses, vous n'entreprenez pas les grandes avec un courage moins élevé, et que vous avez réuni en vous ces deux excellentes qualités qui ont fait séparément tant de grands hommes. Mais je dois craindre que mes louanges ne vous soient aussi importunes que les vôtres m'ont été avantageuses : aussi bien, je ne vous dirais que des choses qui sont connues de tout le monde, et que vous seul voulez ignorer. Il suffit que vous me permettiez de vous dire, avec un profond respect, que je suis,

MONSEIGNEUR,
　　　　Votre très humble et très obéissant serviteur,
　　　　　　　　　　　　　　　　　　RACINE.

PRÉFACE[1]

Le lecteur me permettra de lui demander un peu plus d'indulgence pour cette pièce que pour les autres qui la suivent ; j'étais fort jeune quand je la fis. Quelques vers que j'avais faits alors tombèrent par hasard entre les mains de quelques personnes d'esprit. Ils m'excitèrent à faire une tragédie, et me proposèrent le sujet de la *Thébaïde*. Ce sujet avait été autrefois traité par Rotrou, sous le nom d'*Antigone*[2]. Mais il faisait mourir les deux frères dès le commencement de son troisième acte. Le reste était, en quelque sorte, le commencement d'une autre tragédie, où l'on entrait dans des intérêts tout nouveaux ; et il avait réuni en une seule pièce deux actions différentes, dont l'une sert de matière aux *Phéniciennes* d'Euripide, et l'autre à l'*Antigone* de Sophocle. Je compris que cette duplicité d'action avait pu nuire à sa pièce qui, d'ailleurs, était remplie de quantité de beaux endroits. Je dressai à peu près mon plan sur les *Phéniciennes* d'Euripide. Car pour la *Thébaïde* qui est dans Sénèque, je suis un peu de l'opinion d'Heinsius[3], et je tiens, comme lui, que non seulement ce n'est point une tragédie de Sénèque, mais que c'est plutôt l'ouvrage d'un déclamateur qui ne savait ce que c'était que tragédie.

La catastrophe de ma pièce est peut-être un peu trop sanglante. En effet, il n'y paraît presque pas un acteur qui ne meure à la fin. Mais aussi c'est la *Thébaïde,* c'est-à-dire le sujet le plus tragique de l'antiquité.

L'amour, qui a d'ordinaire tant de part dans les tragédies, n'en a presque point ici ; et je doute que je lui en donnasse davantage si c'était à recommencer, car il faudrait, ou que l'un des deux frères fût amoureux, ou tous les deux ensemble. Et quelle apparence de leur donner d'autres intérêts que ceux de cette fameuse haine qui les occupait tout entiers ? Ou bien il faut jeter l'amour sur un des seconds personnages, comme j'ai fait ; et alors cette passion, qui devient comme étrangère au sujet, ne peut produire que de médiocres effets. En un mot, je suis persuadé que les tendresses ou les jalousies des amants ne sauraient trouver que fort peu de place parmi les incestes, les parricides, et toutes les autres horreurs qui composent l'histoire d'Œdipe et de sa malheureuse famille[4].

ACTEURS

ÉTÉOCLE, roi de Thèbes.
POLYNICE, frère d'Étéocle.
JOCASTE, mère de ces deux princes et d'Antigone.
ANTIGONE, sœur d'Étéocle et de Polynice.
CRÉON, oncle des princes et de la princesse.
HÉMON, fils de Créon, amant d'Antigone.
OLYMPE, confidente de Jocaste.
ATTALE, confident de Créon.
Un soldat de l'armée de Polynice.
Gardes.

La scène est à Thèbes, dans une salle du palais royal

LA THÉBAÏDE
OU LES FRÈRES ENNEMIS

ACTE PREMIER

SCÈNE 1

JOCASTE, OLYMPE

JOCASTE

Ils sont sortis, Olympe ? Ah ! mortelles douleurs !
Qu'un moment de repos me va coûter de pleurs !
Mes yeux depuis six mois étaient ouverts aux larmes
Et le sommeil les ferme en de telles alarmes ?
Puisse plutôt la mort les fermer pour jamais,
Et m'empêcher de voir le plus noir des forfaits !
Mais en sont-ils aux mains ?

OLYMPE

           Du haut de la muraille
Je les ai vus déjà tous rangés en bataille ;
J'ai vu déjà le fer briller de toutes parts ;
10 Et pour vous avertir j'ai quitté les remparts.
J'ai vu, le fer en main, Étéocle lui-même ;
Il marche des premiers, et d'une ardeur extrême
Il montre aux plus hardis à braver le danger.

JOCASTE

N'en doutons plus, Olympe, ils se vont égorger.
Que l'on coure avertir et hâter la princesse ;
Je l'attends. Juste ciel, soutenez ma faiblesse !

Il faut courir, Olympe, après ces inhumains ;
Il les faut séparer, ou mourir par leurs mains.
Nous voici donc, hélas ! à ce jour détestable
20 Dont la seule frayeur me rendait misérable !
Ni prière ni pleurs ne m'ont de rien servi,
Et le courroux du sort voulait être assouvi.
O toi, soleil, ô toi qui rends le jour au monde,
Que ne l'as-tu laissé dans une nuit profonde !
A de si noirs forfaits prêtes-tu tes rayons ?
Et peux-tu sans horreur voir ce que nous voyons ?
Mais ces monstres, hélas ! ne t'épouvantent guères :
La race de Laïus les a rendus vulgaires ;
Tu peux voir sans frayeur les crimes de mes fils,
30 Après ceux que le père et la mère ont commis.
Tu ne t'étonnes pas si mes fils sont perfides,
S'ils sont tous deux méchants, et s'ils sont parricides ;
Tu sais qu'ils sont sortis d'un sang incestueux,
Et tu t'étonnerais s'ils étaient vertueux [5].

SCÈNE II

JOCASTE, ANTIGONE, OLYMPE

JOCASTE

Ma fille, avez-vous su l'excès de nos misères ?

ANTIGONE

Oui, Madame : on m'a dit la fureur de mes frères.

JOCASTE

Allons, chère Antigone, et courons de ce pas
Arrêter, s'il se peut, leur parricide bras.
Allons leur faire voir ce qu'ils ont de plus tendre ;
40 Voyons si contre nous ils pourront se défendre,
Ou s'ils oseront bien, dans leur noire fureur,
Répandre notre sang pour attaquer le leur.

ANTIGONE

Madame, c'en est fait, voici le roi lui-même.

SCÈNE III

JOCASTE, ÉTÉOCLE, ANTIGONE, OLYMPE

JOCASTE

Olympe, soutiens-moi, ma douleur est extrême.

ÉTÉOCLE

Madame, qu'avez-vous ? et quel trouble...

JOCASTE

                              Ah, mon fils !
Quelles traces de sang vois-je sur vos habits ?
Est-ce du sang d'un frère ? ou n'est-ce point du vôtre ?

ÉTÉOCLE

Non, Madame, ce n'est ni de l'un ni de l'autre.
Dans son camp jusqu'ici Polynice arrêté,
50 Pour combattre à mes yeux ne s'est point présenté.
D'Argiens seulement une troupe hardie
M'a voulu de nos murs disputer la sortie :
J'ai fait mordre la poudre à ces audacieux,
Et leur sang est celui qui paraît à vos yeux.

JOCASTE

Mais que prétendiez-vous ? et quelle ardeur soudaine
Vous a fait tout à coup descendre dans la plaine ?

ÉTÉOCLE

Madame, il était temps que j'en usasse ainsi,
Et je perdais ma gloire à demeurer ici[6].
Le peuple, à qui la faim se faisait déjà craindre,
60 De mon peu de vigueur commençait à se plaindre,
Me reprochant déjà qu'il m'avait couronné,
Et que j'occupais mal le rang qu'il m'a donné.
Il le faut satisfaire ; et quoi qu'il en arrive,
Thèbes dès aujourd'hui ne sera plus captive :
Je veux, en n'y laissant aucun de mes soldats,
Qu'elle soit seulement juge de nos combats.
J'ai des forces assez pour tenir la campagne,
Et si quelque bonheur nos armes accompagne,
L'insolent Polynice et ses fiers alliés
70 Laisseront Thèbes libre, ou mourront à mes pieds[7].

JOCASTE

Vous pourriez d'un tel sang, ô ciel ! souiller vos armes ?
La couronne pour vous a-t-elle tant de charmes ?
Si par un parricide il la fallait gagner,
Ah ! mon fils, à ce prix voudriez-vous régner ?
Mais il ne tient qu'à vous, si l'honneur vous anime,
De nous donner la paix sans le secours d'un crime,
Et de votre courroux triomphant aujourd'hui,
Contenter votre frère, et régner avec lui.

ÉTÉOCLE

Appelez-vous régner partager ma couronne,
80 Et céder lâchement ce que mon droit me donne ?

JOCASTE

Vous le savez, mon fils, la justice et le sang
Lui donnent, comme à vous, sa part à ce haut rang.
Œdipe, en achevant sa triste destinée,
Ordonna que chacun régnerait son année ;
Et n'ayant qu'un État à mettre sous vos lois,
Voulut que tour à tour vous fussiez tous deux rois.
A ces conditions vous daignâtes souscrire.
Le sort vous appela le premier à l'empire,
Vous montâtes au trône ; il n'en fut point jaloux ;
90 Et vous ne voulez pas qu'il y monte après vous !

ÉTÉOCLE

Non, Madame, à l'empire il ne doit plus prétendre.
Thèbes à cet arrêt n'a point voulu se rendre [8] ;
Et lorsque sur le trône il s'est voulu placer,
C'est elle, et non pas moi, qui l'en a su chasser.
Thèbes doit-elle moins redouter sa puissance,
Après avoir six mois senti sa violence ?
Voudrait-elle obéir à ce prince inhumain,
Qui vient d'armer contre elle et le fer et la faim ?
Prendrait-elle pour roi l'esclave de Mycène,
100 Qui pour tous les Thébains n'a plus que de la haine
Qui s'est au roi d'Argos indignement soumis,
Et que l'hymen attache à nos fiers ennemis ?
Lorsque le roi d'Argos l'a choisi pour son gendre,
Il espérait par lui de voir Thèbes en cendre.
L'amour eut peu de part à cet hymen honteux,

Et la seule fureur en alluma les feux.
Thèbes m'a couronné pour éviter ses chaînes,
Elle s'attend par moi de voir finir ses peines.
Il la faut accuser si je manque de foi ;
110 Et je suis son captif, je ne suis pas son roi.

JOCASTE

Dites, dites plutôt, cœur ingrat et farouche,
Qu'auprès du diadème il n'est rien qui vous touche.
Mais je me trompe encor : ce rang ne vous plaît pas,
Et le crime tout seul a pour vous des appas.
Eh bien ! puisqu'à ce point vous en êtes avide,
Je vous offre à commettre un double parricide :
Versez le sang d'un frère ; et si c'est peu du sien,
Je vous invite encore à répandre le mien.
Vous n'aurez plus alors d'ennemis à soumettre,
120 D'obstacle à surmonter, ni de crime à commettre,
Et n'ayant plus au trône un fâcheux concurrent,
De tous les criminels vous serez le plus grand.

ÉTÉOCLE

Eh bien, Madame, eh bien ! il faut vous satisfaire ;
Il faut sortir du trône et couronner mon frère ;
Il faut, pour seconder votre injuste projet,
De son roi que j'étais devenir son sujet,
Et pour vous élever au comble de la joie,
Il faut à sa fureur que je me livre en proie ;
Il faut par mon trépas...

JOCASTE

         Ah ciel ! quelle rigueur !
130 Que vous pénétrez mal dans le fond de mon cœur !
Je ne demande pas que vous quittiez l'empire :
Régnez toujours, mon fils, c'est ce que je désire.
Mais si tant de malheurs vous touchent de pitié,
Si pour moi votre cœur garde quelque amitié,
Et si vous prenez soin de votre gloire même,
Associez un frère à cet honneur suprême.
Ce n'est qu'un vain éclat qu'il recevra de vous ;
Votre règne en sera plus puissant et plus doux.
Les peuples, admirant cette vertu sublime,
140 Voudront toujours pour prince un roi si magnanime,

Et cet illustre effort, loin d'affaiblir vos droits,
Vous rendra le plus juste et le plus grand des rois.
Ou s'il faut que mes vœux vous trouvent inflexible,
Si la paix à ce prix vous paraît impossible,
Et si le diadème a pour vous tant d'attraits,
Au moins consolez-moi de quelque heure de paix.
Accordez cette grâce aux larmes d'une mère,
Et cependant, mon fils, j'irai voir votre frère.
La pitié dans son âme aura peut-être lieu,
150 Ou du moins pour jamais j'irai lui dire adieu.
Dès ce même moment permettez que je sorte :
J'irai jusqu'à sa tente, et j'irai sans escorte ;
Par mes justes soupirs j'espère l'émouvoir.

ÉTÉOCLE

Madame, sans sortir vous le pouvez revoir ;
Et si cette entrevue a pour vous tant de charmes,
Il ne tiendra qu'à lui de suspendre nos armes.
Vous pouvez dès cette heure accomplir vos souhaits
Et le faire venir jusque dans ce palais.
J'irai plus loin encore ; et pour faire connaître
160 Qu'il a tort en effet de me nommer un traître,
Et que je ne suis pas un tyran odieux,
Que l'on fasse parler et le peuple et les dieux.
Si le peuple y consent, je lui cède ma place ;
Mais qu'il se rende enfin, si le peuple le chasse.
Je ne force personne, et j'engage ma foi
De laisser aux Thébains à se choisir un roi.

SCÈNE IV

JOCASTE, ÉTÉOCLE, ANTIGONE,
CRÉON, OLYMPE

CRÉON

Seigneur, votre sortie a mis tout en alarmes :
Thèbes, qui croit vous perdre, est déjà toute en larmes ;
L'épouvante et l'horreur règnent de toutes parts,
170 Et le peuple effrayé tremble sur ses remparts.

ÉTÉOCLE

Cette vaine frayeur sera bientôt calmée,
Madame, je m'en vais retrouver mon armée ;

Cependant vous pouvez accomplir vos souhaits,
Faire entrer Polynice et lui parler de paix.
Créon, la reine ici commande en mon absence :
Disposez tout le monde à son obéissance.
Laissez, pour recevoir et pour donner ses lois,
Votre fils Ménécée, et j'en ai fait le choix ;
Comme il a de l'honneur autant que de courage,
180 Ce choix aux ennemis ôtera tout ombrage,
Et sa vertu suffit pour les rendre assurés.
Commandez-lui, Madame.

(A Créon.)

                Et vous, vous me suivrez.

CRÉON

Quoi ? Seigneur...

ÉTÉOCLE

          Oui, Créon, la chose est résolue.

CRÉON

Et vous quittez ainsi la puissance absolue ?

ÉTÉOCLE

Que je la quitte ou non, ne vous tourmentez pas ;
Faites ce que j'ordonne, et venez sur mes pas.

SCÈNE V

JOCASTE, ANTIGONE, CRÉON, OLYMPE

CRÉON

Qu'avez-vous fait, Madame ? et par quelle conduite
Forcez-vous un vainqueur à prendre ainsi la fuite ?
Ce conseil va tout perdre.

JOCASTE

              Il va tout conserver ;
190 Et par ce seul conseil Thèbes se peut sauver.

CRÉON

Eh quoi, Madame, eh quoi ? dans l'état où nous
                               [sommes,

Lorsqu'avec un renfort de plus de six mille hommes
La fortune promet toute chose aux Thébains,
Le roi se laisse ôter la victoire des mains ?

JOCASTE

La victoire, Créon, n'est pas toujours si belle ;
La honte et les remords vont souvent après elle.
Quand deux frères armés vont s'égorger entre eux,
Ne les pas séparer, c'est les perdre tous deux.
Peut-on faire au vainqueur une injure plus noire,
200 Que lui laisser gagner une telle victoire ?

CRÉON

Leur courroux est trop grand...

JOCASTE

                                    Il peut être adouci.

CRÉON

Tous deux veulent régner.

JOCASTE

                                    Ils régneront aussi.

CRÉON

On ne partage point la grandeur souveraine ;
Et ce n'est pas un bien qu'on quitte et qu'on reprenne.

JOCASTE

L'intérêt de l'État leur servira de loi.

CRÉON

L'intérêt de l'État est de n'avoir qu'un roi,
Qui d'un ordre constant gouvernant ses provinces,
Accoutume à ses lois et le peuple et les princes.
Ce règne interrompu de deux rois différents,
210 En lui donnant deux rois lui donne deux tyrans.
Par un ordre, souvent l'un à l'autre contraire,
Un frère détruirait ce qu'aurait fait un frère ;
Vous les verriez toujours former quelque attentat,
Et changer tous les ans la face de l'État.
Ce terme limité que l'on veut leur prescrire

Accroît leur violence en bornant leur empire.
Tous deux feront gémir les peuples tour à tour,
Pareils à ces torrents qui ne durent qu'un jour :
Plus leur cours est borné, plus ils font de ravage,
220 Et d'horribles dégâts signalent leur passage.

JOCASTE

On les verrait plutôt, par de nobles projets,
Se disputer tous deux l'amour de leurs sujets.
Mais avouez, Créon, que toute votre peine
C'est de voir que la paix rend votre attente vaine,
Qu'elle assure à mes fils le trône où vous tendez,
Et va rompre le piège où vous les attendez.
Comme, après leur trépas, le droit de la naissance
Fait tomber en vos mains la suprême puissance,
Le sang qui vous unit aux deux princes mes fils
230 Vous fait trouver en eux vos plus grands ennemis ;
Et votre ambition, qui tend à leur fortune,
Vous donne pour tous deux une haine commune.
Vous inspirez au roi vos conseils dangereux,
Et vous en servez un pour les perdre tous deux.

CRÉON

Je ne me repais point de pareilles chimères.
Mes respects pour le roi sont ardents et sincères,
Et mon ambition est de le maintenir
Au trône où vous croyez que je veux parvenir.
Le soin de sa grandeur est le seul qui m'anime ;
240 Je hais ses ennemis, et c'est là tout mon crime :
Je ne m'en cache point. Mais à ce que je voi,
Chacun n'est pas ici criminel comme moi.

JOCASTE

Je suis mère, Créon, et si j'aime son frère,
La personne du roi ne m'en est pas moins chère.
De lâches courtisans peuvent bien le haïr,
Mais une mère enfin ne peut pas se trahir.

ANTIGONE

Vos intérêts ici sont conformes aux nôtres,
Les ennemis du roi ne sont pas tous les vôtres ;
Créon, vous êtes père, et dans ces ennemis,

250 Peut-être songez-vous que vous avez un fils.
On sait de quelle ardeur Hémon sert Polynice.

CRÉON

Oui, je le sais, Madame, et je lui fais justice ;
Je le dois, en effet, distinguer du commun,
Mais c'est pour le haïr encor plus que pas un.
Et je souhaiterais, dans ma juste colère,
Que chacun le haït comme le hait son père.

ANTIGONE

Après tout ce qu'a fait la valeur de son bras,
Tout le monde en ce point ne vous ressemble pas.

CRÉON

Je le vois bien, Madame, et c'est ce qui m'afflige ;
260 Mais je sais bien à quoi sa révolte m'oblige ;
Et tous ces beaux exploits qui le font admirer,
C'est ce qui me le fait justement abhorrer.
La honte suit toujours le parti des rebelles ;
Leurs grandes actions sont les plus criminelles,
Ils signalent leur crime en signalant leur bras,
Et la gloire n'est point où les rois ne sont pas.

ANTIGONE

Écoutez un peu mieux la voix de la nature.

CRÉON

Plus l'offenseur m'est cher, plus je ressens l'injure.

ANTIGONE

Mais un père à ce point doit-il être emporté ?
270 Vous avez trop de haine.

CRÉON

                          Et vous trop de bonté.
C'est trop parler, Madame, en faveur d'un rebelle.

ANTIGONE

L'innocence vaut bien que l'on parle pour elle.

CRÉON

Je sais ce qui le rend innocent à vos yeux.

ANTIGONE

Et je sais quel sujet vous le rend odieux.

CRÉON

L'amour a d'autres yeux que le commun des hommes.

JOCASTE

Vous abusez, Créon, de l'état où nous sommes ;
Tout vous semble permis ; mais craignez mon cour-
Vos libertés enfin retomberaient sur vous.   [roux :

ANTIGONE

L'intérêt du public agit peu sur son âme,
280 Et l'amour du pays nous cache une autre flamme.
Je la sais ; mais, Créon, j'en abhorre le cours,
Et vous ferez bien mieux de la cacher toujours.

CRÉON

Je le ferai, Madame, et je veux par avance
Vous épargner encor jusques à ma présence.
Aussi bien mes respects redoublent vos mépris,
Et je vais faire place à ce bienheureux fils.
Le roi m'appelle ailleurs, il faut que j'obéisse.
Adieu. Faites venir Hémon et Polynice.

JOCASTE

N'en doute pas, méchant, ils vont venir tous deux ;
290 Tous deux ils préviendront tes desseins malheureux.

SCÈNE VI

JOCASTE, ANTIGONE, OLYMPE

ANTIGONE

Le perfide ! A quel point son insolence monte !

JOCASTE

Ses superbes discours tourneront à sa honte.
Bientôt, si nos désirs sont exaucés des cieux,
La paix nous vengera de cet ambitieux.
Mais il faut se hâter, chaque heure nous est chère :

Appelons promptement Hémon et votre frère ;
Je suis pour ce dessein prête à leur accorder
Toutes les sûretés qu'ils pourront demander.
Et toi, si mes malheurs ont lassé ta justice,
300 Ciel, dispose à la paix le cœur de Polynice,
Seconde mes soupirs, donne force à mes pleurs,
Et comme il faut enfin fais parler mes douleurs.

ANTIGONE, *demeurant un peu après sa mère.*

Et si tu prends pitié d'une flamme innocente,
O ciel, en ramenant Hémon à son amante,
Ramène-le fidèle, et permets en ce jour
Qu'en retrouvant l'amant je retrouve l'amour.

ACTE DEUXIÈME

SCÈNE I

ANTIGONE, HÉMON

HÉMON

Quoi, vous me refusez votre aimable présence,
Après un an entier de supplice et d'absence ?
Ne m'avez-vous, Madame, appelé près de vous,
310 Que pour m'ôter si tôt un bien qui m'est si doux ?

ANTIGONE

Et voulez-vous si tôt que j'abandonne un frère ?
Ne dois-je pas au temple accompagner ma mère ?
Et dois-je préférer, au gré de vos souhaits,
Le soin de votre amour à celui de la paix ?

HEMON

Madame, à mon bonheur c'est chercher trop d'obsta-
Ils iront bien sans nous consulter les oracles.   [cles ;
Permettez que mon cœur, en voyant vos beaux yeux,
De l'état de son sort interroge ses dieux.
Puis-je leur demander, sans être téméraire,
320 S'ils ont toujours pour moi leur douceur ordinaire ?
Souffrent-ils sans courroux mon ardente amitié ?

Et du mal qu'ils ont fait ont-ils quelque pitié ?
Durant le triste cours d'une absence cruelle,
Avez-vous souhaité que je fusse fidèle ?
Songiez-vous que la mort menaçait loin de vous
Un amant qui ne doit mourir qu'à vos genoux ?
Ah ! d'un si bel objet quand une âme est blessée,
Quand un cœur jusqu'à vous élève sa pensée,
Qu'il est doux d'adorer tant de divins appas !
330 Mais aussi que l'on souffre en ne les voyant pas !
Un moment loin de vous me durait une année ;
J'aurais fini cent fois ma triste destinée,
Si je n'eusse songé jusques à mon retour
Que mon éloignement vous prouvait mon amour,
Et que le souvenir de mon obéissance
Pourrait en ma faveur parler en mon absence ;
Et que pensant à moi vous penseriez aussi
Qu'il faut aimer beaucoup pour obéir ainsi.

ANTIGONE

Oui, je l'avais bien cru qu'une âme si fidèle
340 Trouverait dans l'absence une peine cruelle ;
Et si mes sentiments se doivent découvrir,
Je souhaitais, Hémon, qu'elle vous fît souffrir,
Et qu'étant loin de moi, quelque ombre d'amertume
Vous fît trouver les jours plus longs que de coutume.
Mais ne vous plaignez pas : mon cœur chargé d'ennui
Ne souhaitait rien qu'il n'éprouvât en lui ;
Surtout depuis le temps que dure cette guerre,
Et que de gens armés vous couvrez cette terre,
O dieux ! à quels tourments mon cœur s'est vu soumis,
350 Voyant des deux côtés ses plus tendres amis ![9]
Mille objets de douleur déchiraient mes entrailles·
J'en voyais et dehors et dedans nos murailles ;
Chaque assaut à mon cœur livrait mille combats,
Et mille fois le jour je souffrais le trépas.

HÉMON

Mais enfin qu'ai-je fait, en ce malheur extrême,
Que ne m'ait ordonné ma princesse elle-même ?
J'ai suivi Polynice, et vous l'avez voulu :
Vous me l'avez prescrit par un ordre absolu.

Je lui vouai dès lors une amitié sincère ;
360 Je quittai mon pays, j'abandonnai mon père ;
Sur moi par ce départ j'attirai son courroux ;
Et pour tout dire enfin, je m'éloignai de vous.

ANTIGONE

Je m'en souviens, Hémon, et je vous fais justice :
C'est moi que vous serviez en servant Polynice ;
Il m'était cher alors comme il est aujourd'hui,
Et je prenais pour moi ce qu'on faisait pour lui.
Nous nous aimions tous deux dès la plus tendre
                                              [enfance,
Et j'avais sur son cœur une entière puissance ;
Je trouvais à lui plaire une extrême douceur,
370 Et les chagrins du frère étaient ceux de la sœur[10].
Ah ! si j'avais encor sur lui le même empire,
Il aimerait la paix, pour qui mon cœur soupire.
Notre commun malheur en serait adouci :
Je le verrais, Hémon ; vous me verriez aussi.

HÉMON

De cette affreuse guerre il abhorre l'image.
Je l'ai vu soupirer de douleur et de rage,
Lorsque, pour remonter au trône paternel,
On le força de prendre un chemin si cruel.
Espérons que le ciel, touché de nos misères,
380 Achèvera bientôt de réunir les frères.
Puisse-t-il rétablir l'amitié dans leur cœur,
Et conserver l'amour dans celui de la[11] sœur !

ANTIGONE

Hélas ! ne doutez point que ce dernier ouvrage
Ne lui soit plus aisé que de calmer leur rage.
Je les connais tous deux, et je répondrais bien
Que leur cœur, cher Hémon, est plus dur que le mien.
Mais les dieux quelquefois font de plus grands mira-
                                                    [cles.

SCÈNE II

ANTIGONE, HÉMON, OLYMPE

ANTIGONE

Eh bien ! apprendrons-nous ce qu'ont dit les oracles ?
Que faut-il faire ?

OLYMPE

Hélas !

ANTIGONE

Quoi ? qu'en a-t-on appris ?
390 Est-ce la guerre, Olympe ?

OLYMPE

Ah ! c'est encore pis !

HÉMON

Quel est donc ce grand mal que leur courroux
[annonce ?

OLYMPE

Prince, pour en juger, écoutez leur réponse :

Thébains, pour n'avoir plus de guerres,
Il faut, par un ordre fatal,
Que le dernier du sang royal
Par son trépas ensanglante vos terres.

ANTIGONE

O dieux, que vous a fait ce sang infortuné ?
Et pourquoi tout entier l'avez-vous condamné ?
N'êtes-vous pas contents de la mort de mon père ?
400 Tout notre sang doit-il sentir votre colère ?

HÉMON

Madame, cet arrêt ne vous regarde pas ;
Votre vertu vous met à couvert du trépas :
Les dieux savent trop bien connaître l'innocence.

ANTIGONE

Et ce n'est pas pour moi que je crains leur vengeance :
Mon innocence, Hémon, serait un faible appui ;

Fille d'Œdipe, il faut que je meure pour lui.
Je l'attends, cette mort, et je l'attends sans plainte ;
Et s'il faut avouer le sujet de ma crainte,
C'est pour vous que je crains : oui, cher Hémon, pour
[vous.
410 De ce sang malheureux vous sortez comme nous ;
Et je ne vois que trop que le courroux céleste
Vous rendra, comme à nous, cet honneur bien funeste,
Et fera regretter aux princes des Thébains
De n'être pas sortis du dernier des humains.

HÉMON

Peut-on se repentir d'un si grand avantage ?
Un si noble trépas flatte trop mon courage,
Et du sang de ses rois il est beau d'être issu,
Dût-on rendre ce sang sitôt qu'on l'a reçu.

ANTIGONE

Eh quoi ! si parmi nous on a fait quelque offense,
420 Le ciel doit-il sur vous en prendre la vengeance ?
Et n'est-ce pas assez du père et des enfants,
Sans qu'il aille plus loin chercher des innocents ?
C'est à nous à payer pour les crimes des nôtres :
Punissez-nous, grands dieux ; mais épargnez les autres.
Mon père, cher Hémon, vous va perdre aujourd'hui,
Et je vous perds peut-être encore plus que lui.
Le ciel punit sur vous et sur votre famille
Et les crimes du père et l'amour de la fille ;
Et ce funeste amour vous nuit encore plus
430 Que les crimes d'Œdipe et le sang de Laïus.

HÉMON

Quoi ? mon amour, Madame ? Et qu'a-t-il de funeste ?
Est-ce un crime qu'aimer une beauté céleste ?
Et puisque sans colère il est reçu de vous,
En quoi peut-il du ciel mériter le courroux ?
Vous seule en mes soupirs êtes intéressée :
C'est à vous à juger s'ils vous ont offensée ;
Tels que seront pour eux vos arrêts tout-puissants,
Ils seront criminels, ou seront innocents [12].
Que le ciel à son gré de ma perte dispose,
440 J'en chérirai toujours et l'une et l'autre cause,

Glorieux de mourir pour le sang de mes rois,
Et plus heureux encor de mourir sous vos lois[13].
Aussi bien que ferais-je en ce commun naufrage ?
Pourrais-je me résoudre à vivre davantage ?
En vain les dieux voudraient différer mon trépas,
Mon désespoir ferait ce qu'ils ne feraient pas.
Mais peut-être, après tout, notre frayeur est vaine ;
Attendons... Mais voici Polynice et la reine.

SCÈNE III

JOCASTE, POLYNICE, ANTIGONE, HÉMON

POLYNICE

Madame, au nom des dieux, cessez de m'arrêter :
450 Je vois bien que la paix ne peut s'exécuter.
J'espérais que du ciel la justice infinie
Voudrait se déclarer contre la tyrannie,
Et que lassé de voir répandre tant de sang,
Il rendrait à chacun son légitime rang.
Mais puisque ouvertement il tient pour l'injustice,
Et que des criminels il se rend le complice,
Dois-je encore espérer qu'un peuple révolté,
Quand le ciel est injuste, écoute l'équité ?
Dois-je prendre pour juge une troupe insolente,
460 D'un fier usurpateur ministre violente,
Qui sert mon ennemi par un lâche intérêt,
Et qu'il anime encor, tout éloigné qu'il est ?
La raison n'agit point sur une populace.
De ce peuple déjà j'ai ressenti l'audace,
Et loin de me reprendre après m'avoir chassé,
Il croit voir un tyran dans un prince offensé.
Comme sur lui l'honneur n'eut jamais de puissance,
Il croit que tout le monde aspire à la vengeance ;
De ses inimitiés rien n'arrête le cours :
470 Quand il hait une fois, il veut haïr toujours.

JOCASTE

Mais s'il est vrai, mon fils, que ce peuple vous craigne,
Et que tous les Thébains redoutent votre règne,
Pourquoi par tant de sang cherchez-vous à régner
Sur ce peuple endurci que rien ne peut gagner ?

POLYNICE

Est-ce au peuple, Madame, à se choisir un maître ?
Sitôt qu'il hait un roi, doit-on cesser de l'être ?
Sa haine ou son amour, sont-ce les premiers droits
Qui font monter au trône ou descendre les rois ?
Que le peuple à son gré nous craigne ou nous chérisse,
480 Le sang nous met au trône, et non pas son caprice.
Ce que le sang lui donne, il le doit accepter,
Et s'il n'aime son prince, il le doit respecter.

JOCASTE

Vous serez un tyran haï de vos provinces.

POLYNICE

Ce nom ne convient pas aux légitimes princes ;
De ce titre odieux mes droits me sont garants ;
La haine des sujets ne fait pas les tyrans.
Appelez de ce nom Étéocle lui-même.

JOCASTE

Il est aimé de tous.

POLYNICE

C'est un tyran qu'on aime,
Qui par cent lâchetés tâche à se maintenir
490 Au rang où par la force il a su parvenir ;
Et son orgueil le rend, par un effet contraire,
Esclave de son peuple et tyran de son frère.
Pour commander tout seul il veut bien obéir,
Et se fait mépriser pour me faire haïr.
Ce n'est pas sans sujet qu'on me préfère un traître :
Le peuple aime un esclave et craint d'avoir un maître.
Mais je croirais trahir la majesté des rois,
Si je faisais le peuple arbitre de mes droits.

JOCASTE

Ainsi donc la discorde a pour vous tant de charmes ?
500 Vous lassez-vous déjà d'avoir posé les armes ?
Ne cesserons-nous point, après tant de malheurs,
Vous, de verser du sang, moi, de verser des pleurs ?
N'accorderez-vous rien aux larmes d'une mère ?

Ma fille, s'il se peut, retenez votre frère :
Le cruel pour vous seule avait de l'amitié.

ANTIGONE

Ah ! si pour vous son âme est sourde à la pitié,
Que pourrais-je espérer d'une amitié passée,
Qu'un long éloignement n'a que trop effacée ?
A peine en sa mémoire ai-je encor quelque rang ;
510 Il n'aime, il ne se plaît qu'à répandre du sang.
Ne cherchez plus en lui ce prince magnanime,
Ce prince qui montrait tant d'horreur pour le crime,
Dont l'âme généreuse avait tant de douceur[14],
Qui respectait sa mère et chérissait sa sœur,
La nature pour lui n'est plus qu'une chimère ;
Il méconnaît sa sœur, il méprise sa mère,
Et l'ingrat, en l'état où son orgueil l'a mis,
Nous croit des étrangers, ou bien des ennemis[15].

POLYNICE

N'imputez point ce crime à mon âme affligée ;
520 Dites plutôt, ma sœur, que vous êtes changée,
Dites que de mon rang l'injuste usurpateur
M'a su ravir encor l'amitié de ma sœur[16].
Je vous connais toujours et suis toujours le même.

ANTIGONE

Est-ce m'aimer, cruel, autant que je vous aime,
Que d'être inexorable à mes tristes soupirs,
Et m'exposer encore à tant de déplaisirs ?

POLYNICE

Mais vous-même, ma sœur, est-ce aimer votre frère
Que de lui faire ici cette injuste prière,
Et me vouloir ravir le sceptre de la main ?
530 Dieux ! qu'est-ce qu'Étéocle a de plus inhumain ?
C'est trop favoriser un tyran qui m'outrage.

ANTIGONE

Non, non, vos intérêts me touchent davantage.
Ne croyez pas mes pleurs perfides à ce point ;
Avec vos ennemis ils ne conspirent point.
Cette paix que je veux me serait un supplice,

S'il en devait coûter le sceptre à Polynice ;
Et l'unique faveur, mon frère, où je prétends,
C'est qu'il me soit permis de vous voir plus longtemps.
Seulement quelques jours souffrez que l'on vous voie
540 Et donnez-nous le temps de chercher quelque voie
Qui puisse vous remettre au rang de vos aïeux,
Sans que vous répandiez un sang si précieux.
Pouvez-vous refuser cette grâce légère
Aux larmes d'une sœur, aux soupirs d'une mère ?

JOCASTE

Mais quelle crainte encor vous peut inquiéter ?
Pourquoi si promptement voulez-vous nous quitter ?
Quoi ? ce jour tout entier n'est-il pas de la trêve ?
Dès qu'elle a commencé, faut-il qu'elle s'achève ?
Vous voyez qu'Étéocle a mis les armes bas ;
550 Il veut que je vous voie, et vous ne voulez pas.

ANTIGONE

Oui, mon frère, il n'est pas comme vous inflexible :
Aux larmes de sa mère il a paru sensible ;
Nos pleurs ont désarmé sa colère aujourd'hui.
Vous l'appelez cruel, vous l'êtes plus que lui.

HÉMON

Seigneur, rien ne vous presse, et vous pouvez sans
Laisser agir encor la princesse et la reine :   [peine
Accordez tout ce jour à leur pressant désir ;
Voyons si leur dessein ne pourra réussir.
Ne donnez pas la joie au prince votre frère
560 De dire que sans vous la paix se pouvait faire.
Vous aurez satisfait une mère, une sœur,
Et vous aurez surtout satisfait votre honneur.
Mais que veut ce soldat ? Son âme est toute émue !

SCÈNE IV

JOCASTE, POLYNICE, ANTIGONE,
HÉMON, UN SOLDAT

UN SOLDAT

Seigneur, on est aux mains, et la trêve est rompue.
Créon et les Thébains, par ordre de leur roi,

Attaquent votre armée et violent leur foi.
Le brave Hippomédon s'efforce, en votre absence,
De soutenir leur choc de toute sa puissance.
Par son ordre, Seigneur, je vous viens avertir.

POLYNICE

570 Ah ! les traîtres ! Allons, Hémon, il faut sortir.
  (A la reine.)
Madame, vous voyez comme il tient sa parole :
Mais il veut le combat, il m'attaque, et j'y vole.

JOCASTE

Polynice ! Mon fils !... Mais il ne m'entend plus :
Aussi bien que mes pleurs mes cris sont superflus
Chère Antigone, allez, courez à ce barbare ;
Du moins allez prier Hémon qu'il les sépare.
La force m'abandonne et je n'y puis courir ;
Tout ce que je puis faire, hélas ! c'est de mourir.

ACTE TROISIÈME

SCÈNE I

JOCASTE, OLYMPE

JOCASTE

Olympe, va-t'en voir ce funeste spectacle ;
580 Va voir si leur fureur n'a point trouvé d'obstacle,
Si rien n'a pu toucher l'un ou l'autre parti.
On dit qu'à ce dessein Ménécée est sorti.

OLYMPE

Je ne sais quel dessein animait son courage ;
Une héroïque ardeur brillait sur son visage.
Mais vous devez, Madame, espérer jusqu'au bout.

JOCASTE

Va tout voir, chère Olympe, et me viens dire tout.
Éclaircis promptement ma triste inquiétude.

OLYMPE

Mais vous dois-je laisser en cette solitude ?

JOCASTE

Va : je veux être seule en l'état où je suis,
590 Si toutefois on peut l'être avec tant d'ennuis !

SCÈNE II
JOCASTE, *seule.*

Dureront-ils toujours ces ennuis si funestes ?
N'épuiseront-ils point les vengeances célestes ?
Me feront-ils souffrir tant de cruels trépas,
Sans jamais au tombeau précipiter mes pas ?
O ciel, que tes rigueurs seraient peu redoutables
Si la foudre d'abord accablait les coupables !
Et que tes châtiments paraissent infinis,
Quand tu laisses la vie à ceux que tu punis !
Tu ne l'ignores pas, depuis le jour infâme
600 Où de mon propre fils je me trouvai la femme,
Le moindre des tourments que mon cœur a soufferts
Égale tous les maux que l'on souffre aux enfers.
Et toutefois, ô dieux, un crime involontaire
Devait-il attirer toute votre colère ?
Le connaissais-je, hélas ! ce fils infortuné ?
Vous-mêmes dans mes bras vous l'avez amené.
C'est vous dont la rigueur m'ouvrit ce précipice.
Voilà de ces grands dieux la suprême justice !
Jusques au bord du crime ils conduisent nos pas,
610 Ils nous le font commettre, et ne l'excusent pas !
Prennent-ils donc plaisir à faire des coupables,
Afin d'en faire après d'illustres misérables ?
Et ne peuvent-ils point, quand ils sont en courroux,
Chercher des criminels à qui le crime est doux ?

SCÈNE III
JOCASTE, ANTIGONE

JOCASTE

Eh bien ! en est-ce fait ? L'un ou l'autre perfide
Vient-il d'exécuter son noble parricide [17] ?
Parlez, parlez, ma fille.

ANTIGONE

Ah ! Madame, en effet,
L'oracle est accompli, le ciel est satisfait.

JOCASTE

Quoi ? mes deux fils sont morts !

ANTIGONE

                                    Un autre sang, Ma-
620 Rend la paix à l'État, et le calme à votre âme ; [dame,
Un sang digne des rois dont il est découlé,
Un héros pour l'État s'est lui-même immolé.
Je courais pour fléchir Hémon et Polynice ;
Ils étaient déjà loin, avant que je sortisse,
Ils ne m'entendaient plus, et mes cris douloureux
Vainement par leur nom les rappelaient tous deux.
Ils ont tous deux volé vers le champ de bataille,
Et moi, je suis montée au haut de la muraille,
D'où le peuple étonné regardait, comme moi,
630 L'approche d'un combat qui le glaçait d'effroi.
A cet instant fatal, le dernier de nos princes,
L'honneur de notre sang, l'espoir de nos provinces,
Ménécée, en un mot, digne frère d'Hémon,
Et trop indigne aussi d'être fils de Créon [18],
De l'amour du pays montrant son âme atteinte,
Au milieu des deux camps s'est [19] avancé sans crainte,
Et se faisant ouïr des Grecs et des Thébains :
Arrêtez, a-t-il dit, arrêtez, inhumains !
Ces mots impérieux n'ont point trouvé d'obstacle :
640 Les soldats, étonnés de ce nouveau spectacle,
De leur noire fureur ont suspendu le cours ;
Et ce prince aussitôt poursuivant son discours :
Apprenez, a-t-il dit, l'arrêt des destinées,
Par qui vous allez voir vos misères bornées.
Je suis le dernier sang de vos rois descendu,
Qui par l'ordre des dieux doit être répandu.
Recevez donc ce sang que ma main va répandre ;
Et recevez la paix où vous n'osiez prétendre.
Il se tait, et se frappe en achevant ces mots ;
650 Et les Thébains, voyant expirer ce héros,
Comme si leur salut devenait leur supplice,

Regardent en tremblant ce noble sacrifice.
J'ai vu le triste Hémon abandonner son rang
Pour venir embrasser ce frère tout en sang.
Créon, à son exemple, a jeté bas les armes
Et vers ce fils mourant est venu tout en larmes ;
Et l'un et l'autre camp, les voyant retirés,
Ont quitté le combat et se sont séparés.
Et moi, le cœur tremblant et l'âme toute émue,
660 D'un si funeste objet j'ai détourné la vue,
De ce prince admirant l'héroïque fureur.

JOCASTE

Comme vous je l'admire, et j'en frémis d'horreur.
Est-il possible, ô dieux, qu'après ce grand miracle
Le repos des Thébains trouve encor quelque obstacle ?
Cet illustre trépas ne peut-il vous calmer,
Puisque même mes fils s'en laissent désarmer ?
La refuserez-vous, cette noble victime ?
Si la vertu vous touche autant que fait le crime,
Si vous donnez les prix comme vous punissez,
670 Quels crimes par ce sang ne seront effacés ?

ANTIGONE

Oui, oui, cette vertu sera récompensée :
Les dieux sont trop payés du sang de Ménécée ;
Et le sang d'un héros, auprès des immortels,
Vaut seul plus que celui de mille criminels[20].

JOCASTE

Connaissez mieux du ciel la vengeance fatale :
Toujours à ma douleur il met quelque intervalle,
Mais, hélas ! quand sa main semble me secourir,
C'est alors qu'il s'apprête à me faire périr.
Il a mis cette nuit quelque fin à mes larmes,
680 Afin qu'à mon réveil je visse tout en armes.
S'il me flatte aussitôt de quelque espoir de paix,
Un oracle cruel me l'ôte pour jamais.
Il m'amène mon fils, il veut que je le voie,
Mais, hélas ! combien cher me vend-il cette joie !
Ce fils est insensible et ne m'écoute pas ;
Et soudain il me l'ôte, et l'engage aux combats.
Ainsi, toujours cruel, et toujours en colère,

Il feint de s'apaiser, et devient plus sévère :
Il n'interrompt ses coups que pour les redoubler,
690 Et retire son bras pour me mieux accabler.

ANTIGONE

Madame, espérons tout de ce dernier miracle.

JOCASTE

La haine de mes fils est un trop grand obstacle[21].
Polynice endurci n'écoute que ses droits ;
Du peuple et de Créon l'autre écoute la voix,
Oui, du lâche Créon. Cette âme intéressée
Nous ravit tout le fruit du sang de Ménécée ;
En vain pour nous sauver ce grand prince se perd,
Le père nous nuit plus que le fils ne nous sert.
De deux jeunes héros cet infidèle père...

ANTIGONE

700 Ah ! le voici, Madame, avec le roi mon frère.

SCÈNE IV

JOCASTE, ÉTÉOCLE, ANTIGONE, CRÉON

JOCASTE

Mon fils, c'est donc ainsi que l'on garde sa foi ?

ÉTÉOCLE

Madame, ce combat n'est point venu de moi,
Mais de quelques soldats, tant d'Argos que des nôtres,
Qui s'étant querellés les uns avec les autres,
Ont insensiblement tout le corps ébranlé,
Et fait un grand combat d'un simple démêlé.
La bataille sans doute allait être cruelle,
Et son événement vidait notre querelle,
Quand du fils de Créon l'héroïque trépas
710 De tous les combattants a retenu le bras.
Ce prince, le dernier de la race royale,
S'est appliqué des dieux la réponse fatale ;
Et lui-même à la mort il s'est précipité,
De l'amour du pays noblement transporté.

JOCASTE

Ah ! si le seul amour qu'il eut pour sa patrie
Le rendit insensible aux douceurs de la vie,
Mon fils, ce même amour ne peut-il seulement
De votre ambition vaincre l'emportement ?
Un exemple si beau vous invite à le suivre.
720 Il ne faudra cesser de régner ni de vivre :
Vous pouvez, en cédant un peu de votre rang,
Faire plus qu'il n'a fait en versant tout son sang ;
Il ne faut que cesser de haïr votre frère,
Vous ferez beaucoup plus que sa mort n'a su faire.
O dieux ! aimer un frère, est-ce un plus grand effort
Que de haïr la vie et courir à la mort ?
Et doit-il être enfin plus facile en un autre
De répandre son sang, qu'en vous d'aimer le vôtre ?

ÉTÉOCLE

Son illustre vertu me charme comme vous,
730 Et d'un si beau trépas je suis même jaloux.
Et toutefois, Madame, il faut que je vous die
Qu'un trône est plus pénible à quitter que la vie :
La gloire bien souvent nous porte à la haïr,
Mais peu de souverains font gloire d'obéir.
Les dieux voulaient son sang, et ce prince sans crime
Ne pouvait à l'État refuser sa victime ;
Mais ce même pays qui demandait son sang
Demande que je règne et m'attache à mon rang,
Jusqu'à ce qu'il m'en ôte, il faut que j'y demeure :
740 Il n'a qu'à prononcer, j'obéirai sur l'heure,
Et Thèbes me verra, pour apaiser son sort,
Et descendre du trône, et courir à la mort.

CRÉON

Ah ! Ménécée est mort, le ciel n'en veut point d'autre.
Laissez couler son sang sans y mêler le vôtre ;
Et puisqu'il l'a versé pour nous donner la paix,
Accordez-la, Seigneur, à nos justes souhaits.

ÉTÉOCLE

Eh quoi ? même Créon pour la paix se déclare ?

CRÉON

Pour avoir trop aimé cette guerre barbare,
Vous voyez les malheurs où le ciel m'a plongé :
750 Mon fils est mort, Seigneur.

ÉTÉOCLE

                    Il faut qu'il soit vengé.

CRÉON

Sur qui me vengerais-je en ce malheur extrême ?

ÉTÉOCLE

Vos ennemis, Créon, sont ceux de Thèbes même ;
Vengez-la, vengez-vous.

CRÉON

                    Ah ! dans ses ennemis
Je trouve votre frère, et je trouve mon fils !
Dois-je verser mon sang, ou répandre le vôtre ?
Et dois-je perdre un fils pour en vengér un autre ?
Seigneur, mon sang m'est cher, le vôtre m'est sacré :
Serai-je sacrilège ou bien dénaturé ?
Souillerai-je ma main d'un sang que je révère ?
760 Serai-je parricide afin d'être bon père ?
Un si cruel secours ne me peut soulager,
Et ce serait me perdre au lieu de me venger.
Tout le soulagement où ma douleur aspire,
C'est qu'au moins mes malheurs servent à votre
Je me consolerai, si ce fils que je plains   [empire.
Assure par sa mort le repos des Thébains.
Le ciel promet la paix au sang de Ménécée ;
Achevez-la, Seigneur, mon fils l'a commencée ;
Accordez-lui ce prix qu'il en a prétendu,
770 Et que son sang en vain ne soit pas répandu.

JOCASTE

Non, puisqu'à nos malheurs vous devenez sensible,
Au sang de Ménécée il n'est rien d'impossible,
Que Thèbes se rassure après ce grand effort :
Puisqu'il change votre âme, il changera son sort.

La paix dès ce moment n'est plus désespérée :
Puisque Créon la veut, je la tiens assurée.
Bientôt ces cœurs de fer se verront adoucis :
Le vainqueur de Créon peut bien vaincre mes fils.
   (A Étéocle.)
Qu'un si grand changement vous désarme et vous
                                        [touche ;
780 Quittez, mon fils, quittez cette haine farouche ;
Soulagez une mère, et consolez Créon :
Rendez-moi Polynice, et lui rendez Hémon.

ÉTÉOCLE

Mais enfin c'est vouloir que je m'impose un maître.
Vous ne l'ignorez pas, Polynice veut l'être ;
Il demande surtout le pouvoir souverain,
Et ne veut revenir que le sceptre à la main.

SCÈNE V

JOCASTE, ÉTÉOCLE, ANTIGONE, CRÉON, ATTALE

ATTALE

Polynice, Seigneur, demande une entrevue ;
C'est ce que d'un héraut nous apprend la venue.
Il vous offre, Seigneur, ou de venir ici,
790 Ou d'attendre en son camp.

CRÉON

                           Peut-être qu'adouci
Il songe à terminer une guerre si lente,
Et son ambition n'est plus si violente.
Par ce dernier combat il apprend aujourd'hui
Que vous êtes au moins aussi puissant que lui.
Les Grecs mêmes sont las de servir sa colère,
Et j'ai su depuis peu que le roi son beau-père,
Préférant à la guerre un solide repos,
Se réserve Mycène, et le fait roi d'Argos.
Tout courageux qu'il est, sans doute il ne souhaite
800 Que de faire en effet une honnête retraite.
Puisqu'il s'offre à vous voir, croyez qu'il veut la paix.
Ce jour la doit conclure ou la rompre à jamais.

Tâchez dans ce dessein de l'affermir vous-même,
Et lui promettez tout, hormis le diadème.

ÉTÉOCLE

Hormis le diadème, il ne demande rien.

JOCASTE

Mais voyez-le du moins.

CRÉON

                Oui, puisqu'il le veut bien
Vous ferez plus tout seul que nous ne saurions faire,
Et le sang reprendra son empire ordinaire.

ÉTÉOCLE

Allons donc le chercher.

JOCASTE

              Mon fils, au nom des dieux,
810 Attendez-le plutôt. Voyez-le dans ces lieux.

ÉTÉOCLE

Eh bien, Madame, eh bien ! qu'il vienne, et qu'on lui
Toutes les sûretés qu'il faut pour sa personne. [donne
Allons.

ANTIGONE

       Ah ! si ce jour rend la paix aux Thébains,
Elle sera, Créon, l'ouvrage de vos mains.

SCÈNE VI

CRÉON, ATTALE

CRÉON

L'intérêt des Thébains n'est pas ce qui vous touche,
Dédaigneuse princesse ; et cette âme farouche,
Qui semble me flatter après tant de mépris,
Songe moins à la paix qu'au retour de mon fils.
Mais nous verrons bientôt si la fière Antigone
820 Aussi bien que mon cœur dédaignera le trône ;

Nous verrons, quand les dieux m'auront fait votre roi,
Si ce fils bienheureux l'emportera sur moi.

ATTALE

Et qui n'admirerait un changement si rare ?
Créon même, Créon pour la paix se déclare !

CRÉON

Tu crois donc que la paix est l'objet de mes soins ?

ATTALE

Oui, je le crois, Seigneur, quand j'y pensais le moins ;
Et voyant qu'en effet ce beau soin vous anime,
J'admire à tous moments cet effort magnanime
Qui vous fait mettre enfin votre haine au tombeau.
830 Ménécée, en mourant, n'a rien fait de plus beau ;
Et qui peut immoler sa haine à sa patrie
Lui pourrait bien aussi sacrifier sa vie.

CRÉON

Ah ! sans doute, qui peut d'un généreux effort
Aimer son ennemi peut bien aimer la mort [22].
Quoi ? je négligerais le soin de ma vengeance,
Et de mon ennemi je prendrais la défense ?
De la mort de mon fils Polynice est l'auteur,
Et moi je deviendrais son lâche protecteur ?
Quand je renoncerais à cette haine extrême,
840 Pourrais-je bien cesser d'aimer le diadème ?
Non, non : tu me verras, d'une constante ardeur,
Haïr mes ennemis et chérir ma grandeur.
Le trône fit toujours mes ardeurs les plus chères :
Je rougis d'obéir où régnèrent mes pères,
Je brûle de me voir au rang de mes aïeux,
Et je l'envisageai dès que j'ouvris les yeux.
Surtout depuis deux ans, ce noble soin m'inspire ;
Je ne fais point de pas qui ne tende à l'empire.
Des princes mes neveux j'entretiens la fureur,
850 Et mon ambition autorise la leur.
D'Étéocle d'abord j'appuyai l'injustice ;
Je lui fis refuser le trône à Polynice.
Tu sais que je pensais dès lors à m'y placer ;
Et je l'y mis, Attale, afin de l'en chasser.

ATTALE

Mais, Seigneur, si la guerre eut pour vous tant de
[charmes,
D'où vient que de leurs mains vous arrachez les
[armes?
Et puisque leur discorde est l'objet de vos vœux,
Pourquoi par vos conseils vont-ils se voir tous deux?

CRÉON

Plus qu'à mes ennemis la guerre m'est mortelle,
860 Et le courroux du ciel me la rend trop cruelle.
Il s'arme contre moi de mon propre dessein,
Il se sert de mon bras pour me percer le sein.
La guerre s'allumait lorsque pour mon supplice
Hémon m'abandonna pour servir Polynice;
Les deux frères par moi devinrent ennemis,
Et je devins, Attale, ennemi de mon fils.
Enfin, ce même jour, je fais rompre la trêve,
J'excite le soldat, tout le camp se soulève,
On se bat; et voilà qu'un fils désespéré
870 Meurt, et rompt un combat que j'ai tant préparé.
Mais il me reste un fils, et je sens que je l'aime,
Tout rebelle qu'il est, et tout mon rival même.
Sans le perdre, je veux perdre mes ennemis.
Il m'en coûterait trop, s'il m'en coûtait deux fils.
Des deux princes d'ailleurs la haine est trop puissante:
Ne crois pas qu'à la paix jamais elle consente.
Moi-même je saurai si bien l'envenimer,
Qu'ils périront tous deux plutôt que de s'aimer.
Les autres ennemis n'ont que de courtes haines,
880 Mais quand de la nature on a brisé les chaînes,
Cher Attale, il n'est rien qui puisse réunir
Ceux que des nœuds si forts n'ont pas su retenir:
L'on hait avec excès lorsque l'on hait un frère.
Mais leur éloignement ralentit leur colère;
Quelque haine qu'on ait contre un fier ennemi,
Quand il est loin de nous on la perd à demi.
Ne t'étonne donc plus si je veux qu'ils se voient:
Je veux qu'en se voyant leurs fureurs se déploient,
Que rappelant leur haine, au lieu de la chasser,
890 Ils s'étouffent, Attale, en voulant s'embrasser.

ATTALE

Vous n'avez plus, Seigneur, à craindre que vous-
On porte ses remords avec le diadème.   [même :

CRÉON

Quand on est sur le trône, on a bien d'autres soins,
Et les remords sont ceux qui nous pèsent le moins.
Du plaisir de régner une âme possédée
De tout le temps passé détourne son idée ;
Et de tout autre objet un esprit éloigné
Croit n'avoir point vécu tant qu'il n'a point régné.
Mais allons. Le remords n'est pas ce qui me touche,
900 Et je n'ai plus un cœur que le crime effarouche :
Tous les premiers forfaits coûtent quelques efforts
Mais, Attale, on commet les seconds sans remords.

ACTE QUATRIÈME

SCÈNE I

ÉTÉOCLE, CRÉON

ÉTÉOCLE

Oui, Créon, c'est ici qu'il doit bientôt se rendre,
Et tous deux en ce lieu nous le pouvons attendre.
Nous verrons ce qu'il veut ; mais je répondrais bien
Que par cette entrevue on n'avancera rien.
Je connais Polynice et son humeur altière :
Je sais bien que sa haine est encor toute entière,
Je ne crois pas qu'on puisse en arrêter le cours,
910 Et pour moi, je sens bien que je le hais toujours.

CRÉON

Mais s'il vous cède enfin la grandeur souveraine,
Vous devez, ce me semble, apaiser votre haine.

ÉTÉOCLE

Je ne sais si mon cœur s'apaisera jamais :
Ce n'est pas son orgueil, c'est lui seul que je hais.

Nous avons l'un et l'autre une haine obstinée :
Elle n'est pas, Créon, l'ouvrage d'une année;
Elle est née avec nous, et sa noire fureur
Aussitôt que la vie entra dans notre cœur.
Nous étions ennemis dès la plus tendre enfance;
920 Que dis-je? nous l'étions avant notre naissance.
Triste et fatal effet d'un sang incestueux !
Pendant qu'un même sein nous renfermait tous deux,
Dans les flancs de ma mère une guerre intestine
De nos divisions lui marqua l'origine.
Elles ont, tu le sais, paru dans le berceau,
Et nous suivront peut-être encor dans le tombeau [23].
On dirait que le ciel, par un arrêt funeste,
Voulut de nos parents punir ainsi l'inceste,
Et que dans notre sang il voulut mettre au jour
930 Tout ce qu'ont de plus noir et la haine et l'amour.
Et maintenant, Créon, que j'attends sa venue,
Ne crois pas que pour lui ma haine diminue :
Plus il approche, et plus il me semble odieux ;
Et sans doute il faudra qu'elle éclate à ses yeux.
J'aurais même regret qu'il me quittât l'empire :
Il faut, il faut qu'il fuie, et non qu'il se retire.
Je ne veux point, Créon, le haïr à moitié,
Et je crains son courroux moins que son amitié.
Je veux, pour donner cours à mon ardente haine,
940 Que sa fureur au moins autorise la mienne ;
Et puisqu'enfin mon cœur ne saurait se trahir,
Je veux qu'il me déteste afin de le haïr.
Tu verras que sa rage est encore la même,
Et que toujours son cœur aspire au diadème ;
Qu'il m'abhorre toujours, et veut toujours régner ;
Et qu'on peut bien le vaincre, et non pas le gagner.

CRÉON

Domptez-le donc, Seigneur, s'il demeure inflexible.
Quelque fier qu'il puisse être, il n'est pas invincible,
Et puisque la raison ne peut rien sur son cœur,
950 Éprouvez ce que peut un bras toujours vainqueur.
Oui, quoique dans la paix je trouvasse des charmes,
Je serai le premier à reprendre les armes,
Et si je demandais qu'on en rompît le cours,
Je demande encor plus que vous régniez toujours.

Que la guerre s'enflamme et jamais ne finisse,
S'il faut avec la paix recevoir Polynice.
Qu'on ne nous vienne plus vanter un bien si doux ;
La guerre et ses horreurs nous plaisent avec vous[24].
Tout le peuple thébain vous parle par ma bouche ;
960 Ne le soumettez pas à ce prince farouche :
Si la paix se peut faire, il la veut comme moi ;
Surtout, si vous l'aimez, conservez-lui son roi.
Cependant écoutez le prince votre frère,
Et s'il se peut, Seigneur, cachez votre colère ;
Feignez... Mais quelqu'un vient.

SCÈNE II

ÉTÉOCLE, CRÉON, ATTALE

ÉTÉOCLE

Sont-ils bien près d'ici ?
Vont-ils venir, Attale ?

ATTALE

Oui, Seigneur, les voici.
Ils ont trouvé d'abord la princesse et la reine,
Et bientôt ils seront dans la chambre prochaine.

ÉTÉOCLE

Qu'ils entrent. Cette approche excite mon courroux.
970 Qu'on hait un ennemi quand il est près de nous !

CRÉON

Ah ! le voici ! Fortune, achève mon ouvrage,
Et livre-les tous deux aux transports de leur rage !

SCÈNE III

JOCASTE, ÉTÉOCLE, POLYNICE,
ANTIGONE, HÉMON, CRÉON

JOCASTE

Me voici donc tantôt au comble de mes vœux,
Puisque déjà le ciel vous rassemble tous deux.
Vous revoyez un frère, après deux ans d'absence,
Dans ce même palais où vous prîtes naissance ;

Et moi, par un bonheur où je n'osais penser,
L'un et l'autre à la fois je vous puis embrasser.
Commencez donc, mes[25] fils, cette union si chère,
980 Et que chacun de vous reconnaisse son frère :
Tous deux dans votre frère envisagez vos traits ;
Mais pour en mieux juger, voyez-les de plus près,
Surtout que le sang parle et fasse son office.
Approchez, Étéocle ; avancez, Polynice...
Hé quoi ? loin d'approcher, vous reculez tous deux ?
D'où vient ce sombre accueil et ces regards fâcheux ?
N'est-ce point que chacun, d'une âme irrésolue,
Pour saluer son frère attend qu'il le salue,
Et qu'affectant l'honneur de céder le dernier,
990 L'un ni l'autre ne veut s'embrasser le premier ?
Étrange ambition qui n'aspire qu'au crime,
Où le plus furieux passe pour magnanime !
Le vainqueur doit rougir en ce combat honteux,
Et les premiers vaincus sont les plus généreux.
Voyons donc qui des deux aura plus de courage,
Qui voudra le premier triompher de sa rage.
Quoi ? vous n'en faites rien ? C'est à vous d'avancer,
Et venant de si loin vous devez commencer :
Commencez, Polynice, embrassez votre frère,
1000 Et montrez...

ÉTÉOCLE

          Hé, Madame ! à quoi bon ce mystère ?
Tous ces embrassements ne sont guère à propos :
Qu'il parle, qu'il s'explique, et nous laisse en repos.

POLYNICE

Quoi ? faut-il davantage expliquer mes pensées ?
On les peut découvrir par les choses passées :
La guerre, les combats, tant de sang répandu,
Tout cela dit assez que le trône m'est dû.

ÉTÉOCLE

Et ces mêmes combats, et cette même guerre,
Ce sang qui tant de fois a fait rougir la terre,
Tout cela dit assez que le trône est à moi ;
1010 Et tant que je respire, il ne peut être à toi.

POLYNICE

Tu sais qu'injustement tu remplis cette place.

ÉTÉOCLE

L'injustice me plaît, pourvu que je t'en chasse.

POLYNICE

Si tu n'en veux sortir, tu pourras en tomber.

ÉTÉOCLE

Si je tombe, avec moi tu pourras succomber.

JOCASTE

O dieux ! que je me vois cruellement déçue !
N'avais-je tant pressé cette fatale vue,
Que pour les désunir encor plus que jamais ?
Ah ! mes fils, est-ce là comme on parle de paix ?
Quittez, au nom des dieux, ces tragiques pensées.
1020 Ne renouvelez point vos discordes passées :
Vous n'êtes pas ici dans un champ inhumain.
Est-ce moi qui vous mets les armes à la main ?
Considérez ces lieux où vous prîtes naissance :
Leur aspect sur vos cœurs n'a-t-il point de puis-
C'est ici que tous deux vous reçûtes le jour ; [sance[26] ?
Tout ne vous parle ici que de paix et d'amour :
Ces princes, votre sœur, tout condamne vos haines,
Enfin moi, qui pour vous pris toujours tant de peines,
Qui pour vous réunir immolerais... Hélas !
1030 Ils détournent la tête, et ne m'écoutent pas !
Tous deux, pour s'attendrir, ils ont l'âme trop dure ;
Ils ne connaissent plus la voix de la nature[27].
    (A Polynice.)
Et vous, que je croyais plus doux et plus soumis...

POLYNICE

Je ne veux rien de lui que ce qu'il m'a promis :
Il ne saurait régner sans se rendre parjure.

JOCASTE

Une extrême justice est souvent une injure[28].
Le trône vous est dû, je n'en saurais douter ;

Mais vous le renversez en voulant y monter.
Ne vous lassez-vous point de cette affreuse guerre ?
1040 Voulez-vous sans pitié désoler cette terre,
Détruire cet empire afin de le gagner ?
Est-ce donc sur des morts que vous voulez régner ?
Thèbes avec raison craint le règne d'un prince
Qui de fleuves de sang inonde sa province.
Voudrait-elle obéir à votre injuste loi ?
Vous êtes son tyran avant qu'être son roi.
Dieux ! si devenant grand souvent on devient pire,
Si la vertu se perd quand on gagne l'empire,
Lorsque vous régnerez, que serez-vous, hélas !
1050 Si vous êtes cruel quand vous ne régnez pas ?

POLYNICE

Ah ! si je suis cruel, on me force de l'être ;
Et de mes actions je ne suis pas le maître.
J'ai honte des horreurs où je me vois contraint,
Et c'est injustement que le peuple me craint[29].
Mais il faut en effet soulager ma patrie ;
De ses gémissements mon âme est attendrie.
Trop de sang innocent se verse tous les jours,
Il faut de ses malheurs que j'arrête le cours ;
Et sans faire gémir ni Thèbes ni la Grèce,
1060 A l'auteur de mes maux il faut que je m'adresse :
Il suffit aujourd'hui de son sang ou du mien.

JOCASTE

Du sang de votre frère ?

POLYNICE

                          Oui, Madame, du sien.
Il faut finir ainsi cette guerre inhumaine.
Oui, cruel, et c'est là le dessein qui m'amène,
Moi-même à ce combat j'ai voulu t'appeler ;
A tout autre qu'à toi je craignais d'en parler :
Tout autre aurait voulu condamner ma pensée,
Et personne en ces lieux ne te l'eût annoncée.
Je te l'annonce donc. C'est à toi de prouver
1070 Si ce que tu ravis tu le sais conserver.
Montre-toi digne enfin d'une si belle proie.

ÉTÉOCLE

J'accepte ton dessein, et l'accepte avec joie.
Créon sait là-dessus quel était mon désir :
J'eusse accepté le trône avec moins de plaisir.
Je te crois maintenant digne du diadème,
Et te le vais porter au bout de ce fer même[30].

JOCASTE

Hâtez-vous donc, cruels, de me percer le sein,
Et commencez par moi votre horrible dessein.
Ne considérez point que je suis votre mère,
1080 Considérez en moi celle de votre frère.
Si de votre ennemi vous recherchez le sang,
Recherchez-en la source en ce malheureux flanc.
Je suis de tous les deux la commune ennemie,
Puisque votre ennemi reçut de moi la vie.
Cet ennemi, sans moi, ne verrait pas le jour ;
S'il meurt, ne faut-il pas que je meure à mon tour ?
N'en doutez point, sa mort me doit être commune ;
Il faut en donner deux, ou n'en donner pas une ;
Et sans être ni doux ni cruel à demi,
1090 Il faut me perdre, ou bien sauver votre ennemi.
Si la vertu vous plaît, si l'honneur vous anime,
Barbares, rougissez de commettre un tel crime ;
Ou si le crime enfin vous plaît tant à chacun,
Barbares, rougissez de n'en commettre qu'un.
Aussi bien, ce n'est point que l'amour vous retienne,
Si vous sauvez ma vie en poursuivant la sienne :
Vous vous garderiez bien, cruels, de m'épargner,
Si je vous empêchais un moment de régner.
Polynice, est-ce ainsi que l'on traite une mère ?

POLYNICE

1100 J'épargne mon pays.

JOCASTE

Et vous tuez un frère !

POLYNICE

Je punis un méchant.

JOCASTE

Et sa mort, aujourd'hui,
Vous rendra plus coupable et plus méchant que lui.

POLYNICE

Faut-il que de ma main je couronne ce traître,
Et que de cour en cour j'aille chercher un maître ?
Qu'errant et vagabond je quitte mes États,
Pour observer des lois qu'il ne respecte pas ?
De ses propres forfaits serai-je la victime ?
Le diadème est-il le partage du crime ?
Quel droit ou quel devoir n'a-t-il point violé ?
1110 Et cependant il règne, et je suis exilé !

JOCASTE

Mais si le roi d'Argos vous cède une couronne.. [31]

POLYNICE

Dois-je chercher ailleurs ce que le sang me donne ?
En m'alliant chez lui n'aurai-je rien porté,
Et tiendrai-je mon rang de sa seule bonté ?
D'un trône qui m'est dû faut-il que l'on me chasse,
Et d'un prince étranger que je brigue la place ?
Non, non : sans m'abaisser à lui faire la cour,
Je veux devoir le sceptre à qui je dois le jour.

JOCASTE

Qu'on le tienne, mon fils, d'un beau-père ou d'un père,
1120 La main de tous les deux vous sera toujours chère.

POLYNICE

Non, non, la différence est trop grande pour moi :
L'un me ferait esclave, et l'autre me fait roi.
Quoi ? ma grandeur serait l'ouvrage d'une femme ?
D'un éclat si honteux je rougirais dans l'âme.
Le trône, sans l'amour, me serait donc fermé ?
Je ne régnerais pas si l'on ne m'eût aimé ?
Je veux m'ouvrir le trône ou jamais n'y paraître ;
Et quand j'y monterai, j'y veux monter en maître,
Que le peuple à moi seul soit forcé d'obéir,
1130 Et qu'il me soit permis de m'en faire haïr.
Enfin, de ma grandeur je veux être l'arbitre,

N'être point roi, Madame, ou l'être à juste titre ;
Que le sang me couronne ; ou, s'il ne suffit pas,
Je veux à son secours n'appeler que mon bras.

JOCASTE

Faites plus, tenez tout de votre grand courage ;
Que votre bras tout seul fasse votre partage,
Et dédaignant les pas des autres souverains,
Soyez, mon fils, soyez l'ouvrage de vos mains.
Par d'illustres exploits couronnez-vous vous-même,
1140 Qu'un superbe laurier soit votre diadème ;
Régnez et triomphez, et joignez à la fois
La gloire des héros à la pourpre des rois.
Quoi ? votre ambition serait-elle bornée
A régner tour à tour l'espace d'une année ?
Cherchez à ce grand cœur, que rien ne peut dompter,
Quelque trône où vous seul ayez droit de monter.
Mille sceptres nouveaux s'offrent à votre épée,
Sans que d'un sang si cher nous la voyions trempée.
Vos triomphes pour moi n'auront rien que de doux,
1150 Et votre frère même ira vaincre avec vous.

POLYNICE

Vous voulez que mon cœur, flatté de ces chimères,
Laisse un usurpateur au trône de mes pères ?

JOCASTE

Si vous lui souhaitez en effet tant de mal,
Élevez-le vous-même à ce trône fatal.
Ce trône fut toujours un dangereux abîme ;
La foudre l'environne aussi bien que le crime ;
Votre père et les rois qui vous ont devancés,
Sitôt qu'ils y montaient, s'en sont vus renversés.

POLYNICE

Quand je devrais au ciel rencontrer le tonnerre,
1160 J'y monterais plutôt que de ramper à terre [32].
Mon cœur, jaloux du sort de ces grands malheureux,
Veut s'élever, Madame, et tomber avec eux.

ÉTÉOCLE

Je saurai t'épargner une chute si vaine.

POLYNICE

Ah ! ta chute, crois-moi, précédera la mienne !

JOCASTE

Mon fils, son règne plaît.

POLYNICE

Mais il m'est odieux.

JOCASTE

Il a pour lui le peuple.

POLYNICE

Et j'ai pour moi les dieux.

ÉTÉOCLE

Les dieux de ce haut rang te voulaient interdire,
Puisqu'ils m'ont élevé le premier à l'empire.
Ils ne savaient que trop, lorsqu'ils firent ce choix,
1170 Qu'on veut régner toujours quand on règne une fois.
Jamais dessus le trône on ne vit plus d'un maître.
Il n'en peut tenir deux, quelque grand qu'il puisse
L'un des deux, tôt ou tard, se verrait renversé, [être :
Et d'un autre soi-même on y serait pressé.
Jugez donc, par l'horreur que ce méchant me donne,
Si je puis avec lui partager la couronne.

POLYNICE

Et moi je ne veux plus, tant tu m'es odieux,
Partager avec toi la lumière des cieux.

JOCASTE

Allez donc, j'y consens, allez perdre la vie ;
1180 A ce cruel combat tous deux je vous convie ;
Puisque tous mes efforts ne sauraient vous changer,
Que tardez-vous ? allez vous perdre et me venger.
Surpassez, s'il se peut, les crimes de vos pères ;
Montrez, en vous tuant, comme vous êtes frères :
Le plus grand des forfaits vous a donné le jour,
Il faut qu'un crime égal vous l'arrache à son tour.
Je ne condamne plus la fureur qui vous presse ;

Je n'ai plus pour mon sang ni pitié ni tendresse :
Votre exemple m'apprend à ne le plus chérir
1190 Et moi je vais, cruels, vous apprendre à mourir.

ANTIGONE

Madame... O ciel! que vois-je? Hélas! rien ne les
[touche!

HÉMON

Rien ne peut ébranler leur constance farouche.

ANTIGONE

Princes...

ÉTÉOCLE

Pour ce combat, choisissons quelque lieu.

POLYNICE

Courons. Adieu, ma sœur.

ÉTÉOCLE

Adieu, Princesse, adieu.

ANTIGONE

Mes frères, arrêtez! Gardes, qu'on les retienne;
Joignez, unissez tous vos douleurs à la mienne.
C'est leur être cruels que de les respecter.

HÉMON

Madame, il n'est plus rien qui les puisse arrêter.

ANTIGONE

Ah! généreux Hémon, c'est vous seul que j'implore.
1200 Si la vertu vous plaît, si vous m'aimez encore,
Et qu'on puisse arrêter leurs parricides mains,
Hélas! pour me sauver, sauvez ces inhumains.

ACTE CINQUIÈME

SCÈNE I

ANTIGONE, *seule*[33].

A quoi te résous-tu, princesse infortunée ?
    Ta mère vient de mourir dans tes bras,
        Ne saurais-tu suivre ses pas,
Et finir en mourant ta triste destinée ?
A de nouveaux malheurs te veux-tu réserver ?
Tes frères sont aux mains, rien ne les peut sauver
        De leurs cruelles armes.
1210 Leur exemple t'anime à te percer le flanc :
        Et toi seule verses des larmes,
        Tous les autres versent du sang.

Quelle est de mes malheurs l'extrémité mortelle ?
        Où ma douleur doit-elle recourir ?
        Dois-je vivre ? dois-je mourir ?
Un amant me retient, une mère m'appelle :
Dans la nuit du tombeau je la vois qui m'attend ;
Ce que veut la raison, l'amour me le défend
        Et m'en ôte l'envie.
1220 Que je vois de sujets d'abandonner le jour !
        Mais, hélas ! qu'on tient à la vie,
        Quand on tient si fort à l'amour !

Oui, tu retiens, Amour, mon âme fugitive ;
    Je reconnais la voix de mon vainqueur :
        L'espérance est morte en mon cœur,
Et cependant tu vis, et tu veux que je vive ;
Tu dis que mon amant me suivrait au tombeau,
Que je dois de mes jours conserver le flambeau
        Pour sauver ce que j'aime.
1230 Hémon, vois le pouvoir que l'amour a sur moi :
        Je ne vivrais pas pour moi-même,
        Et je veux bien vivre pour toi.

Si jamais tu doutas de ma flamme fidèle...
Mais voici du combat la funeste nouvelle.

SCÈNE II

ANTIGONE, OLYMPE

ANTIGONE

Eh bien ! ma chère Olympe, as-tu vu ce forfait ?

OLYMPE

J'y suis courue en vain, c'en était déjà fait.
Du haut de nos remparts j'ai vu descendre en larmes
Le peuple qui courait et qui criait aux armes ;
Et pour vous dire enfin d'où venait sa terreur,
1240 Le roi n'est plus, Madame, et son frère est vainqueur.
On parle aussi d'Hémon : l'on dit que son courage
S'est efforcé longtemps de suspendre leur rage,
Mais que tous ses efforts ont été superflus.
C'est ce que j'ai compris de mille bruits confus.

ANTIGONE

Ah ! je n'en doute pas, Hémon est magnanime ;
Son grand cœur eut toujours trop d'horreur pour le
Je l'avais conjuré d'empêcher ce forfait,   [crime.
Et s'il l'avait pu faire, Olympe, il l'aurait fait.
Mais, hélas ! leur fureur ne pouvait se contraindre :
1250 Dans des ruisseaux de sang elle voulait s'éteindre.
Princes dénaturés, vous voilà satisfaits :
La mort seule entre vous pouvait mettre la paix.
Le trône pour vous deux avait trop peu de place ;
Il fallait entre vous mettre un plus grand espace,
Et que le ciel vous mît, pour finir vos discords,
L'un parmi les vivants, l'autre parmi les morts.
Infortunés tous deux, dignes qu'on vous déplore !
Moins malheureux pourtant que je ne suis encore,
Puisque de tous les maux qui sont tombés sur vous,
1260 Vous n'en sentez aucun, et que je les sens tous ! [34]

OLYMPE

Mais pour vous ce malheur est un moindre supplice
Que si la mort vous eût enlevé Polynice.
Ce prince était l'objet qui faisait tous vos soins ;
Les intérêts du roi vous touchaient beaucoup moins.

ANTIGONE

Il est vrai, je l'aimais d'une amitié sincère ;
Je l'aimais beaucoup plus que je n'aimais son frère,
Et, ce qui lui donnait tant de part dans mes vœux,
Il était vertueux, Olympe, et malheureux.
Mais, hélas ! ce n'est plus ce cœur si magnanime,
1270 Et c'est un criminel qu'a couronné son crime.
Son frère plus que lui commence à me toucher :
Devenant malheureux, il m'est devenu cher.

OLYMPE

Créon vient.

ANTIGONE

                    Il est triste ; et j'en connais la cause :
Au courroux du vainqueur la mort du roi l'expose.
C'est de tous nos malheurs l'auteur pernicieux.

SCÈNE III

ANTIGONE, CRÉON, ATTALE, OLYMPE

CRÉON

Madame, qu'ai-je appris en entrant dans ces lieux ?
Est-il vrai que la reine...

ANTIGONE

                    Oui, Créon, elle est morte.

CRÉON

O dieux ! puis-je savoir de quelle étrange sorte
Ses jours infortunés ont éteint leur flambeau ?

OLYMPE

1280 Elle-même, Seigneur, s'est ouvert le tombeau,
Et s'étant d'un poignard en un moment saisie,
Elle en a terminé ses malheurs et sa vie.

ANTIGONE

Elle a su prévenir la perte de son fils.

CRÉON

Ah ! Madame, il est vrai que les dieux ennemis...

ANTIGONE

N'imputez qu'à vous seul la mort du roi mon frère,
Et n'en accusez point la céleste colère.
A ce combat fatal vous seul l'avez conduit :
Il a cru vos conseils, sa mort en est le fruit.
Ainsi de leurs flatteurs les rois sont les victimes ;
1290 Vous avancez leur perte en approuvant leurs crimes ;
De la chute des rois vous êtes les auteurs ;
Mais les rois en tombant entraînent leurs flatteurs.
Vous le voyez, Créon, sa disgrâce mortelle
Vous est funeste autant qu'elle nous est cruelle :
Le ciel, en le perdant, s'en est vengé sur vous,
Et vous avez peut-être à pleurer comme nous.

CRÉON

Madame, je l'avoue ; et les destins contraires
Me font pleurer deux fils si vous pleurez deux frères.

ANTIGONE

Mes frères et vos fils ? Dieux ! que veut ce discours ?
1300 Quelque autre qu'Étéocle a-t-il fini ses jours ?

CRÉON

Mais ne savez-vous pas cette sanglante histoire ?

ANTIGONE

J'ai su que Polynice a gagné la victoire,
Et qu'Hémon a voulu les séparer en vain.

CRÉON

Madame, ce combat est bien plus inhumain.
Vous ignorez encor mes pertes et les vôtres.
Mais, hélas ! apprenez les unes et les autres.

ANTIGONE

Rigoureuse Fortune, achève ton courroux !
Ah ! sans doute, voici le dernier de tes coups.

CRÉON

Vous avez vu, Madame, avec quelle furie
1310 Les deux princes sortaient pour s'arracher la vie,

Que d'une ardeur égale ils fuyaient de ces lieux,
Et que jamais leurs cœurs ne s'accordèrent mieux.
La soif de se baigner dans le sang de leur frère
Faisait ce que jamais le sang n'avait su faire :
Par l'excès de leur haine ils semblaient réunis,
Et prêts à s'égorger, ils paraissaient amis.
Ils ont choisi d'abord pour leur champ de bataille,
Un lieu près des deux camps, au pied de la muraille.
C'est là que reprenant leur première fureur
1320 Ils commencent enfin ce combat plein d'horreur.
D'un geste menaçant, d'un œil brûlant de rage,
Dans le sein l'un de l'autre ils cherchent un passage,
Et la seule fureur précipitant leurs bras,
Tous deux semblent courir au-devant du trépas.
Mon fils, qui de douleur en soupirait dans l'âme,
Et qui se souvenait de vos ordres, Madame,
Se jette au milieu d'eux, et méprise pour vous
Leurs ordres absolus qui nous arrêtaient tous.
Il leur retient le bras, les repousse, les prie,
1330 Et pour les séparer s'expose à leur furie.
Mais il s'efforce en vain d'en arrêter le cours,
Et ces deux furieux se rapprochent toujours.
Il tient ferme pourtant, et ne perd point courage ;
De mille coups mortels il détourne l'orage,
Jusqu'à ce que du roi le fer trop rigoureux,
Soit qu'il cherchât son frère, ou ce fils malheureux,
Le renverse à ses pieds prêt à rendre la vie.

ANTIGONE

Et la douleur encor ne me l'a pas ravie !

CRÉON

J'y cours, je le relève, et le prends dans mes bras ;
1340 Et me reconnaissant : je meurs, dit-il tout bas,
Trop heureux d'expirer pour ma belle princesse.
En vain à mon secours votre amitié s'empresse :
C'est à ces furieux que vous devez courir ;
Séparez-les, mon père, et me laissez mourir.
Il expire à ces mots. Ce barbare spectacle
A leur noire fureur n'apporte point d'obstacle ;
Seulement Polynice en paraît affligé :
Attends, Hémon, dit-il, tu vas être vengé.

En effet sa douleur renouvelle sa rage,
1350 Et bientôt le combat tourne à son avantage.
Le roi, frappé d'un coup qui lui perce le flanc,
Lui cède la victoire et tombe dans son sang.
Les deux camps aussitôt s'abandonnent en proie,
Le nôtre à la douleur, et les Grecs à la joie ;
Et le peuple, alarmé du trépas de son roi,
Sur le haut de ses tours témoigne son effroi.
Polynice, tout fier du succès de son crime,
Regarde avec plaisir expirer sa victime ;
Dans le sang de son frère il semble se baigner :
1360 Et tu meurs, lui dit-il, et moi je vais régner.
Regarde dans mes mains l'empire et la victoire ;
Va rougir aux enfers de l'excès de ma gloire ;
Et pour mourir encore avec plus de regret,
Traître, songe en mourant que tu meurs mon sujet.
En achevant ces mots, d'une démarche fière
Il s'approche du roi couché sur la poussière,
Et pour le désarmer il avance le bras.
Le roi, qui semble mort, observe tous ses pas ;
Il le voit, il l'attend, et son âme irritée
1370 Pour quelque grand dessein semble s'être arrêtée.
L'ardeur de se venger flatte encor ses désirs,
Et retarde le cours de ses derniers soupirs.
Prêt à rendre la vie, il en cache le reste,
Et sa mort au vainqueur est un piège funeste ;
Et dans l'instant fatal que ce frère inhumain
Lui veut ôter le fer qu'il tenait à la main,
Il lui perce le cœur ; et son âme ravie,
En achevant ce coup abandonne la vie.
Polynice frappé pousse un cri dans les airs,
1380 Et son âme en courroux s'enfuit dans les enfers.
Tout mort qu'il est, Madame, il garde sa colère,
Et l'on dirait qu'encore il menace son frère :
Son visage, où la mort a répandu ses traits,
Demeure plus terrible et plus fier que jamais.

ANTIGONE

Fatale ambition, aveuglement funeste !
D'un oracle cruel suite trop manifeste !
De tout le sang royal il ne reste que nous ;
Et plût aux dieux, Créon, qu'il ne restât que vous,

Et que mon désespoir, prévenant leur colère,
1390 Eût suivi de plus près le trépas de ma mère !

CRÉON

Il est vrai que des dieux le courroux embrasé
Pour nous faire périr semble s'être épuisé ;
Car enfin sa rigueur, vous le voyez, Madame,
Ne m'accable pas moins qu'elle afflige votre âme.
En m'arrachant mes fils...

ANTIGONE

     Ah ! vous régnez, Créon,
Et le trône aisément vous console d'Hémon.
Mais laissez-moi, de grâce, un peu de solitude,
Et ne contraignez point ma triste inquiétude.
Aussi bien mes chagrins passeraient jusqu'à vous.
1400 Vous trouverez ailleurs des entretiens plus doux :
Le trône vous attend, le peuple vous appelle ;
Goûtez tout le plaisir d'une grandeur nouvelle.
Adieu. Nous ne faisons tous deux que nous gêner :
Je veux pleurer, Créon, et vous voulez régner.

CRÉON, *arrêtant Antigone.*

Ah, Madame ! régnez, et montez sur le trône :
Ce haut rang n'appartient qu'à l'illustre Antigone.

ANTIGONE

Il me tarde déjà que vous ne l'occupiez :
La couronne est à vous.

CRÉON

     Je la mets à vos pieds.

ANTIGONE

Je la refuserais de la main des dieux même,
1410 Et vous osez, Créon, m'offrir le diadème !

CRÉON

Je sais que ce haut rang n'a rien de glorieux
Qui ne cède à l'honneur de l'offrir à vos yeux.
D'un si noble destin je me connais indigne ;
Mais si l'on peut prétendre à cette gloire insigne,

Si par d'illustres faits on la peut mériter,
Que faut-il faire enfin, Madame?

ANTIGONE

M'imiter.

CRÉON

Que ne ferais-je point pour une telle grâce!
Ordonnez seulement ce qu'il faut que je fasse:
Je suis prêt...

ANTIGONE, *en s'en allant.*

Nous verrons.

CRÉON, *la suivant.*

J'attends vos lois ici.

ANTIGONE, *en s'en allant.*

1420 Attendez.

SCÈNE IV

CRÉON, ATTALE

ATTALE

Son courroux serait-il adouci?
Croyez-vous la fléchir?

CRÉON

Oui, oui, mon cher Attale:
Il n'est point de fortune à mon bonheur égale,
Et tu vas voir en moi, dans ce jour fortuné,
L'ambitieux au trône, et l'amant couronné.
Je demandais au ciel la princesse et le trône:
Il me donne le sceptre et m'accorde Antigone.
Pour couronner ma tête et ma flamme en ce jour,
Il arme en ma faveur et la haine et l'amour,
Il allume pour moi deux passions contraires:
1430 Il attendrit la sœur, il endurcit les frères,
Il aigrit leur courroux, il fléchit sa rigueur,
Et m'ouvre en même temps et leur trône et son cœur.

ATTALE

Il est vrai, vous avez toute chose prospère,
Et vous seriez heureux si vous n'étiez point père.
L'ambition, l'amour, n'ont rien à désirer ;
Mais, Seigneur, la nature a beaucoup à pleurer :
En perdant vos deux fils...

CRÉON

Oui, leur perte m'afflige,
Je sais ce que de moi le rang de père exige ;
Je l'étais ; mais surtout j'étais né pour régner,
1440 Et je perds beaucoup moins que je ne crois gagner.
Le nom de père, Attale, est un titre vulgaire :
C'est un don que le ciel ne nous refuse guère.
Un bonheur si commun n'a pour moi rien de doux,
Ce n'est pas un bonheur, s'il ne fait des jaloux.
Mais le trône est un bien dont le ciel est avare ;
Du reste des mortels ce haut rang nous sépare ;
Bien peu sont honorés d'un don si précieux :
La terre a moins de rois que le ciel n'a de dieux.
D'ailleurs tu sais qu'Hémon adorait la princesse,
1450 Et qu'elle eut pour ce prince une extrême tendresse.
S'il vivait, son amour au mien serait fatal.
En me privant d'un fils, le ciel m'ôte un rival.
Ne me parle donc plus que de sujets de joie,
Souffre qu'à mes transports je m'abandonne en proie ;
Et sans me rappeler des ombres des enfers,
Dis-moi ce que je gagne, et non ce que je perds.
Parle-moi de régner, parle-moi d'Antigone :
J'aurai bientôt son cœur, et j'ai déjà le trône.
Tout ce qui s'est passé n'est qu'un songe pour moi :
1460 J'étais père et sujet, je suis amant et roi.
La princesse et le trône ont pour moi tant de charmes,
Que... Mais Olympe vient.

ATTALE

Dieux ! elle est tout en
[larmes.

SCÈNE V

CRÉON, OLYMPE, ATTALE

OLYMPE

Qu'attendez-vous, Seigneur ? La princesse n'est plus.

CRÉON

Elle n'est plus, Olympe ?

OLYMPE

Ah ! regrets superflus !
Elle n'a fait qu'entrer dans la chambre prochaine,
Et du même poignard dont est morte la reine,
Sans que je pusse voir son funeste dessein,
Cette fière princesse a percé son beau sein.
Elle s'en est, Seigneur, mortellement frappée,
1470 Et dans son sang, hélas ! elle est soudain tombée.
Jugez à cet objet ce que j'ai dû sentir.
Mais sa belle âme enfin, toute prête à sortir :
Cher Hémon, c'est à toi que je me sacrifie,
Dit-elle ; et ce moment a terminé sa vie.
J'ai senti son beau corps tout froid entre mes bras,
Et j'ai cru que mon âme allait suivre ses pas,
Heureuse mille fois si ma douleur mortelle
Dans la nuit du tombeau m'eût plongée avec elle !
(Elle s'en va.)

SCÈNE DERNIÈRE

CRÉON, ATTALE

CRÉON

Ainsi donc vous fuyez un amant odieux,
1480 Et vous-même, cruelle, éteignez vos beaux yeux !
Vous fermez pour jamais ces beaux yeux que j'adore,
Et pour ne me point voir, vous les fermez encore !
Quoique Hémon vous fût cher, vous courez au trépas
Bien plus pour m'éviter que pour suivre ses pas.
Mais dussiez-vous encor m'être aussi rigoureuse,
Ma présence aux enfers vous fût-elle odieuse,
Dût après le trépas vivre votre courroux,
Inhumaine, je vais y descendre après vous.

Vous y verrez toujours l'objet de votre haine,
1490 Et toujours mes soupirs vous rediront ma peine,
Ou pour vous adoucir, ou pour vous tourmenter ;
Et vous ne pourrez plus mourir pour m'éviter.
Mourons donc...

ATTALE *et des gardes.*

Ah ! Seigneur ! quelle cruelle envie..

CRÉON

Ah ! c'est m'assassiner que me sauver la vie !
Amour, rage, transports, venez à mon secours,
Venez, et terminez mes détestables jours !
De ces cruels amis trompez tous les obstacles.
Toi, justifie, ô ciel, la foi de tes oracles :
Je suis le dernier sang du malheureux Laïus,
1500 Perdez-moi, dieux cruels, ou vous serez déçus.
Reprenez, reprenez cet empire funeste :
Vous m'ôtez Antigone, ôtez-moi tout le reste.
Le trône et vos présents excitent mon courroux ;
Un coup de foudre est tout ce que je veux de vous
Ne le refusez pas à mes vœux, à mes crimes ;
Ajoutez mon supplice à tant d'autres victimes.
Mais en vain je vous presse, et mes propres forfaits
Me font déjà sentir tous les maux que j'ai faits.
Polynice, Étéocle, Iocaste, Antigone,
1510 Mes fils, que j'ai perdus pour m'élever au trône,
Tant d'autres malheureux dont j'ai causé les maux,
Font déjà dans mon cœur l'office des bourreaux.
Arrêtez... Mon trépas va venger votre perte,
La foudre va tomber, la terre est entrouverte,
Je ressens à la fois mille tourments divers,
1516 Et je m'en vais chercher du repos aux enfers.
           (Il tombe entre les mains des gardes.)

ALEXANDRE LE GRAND

Tragédie

AU ROI[1]

SIRE,

Voici une seconde entreprise qui n'est pas moins hardie que la première. Je ne me contente pas d'avoir mis à la tête de mon ouvrage le nom d'Alexandre[2], j'y ajoute encore celui de VOTRE MAJESTÉ, c'est-à-dire que j'assemble tout ce que le siècle présent et les siècles passés nous peuvent fournir de plus grand. Mais, SIRE, j'espère que VOTRE MAJESTÉ ne condamnera pas cette seconde hardiesse, comme elle n'a pas désapprouvé la première. Quelques efforts que l'on eût faits pour lui défigurer mon héros, il n'a pas plus tôt paru devant elle, qu'elle l'a reconnu pour Alexandre. Et à qui s'en rapportera-t-on, qu'à un roi dont la gloire est répandue aussi loin que celle de ce conquérant, et devant qui l'on peut dire que tous les peuples du monde se taisent comme l'Ecriture l'a dit d'Alexandre[3] ? Je sais bien que ce silence est un silence d'étonnement et d'admiration, que jusques ici la force de vos armes ne leur a pas tant imposé que celle de vos vertus. Mais, SIRE, votre réputation n'en est pas moins éclatante, pour n'être point établie sur les embrasements et sur les ruines ; et déjà VOTRE MAJESTÉ est arrivée au comble de la gloire par un chemin plus nouveau et plus difficile que celui par où Alexandre y est monté. Il n'est pas extraordinaire de voir un jeune homme gagner des batailles, de le voir mettre le feu par toute la terre. Il n'est pas impossible que la jeunesse et la fortune l'emportent victorieux jusqu'au fond des Indes. L'histoire est pleine de jeunes conquérants ; et l'on sait avec quelle ardeur VOTRE MAJESTÉ elle-même a cherché les occasions de se signaler dans un âge où Alexandre ne faisait encore que pleurer sur les victoires de son père. Mais elle me permettra de lui dire que devant elle, on n'a point vu de roi qui, à l'âge d'Alexandre, ait fait paraître la conduite d'Auguste ; qui, sans

s'éloigner presque du centre de son royaume, ait répandu sa
lumière jusqu'au bout du monde ; et qui ait commencé sa
carrière par où les plus grands princes ont tâché d'achever la
leur. On a disputé chez les anciens si la fortune n'avait point
eu plus de part que la vertu dans les conquêtes d'Alexandre [4].
Mais quelle part la fortune peut-elle prétendre aux actions
d'un roi qui ne doit qu'à ses seuls conseils l'état florissant de
son royaume, et qui n'a besoin que de lui-même, pour se
rendre redoutable à toute l'Europe ? Mais, SIRE, je ne songe
pas qu'en voulant louer VOTRE MAJESTÉ je m'engage dans une
carrière trop vaste et trop difficile. Il faut auparavant m'essayer encore sur quelques autres héros de l'antiquité ; et je
prévois qu'à mesure que je prendrai de nouvelles forces,
VOTRE MAJESTÉ se couvrira elle-même d'une gloire toute
nouvelle ; que nous la reverrons peut-être, à la tête d'une
armée, achever la comparaison qu'on peut faire d'elle et
d'Alexandre, et ajouter le titre de conquérant à celui du plus
sage roi de la terre. Ce sera alors que vos sujets devront
consacrer toutes leurs veilles au récit de tant de grandes
actions, et ne pas souffrir que VOTRE MAJESTÉ ait lieu de se
plaindre, comme Alexandre, qu'elle n'a eu personne de son
temps qui pût laisser à la postérité la mémoire de ses vertus [5].
Je n'espère pas être assez heureux pour me distinguer par le
mérite de mes ouvrages, mais je sais bien que je me signalerai
au moins par le zèle et la profonde vénération avec laquelle je
suis,

    SIRE,

       DE VOTRE MAJESTÉ,

          Le très humble, très obéissant, et très fidèle
             serviteur et sujet,

                    RACINE.

PREMIÈRE PRÉFACE [6]

   Je ne rapporterai point ici ce que l'histoire dit de Porus, il
faudrait copier tout le huitième livre de Quinte-Curce [7] ; et je
m'engagerai moins encore à faire une exacte apologie de tous
les endroits qu'on a voulu combattre dans ma pièce. Je n'ai
pas prétendu donner au public un ouvrage parfait : je me fais
trop de justice pour avoir osé me flatter de cette espérance. Avec
quelque succès qu'on ait représenté mon *Alexandre*, et quoique les premières personnes de la terre et les Alexandres de
notre siècle se soient hautement déclarés pour lui, je ne me
laisse point éblouir par ces illustres approbations. Je veux

croire qu'ils ont voulu encourager un jeune homme, et m'exciter à faire encore mieux dans la suite; mais j'avoue que, quelque défiance que j'eusse de moi-même, je n'ai pu m'empêcher de concevoir quelque opinion de ma tragédie, quand j'ai vu la peine que se sont donnée certaines gens pour la décrier. On ne fait point tant de brigues contre un ouvrage qu'on n'estime pas; on se contente de ne plus le voir quand on l'a vu une fois, et on le laisse tomber de lui-même, sans daigner seulement contribuer à sa chute. [Cependant j'ai eu le plaisir de voir plus de six fois de suite à ma pièce le visage de ces censeurs; ils n'ont pas craint de s'exposer si souvent à entendre une chose qui leur déplaisait; ils ont prodigué libéralement leur temps et leurs peines pour la venir critiquer, sans compter les chagrins que leur ont peut-être coûté les applaudissements que leur présence n'a pas empêché le public de me donner.] Ce n'est pas, comme j'ai déjà dit, que je croie ma pièce sans défauts. On sait avec quelle déférence j'ai écouté les avis sincères de mes véritables amis, et l'on verra même que j'ai profité en quelques endroits des conseils que j'en ai reçus. Mais je n'aurais jamais fait si je m'arrêtais aux subtilités de quelques critiques, qui prétendent assujettir le goût du public aux dégoûts d'un esprit malade, qui vont au théâtre avec un ferme dessein de n'y point prendre de plaisir, et qui croient prouver à tous les spectateurs, par un branlement de tête et par des grimaces affectées, qu'ils ont étudié à fond la *Poétique* d'Aristote.

En effet, que répondrais-je à ces critiques qui condamnent jusques au titre de ma tragédie, et qui ne veulent pas que je l'appelle *Alexandre*, quoique Alexandre en fasse la principale action, et que le véritable sujet de la pièce ne soit autre chose que la générosité de ce conquérant? Ils disent que je fais Porus plus grand qu'Alexandre. Et en quoi paraît-il plus grand? Alexandre, n'est-il pas toujours le vainqueur? Il ne se contente pas de vaincre Porus par la force de ses armes, il triomphe de sa fierté même par la générosité qu'il fait paraître en lui rendant ses États. Ils trouvent étrange qu'Alexandre, après avoir gagné la bataille, ne retourne pas à la tête de son armée, et qu'il s'entretienne avec sa maîtresse, au lieu d'aller combattre un petit nombre de désespérés qui ne cherchent qu'à périr. Cependant, si l'on en croit un des plus grands capitaines de ce temps, Ephestion n'a pas dû s'y trouver lui-même. [Ils ne peuvent souffrir qu'Ephestion fasse le récit de la mort de Taxile en présence de Porus, parce que ce récit est trop à l'avantage de ce prince. Mais ils ne considèrent pas que l'on ne blâme les louanges que l'on donne à une personne en sa présence, que quand elles peuvent être suspectes de flatterie, et qu'elles font un effet tout contraire quand elles partent de la bouche d'un ennemi et que celui qu'on loue est dans le malheur. Cela s'appelle rendre justice à la vertu, et la respecter même dans les fers. Il me semble que cette conduite répond assez bien à l'idée que les historiens nous donnent du favori d'Alexandre. Mais au moins, disent-ils, il devrait épargner la patience de son maître, et ne pas tant vanter devant lui la valeur de son ennemi. Ceux qui tiennent ce langage ont sans doute oublié que Porus vient d'être défait par Alexandre, et que les louanges qu'on donne au vaincu retournent à la gloire du vainqueur.] Je ne réponds rien à ceux qui blâment Alexandre de rétablir Porus en présence de Cléofile. C'est assez pour moi que ce qui passe pour une faute auprès de ces esprits qui n'ont lu l'histoire que dans les romans, et qui croient qu'un héros ne doit jamais faire un pas sans la permission de sa maîtresse, a reçu des louanges de ceux qui, étant eux-mêmes de grands héros, ont droit de juger de la vertu de leurs pareils. Enfin la plus grande objection que l'on me fasse, c'est que mon sujet est trop simple et trop stérile.

Je ne représente point à ces critiques le goût de l'Antiquité. [Je vois bien qu'ils le connaissent médiocrement.] Mais de quoi se plaignent-ils, si toutes mes scènes sont bien remplies, si elles sont liées nécessairement les unes aux autres, si tous mes acteurs ne viennent point sur le théâtre que l'on ne sache la raison qui les y fait venir et si, avec peu d'incidents et peu de matière, j'ai été assez heureux pour faire une pièce qui les a peut-être attachés malgré eux depuis le commencement jusqu'à la fin ? Mais ce qui me console, c'est de voir mes censeurs s'accorder si mal ensemble : les uns disent que Taxile n'est point assez honnête homme, les autres, qu'il ne mérite point sa perte ; les uns soutiennent qu'Alexandre n'est point assez amoureux, les autres, qu'il ne vient sur le théâtre que pour parler d'amour. Ainsi je n'ai pas besoin que mes amis se mettent en peine de me justifier, je n'ai qu'à renvoyer mes ennemis à mes ennemis, et je me repose sur eux de la défense d'une pièce qu'ils attaquent en si mauvaise intelligence, et avec des sentiments si opposés.

SECONDE PRÉFACE[8]

Il n'y a guère de tragédie où l'histoire soit plus fidèlement suivie que dans celle-ci. Le sujet en est tiré de plusieurs auteurs, mais surtout du huitième livre de Quinte-Curce. C'est là qu'on peut voir tout ce qu'Alexandre fit lorsqu'il entra dans les Indes, les ambassades qu'il envoya aux rois de ce pays-là, les différentes réceptions qu'ils firent à ses envoyés, l'alliance que Taxile fit avec lui, la fierté avec laquelle Porus refusa les conditions qu'on lui présentait, l'inimitié qui était entre Porus et Taxile, et enfin la victoire qu'Alexandre remporta sur Porus, la réponse généreuse que ce brave Indien fit au vainqueur, qui lui demandait comment il voulait qu'on le traitât, et la générosité avec laquelle Alexandre lui rendit tous ses Etats, et en ajouta beaucoup d'autres.

Cette action d'Alexandre a passé pour une des plus belles que ce prince ait faites en sa vie, et le danger que Porus lui fit courir dans la bataille lui parut le plus grand où il se fût jamais trouvé. Il le confessa lui-même, en disant qu'il avait trouvé enfin un péril digne de son courage. Et ce fut en cette même occasion qu'il s'écria : « O Athéniens, combien de travaux j'endure pour me faire louer de vous ! » J'ai tâché de représenter en Porus un ennemi digne d'Alexandre, et je puis dire que son caractère a plu extrêmement sur notre théâtre, jusque-là que des personnes m'ont reproché que je faisais ce prince plus grand qu'Alexandre. Mais ces personnes ne considèrent pas que, dans la bataille et dans la victoire, Alexandre est en effet plus grand que Porus ; qu'il n'y a pas un vers dans la tragédie qui ne soit à la louange d'Alexandre ; que les invectives même de Porus et d'Axiane sont autant d'éloges de la valeur de ce conquérant. Porus a peut-être quelque chose qui intéresse davantage, parce qu'il est dans le malheur ; car, comme dit Sénèque : « Nous sommes de telle nature, qu'il n'y a rien au monde qui se fasse tant admirer qu'un homme qui sait être malheureux avec courage. *Ita affecti sumus, ut nihil aeque magnam apud nos admirationem occupet, quam homo fortiter miser*[9]. »

Les amours d'Alexandre et de Cléofile ne sont pas de mon invention : Justin[10] en parle, aussi bien que Quinte-Curce. Ces deux historiens rapportent qu'une reine dans les Indes, nommée Cléofile, se rendit à ce prince avec la ville où il la tenait assiégée, et qu'il la rétablit dans son royaume, en considération de sa beauté. Elle en eut un fils, et elle l'appela Alexandre. Voici les paroles de Justin : *Regna Cleofidis reginæ petit, quæ, cum se dedisset ei, regnum*[11] *ab Alexandro recepit, illecebris consecuta quod virtute non potuerat ; filiumque, ab eo genitum, Alexandrum nominavit, qui postea regno Indorum potitus est*[12].

ACTEURS

ALEXANDRE.
PORUS,
TAXILE,   } rois dans les Indes.
AXIANE, reine d'une autre partie des Indes.
CLÉOFILE, sœur de Taxile.
ÉPHESTION.
Suite d'Alexandre.

La scène est sur le bord de l'Hydaspe, dans le camp de Taxile.

ALEXANDRE LE GRAND

ACTE PREMIER

SCÈNE I

TAXILE, CLÉOFILE

CLÉOFILE

Quoi ? vous allez combattre un roi dont la puissance
Semble forcer le ciel à prendre sa défense,
Sous qui toute l'Asie a vu tomber ses rois,
Et qui tient la fortune attachée à ses lois ?
Mon frère, ouvrez les yeux pour connaître Alexandre :
Voyez de toutes parts les trônes mis en cendre,
Les peuples asservis, et les rois enchaînés,
Et prévenez les maux qui les ont entraînés.

TAXILE

Voulez-vous que, frappé d'une crainte si basse,
10 Je présente la tête au joug qui nous menace,
Et que j'entende dire aux peuples indiens
Que j'ai forgé moi-même et leurs fers et les miens ?
Quitterai-je Porus ? Trahirai-je ces princes
Que rassemble le soin d'affranchir nos provinces,
Et qui sans balancer sur un si noble choix,
Sauront également vivre ou mourir en rois ?
En voyez-vous un seul qui sans rien entreprendre
Se laisse terrasser au seul nom d'Alexandre,
Et le croyant déjà maître de l'univers,

20 Aille, esclave empressé, lui demander des fers ?
   Loin de s'épouvanter à l'aspect de sa gloire,
   Ils l'attaqueront même au sein de la victoire.
   Et vous voulez, ma sœur, que Taxile aujourd'hui,
   Tout prêt à le combattre, implore son appui !

CLÉOFILE

Aussi n'est-ce qu'à vous que ce prince s'adresse ;
Pour votre amitié seule Alexandre s'empresse :
Quand la foudre s'allume et s'apprête à partir,
Il s'efforce en secret de vous en garantir.

TAXILE

Pourquoi suis-je le seul que son courroux ménage ?
30 De tous ceux que l'Hydaspe oppose à son courage,
   Ai-je mérité seul son indigne pitié ?
   Ne peut-il à Porus offrir son amitié ?
   Ah ! sans doute il lui croit l'âme trop généreuse
   Pour écouter jamais une offre si honteuse :
   Il cherche une vertu qui lui résiste moins,
   Et peut-être il me croit plus digne de ses soins.

CLÉOFILE

Dites, sans l'accuser de chercher un esclave,
Que de ses ennemis, il vous croit le plus brave,
Et qu'en vous arrachant les armes de la main,
40 Il se promet du reste un triomphe certain.
   Son choix à votre nom n'imprime point de taches,
   Son amitié n'est point le partage des lâches :
   Quoiqu'il brûle de voir tout l'univers soumis,
   On ne voit point d'esclave au rang de ses amis.
   Ah ! si son amitié peut souiller votre gloire,
   Que ne m'épargniez-vous une tache si noire ?
   Vous connaissez les soins qu'il me rend tous les jours :
   Il ne tenait qu'à vous d'en arrêter le cours.
   Vous me voyez ici maîtresse de son âme ;
50 Cent messages secrets m'assurent de sa flamme ;
   Pour venir jusqu'à moi, ses soupirs embrasés
   Se font jour au [13] travers de deux camps opposés [14].
   Au lieu de le haïr, au lieu de m'y contraindre,
   De mon trop de rigueur je vous ai vu vous plaindre :

Vous m'avez engagée à souffrir son amour,
Et peut-être, mon frère, à l'aimer à mon tour.

TAXILE

Vous pouvez, sans rougir du pouvoir de vos charmes,
Forcer ce grand guerrier à vous rendre les armes,
Et sans que votre cœur doive s'en alarmer,
60 Le vainqueur de l'Euphrate a pu vous désarmer.
Mais l'État aujourd'hui suivra ma destinée,
Je tiens avec mon sort sa fortune enchaînée,
Et quoique vos conseils tâchent de me fléchir,
Je dois demeurer libre afin de l'affranchir.
Je sais l'inquiétude où ce dessein vous livre,
Mais comme vous, ma sœur, j'ai mon amour à suivre.
Les beaux yeux d'Axiane, ennemis de la paix,
Contre votre Alexandre arment tous leurs attraits :
Reine de tous les cœurs, elle met tout en armes
70 Pour cette liberté que détruisent ses charmes,
Elle rougit des fers qu'on apporte en ces lieux,
Et n'y saurait souffrir de tyrans que ses yeux.
Il faut servir, ma sœur, son illustre colère ;
Il faut aller...

CLÉOFILE

                    Eh bien ! perdez-vous pour lui plaire :
De ces tyrans si chers suivez l'arrêt fatal,
Servez-les, ou plutôt servez votre rival.
De vos propres lauriers souffrez qu'on le couronne.
Combattez pour Porus, Axiane l'ordonne ;
Et par de beaux exploits appuyant sa rigueur,
80 Assurez à Porus l'empire de son cœur.

TAXILE

Ah ! ma sœur, croyez-vous que Porus...

CLÉOFILE

                                        Mais vous-même
Doutez-vous en effet qu'Axiane ne l'aime ?
Quoi ? ne voyez-vous pas avec quelle chaleur
L'ingrate à vos yeux même étale sa valeur ?
Quelque brave qu'on soit, si nous la voulons croire,

Ce n'est qu'autour de lui que vole la Victoire ;
Vous formeriez sans lui d'inutiles desseins,
La liberté de l'Inde est toute entre ses mains ;
Sans lui déjà nos murs seraient réduits en cendre ;
90 Lui seul peut arrêter les progrès d'Alexandre.
Elle se fait un dieu de ce prince charmant,
Et vous doutez encor qu'elle en fasse un amant ?

TAXILE

Je tâchais d'en douter, cruelle Cléofile.
Hélas ! dans son erreur affermissez Taxile
Pourquoi lui peignez-vous cet objet odieux ?
Aidez-le bien plutôt à démentir ses yeux :
Dites-lui qu'Axiane est une beauté fière,
Telle à tous les mortels qu'elle est à votre frère ;
Flattez de quelque espoir...

CLÉOFILE

                    Espérez, j'y consens ;
100 Mais n'espérez plus rien de vos soins impuissants.
Pourquoi dans les combats chercher une conquête
Qu'à vous livrer lui-même Alexandre s'apprête ?
Ce n'est pas contre lui qu'il la faut disputer ;
Porus est l'ennemi qui prétend vous l'ôter.
Pour ne vanter que lui, l'injuste Renommée
Semble oublier les noms du reste de l'armée :
Quoi qu'on fasse, lui seul en ravit tout l'éclat,
Et comme ses sujets il vous mène au combat.
Ah ! si ce nom vous plaît, si vous cherchez à l'être,
110 Les Grecs et les Persans vous enseignent un maître :
Vous trouverez cent rois compagnons de vos fers
Porus y viendra même avec tout l'univers.
Mais Alexandre enfin ne vous tend point de chaînes :
Il laisse à votre front ces marques souveraines
Qu'un orgueilleux rival ose ici dédaigner.
Porus vous fait servir, il vous fera régner.
Au lieu que de Porus vous êtes la victime,
Vous serez... Mais voici ce rival magnanime.

TAXILE

Ah ! ma sœur, je me trouble ; et mon cœur alarmé,
120 En voyant mon rival, me dit qu'il est aimé.

CLÉOFILE

Le temps vous presse. Adieu. C'est à vous de vous
L'esclave de Porus ou l'ami d'Alexandre.   [rendre

SCÈNE II

PORUS, TAXILE

PORUS

Seigneur, ou je me trompe, ou nos fiers ennemis
Feront moins de progrès qu'ils ne s'étaient promis.
Nos chefs et nos soldats, brûlants d'impatience,
Font lire sur leur front une mâle assurance ;
Ils s'animent l'un l'autre ; et nos moindres guerriers
Se promettent déjà des moissons de lauriers.
J'ai vu de rang en rang cette ardeur répandue
130 Par des cris généreux éclater à ma vue :
Ils se plaignent qu'au lieu d'éprouver leur grand cœur,
L'oisiveté d'un camp consume leur vigueur.
Laisserons-nous languir tant d'illustres courages ?
Notre ennemi, Seigneur, cherche ses avantages :
Il se sent faible encore, et, pour nous retenir,
Éphestion demande à nous entretenir,
Et par de vains discours...

TAXILE

          Seigneur, il faut l'entendre,
Nous ignorons encor ce que veut Alexandre.
Peut-être est-ce la paix qu'il nous veut présenter.

PORUS

140 La paix ! Ah ! de sa main pourriez-vous l'accepter ?
Hé quoi ? Nous l'aurons vu, par tant d'horribles
          [guerres,
Troubler le calme heureux dont jouissaient nos terres,
Et le fer à la main, entrer dans nos États
Pour attaquer des rois qui ne l'offensaient pas ;
Nous l'aurons vu piller des provinces entières,
Du sang de nos sujets faire enfler nos rivières
Et quand le ciel s'apprête à nous l'abandonner,
J'attendrai qu'un tyran daigne nous pardonner ?

TAXILE

Ne dites point, Seigneur, que le ciel l'abandonne :
150 D'un soin toujours égal sa faveur l'environne.
Un roi qui fait trembler tant d'États sous ses lois
N'est pas un ennemi que méprisent les rois.

PORUS

Loin de le mépriser, j'admire son courage ;
Je rends à sa valeur un légitime hommage ;
Mais je veux, à mon tour, mériter les tributs
Que je me sens forcé de rendre à ses vertus.
Oui, je consens qu'au ciel on élève Alexandre ;
Mais si je puis, Seigneur, je l'en ferai descendre,
Et j'irai l'attaquer jusque sur les autels
160 Que lui dresse en tremblant le reste des mortels.
C'est ainsi qu'Alexandre estima tous ces princes
Dont sa valeur pourtant a conquis les provinces.
Si son cœur dans l'Asie eût montré quelque effroi,
Darius en mourant l'aurait-il vu son roi ?

TAXILE

Seigneur, si Darius avait su se connaître,
Il régnerait encore où règne un autre maître.
Cependant cet orgueil qui causa son trépas
Avait un fondement que vos mépris n'ont pas :
La valeur d'Alexandre à peine était connue ;
170 Ce foudre était encore enfermé dans la nue.
Dans un calme profond Darius endormi
Ignorait jusqu'au nom d'un si faible ennemi.
Il le connut bientôt ; et son âme étonnée
De tout ce grand pouvoir se vit abandonnée.
Il se vit terrassé d'un bras victorieux,
Et la foudre en tombant lui fit ouvrir les yeux.

PORUS

Mais encore à quel prix croyez-vous qu'Alexandre
Mette l'indigne paix dont il veut vous surprendre ?
Demandez-le, Seigneur, à cent peuples divers
180 Que cette paix trompeuse a jetés dans les fers.
Non, ne nous flattons point : sa douceur nous outrage ;
Toujours son amitié traîne un long esclavage.

En vain on prétendrait n'obéir qu'à demi ;
Si l'on n'est son esclave, on est son ennemi.

TAXILE

Seigneur, sans se montrer lâche ni téméraire,
Par quelque vain hommage on peut le satisfaire.
Flattons par des respects ce prince ambitieux
Que son bouillant orgueil appelle en d'autres lieux.
C'est un torrent qui passe, et dont la violence
190　Sur tout ce qui l'arrête exerce sa puissance ;
Qui, grossi du débris de cent peuples divers,
Veut du bruit de son cours remplir tout l'univers.
Que sert de l'irriter par un orgueil sauvage ?
D'un favorable accueil honorons son passage ;
Et lui cédant des droits que nous reprendrons bien,
Rendons-lui des devoirs qui ne nous coûtent rien.

PORUS

Qui ne nous coûtent rien, Seigneur ! L'osez-vous
[croire ?
Compterai-je pour rien la perte de ma gloire ?
Votre empire et le mien seraient trop achetés,
200　S'ils coûtaient à Porus les moindres lâchetés.
Mais croyez-vous qu'un prince enflé de tant d'audace
De son passage ici ne laissât point de trace ?
Combien de rois, brisés à ce funeste écueil,
Ne règnent plus qu'autant qu'il plaît à son orgueil !
Nos couronnes, d'abord devenant ses conquêtes,
Tant que nous régnerions flotteraient sur nos têtes,
Et nos sceptres, en proie à ses moindres dédains,
Dès qu'il aurait parlé, tomberaient de nos mains.
Ne dites point qu'il court de province en province :
210　Jamais de ses liens il ne dégage un prince ;
Et pour mieux asservir les peuples sous ses lois,
Souvent dans la poussière il leur cherche des rois[15].
Mais ces indignes soins touchent peu mon courage :
Votre seul intérêt m'inspire ce langage.
Porus n'a point de part dans tout cet entretien,
Et quand la gloire parle il n'écoute plus rien.

TAXILE

J'écoute, comme vous, ce que l'honneur m'inspire,
Seigneur ; mais il m'engage à sauver mon empire.

PORUS

Si vous voulez sauver l'un et l'autre aujourd'hui,
220 Prévenons Alexandre, et marchons contre lui.

TAXILE

L'audace et le mépris sont d'infidèles guides.

PORUS

La honte suit de près les courages timides.

TAXILE

Le peuple aime les rois qui savent l'épargner.

PORUS

Il estime encor plus ceux qui savent régner.

TAXILE

Ces conseils ne plairont qu'à des âmes hautaines.

PORUS

Ils plairont à des rois, et peut-être à des reines.

TAXILE

La reine, à vous ouïr, n'a des yeux que pour vous.

PORUS

Un esclave est pour elle un objet de courroux[16].

TAXILE

Mais croyez-vous, Seigneur, que l'amour vous ordonne
230 D'exposer avec vous son peuple et sa personne ?
Non, non, sans vous flatter, avouez qu'en ce jour
Vous suivez votre haine, et non pas votre amour.

PORUS

Eh bien ! je l'avouerai que ma juste colère
Aime la guerre autant que la paix vous est chère ;
J'avouerai que, brûlant d'une noble chaleur,
Je vais contre Alexandre éprouver ma valeur.
Du bruit de ses exploits mon âme importunée
Attend depuis longtemps cette heureuse journée.
Avant qu'il me cherchât, un orgueil inquiet

240 M'avait déjà rendu son ennemi secret.
Dans le noble transport de cette jalousie,
Je le trouvais trop lent à traverser l'Asie ;
Je l'attirais ici par des vœux si puissants
Que je portais envie au bonheur des Persans ;
Et maintenant encor, s'il trompait mon courage,
Pour sortir de ces lieux s'il cherchait un passage,
Vous me verriez moi-même, armé pour l'arrêter,
Lui refuser la paix qu'il nous veut présenter.

TAXILE

Oui, sans doute, une ardeur si haute et si constante
250 Vous promet dans l'histoire une place éclatante ;
Et sous ce grand dessein dussiez-vous succomber,
Au moins c'est avec bruit qu'on vous verra tomber.
La reine vient. Adieu. Vantez-lui votre zèle ;
Découvrez cet orgueil qui vous rend digne d'elle.
Pour moi, je troublerais un si noble entretien,
Et vos cœurs rougiraient des faiblesses du mien.

SCÈNE III

PORUS, AXIANE

AXIANE

Quoi ? Taxile me fuit ! Quelle cause inconnue...

PORUS

Il fait bien de cacher sa honte à votre vue ;
Et puisqu'il n'ose plus s'exposer aux hasards,
260 De quel front pourrait-il soutenir vos regards ?
Mais laissons-le, Madame, et puisqu'il veut se rendre,
Qu'il aille avec sa sœur adorer Alexandre.
Retirons-nous d'un camp où, l'encens à la main,
Le fidèle Taxile attend son souverain.

AXIANE

Mais, Seigneur, que dit-il ?

PORUS

                    Il en fait trop paraître.
Cet esclave déjà m'ose vanter son maître ;
Il veut que je le serve...

AXIANE

       Ah ! sans vous emporter,
Souffrez que mes efforts tâchent de l'arrêter.
Ses soupirs, malgré moi, m'assurent qu'il m'adore.
270 Quoi qu'il en soit, souffrez que je lui parle encore ;
Et ne le forçons point par ce cruel mépris
D'achever un dessein qu'il peut n'avoir pas pris.

PORUS

Hé quoi ? vous en doutez ? et votre âme s'assure
Sur la foi d'un amant infidèle et parjure,
Qui veut à son tyran vous livrer aujourd'hui,
Et croit, en vous donnant, vous obtenir de lui !
Eh bien ! aidez-le donc à vous trahir vous-même.
Il vous peut arracher à mon amour extrême,
Mais il ne peut m'ôter, par ses efforts jaloux,
280 La gloire de combattre et de mourir pour vous.

AXIANE

Et vous croyez qu'après une telle insolence
Mon amitié, Seigneur, serait sa récompense ?
Vous croyez que mon cœur s'engageant sous sa loi,
Je souscrirais au don qu'on lui ferait de moi ?
Pouvez-vous, sans rougir, m'accuser d'un tel crime ?
Ai-je fait pour ce prince éclater tant d'estime ?
Entre Taxile et vous s'il fallait prononcer,
Seigneur, le croyez-vous, qu'on me vît balancer ?
Sais-je pas que Taxile est une âme incertaine,
290 Que l'amour le retient quand la crainte l'entraîne ?
Sais-je pas que sans moi sa timide valeur
Succomberait bientôt aux ruses de sa sœur ?
Vous savez qu'Alexandre en fit sa prisonnière,
Et qu'enfin cette sœur retourna vers son frère ;
Mais je connus bientôt qu'elle avait entrepris
De l'arrêter au piège où son cœur était pris.

PORUS

Et vous pouvez encor demeurer auprès d'elle !
Que n'abandonnez-vous cette sœur criminelle ?
Pourquoi par tant de soins, voulez-vous épargner
300 Un prince...

AXIANE

C'est pour vous que je le veux gagner.
Vous verrai-je, accablé du soin de nos provinces,
Attaquer seul un roi vainqueur de tant de princes ?
Je vous veux dans Taxile offrir un défenseur
Qui combatte Alexandre en dépit de sa sœur.
Que n'avez-vous pour moi cette ardeur empressée ?
Mais d'un soin si commun votre âme est peu blessée ;
Pourvu que ce grand cœur périsse noblement,
Ce qui suivra sa mort le touche faiblement.
Vous me voulez livrer, sans secours, sans asile,
310 Au courroux d'Alexandre, à l'amour de Taxile,
Qui me traitant bientôt en superbe vainqueur,
Pour prix de votre mort demandera mon cœur.
Eh bien ! Seigneur, allez, contentez votre envie ;
Combattez ; oubliez le soin de votre vie ;
Oubliez que le ciel, favorable à vos vœux,
Vous préparait peut-être un sort assez heureux.
Peut-être qu'à son tour Axiane charmée
Allait... Mais non, Seigneur, courez vers votre armée :
Un si long entretien vous serait ennuyeux,
320 Et c'est vous retenir trop longtemps en ces lieux.

PORUS

Ah ! Madame, arrêtez, et connaissez ma flamme.
Ordonnez de mes jours, disposez de mon âme.
La gloire y peut beaucoup, je ne m'en cache pas,
Mais que n'y peuvent point tant de divins appas ?
Je ne vous dirai point que pour vaincre Alexandre
Vos soldats et les miens allaient tout entreprendre,
Que c'était pour Porus un bonheur sans égal
De triompher tout seul aux yeux de son rival.
Je ne vous dis plus rien. Parlez en souveraine :
330 Mon cœur met à vos pieds et sa gloire et sa haine.

AXIANE

Ne craignez rien ; ce cœur, qui veut bien m'obéir,
N'est pas entre des mains qui le puissent trahir.
Non, je ne prétends pas, jalouse de sa gloire,
Arrêter un héros qui court à la victoire.
Contre un fier ennemi précipitez vos pas ;
Mais de vos alliés ne vous séparez pas.

Ménagez-les, Seigneur ; et d'une âme tranquille
Laissez agir mes soins sur l'esprit de Taxile ;
Montrez en sa faveur des sentiments plus doux ;
340 Je le vais engager à combattre pour vous.

PORUS

Eh bien ! Madame, allez, j'y consens avec joie.
Voyons Éphestion, puisqu'il faut qu'on le voie.
Mais sans perdre l'espoir de le suivre de près,
J'attends Éphestion, et le combat après.

ACTE DEUXIÈME

SCÈNE I

CLÉOFILE, ÉPHESTION

ÉPHESTION

Oui, tandis que vos rois délibèrent ensemble,
Et que tout se prépare au conseil qui s'assemble,
Madame, permettez que je vous parle aussi
Des secrètes raisons qui m'amènent ici.
Fidèle confident du beau feu de mon maître,
350 Souffrez que je l'explique aux yeux qui l'ont fait naître,
Et que pour ce héros j'ose vous demander
Le repos qu'à vos rois il veut bien accorder.
Après tant de soupirs, que faut-il qu'il espère ?
Attendez-vous encore après l'aveu d'un frère ?
Voulez-vous que son cœur, incertain et confus,
Ne se donne jamais sans craindre vos refus ?
Faut-il mettre à vos pieds le reste de la terre ?
Faut-il donner la paix ? faut-il faire la guerre ?
Prononcez : Alexandre est tout prêt d'y courir,
360 Ou pour vous mériter, ou pour vous conquérir.

CLÉOFILE

Puis-je croire qu'un prince au comble de la gloire
De mes faibles attraits garde encor la mémoire,
Que traînant après lui la victoire et l'effroi,
Il se puisse abaisser à soupirer pour moi ?
Des captifs comme lui brisent bientôt leur chaîne :

A de plus hauts desseins la gloire les entraîne,
Et l'amour dans leurs cœurs, interrompu, troublé,
Sous le faix des lauriers est bientôt accablé.
Tandis que ce héros me tint sa prisonnière,
370 J'ai pu toucher son cœur d'une atteinte légère ;
Mais je pense, Seigneur, qu'en rompant mes liens,
Alexandre à son tour brisa bientôt les siens.

ÉPHESTION

Ah ! si vous l'aviez vu, brûlant d'impatience,
Compter les tristes jours d'une si longue absence,
Vous sauriez que l'amour précipitant ses pas,
Il ne cherchait que vous en courant aux combats.
C'est pour vous qu'on l'a vu, vainqueur de tant de
                                              [princes,
D'un cours impétueux traverser vos provinces,
Et briser en passant, sous l'effort de ses coups,
380 Tout ce qui l'empêchait de s'approcher de vous.
On voit en même champ vos drapeaux et les nôtres,
De ses retranchements il découvre les vôtres.
Mais après tant d'exploits ce timide vainqueur
Craint qu'il ne soit encor bien loin de votre cœur.
Que lui sert de courir de contrée en contrée,
S'il faut que de ce cœur vous lui fermiez l'entrée,
Si pour ne point répondre à de sincères vœux,
Vous cherchez chaque jour à douter de ses feux,
Si votre esprit, armé de mille défiances...

CLÉOFILE

390 Hélas ! de tels soupçons sont de faibles défenses,
Et nos cœurs se formant mille soins superflus,
Doutent toujours du bien qu'ils souhaitent le plus.
Oui, puisque ce héros veut que j'ouvre mon âme,
J'écoute avec plaisir le récit de sa flamme,
Je craignais que le temps n'en eût borné le cours ;
Je souhaite qu'il m'aime, et qu'il m'aime toujours.
Je dis plus : quand son bras força notre frontière,
Et dans les murs d'Omphis m'arrêta prisonnière,
Mon cœur, qui le voyait maître de l'univers,
400 Se consolait déjà de languir dans ses fers,
Et loin de murmurer contre un destin si rude,
Il s'en fit, je l'avoue, une douce habitude,

Et de sa liberté perdant le souvenir,
Même en la demandant, craignait de l'obtenir.
Jugez si son retour me doit combler de joie.
Mais tout couvert de sang veut-il que je le voie ?
Est-ce comme ennemi qu'il se vient présenter ?
Et ne me cherche-t-il que pour me tourmenter ?

ÉPHESTION

Non, Madame : vaincu du pouvoir de vos charmes,
410 Il suspend aujourd'hui la terreur de ses armes,
Il présente la paix à des rois aveuglés,
Et retire la main qui les eût accablés.
Il craint que la victoire, à ses vœux trop facile,
Ne conduise ses coups dans le sein de Taxile.
Son courage, sensible à vos justes douleurs,
Ne veut point de lauriers arrosés de vos pleurs.
Favorisez les soins où son amour l'engage ;
Exemptez sa valeur d'un si triste avantage ;
Et disposez des rois qu'épargne son courroux
420 A recevoir un bien qu'ils ne doivent qu'à vous.

CLÉOFILE

N'en doutez point, Seigneur, mon âme inquiétée
D'une crainte si juste est sans cesse agitée :
Je tremble pour mon frère, et crains que son trépas
D'un ennemi si cher n'ensanglante le bras.
Mais en vain je m'oppose à l'ardeur qui l'enflamme,
Axiane et Porus tyrannisent son âme ;
Les charmes d'une reine et l'exemple d'un roi,
Dès que je veux parler, s'élèvent contre moi.
Que n'ai-je point à craindre en ce désordre extrême ?
430 Je crains pour lui, je crains pour Alexandre même,
Je sais qu'en l'attaquant cent rois se sont perdus,
Je sais tous ses exploits, mais je connais Porus.
Nos peuples qu'on a vus, triomphants à sa suite,
Repousser les efforts du Persan et du Scythe,
Et tout fiers des lauriers dont il les a chargés,
Vaincront à son exemple, ou périront vengés ;
Et je crains...

ÉPHESTION

Ah ! quittez une crainte si vaine.
Laissez courir Porus où son malheur l'entraîne ;

Que l'Inde en sa faveur arme tous ses États,
440 Et que le seul Taxile en détourne ses pas !
Mais les voici.

CLÉOFILE

            Seigneur, achevez votre ouvrage :
Par vos sages conseils dissipez cet orage,
Ou s'il faut qu'il éclate, au moins souvenez-vous
De le faire tomber sur d'autres que sur nous.

SCÈNE II

PORUS, TAXILE, ÉPHESTION

ÉPHESTION

Avant que le combat qui menace vos têtes
Mette tous vos États au rang de nos conquêtes,
Alexandre veut bien différer ses exploits,
Et vous offrir la paix pour la dernière fois.
Vos peuples, prévenus de l'espoir qui vous flatte,
450 Prétendaient arrêter le vainqueur de l'Euphrate ;
Mais l'Hydaspe, malgré tant d'escadrons épars,
Voit enfin sur ses bords flotter nos étendards.
Vous les verriez plantés jusque sur vos tranchées,
Et de sang et de morts vos campagnes jonchées,
Si ce héros, couvert de tant d'autres lauriers,
N'eût lui-même arrêté l'ardeur de nos guerriers.
Il ne vient point ici, souillé du sang des princes,
D'un triomphe barbare effrayer vos provinces,
Et cherchant à briller d'une triste spendeur,
460 Sur le tombeau des rois élever sa grandeur.
Mais vous-mêmes, trompés d'un vain espoir de gloire,
N'allez point dans ses bras irriter la Victoire ;
Et lorsque son courroux demeure suspendu,
Princes, contentez-vous de l'avoir attendu ;
Ne différez point tant à lui rendre l'hommage
Que vos cœurs, malgré vous, rendent à son courage ;
Et recevant l'appui que vous offre son bras,
D'un si grand défenseur honorez vos États.
Voilà ce qu'un grand roi veut bien vous faire entendre,
470 Prêt à quitter le fer, et prêt à le reprendre.

Vous savez son dessein ; choisissez aujourd'hui,
Si vous voulez tout perdre ou tenir tout de lui.

TAXILE

Seigneur, ne croyez point qu'une fierté barbare
Nous fasse méconnaître une vertu si rare,
Et que dans leur orgueil nos peuples affermis
Prétendent, malgré vous, être vos ennemis.
Nous rendons ce qu'on doit aux illustres exemples :
Vous adorez des dieux qui nous doivent leurs temples ;
Des héros [17] qui chez vous passaient pour des mortels,
480 En venant parmi nous ont trouvé des autels.
Mais en vain l'on prétend, chez des peuples si braves,
Au lieu d'adorateurs se faire des esclaves :
Croyez-moi, quelque éclat qui les puisse toucher,
Ils refusent l'encens qu'on leur veut arracher.
Assez d'autres États, devenus vos conquêtes,
De leurs rois, sous le joug, ont vu ployer les têtes.
Après tous ces États qu'Alexandre a soumis,
N'est-il pas temps, Seigneur, qu'il cherche des amis ?
Tout ce peuple captif, qui tremble au nom d'un maître,
490 Soutient mal un pouvoir qui ne fait que de naître.
Ils ont, pour s'affranchir, les yeux toujours ouverts ;
Votre empire n'est plein que d'ennemis couverts.
Ils pleurent en secret leurs rois sans diadèmes ;
Vos fers trop étendus se relâchent d'eux-mêmes,
Et déjà dans leur cœur les Scythes mutinés
Vont sortir de la chaîne où vous nous destinez.
Essayez, en prenant notre amitié pour gage,
Ce que peut une foi qu'aucun serment n'engage ;
Laissez un peuple au moins qui puisse quelquefois
500 Applaudir sans contrainte au bruit de vos exploits.
Je reçois à ce prix l'amitié d'Alexandre ;
Et je l'attends déjà comme un roi doit attendre
Un héros dont la gloire accompagne les pas,
Qui peut tout sur mon cœur, et rien sur mes États.

PORUS

Je croyais, quand l'Hydaspe assemblant ses provinces
Au secours de ses bords fit voler tous ses princes,
Qu'il n'avait avec moi, dans des desseins si grands,
Engagé que des rois ennemis des tyrans.

Mais puisqu'un roi, flattant la main qui nous menace,
510 Parmi ses alliés brigue une indigne place,
C'est à moi de répondre aux vœux de mon pays,
Et de parler pour ceux que Taxile a trahis.
Que vient chercher ici le roi qui vous envoie ?
Quel est ce grand secours que son bras nous octroie ?
De quel front ose-t-il prendre sous son appui
Des peuples qui n'ont point d'autre ennemi que lui ?
Avant que sa fureur ravageât tout le monde,
L'Inde se reposait dans une paix profonde ;
Et si quelques voisins en troublaient les douceurs,
520 Il portait dans son sein d'assez bons défenseurs.
Pourquoi nous attaquer ? Par quelle barbarie
A-t-on de votre maître excité la furie ?
Vit-on jamais chez lui nos peuples en courroux
Désoler un pays inconnu parmi nous ?
Faut-il que tant d'États, de déserts, de rivières,
Soient entre nous et lui d'impuissantes barrières ?
Et ne saurait-on vivre au bout de l'univers
Sans connaître son nom et le poids de ses fers[18] ?
Quelle étrange valeur, qui ne cherchant qu'à nuire,
530 Embrase tout sitôt qu'elle commence à luire ;
Qui n'a que son orgueil pour règle et pour raison ;
Qui veut que l'univers ne soit qu'une prison,
Et que, maître absolu de tous tant que nous sommes,
Ses esclaves en nombre égalent tous les hommes !
Plus d'États, plus de rois : ses sacrilèges mains
Dessous un même joug rangent tous les humains.
Dans son avide orgueil je sais qu'il nous dévore ;
De tant de souverains nous seuls régnons encore.
Mais, que dis-je, nous seuls ? Il ne reste que moi
540 Où l'on découvre encor les vestiges d'un roi.
Mais c'est pour mon courage une illustre matière.
Je vois d'un œil content trembler la terre entière,
Afin que par moi seul les mortels secourus,
S'ils sont libres, le soient de la main de Porus,
Et qu'on dise partout, dans une paix profonde :
Alexandre vainqueur eût dompté tout le monde ;
Mais un roi l'attendait au bout de l'univers,
Par qui le monde entier a vu briser ses fers.

ÉPHESTION

Votre projet du moins nous marque un grand courage ;
550 Mais, Seigneur, c'est bien tard s'opposer à l'orage.
Si le monde penchant n'a plus que cet appui,
Je le plains, et vous plains vous-même autant que lui.
Je ne vous retiens point, marchez contre mon maître.
Je voudrais seulement qu'on vous l'eût fait connaître,
Et que la Renommée eût voulu, par pitié,
De ses exploits au moins vous conter la moitié ;
Vous verriez...

PORUS

Que verrais-je ? et que pourrais-je ap-
[prendre
Qui m'abaisse si fort au-dessous d'Alexandre ?
Serait-ce sans effort les Persans subjugués,
560 Et vos bras tant de fois de meurtres fatigués ?
Quelle gloire en effet d'accabler la faiblesse
D'un roi déjà vaincu par sa propre mollesse,
D'un peuple sans vigueur et presque inanimé,
Qui gémissait sous l'or dont il était armé,
Et qui tombant en foule au lieu de se défendre,
N'opposait que des morts au grand cœur d'Alexandre ?
Les autres, éblouis de ses moindres exploits,
Sont venus à genoux lui demander des lois ;
Et leur crainte écoutant je ne sais quels oracles,
570 Ils n'ont pas cru qu'un dieu pût trouver des obstacles.
Mais nous, qui d'un autre œil jugeons des conquérants,
Nous savons que les dieux ne sont pas des tyrans ;
Et de quelque façon qu'un esclave le nomme,
Le fils de Jupiter passe ici pour un homme.
Nous n'allons point de fleurs parfumer son chemin ;
Il nous trouve partout les armes à la main ;
Il voit à chaque pas arrêter ses conquêtes ;
Un seul rocher[19] ici lui coûte plus de têtes,
Plus de soins, plus d'assauts et presque plus de temps,
580 Que n'en coûte à son bras l'empire des Persans.
Ennemis du repos qui perdit ces infâmes,
L'or qui naît sous nos pas ne corrompt point nos âmes.
La gloire est le seul bien qui nous puisse tenter,
Et le seul que mon cœur cherche à lui disputer ;
C'est elle...

ÉPHESTION, *en se levant.*

Et c'est aussi ce que cherche Alexandre.
A de moindres objets son cœur ne peut descendre.
C'est ce qui l'arrachant du sein de ses États
Au trône de Cyrus lui fit porter ses pas,
Et du plus ferme empire ébranlant les colonnes,
590 Attaquer, conquérir et donner les couronnes.
Et puisque votre orgueil ose lui disputer
La gloire du pardon qu'il vous fait présenter,
Vos yeux, dès aujourd'hui témoins de sa victoire,
Verront de quelle ardeur il combat pour la gloire.
Bientôt le fer en main vous le verrez marcher.

PORUS

Allez donc : je l'attends, ou je le vais chercher.

SCÈNE III

PORUS, TAXILE

TAXILE

Quoi ? vous voulez au gré de votre impatience...

PORUS

Non, je ne prétends point troubler votre alliance :
Éphestion, aigri seulement contre moi,
600 De vos soumissions rendra compte à son roi.
Les troupes d'Axiane, à me suivre engagées,
Attendent le combat sous mes drapeaux rangées ;
De son trône et du mien je soutiendrai l'éclat,
Et vous serez, Seigneur, le juge du combat,
A moins que votre cœur, animé d'un beau zèle,
De vos nouveaux amis n'embrasse la querelle.

SCÈNE IV

AXIANE, PORUS, TAXILE

AXIANE, *à Taxile.*

Ah ! que dit-on de vous, Seigneur ? Nos ennemis
Se vantent que Taxile est à moitié soumis ;
Qu'il ne marchera point contre un roi qu'il respecte.

TAXILE

610 La foi d'un ennemi doit être un peu suspecte,
Madame; avec le temps ils me connaîtront mieux.

AXIANE

Démentez donc, Seigneur, ce bruit injurieux :
De ceux qui l'ont semé confondez l'insolence;
Allez, comme Porus, les forcer au silence,
Et leur faire sentir, par un juste courroux,
Qu'ils n'ont point d'ennemi plus funeste que vous

TAXILE

Madame je m'en vais disposer mon armée.
Écoutez moins ce bruit qui vous tient alarmée.
Porus fait son devoir, et je ferai le mien.

SCÈNE V

AXIANE, PORUS

AXIANE

620 Cette sombre froideur ne m'en dit pourtant rien
Lâche; et ce n'est point là, pour me le faire croire,
La démarche d'un roi qui court à la victoire.
Il n'en faut plus douter, et nous sommes trahis :
Il immole à sa sœur sa gloire et son pays;
Et sa haine, Seigneur, qui cherche à vous abattre,
Attend pour éclater que vous alliez combattre.

PORUS

Madame, en le perdant je perds un faible appui;
Je le connaissais trop pour m'assurer sur lui.
Mes yeux sans se troubler ont vu son inconstance;
630 Je craignais beaucoup plus sa molle résistance.
Un traître en nous quittant pour complaire à sa sœur
Nous affaiblit bien moins qu'un lâche défenseur.

AXIANE

Et cependant, Seigneur, qu'allez-vous entreprendre ?
Vous marchez sans compter les forces d'Alexandre,
Et courant presque seul au-devant de leurs coups,
Contre tant d'ennemis vous n'opposez que vous.

PORUS

Hé quoi ? voudriez-vous qu'à l'exemple d'un traître
Ma frayeur conspirât à vous donner un maître ?
Que Porus, dans un camp se laissant arrêter,
640 Refusât le combat qu'il vient de présenter ?
Non, non, je n'en crois rien. Je connais mieux,
                                        [Madame,
Le beau feu que la gloire allume dans votre âme.
C'est vous, je m'en souviens, dont les puissants appas
Excitaient tous nos rois, les traînaient aux combats,
Et de qui la fierté, refusant de se rendre,
Ne voulait pour amant qu'un vainqueur d'Alexandre.
Il faut vaincre, et j'y cours, bien moins pour éviter
Le titre de captif que pour le mériter.
Oui, Madame, je vais, dans l'ardeur qui m'entraîne,
650 Victorieux ou mort mériter votre chaîne ;
Et puisque mes soupirs s'expliquaient vainement
A ce cœur que la gloire occupe seulement,
Je m'en vais, par l'éclat qu'une victoire donne,
Attacher de si près la gloire à ma personne,
Que je pourrai peut-être amener votre cœur
De l'amour de la gloire à l'amour du vainqueur.

AXIANE

Eh bien ! Seigneur, allez. Taxile aura peut-être
Des sujets dans son camp plus braves que leur maître ;
Je vais les exciter par un dernier effort.
660 Après, dans votre camp j'attendrai votre sort,
Ne vous informez point de l'état de mon âme :
Triomphez et vivez.

PORUS

                    Qu'attendez-vous, Madame ?
Pourquoi, dès ce moment, ne puis-je pas savoir
Si mes tristes soupirs ont pu vous émouvoir ?
Voulez-vous, car le sort, adorable Axiane,
A ne vous plus revoir peut-être me condamne,
Voulez-vous qu'en mourant un prince infortuné
Ignore à quelle gloire il était destiné ?
Parlez.

AXIANE

Que vous dirai-je ?

PORUS

                    Ah ! divine Princesse,
670 Si vous sentiez pour moi quelque heureuse faiblesse,
Ce cœur, qui me promet tant d'estime en ce jour,
Me pourrait bien encor promettre un peu d'amour.
Contre tant de soupirs peut-il bien se défendre ?
Peut-il...

AXIANE

        Allez, Seigneur, marchez contre Alexandre.
La victoire est à vous, si ce fameux vainqueur
Ne se défend pas mieux contre vous que mon cœur.

ACTE TROISIÈME

SCÈNE I

AXIANE, CLÉOFILE

AXIANE

Quoi, Madame ? en ces lieux on me tient enfermée ?
Je ne puis au combat voir marcher mon armée,
Et commençant par moi sa noire trahison,
680 Taxile de son camp me fait une prison ?
C'est donc là cette ardeur qu'il me faisait paraître !
Cet humble adorateur se déclare mon maître !
Et déjà son amour, lassé de ma rigueur,
Captive ma personne au défaut de mon cœur !

CLÉOFILE

Expliquez mieux les soins et les justes alarmes
D'un roi qui pour vainqueur ne connaît que vos
Et regardez, Madame, avec plus de bonté   [charmes,
L'ardeur qui l'intéresse à votre sûreté.
Tandis qu'autour de nous deux puissantes armées,
690 D'une égale chaleur au combat animées,

De leur fureur partout font voler les éclats,
De quel autre côté conduiriez-vous vos pas ?
Où pourriez-vous ailleurs éviter la tempête ?
Un plein calme en ces lieux assure votre tête :
Tout est tranquille...

                    AXIANE

                    Et c'est cette tranquillité
Dont je ne puis souffrir l'indigne sûreté.
Quoi ? lorsque mes sujets, mourant dans une plaine,
Sur les pas de Porus combattent pour leur reine,
Qu'au prix de tout leur sang ils signalent leur foi,
700 Que le cri des mourants vient presque jusqu'à moi,
On me parle de paix, et le camp de Taxile
Garde dans ce désordre une assiette tranquille ?
On flatte ma douleur d'un calme injurieux !
Sur des objets de joie on arrête mes yeux !

                    CLÉOFILE

Madame, voulez-vous que l'amour de mon frère
Abandonne au péril une tête si chère ?
Il sait trop les hasards...

                    AXIANE

                    Et pour m'en détourner
Ce généreux amant me fait emprisonner !
Et tandis que pour moi son rival se hasarde,
710 Sa paisible valeur me sert ici de garde[20] !

                    CLÉOFILE

Que Porus est heureux ! le moindre éloignement
A votre impatience est un cruel tourment,
Et si l'on vous croyait, le soin qui vous travaille
Vous le ferait chercher jusqu'au champ de bataille.

                    AXIANE

Je ferais plus, Madame : un mouvement si beau
Me le ferait chercher jusque dans le tombeau,
Perdre tous mes États, et voir d'un œil tranquille
Alexandre en payer le cœur de Cléofile.

CLÉOFILE

Si vous cherchez Porus, pourquoi m'abandonner ?
720 Alexandre en ces lieux pourra le ramener.
Permettez que veillant au soin de votre tête,
A cet heureux amant l'on garde sa conquête.

AXIANE

Vous triomphez, Madame ; et déjà votre cœur
Vole vers Alexandre et le nomme vainqueur ;
Mais sur la seule foi d'un amour qui vous flatte,
Peut-être avant le temps ce grand orgueil éclate :
Vous poussez un peu loin vos vœux précipités,
Et vous croyez trop tôt ce que vous souhaitez.
Oui, oui...

CLÉOFILE

Mon frère vient, et nous allons apprendre
730 Qui de nous deux, Madame, aura pu se méprendre.

AXIANE

Ah ! je n'en doute plus, et ce front satisfait
Dit assez à mes yeux que Porus est défait.

SCÈNE II

TAXILE, AXIANE, CLÉOFILE

TAXILE

Madame, si Porus avec moins de colère
Eût suivi les conseils d'une amitié sincère,
Il m'aurait en effet épargné la douleur
De vous venir moi-même annoncer son malheur.

AXIANE

Quoi ? Porus...

TAXILE

C'en est fait ; et sa valeur trompée
Des maux que j'ai prévus se voit enveloppée.
Ce n'est pas (car mon cœur, respectant sa vertu,
740 N'accable point encore un rival abattu),
Ce n'est point que son bras, disputant la victoire,

N'en ait aux ennemis ensanglanté la gloire ;
Qu'elle-même, attachée à ses faits éclatants,
Entre Alexandre et lui n'ait douté quelque temps ;
Mais enfin contre moi sa vaillance irritée
Avec trop de chaleur s'était précipitée.
J'ai vu ses bataillons rompus et renversés,
Vos soldats en désordre et les siens dispersés,
Et lui-même, à la fin, entraîné dans leur fuite,
750 Malgré lui du vainqueur éviter la poursuite,
Et de son vain courroux trop tard désabusé,
Souhaiter le secours qu'il avait refusé.

AXIANE

Qu'il avait refusé ! Quoi donc ? pour ta patrie,
Ton indigne courage attend que l'on te prie ?
Il faut donc, malgré toi, te traîner aux combats,
Et te forcer toi-même à sauver tes États !
L'exemple de Porus, puisqu'il faut qu'on t'y porte,
Dis-moi, n'était-ce pas une voix assez forte ?
Ce héros en péril, ta maîtresse en danger,
760 Tout l'État périssant n'a pu t'encourager !
Va, tu sers bien le maître à qui ta sœur te donne.
Achève, et fais de moi ce que sa haine ordonne.
Garde à tous les vaincus un traitement égal,
Enchaîne ta maîtresse en livrant ton rival.
Aussi bien c'en est fait : sa disgrâce et ton crime
Ont placé dans mon cœur ce héros magnanime.
Je l'adore, et je veux avant la fin du jour
Déclarer à la fois ma haine et mon amour,
Lui vouer à tes yeux une amitié fidèle,
770 Et te jurer aux siens une haine immortelle.
Adieu. Tu me connais : aime-moi si tu veux.

TAXILE

Ah ! n'espérez de moi que de sincères vœux,
Madame ; n'attendez ni menaces ni chaînes,
Alexandre sait mieux ce qu'on doit à des reines.
Souffrez que sa douceur vous oblige à garder
Un trône que Porus devait moins hasarder ;
Et moi-même en aveugle on me verrait combattre
La sacrilège main qui le voudrait abattre.

AXIANE

Quoi ? par l'un de vous deux mon sceptre raffermi
780 Deviendrait dans mes mains le don d'un ennemi ?
Et sur mon propre trône on me verrait placée,
Par le même tyran qui m'en aurait chassée ?

TAXILE

Des reines et des rois vaincus par sa valeur
Ont laissé par ses soins adoucir leur malheur.
Voyez de Darius et la femme et la mère :
L'une le traite en fils, l'autre le traite en frère.

AXIANE

Non, non, je ne sais point vendre mon amitié,
Caresser un tyran, et régner par pitié.
Penses-tu que j'imite une faible Persane ?
790 Qu'à la cour d'Alexandre on retienne Axiane ?
Et qu'avec mon vainqueur courant tout l'univers,
J'aille vanter partout la douceur de ses fers ?
S'il donne les États, qu'il te donne les nôtres.
Qu'il te pare, s'il veut, des dépouilles des autres.
Règne. Porus ni moi n'en serons point jaloux,
Et tu seras encor plus esclave que nous.
J'espère qu'Alexandre, amoureux de sa gloire
Et fâché que ton crime ait souillé sa victoire,
S'en lavera bientôt par ton propre trépas.
800 Des traîtres comme toi font souvent des ingrats ;
Et de quelques faveurs que sa main t'éblouisse,
Du perfide Bessus[21] regarde le supplice.
Adieu.

SCÈNE III

TAXILE, CLÉOFILE

CLÉOFILE

Cédez, mon frère, à ce bouillant transport :
Alexandre et le temps vous rendront le plus fort,
Et cet âpre courroux, quoi qu'elle en puisse dire,
Ne s'obstinera point au refus d'un empire.
Maître de ses destins, vous l'êtes de son cœur.
Mais dites-moi : vos yeux ont-ils vu le vainqueur ?

Quel traitement, mon frère, en devons-nous attendre ?
810 Qu'a-t-il dit ?

TAXILE

Oui, ma sœur, j'ai vu votre Alexandre.
D'abord ce jeune éclat qu'on remarque en ses traits
M'a semblé démentir le nombre de ses faits.
Mon cœur plein de son nom, n'osait, je le confesse,
Accorder tant de gloire avec tant de jeunesse ;
Mais de ce même front l'héroïque fierté,
Le feu de ses regards, sa haute majesté,
Font connaître Alexandre ; et certes son visage
Porte de sa grandeur l'infaillible présage,
Et sa présence auguste appuyant ses projets,
820 Ses yeux comme son bras font partout des sujets.
Il sortait du combat. Ébloui de sa gloire,
Je croyais dans ses yeux voir briller la Victoire.
Toutefois à ma vue oubliant sa fierté,
Il a fait à son tour éclater sa bonté.
Ses transports ne m'ont point déguisé sa tendresse :
Retournez, m'a-t-il dit, auprès de la princesse,
Disposez ses beaux yeux à revoir un vainqueur
Qui va mettre à ses pieds sa victoire et son cœur.
Il marche sur mes pas. Je n'ai rien à vous dire,
830 Ma sœur : de votre sort je vous laisse l'empire ;
Je vous confie encor la conduite du mien.

CLÉOFILE

Vous aurez tout pouvoir, ou je ne pourrai rien.
Tout va vous obéir, si le vainqueur m'écoute.

TAXILE

Je vais donc... Mais on vient. C'est lui-même sans
                                              [doute.

SCÈNE IV

ALEXANDRE, TAXILE, CLÉOFILE
ÉPHESTION, SUITE D'ALEXANDRE

ALEXANDRE

Allez, Éphestion. Que l'on cherche Porus,
Qu'on épargne sa vie et le sang des vaincus.

SCÈNE V

ALEXANDRE, TAXILE, CLÉOFILE

ALEXANDRE, *à Taxile.*

Seigneur, est-il donc vrai qu'une reine aveuglée
Vous préfère d'un roi la valeur déréglée ?
Mais ne le craignez point : son empire est à vous.
840 D'une ingrate à ce prix fléchissez le courroux.
Maître de deux États, arbitre des siens mêmes,
Allez avec vos vœux offrir trois diadèmes.

TAXILE

Ah ! c'en est trop, Seigneur ! Prodiguez un peu moins...

ALEXANDRE

Vous pourrez à loisir reconnaître mes soins.
Ne tardez point, allez où l'amour vous appelle,
Et couronnez vos feux d'une palme si belle.

SCÈNE VI

ALEXANDRE, CLÉOFILE

ALEXANDRE

Madame, à son amour je promets mon appui :
Ne puis-je rien pour moi quand je puis tout pour lui ?
Si prodigue envers lui des fruits de la victoire,
850 N'en aurai-je pour moi qu'une stérile gloire ?
Les sceptres devant vous ou rendus ou donnés,
De mes propres lauriers mes amis couronnés,
Les biens que j'ai conquis répandus sur leurs têtes,
Font voir que je soupire après d'autres conquêtes.
Je vous avais promis que l'effort de mon bras
M'approcherait bientôt de vos divins appas ;
Mais dans ce même temps souvenez-vous, Madame,
Que vous me promettiez quelque place en votre âme.
Je suis venu : l'Amour a combattu pour moi ;
860 La Victoire elle-même a dégagé ma foi ;
Tout cède autour de vous : c'est à vous de vous rendre ;
Votre cœur l'a promis, voudra-t-il s'en défendre ?
Et lui seul pourrait-il échapper aujourd'hui
A l'ardeur d'un vainqueur qui ne cherche que lui[22] ?

CLÉOFILE

Non, je ne prétends pas que ce cœur inflexible
Garde seul contre vous le titre d'invincible ;
Je rends ce que je dois à l'éclat des vertus
Qui tiennent sous vos pieds cent peuples abattus,
Les Indiens domptés sont vos moindres ouvrages ;
870 Vous inspirez la crainte aux plus fermes courages,
Et quand vous le voudrez, vos bontés à leur tour
Dans les cœurs les plus durs inspireront l'amour.
Mais, Seigneur, cet éclat, ces victoires, ces charmes,
Me troublent bien souvent par de justes alarmes :
Je crains que satisfait d'avoir conquis un cœur,
Vous ne l'abandonniez à sa triste langueur ;
Qu'insensible à l'ardeur que vous aurez causée,
Votre âme ne dédaigne une conquête aisée.
On attend peu d'amour d'un héros tel que vous :
880 La gloire fit toujours vos transports les plus doux,
Et peut-être au moment que ce grand cœur soupire,
La gloire de me vaincre est tout ce qu'il désire.

ALEXANDRE

Que vous connaissez mal les violents désirs
D'un amour qui vers vous porte tous mes soupirs !
J'avouerai qu'autrefois, au milieu d'une armée,
Mon cœur ne soupirait que pour la Renommée ;
Les peuples et les rois, devenus mes sujets,
Étaient seuls à mes vœux d'assez dignes objets.
Les beautés de la Perse à mes yeux présentées,
890 Aussi bien que ses rois, ont paru surmontées.
Mon cœur, d'un fier mépris armé contre leurs traits,
N'a pas du moindre hommage honoré leurs attraits ;
Amoureux de la gloire et partout invincible
Il mettait son bonheur à paraître insensible.
Mais, hélas ! que vos yeux, ces aimables tyrans,
Ont produit sur mon cœur des effets différents !
Ce grand nom de vainqueur n'est plus ce qu'il sou-
Il vient avec plaisir avouer sa défaite :   [haite ;
Heureux si votre cœur se laissant émouvoir
900 Vos beaux yeux à leur tour avouaient leur pouvoir !
Voulez-vous donc toujours douter de leur victoire ?
Toujours de mes exploits me reprocher la gloire,
Comme si les beaux nœuds où vous me tenez pris

Ne devaient arrêter que de faibles esprits ?
Par des faits tout nouveaux je m'en vais vous
[apprendre
Tout ce que peut l'amour sur le cœur d'Alexandre.
Maintenant que mon bras, engagé sous vos lois,
Doit soutenir mon nom et le vôtre à la fois,
J'irai rendre fameux par l'éclat de la guerre
910 Des peuples inconnus au reste de la terre,
Et vous faire dresser des autels en des lieux
Où leurs sauvages mains en refusent aux dieux.

CLÉOFILE

Oui, vous y traînerez la victoire captive ;
Mais je doute, Seigneur, que l'amour vous y suive.
Tant d'États, tant de mers, qui vont nous désunir
M'effaceront bientôt de votre souvenir.
Quand l'Océan troublé vous verra sur son onde
Achever quelque jour la conquête du monde,
Quand vous verrez les rois tomber à vos genoux,
920 Et la terre en tremblant se taire devant vous,
Songerez-vous, Seigneur, qu'une jeune princesse,
Au fond de ses États, vous regrette sans cesse,
Et rappelle en son cœur les moments bienheureux
Où ce grand conquérant l'assurait de ses feux ?

ALEXANDRE

Hé quoi ? vous croyez donc qu'à moi-même barbare
J'abandonne en ces lieux une beauté si rare ?
Mais vous-même plutôt voulez-vous renoncer
Au trône de l'Asie où je veux vous placer ?

CLÉOFILE

Seigneur, vous le savez, je dépends de mon frère.

ALEXANDRE

930 Ah ! s'il disposait seul du bonheur que j'espère,
Tout l'empire de l'Inde asservi sous ses lois
Bientôt en ma faveur irait briguer son choix.

CLÉOFILE

Mon amitié pour lui n'est point intéressée.
Apaisez seulement une reine offensée,

Et ne permettez pas qu'un rival aujourd'hui,
Pour vous avoir bravé, soit plus heureux que lui.

ALEXANDRE

Porus était sans doute un rival magnanime :
Jamais tant de valeur n'attira mon estime ;
Dans l'ardeur du combat je l'ai vu, je l'ai joint,
940 Et je puis dire encor qu'il ne m'évitait point :
Nous nous cherchions l'un l'autre. Une fierté si belle
Allait entre nous deux finir notre querelle,
Lorsqu'un gros de soldats, se jetant entre nous,
Nous a fait dans la foule ensevelir nos coups.

SCÈNE VII

ALEXANDRE, CLÉOFILE, ÉPHESTION

ALEXANDRE

Eh bien ! ramène-t-on ce prince téméraire ?

ÉPHESTION

On le cherche partout ; mais quoi qu'on puisse faire,
Seigneur, jusques ici sa fuite ou son trépas
Dérobe ce captif aux soins de vos soldats.
Mais un reste des siens entourés dans leur fuite,
950 Et du soldat vainqueur arrêtant la poursuite,
A nous vendre leur mort semblent se préparer.

ALEXANDRE

Désarmez les vaincus sans les désespérer.
Madame, allons fléchir une fière princesse,
Afin qu'à mon amour Taxile s'intéresse ;
Et puisque mon repos doit dépendre du sien,
Achevons son bonheur pour établir le mien.

ACTE QUATRIÈME

SCÈNE I

AXIANE, *seule.*

N'entendrons-nous jamais que des cris de victoire,
Qui de mes ennemis me reprochent la gloire ?

Et ne pourrai-je au moins, en de si grands malheurs,
960 M'entretenir moi seule avecque mes douleurs ?
D'un odieux amant sans cesse poursuivie,
On prétend malgré moi m'attacher à la vie :
On m'observe, on me suit. Mais, Porus, ne crois pas
Qu'on me puisse empêcher de courir sur tes pas.
Sans doute à nos malheurs ton cœur n'a pu survivre.
En vain tant de soldats s'arment pour te poursuivre :
On te découvrirait au bruit de tes efforts,
Et s'il te faut chercher, ce n'est qu'entre les morts.
Hélas ! en me quittant, ton ardeur redoublée
970 Semblait prévoir les maux dont je suis accablée,
Lorsque tes yeux, aux miens découvrant ta langueur,
Me demandaient quel rang tu tenais dans mon cœur,
Que sans t'inquiéter du succès de tes armes,
Le soin de ton amour te causait tant d'alarmes.
Et pourquoi te cachais-je avec tant de détours
Un secret si fatal au repos de tes jours ?
Combien de fois, tes yeux forçant ma résistance,
Mon cœur s'est-il vu près de rompre le silence !
Combien de fois, sensible à tes ardents désirs,
980 M'est-il, en ta présence, échappé des soupirs !
Mais je voulais encor douter de ta victoire :
J'expliquais mes soupirs en faveur de la gloire,
Je croyais n'aimer qu'elle. Ah ! pardonne, grand Roi,
Je sens bien aujourd'hui que je n'aimais que toi.
J'avouerai que la gloire eut sur moi quelque empire ;
Je te l'ai dit cent fois. Mais je devais te dire
Que toi seul en effet m'engageas sous ses lois.
J'appris à la connaître en voyant tes exploits,
Et de quelque beau feu qu'elle m'eût enflammée,
990 En un autre que toi je l'aurais moins aimée.
Mais que sert de pousser des soupirs superflus
Qui se perdent en l'air et que tu n'entends plus ?
Il est temps que mon âme, au tombeau descendue,
Te jure une amitié si longtemps attendue ;
Il est temps que mon cœur, pour gage de sa foi,
Montre qu'il n'a pu vivre un moment après toi.
Aussi bien, penses-tu que je voulusse vivre
Sous les lois d'un vainqueur à qui ta mort nous livre ?
Je sais qu'il se dispose à me venir parler,
1000 Qu'en me rendant mon sceptre il veut me consoler.

Il croit peut-être, il croit que ma haine étouffée
A sa fausse douceur servira de trophée.
Qu'il vienne. Il me verra, toujours digne de toi,
Mourir en reine, ainsi que tu mourus en roi.

SCÈNE II

ALEXANDRE, AXIANE

AXIANE

Eh bien, Seigneur, eh bien! trouvez-vous quelques
[charmes
A voir couler des pleurs que font verser vos armes?
Ou si vous m'enviez, en l'état où je suis,
La triste liberté de pleurer mes ennuis.

ALEXANDRE

Votre douleur est libre autant que légitime.
1010 Vous regrettez, Madame, un prince magnanime.
Je fus son ennemi, mais je ne l'étais pas
Jusqu'à blâmer les pleurs qu'on donne à son trépas.
Avant que sur ses bords l'Inde me vît paraître,
L'éclat de sa vertu me l'avait fait connaître;
Entre les plus grands rois il se fit remarquer.
Je savais...

AXIANE

Pourquoi donc le venir attaquer?
Par quelle loi faut-il qu'aux deux bouts de la terre
Vous cherchiez la vertu pour lui faire la guerre?
Le mérite à vos yeux ne peut-il éclater
1020 Sans pousser votre orgueil à le persécuter?

ALEXANDRE

Oui, j'ai cherché Porus; mais quoi qu'on puisse dire,
Je ne le cherchais pas afin de le détruire.
J'avouerai que brûlant de signaler mon bras,
Je me laissai conduire au bruit de ses combats,
Et qu'au seul nom d'un roi jusqu'alors invincible,
A de nouveaux exploits mon cœur devint sensible.
Tandis que je croyais, par mes combats divers,
Attacher sur moi seul les yeux de l'univers,

J'ai vu de ce guerrier la valeur répandue
1030 Tenir la Renommée entre nous suspendue ;
Et voyant de son bras voler partout l'effroi,
L'Inde sembla m'ouvrir un champ digne de moi.
Lassé de voir des rois vaincus sans résistance,
J'appris avec plaisir le bruit de sa vaillance.
Un ennemi si noble a su m'encourager ;
Je suis venu chercher la gloire et le danger.
Son courage, Madame, a passé mon attente.
La Victoire, à me suivre autrefois si constante,
M'a presque abandonné pour suivre vos guerriers.
1040 Porus m'a disputé jusqu'aux moindres lauriers,
Et j'ose dire encor qu'en perdant la victoire
Mon ennemi lui-même a vu croître sa gloire,
Qu'une chute si belle élève sa vertu,
Et qu'il ne voudrait pas n'avoir point combattu.

AXIANE

Hélas ! il fallait bien qu'une si noble envie
Lui fît abandonner tout le soin de sa vie,
Puisque de toutes parts trahi, persécuté,
Contre tant d'ennemis il s'est précipité.
Mais vous, s'il était vrai que son ardeur guerrière
1050 Eût ouvert à la vôtre une illustre carrière,
Que n'avez-vous, Seigneur, dignement combattu ?
Fallait-il par la ruse attaquer sa vertu,
Et loin de remporter une gloire parfaite,
D'un autre que de vous attendre sa défaite ?
Triomphez ; mais sachez que Taxile en son cœur
Vous dispute déjà ce beau nom de vainqueur,
Que le traître se flatte, avec quelque justice,
Que vous n'avez vaincu que par son artifice ;
Et c'est à ma douleur un spectacle assez doux
1060 De le voir partager cette gloire avec vous.

ALEXANDRE

En vain votre douleur s'arme contre ma gloire :
Jamais on ne m'a vu dérober la victoire [23],
Et par ces lâches soins, qu'on ne peut m'imputer,
Tromper mes ennemis au lieu de les dompter.
Quoique partout, ce semble, accablé sous le nombre,
Je n'ai pu me résoudre à me cacher dans l'ombre :

Ils n'ont de leur défaite accusé que mon bras,
Et le jour a partout éclairé mes combats.
Il est vrai que je plains le sort de vos provinces ;
1070 J'ai voulu prévenir la perte de vos princes ;
Mais s'ils avaient suivi mes conseils et mes vœux,
Je les aurais sauvés ou combattus tous deux.
Oui, croyez...

AXIANE

Je crois tout. Je vous crois invincible.
Mais, Seigneur, suffit-il que tout vous soit possible ?
Ne tient-il qu'à jeter tant de rois dans les fers,
Qu'à faire impunément gémir tout l'univers ?
Et que vous avaient fait tant de villes captives,
Tant de morts dont l'Hydaspe a vu couvrir ses rives ?
Qu'ai-je fait, pour venir accabler en ces lieux
1080 Un héros sur qui seul j'ai pu tourner les yeux ?
A-t-il de votre Grèce inondé les frontières ?
Avons-nous soulevé des nations entières,
Et contre votre gloire excité leur courroux ?
Hélas ! nous l'admirions sans en être jaloux.
Contents de nos États, et charmés l'un de l'autre,
Nous attendions un sort plus heureux que le vôtre.
Porus bornait ses vœux à conquérir un cœur
Qui peut-être aujourd'hui l'eût nommé son vainqueur.
Ah ! n'eussiez-vous versé qu'un sang si magnanime,
1090 Quand on ne vous pourrait reprocher que ce crime,
Ne vous sentez-vous pas, Seigneur, bien malheureux
D'être venu si loin rompre de si beaux nœuds ?
Non, de quelque douceur que se flatte votre âme,
Vous n'êtes qu'un tyran.

ALEXANDRE

Je le vois bien, Madame,
Vous voulez que saisi d'un indigne courroux,
En reproches honteux j'éclate contre vous.
Peut-être espérez-vous que ma douceur lassée
Donnera quelque atteinte à sa gloire passée.
Mais quand votre vertu ne m'aurait point charmé,
1100 Vous attaquez, Madame, un vainqueur désarmé.
Mon âme, malgré vous à vous plaindre engagée,
Respecte le malheur où vous êtes plongée.

C'est ce trouble fatal qui vous ferme les yeux,
Qui ne regarde en moi qu'un tyran odieux.
Sans lui vous avoueriez que le sang et les larmes
N'ont pas toujours souillé la gloire de mes armes;
Vous verriez...

AXIANE

        Ah ! Seigneur, puis-je ne les point voir,
Ces vertus dont l'éclat aigrit mon désespoir ?
N'ai-je pas vu partout la victoire modeste
1110 Perdre avec vous l'orgueil qui la rend si funeste ?
Ne vois-je pas le Scythe et le Perse abattus
Se plaire sous le joug et vanter vos vertus,
Et disputer enfin, par une aveugle envie,
A vos propres sujets le soin de votre vie ?
Mais que sert à ce cœur que vous persécutez
De voir partout ailleurs adorer vos bontés ?
Pensez-vous que ma haine en soit moins violente
Pour voir baiser partout la main qui me tourmente ?
Tant de rois par vos soins vengés ou secourus,
1120 Tant de peuples contents, me rendent-ils Porus ?
Non, Seigneur ; je vous hais d'autant plus qu'on vous
                                  [aime,
D'autant plus qu'il me faut vous admirer moi-même,
Que l'univers entier m'en impose la loi,
Et que personne enfin ne vous hait avec moi.

ALEXANDRE

J'excuse les transports d'une amitié si tendre,
Mais, Madame, après tout, ils doivent me surprendre.
Si la commune voix ne m'a point abusé,
Porus d'aucun regard ne fut favorisé ;
Entre Taxile et lui votre cœur en balance,
1130 Tant qu'ont duré ses jours a gardé le silence ;
Et lorsqu'il ne peut plus vous entendre aujourd'hui,
Vous commencez, Madame, à prononcer pour lui.
Pensez-vous que sensible à cette ardeur nouvelle,
Sa cendre exige encor que vous brûliez pour elle ?
Ne vous accablez point d'inutiles douleurs,
Des soins plus importants vous appellent ailleurs.
Vos larmes ont assez honoré sa mémoire.
Régnez, et de ce rang soutenez mieux la gloire ;

Et redonnant le calme à vos sens désolés,
1140 Rassurez vos États par sa chute ébranlés.
Parmi tant de grands rois choisissez-leur un maître.
Plus ardent que jamais, Taxile...

AXIANE

Quoi ? le traître !

ALEXANDRE

Hé ! de grâce, prenez des sentiments plus doux ;
Aucune trahison ne le souille envers vous :
Maître de ses États, il a pu se résoudre
A se mettre avec eux à couvert de la foudre.
Ni serment ni devoir ne l'avaient engagé
A courir dans l'abîme où Porus s'est plongé.
Enfin souvenez-vous qu'Alexandre lui-même
1150 S'intéresse au bonheur d'un prince qui vous aime.
Songez que réunis par un si juste choix,
L'Inde et l'Hydaspe entiers couleront sous vos lois,
Que pour vos intérêts tout me sera facile
Quand je les verrai joints avec ceux de Taxile.
Il vient. Je ne veux point contraindre ses soupirs ;
Je le laisse lui-même expliquer ses désirs :
Ma présence à vos yeux n'est déjà que trop rude.
L'entretien des amants cherche la solitude ;
Je ne vous trouble point.

SCÈNE III

AXIANE, TAXILE

AXIANE

Approche, puissant roi,
1160 Grand monarque de l'Inde. On parle ici de toi :
On veut en ta faveur combattre ma colère ;
On dit que tes désirs n'aspirent qu'à me plaire,
Que mes rigueurs ne font qu'affermir ton amour ;
On fait plus, et l'on veut que je t'aime à mon tour.
Mais sais-tu l'entreprise où s'engage ta flamme ?
Sais-tu par quels secrets on peut toucher mon âme ?
Es-tu prêt...

TAXILE

Ah ! Madame, éprouvez seulement
Ce que peut sur mon cœur un espoir si charmant.
Que faut-il faire ?

AXIANE

Il faut, s'il est vrai que l'on m'aime,
1170 Aimer la gloire autant que je l'aime moi-même,
Ne m'expliquer ses vœux que par mille beaux faits,
Et haïr Alexandre autant que je le hais ;
Il faut marcher sans crainte au milieu des alarmes ;
Il faut combattre, vaincre, ou périr sous les armes.
Jette, jette les yeux sur Porus et sur toi,
Et juge qui des deux était digne de moi.
Oui, Taxile, mon cœur, douteux en apparence,
D'un esclave et d'un roi faisait la différence.
Je l'aimai, je l'adore ; et puisqu'un sort jaloux
1180 Lui défend de jouir d'un spectacle si doux,
C'est toi que je choisis pour témoin de sa gloire :
Mes pleurs feront toujours revivre sa mémoire,
Toujours tu me verras, au fort de mon ennui,
Mettre tout mon plaisir à te parler de lui.

TAXILE

Ainsi je brûle en vain pour une âme glacée ?
L'image de Porus n'en peut être effacée.
Quand j'irais, pour vous plaire, affronter le trépas,
Je me perdrais, Madame, et ne vous plairais pas.
Je ne puis donc...

AXIANE

Tu peux recouvrer mon estime.
1190 Dans le sang ennemi tu peux laver ton crime.
L'occasion te rit : Porus dans le tombeau
Rassemble ses soldats autour de son drapeau ;
Son ombre seule encor semble arrêter leur fuite.
Les tiens même, les tiens, honteux de ta conduite,
Font lire sur leurs fronts justement courroucés
Le repentir du crime où tu les as forcés.
Va seconder l'ardeur du feu qui les dévore ;
Venge nos libertés qui respirent encore ;
De mon trône et du tien deviens le défenseur ;

1200 Cours, et donne à Porus un digne successeur...
Tu ne me réponds rien ? Je vois sur ton visage
Qu'un si noble dessein étonne ton courage.
Je te propose en vain l'exemple d'un héros ;
Tu veux servir. Va, sers, et me laisse en repos.

TAXILE

Madame, c'en est trop. Vous oubliez peut-être [24]
Que si vous m'y forcez je puis parler en maître,
Que je puis me lasser de souffrir vos dédains,
Que vous et vos États, tout est entre mes mains,
Qu'après tant de respects, qui vous rendent plus fière,
1210 Je pourrai...

AXIANE

Je t'entends. Je suis ta prisonnière ;
Tu veux peut-être encor captiver mes désirs,
Que mon cœur en tremblant réponde à tes soupirs ?
Eh bien ! dépouille enfin cette douceur contrainte ;
Appelle à ton secours la terreur et la crainte ;
Parle en tyran tout prêt à me persécuter :
Ma haine ne peut croître, et tu peux tout tenter.
Surtout ne me fais point d'inutiles menaces.
Ta sœur vient t'inspirer ce qu'il faut que tu fasses.
Adieu. Si ses conseils et mes vœux en sont crus,
1220 Tu m'aideras bientôt à rejoindre Porus.

TAXILE

Ah ! plutôt...

SCÈNE IV

TAXILE, CLÉOFILE

CLÉOFILE

Ah ! quittez cette ingrate princesse,
Dont la haine a juré de nous troubler sans cesse,
Qui met tout son plaisir à vous désespérer.
Oubliez...

TAXILE

Non, ma sœur, je la veux adorer.
Je l'aime ; et quand les vœux que je pousse pour elle

N'en obtiendraient jamais qu'une haine immortelle,
Malgré tous ses mépris, malgré tous vos discours,
Malgré moi-même, il faut que je l'aime toujours.
Sa colère après tout n'a rien qui me surprenne :
1230 C'est à vous, c'est à moi qu'il faut que je m'en prenne.
Sans vous, sans vos conseils, ma sœur, qui m'ont trahi,
Si je n'étais aimé, je serais moins haï.
Je la verrais, sans vous, par mes soins défendue,
Entre Porus et moi demeurer suspendue ;
Et ne serait-ce pas un bonheur trop charmant
Que de l'avoir réduite à douter un moment ?
Non, je ne puis plus vivre accablé de sa haine ;
Il faut que je me jette aux pieds de l'inhumaine.
J'y cours : je vais m'offrir à servir son courroux,
1240 Même contre Alexandre, et même contre vous.
Je sais de quelle ardeur vous brûlez l'un pour l'autre,
Mais c'est trop oublier mon repos pour le vôtre,
Et sans m'inquiéter du succès de vos feux,
Il faut que tout périsse, ou que je sois heureux.

CLÉOFILE

Allez donc, retournez sur le champ de bataille ;
Ne laissez point languir l'ardeur qui vous travaille.
A quoi s'arrête ici ce courage inconstant ?
Courez : on est aux mains, et Porus vous attend.

TAXILE

Quoi ? Porus n'est point mort ? Porus vient de pa-
[raître ?

CLÉOFILE

1250 C'est lui. De si grands coups le font trop reconnaître.
Il l'avait bien prévu : le bruit de son trépas
D'un vainqueur trop crédule a retenu le bras.
Il vient surprendre ici leur valeur endormie,
Troubler une victoire encor mal affermie ;
Il vient, n'en doutez point, en amant furieux,
Enlever sa maîtresse, ou périr à ses yeux.
Que dis-je ? Votre camp, séduit par cette ingrate,
Prêt à suivre Porus, en murmures éclate.
Allez, vous-même, allez, en généreux amant,
1260 Au secours d'un rival aimé si tendrement.
Adieu.

SCÈNE V

TAXILE, *seul.*

Quoi ? la fortune, obstinée à me nuire,
Ressuscite un rival armé pour me détruire ?
Cet amant reverra les yeux qui l'ont pleuré,
Qui, tout mort qu'il était, me l'avaient préféré ?
Ah ! c'en est trop. Voyons ce que le sort m'apprête,
A qui doit demeurer cette noble conquête.
Allons. N'attendons pas dans un lâche courroux
Qu'un si grand différend se termine sans nous.

ACTE CINQUIÈME

SCÈNE I

ALEXANDRE, CLÉOFILE

ALEXANDRE

Quoi ? vous craigniez Porus même après sa défaite ?
1270 Ma victoire à vos yeux semblait-elle imparfaite ?
Non, non, c'est un captif qui n'a pu m'échapper,
Que mes ordres partout ont fait envelopper.
Loin de le craindre encor, ne songez qu'à le plaindre.

CLÉOFILE

Et c'est en cet état que Porus est à craindre.
Quelque brave qu'il fût, le bruit de sa valeur
M'inquiétait bien moins que ne fait son malheur.
Tant qu'on l'a vu suivi d'une puissante armée,
Ses forces, ses exploits, ne m'ont point alarmée ;
Mais, Seigneur, c'est un roi malheureux et soumis,
1280 Et dès lors je le compte au rang de vos amis.

ALEXANDRE

C'est un rang où Porus n'a plus droit de prétendre :
Il a trop recherché la haine d'Alexandre.
Il sait bien qu'à regret je m'y suis résolu,
Mais enfin je le hais autant qu'il l'a voulu.

Je dois même un exemple au reste de la terre ;
Je dois venger sur lui tous les maux de la guerre,
Le punir des malheurs qu'il a pu prévenir,
Et de m'avoir forcé moi-même à le punir.
Vaincu deux fois, haï de ma belle princesse...

CLÉOFILE

1290 Je ne hais point Porus, Seigneur, je le confesse,
Et s'il m'était permis d'écouter aujourd'hui
La voix de ses malheurs qui me parle pour lui,
Je vous dirais qu'il fut le plus grand de nos princes,
Que son bras fut longtemps l'appui de nos provinces,
Qu'il a voulu peut-être en marchant contre vous
Qu'on le crût digne au moins de tomber sous vos coups,
Et qu'un même combat signalant l'un et l'autre,
Son nom volât partout à la suite du vôtre.
Mais si je le défends, des soins si généreux
1300 Retombent sur mon frère et détruisent ses vœux.
Tant que Porus vivra, que faut-il qu'il devienne ?
Sa perte est infaillible, et peut-être la mienne.
Oui, oui, si son amour ne peut rien obtenir,
Il m'en rendra coupable, et m'en voudra punir.
Et maintenant encor que votre cœur s'apprête
A voler de nouveau de conquête en conquête,
Quand je verrai le Gange entre mon frère et vous,
Qui retiendra, Seigneur, son injuste courroux ?
Mon âme loin de vous languira solitaire.
1310 Hélas ! s'il condamnait mes soupirs à se taire,
Que deviendrait alors ce cœur infortuné ?
Où sera le vainqueur à qui je l'ai donné ?

ALEXANDRE

Ah ! c'en est trop, Madame ; et si ce cœur se donne,
Je saurai le garder, quoi que Taxile ordonne,
Bien mieux que tant d'États qu'on m'a vu conquérir,
Et que je n'ai gardés que pour vous les offrir.
Encore une victoire, et je reviens, Madame,
Borner toute ma gloire à régner sur votre âme,
Vous obéir moi-même et mettre entre vos mains
1320 Le destin d'Alexandre et celui des humains.
Le Mallien m'attend, prêt à me rendre hommage.

Si près de l'Océan, que faut-il davantage
Que d'aller me montrer à ce fier élément,
Comme vainqueur du monde et comme votre amant ?
Alors...

CLÉOFILE

Mais quoi, Seigneur, toujours guerre sur guerre ?
Cherchez-vous des sujets au-delà de la terre [25] ?
Voulez-vous pour témoins de vos faits éclatants
Des pays inconnus même à leurs habitants ?
Qu'espérez-vous combattre en des climats si rudes ?
1330 Ils vous opposeront de vastes solitudes,
Des déserts que le ciel refuse d'éclairer,
Où la nature semble elle-même expirer [26] ;
Et peut-être le sort, dont la secrète envie
N'a pu cacher le cours d'une si belle vie,
Vous attend dans ces lieux et veut que dans l'oubli
Votre tombeau du moins demeure enseveli.
Pensez-vous y traîner les restes d'une armée
Vingt fois renouvelée et vingt fois consumée ?
Vos soldats, dont la vue excite la pitié,
1340 D'eux-mêmes en cent lieux ont laissé la moitié,
Et leurs gémissements vous font assez connaître...

ALEXANDRE

Ils marcheront, Madame, et je n'ai qu'à paraître [27] :
Ces cœurs qui dans un camp, d'un vain loisir déçus,
Comptent en murmurant les coups qu'ils ont reçus,
Revivront pour me suivre et blâmant leurs murmures
Brigueront à mes yeux de nouvelles blessures.
Cependant de Taxile appuyons les soupirs :
Son rival ne peut plus traverser ses désirs.
Je vous l'ai dit, Madame, et j'ose encor vous dire...

CLÉOFILE

1350 Seigneur, voici la reine.

SCÈNE II

ALEXANDRE, AXIANE, CLÉOFILE

ALEXANDRE

                    Eh bien, Porus respire.
Le ciel semble, Madame, écouter vos souhaits ;
Il vous le rend...

AXIANE

                    Hélas ! il me l'ôte à jamais !
Aucun reste d'espoir ne peut flatter ma peine ;
Sa mort était douteuse, elle devient certaine :
Il y court, et peut-être il ne s'y vient offrir
Que pour me voir encore, et pour me secourir.
Mais que ferait-il seul contre toute une armée ?
En vain ses grands efforts l'ont d'abord alarmée,
En vain quelques guerriers, qu'anime son grand cœur,
1360 Ont ramené l'effroi dans le camp du vainqueur :
Il faut bien qu'il succombe, et qu'enfin son courage
Tombe sur tant de morts qui ferment son passage.
Encor si je pouvais, en sortant de ces lieux,
Lui montrer Axiane et mourir à ses yeux !
Mais Taxile m'enferme ; et cependant le traître
Du sang de ce héros est allé se repaître :
Dans les bras de la mort il le va regarder,
Si toutefois encore il ose l'aborder.

ALEXANDRE

Non, Madame, mes soins ont assuré sa vie.
1370 Son retour va bientôt contenter votre envie.
Vous le verrez.

AXIANE

                    Vos soins s'étendraient jusqu'à lui ?
Le bras qui l'accablait deviendrait son appui ?
J'attendrais son salut de la main d'Alexandre ?
Mais quel miracle enfin n'en dois-je point attendre ?
Je m'en souviens, Seigneur, vous me l'avez promis,
Qu'Alexandre vainqueur n'avait plus d'ennemis.
Ou plutôt ce guerrier ne fut jamais le vôtre :
La gloire également vous arma l'un et l'autre ;

Contre un si grand courage, il voulut s'éprouver,
1380 Et vous ne l'attaquiez qu'afin de le sauver.

ALEXANDRE

Ses mépris redoublés qui bravent ma colère
Mériteraient sans doute un vainqueur plus sévère ;
Son orgueil en tombant semble s'être affermi ;
Mais je veux bien cesser d'être son ennemi.
J'en dépouille, Madame, et la haine et le titre.
De mes ressentiments je fais Taxile arbitre :
Seul il peut, à son choix, le perdre ou l'épargner,
Et c'est lui seul enfin que vous devez gagner.

AXIANE

Moi, j'irais à ses pieds mendier un asile ?
1390 Et vous me renvoyez aux bontés de Taxile ?
Vous voulez que Porus cherche un appui si bas ?
Ah, Seigneur, votre haine a juré son trépas !
Non, vous ne le cherchiez qu'afin de le détruire.
Qu'une âme généreuse est facile à séduire !
Déjà mon cœur crédule, oubliant son courroux,
Admirait des vertus qui ne sont point en vous[28].
Armez-vous donc, Seigneur, d'une valeur cruelle,
Ensanglantez la fin d'une course si belle ;
Après tant d'ennemis qu'on vous vit relever,
1400 Perdez le seul enfin que vous deviez sauver.

ALEXANDRE

Eh bien ! aimez Porus sans détourner sa perte ;
Refusez la faveur qui vous était offerte ;
Soupçonnez ma pitié d'un sentiment jaloux ;
Mais enfin, s'il périt, n'en accusez que vous.
Le voici. Je veux bien le consulter lui-même :
Que Porus de son sort soit l'arbitre suprême.

SCÈNE III

ALEXANDRE, PORUS, AXIANE,
CLÉOFILE, ÉPHESTION, Gardes d'Alexandre

ALEXANDRE

Eh bien ! de votre orgueil, Porus, voilà le fruit.
Où sont ces beaux succès qui vous avaient séduit ?

Cette fierté si haute est enfin abaissée.
1410 Je dois une victime à ma gloire offensée :
Rien ne vous peut sauver, Je veux bien toutefois
Vous offrir un pardon refusé tant de fois.
Cette reine, elle seule à mes bontés rebelle,
Aux dépens de vos jours veut vous être fidèle,
Et que sans balancer vous mouriez seulement
Pour porter au tombeau le nom de son amant.
N'achetez point si cher une gloire inutile :
Vivez ; mais consentez au bonheur de Taxile.

PORUS

Taxile !

ALEXANDRE

Oui.

PORUS

Tu fais bien, et j'approuve tes soins :
1420 Ce qu'il a fait pour toi ne mérite pas moins ;
C'est lui qui m'a des mains arraché la victoire,
Il t'a donné sa sœur, il t'a vendu sa gloire,
Il t'a livré Porus. Que feras-tu jamais
Qui te puisse acquitter d'un seul de ses bienfaits ?
Mais j'ai su prévenir le soin qui te travaille :
Va le voir expirer sur le champ de bataille.

ALEXANDRE

Quoi ? Taxile ?

CLÉOFILE

Qu'entends-je ?

ÉPHESTION

Oui, Seigneur, il est mort.
Il s'est livré lui-même aux rigueurs de son sort.
Porus était vaincu ; mais au lieu de se rendre,
1430 Il semblait attaquer, et non pas se défendre.
Ses soldats, à ses pieds étendus et mourants,
Le mettaient à l'abri de leurs corps expirants.
Là, comme dans un fort son audace enfermée

Se soutenait encor contre toute une armée,
Et d'un bras qui portait la terreur et la mort,
Aux plus hardis guerriers en défendait l'abord.
Je l'épargnais toujours. Sa vigueur affaiblie
Bientôt en mon pouvoir aurait laissé sa vie,
Quand sur ce champ fatal Taxile descendu :
1440 Arrêtez, c'est à moi que ce captif est dû.
C'en est fait, a-t-il dit, et ta perte est certaine,
Porus : il faut périr ou me céder la reine.
Porus, à cette voix ranimant son courroux,
A relevé ce bras lassé de tant de coups,
Et cherchant son rival d'un œil fier et tranquille :
N'entends-je pas, dit-il, l'infidèle Taxile,
Ce traître à sa patrie, à sa maîtresse, à moi ?
Viens, lâche, poursuit-il, Axiane est à toi :
Je veux bien te céder cette illustre conquête,
1450 Mais il faut que ton bras l'emporte avec ma tête.
Approche. A ce discours, ces rivaux irrités
L'un sur l'autre à la fois se sont précipités.
Nous nous sommes en foule opposés à leur rage ;
Mais Porus parmi nous court et s'ouvre un passage,
Joint Taxile, le frappe, et lui perçant le cœur,
Content de sa victoire, il se rend au vainqueur.

CLÉOFILE

Seigneur, c'est donc à moi de répandre des larmes :
C'est sur moi qu'est tombé tout le faix de vos armes.
Mon frère a vainement recherché votre appui,
1460 Et votre gloire, hélas ! n'est funeste qu'à lui.
Que lui sert au tombeau l'amitié d'Alexandre ?
Sans le venger, Seigneur, l'y verrez-vous descendre ?
Souffrirez-vous qu'après l'avoir percé de coups,
On en triomphe aux yeux de sa sœur et de vous ?

AXIANE

Oui, Seigneur, écoutez les pleurs de Cléofile.
Je la plains. Elle a droit de regretter Taxile :
Tous ses efforts en vain l'ont voulu conserver ;
Elle en a fait un lâche, et ne l'a pu sauver.
Ce n'est point que Porus ait attaqué son frère ;
1470 Il s'est offert lui-même à sa juste colère.
Au milieu du combat que venait-il chercher ?

Au courroux du vainqueur venait-il l'arracher ?
Il venait accabler dans son malheur extrême
Un roi que respectait la Victoire elle-même.
Mais pourquoi vous ôter un prétexte si beau ?
Que voulez-vous de plus ? Taxile est au tombeau :
Immolez-lui, Seigneur, cette grande victime,
Vengez-vous. Mais songez que j'ai part à son crime.
Oui, oui, Porus, mon cœur n'aime point à demi ;
1480 Alexandre le sait, Taxile en a gémi,
Vous seul vous l'ignoriez ; mais ma joie est extrême
De pouvoir en mourant vous le dire à vous-même.

PORUS [29]

Alexandre, il est temps que tu sois satisfait.
Tout vaincu que j'étais, tu vois ce que j'ai fait.
Crains Porus ; crains encor cette main désarmée
Qui venge sa défaite au milieu d'une armée.
Mon nom peut soulever de nouveaux ennemis,
Et réveiller cent rois dans leurs fers endormis.
Étouffe dans mon sang ces semences de guerre,
1490 Va vaincre en sûreté le reste de la terre.
Aussi bien n'attends pas qu'un cœur comme le mien
Reconnaisse un vainqueur, et te demande rien.
Parle, et sans espérer que je blesse ma gloire,
Voyons comme tu sais user de la victoire.

ALEXANDRE

Votre fierté, Porus, ne se peut abaisser :
Jusqu'au dernier soupir vous m'osez menacer.
En effet, ma victoire en doit être alarmée,
Votre nom peut encor plus que toute une armée ;
Je m'en dois garantir. Parlez donc, dites-moi :
1500 Comment prétendez-vous que je vous traite ?

PORUS

En roi [30].

ALEXANDRE

Eh bien ! c'est donc en roi qu'il faut que je vous traite.
Je ne laisserai point ma victoire imparfaite ;
Vous l'avez souhaité, vous ne vous plaindrez pas.
Régnez toujours, Porus : je vous rends vos États ;

Avec mon amitié recevez Axiane ;
A des liens si doux tous deux je vous condamne.
Vivez, régnez tous deux, et seuls de tant de rois
Jusques aux bords du Gange allez donner vos lois.
    (A Cléofile.)
Ce traitement, Madame, a droit de vous surprendre,
1510 Mais enfin c'est ainsi que se venge Alexandre.
Je vous aime, et mon cœur, touché de vos soupirs,
Voudrait par mille morts venger vos déplaisirs.
Mais vous-même pourriez prendre pour une offense
La mort d'un ennemi qui n'est plus en défense :
Il en triompherait, et bravant ma rigueur,
Porus dans le tombeau descendrait en vainqueur.
Souffrez que jusqu'au bout achevant ma carrière,
J'apporte à vos beaux yeux ma vertu tout entière.
Laissez régner Porus couronné par mes mains,
1520 Et commandez vous-même au reste des humains.
Prenez les sentiments que ce rang vous inspire :
Faites dans sa naissance admirer votre empire,
Et regardant l'éclat qui se répand sur vous,
De la sœur de Taxile oubliez le courroux.

AXIANE

Oui, Madame, régnez ; et souffrez que moi-même
J'admire le grand cœur d'un héros qui vous aime.
Aimez, et possédez l'avantage charmant
De voir toute la terre adorer votre amant.

PORUS

Seigneur, jusqu'à ce jour l'univers en alarmes
1530 Me forçait d'admirer le bonheur de vos armes ;
Mais rien ne me forçait, en ce commun effroi,
De reconnaître en vous plus de vertu qu'en moi.
Je me rends ; je vous cède une pleine victoire.
Vos vertus, je l'avoue, égalent votre gloire.
Allez, Seigneur : rangez l'univers sous vos lois ;
Il me verra moi-même appuyer vos exploits.
Je vous suis, et je crois devoir tout entreprendre
Pour lui donner un maître aussi grand qu'Alexandre.

CLÉOFILE

Seigneur, que vous peut dire un cœur triste, abattu ?
1540 Je ne murmure point contre votre vertu.

Vous rendez à Porus la vie et la couronne,
Je veux croire qu'ainsi votre gloire l'ordonne,
Mais ne me pressez point : en l'état où je suis,
Je ne puis que me taire et pleurer mes ennuis.

ALEXANDRE

Oui, Madame, pleurons un ami si fidèle,
Faisons en soupirant éclater notre zèle,
Et qu'un tombeau superbe instruise l'avenir
1548 Et de votre douleur et de mon souvenir.

ANDROMAQUE

Tragédie

A MADAME[1]

MADAME,

Ce n'est pas sans sujet que je mets votre illustre nom à la tête de cet ouvrage. Et de quel autre nom pourrais-je éblouir les yeux de mes lecteurs, que de celui dont mes spectateurs ont été si heureusement éblouis ? On savait que VOTRE ALTESSE ROYALE avait daigné prendre soin de la conduite de ma tragédie ; on savait que vous m'aviez prêté quelques-unes de vos lumières pour y ajouter de nouveaux ornements ; on savait enfin que vous l'aviez honorée de quelques larmes dès la première lecture que je vous en fis. Pardonnez-moi, MADAME, si j'ose me vanter de cet heureux commencement de sa destinée. Il me console bien glorieusement de la dureté de ceux qui ne voudraient pas s'en laisser toucher. Je leur permets de condamner l'*Andromaque* tant qu'ils voudront, pourvu qu'il me soit permis d'appeler de toutes les subtilités de leur esprit au cœur de VOTRE ALTESSE ROYALE.

Mais, MADAME, ce n'est pas seulement du cœur que vous jugez de la bonté d'un ouvrage, c'est avec une intelligence qu'aucune fausse lueur ne saurait tromper. Pouvons-nous mettre sur la scène une histoire que vous ne possédiez aussi bien que nous ? Pouvons-nous faire jouer une intrigue dont vous ne pénétriez tous les ressorts ? Et pouvons-nous concevoir des sentiments si nobles et si délicats qui ne soient infiniment au-dessous de la noblesse et de la délicatesse de vos pensées ?

On sait, MADAME, et VOTRE ALTESSE ROYALE a beau s'en cacher, que, dans ce haut degré de gloire où la Nature et la Fortune ont pris plaisir de vous élever, vous ne dédaignez pas cette gloire obscure que les gens de lettres s'étaient réservée. Et il semble que vous ayez voulu avoir autant d'avantage sur notre sexe, par les connaissances et par la solidité de votre esprit, que vous excellez dans le vôtre par toutes les grâces qui vous environnent. La cour vous regarde comme l'arbitre de tout ce qui se fait d'agréable. Et nous qui travaillons pour plaire au public, nous n'avons plus que faire de demander aux savants si nous travaillons selon les règles. La règle souveraine est de plaire à Votre Altesse Royale.

Voilà sans doute la moindre de vos excellentes qualités. Mais, Madame, c'est la seule dont j'ai pu parler avec quelque connaissance ; les autres sont trop élevées au-dessus de moi. Je n'en puis parler sans les rabaisser par la faiblesse de mes pensées, et sans sortir de la profonde vénération avec laquelle je suis,

> Madame,
> DE VOTRE ALTESSE ROYALE,
>> Le très humble, très obéissant,
>> et très fidèle serviteur,
>> Racine.

PREMIÈRE PRÉFACE[2]

Virgile au troisième livre de l'*Énéide* (c'est Énée qui parle) :

> Littoraque Epiri legimus, portuque subimus
> Chaonio, et celsam Buthroti ascendimus urbem [...]
> Solemnes tum forte dapes et tristia dona [...]
> Libabat cineri Andromache, Manesque vocabat
> Hectoreum ad tumulum, viridi quem cespite inanem,
> Et geminas, causam lacrymis, sacraverat aras [...]
> Dejecit vultum, et demissa voce locuta est :
> O felix una ante alias Priameïa virgo,
> Hostilem ad tumulum, Trojæ sub mœnibus altis,
> Jussa mori, quæ sortitus non pertulit ullos,
> Nec victoris heri tetigit captiva cubile !
> Nos, patria incensa, diversa per æquora vectæ,
> Stirpis Achilleæ fastus, juvenemque superbum,
> Servitio enixæ, tulimus, qui deinde secutus
> Ledæam Hermionem, Lacedæmoniosque hymenæos [...]
> Ast illum, ereptæ magno inflammatus amore
> Conjugis, et scelerum Furiis agitatus, Orestes
> Excipit incautum, patriasque obtruncat ad aras [3].

Voilà, en peu de vers, tout le sujet de cette tragédie. Voilà le lieu de la scène, l'action qui s'y passe, les quatre principaux acteurs, et même leurs caractères. Excepté celui d'Hermione dont la jalousie et les emportements sont assez marqués dans l'*Andromaque* d'Euripide.

Mais véritablement mes personnages sont si fameux dans l'antiquité, que, pour peu qu'on la connaisse, on verra fort bien que je les ai rendus tels que les anciens poètes nous les ont donnés. Aussi n'ai-je pas pensé qu'il me fût permis de rien changer à leurs mœurs. Toute la liberté que j'ai prise, ç'a été d'adoucir un peu la férocité de Pyrrhus, que Sénèque, dans sa *Troade*, et Virgile, dans le second de l'*Énéide,* ont poussée beaucoup plus loin que je n'ai cru le devoir faire.

Encore s'est-il trouvé des gens qui se sont plaints qu'il s'emportât contre Andromaque, et qu'il voulût épouser une captive à quelque prix que ce fût. J'avoue qu'il n'est pas assez résigné à la volonté de sa maîtresse, et que Céladon[4] a mieux connu que lui le parfait amour. Mais que faire ? Pyrrhus n'avait pas lu nos romans[5]. Il était violent de son naturel, et tous les héros ne sont pas faits pour être des Céladons.

Quoi qu'il en soit, le public m'a été trop favorable pour m'embarrasser du chagrin particulier de deux ou trois personnes qui voudraient qu'on réformât tous les héros de l'antiquité pour en faire des héros parfaits. Je trouve leur intention fort bonne de vouloir qu'on ne mette sur la scène que des hommes impeccables mais je les prie de se souvenir que ce n'est point à moi de changer les règles du théâtre. Horace[6] nous recommande de peindre Achille farouche, inexorable, violent, tel qu'il était, et tel qu'on dépeint son fils. Aristote[7], bien éloigné de nous demander des héros parfaits, veut au contraire que les personnages tragiques, c'est-à-dire ceux dont le malheur fait la catastrophe de la tragédie, ne soient ni tout à fait bons ni tout à fait méchants. Il ne veut pas qu'ils soient extrêmement bons, parce que la punition d'un homme de bien exciterait plutôt l'indignation que la pitié du spectateur[8] ; ni qu'ils soient méchants avec excès, parce qu'on n'a point pitié d'un scélérat[9]. Il faut donc qu'ils aient une bonté médiocre, c'est-à-dire une vertu capable de faiblesse, et qu'ils tombent dans le malheur par quelque faute qui les fasse plaindre sans les faire détester.

SECONDE PRÉFACE[10]

Virgile au troisième livre de l'*Énéide* (c'est Énée qui parle) :

Littoraque Epiri legimus, portuque subimus
Chaonio, et celsam Buthroti ascendimus urbem [...]

Solemnes tum forte dapes et tristia dona [...]
Libabat cineri Andromache, Manesque vocabat
Hectoreum ad tumulum, viridi quem cespite inanem,
Et geminas, causam lacrymis, sacraverat aras [...]
Dejecit vultum, et demissa voce locuta est :
O felix una ante alias Priameïa virgo,
Hostilem ad tumulum, Trojæ sub mœnibus altis,
Jussa mori, quæ sortitus non pertulit ullos,
Nec victoris heri tetigit captiva cubile !
Nos, patria incensa, diversa per æquora vectæ,
Stirpis Achilleæ fastus, juvenemque superbum,
Servitio enixæ, tulimus, qui deinde secutus
Ledæam Hermionem, Lacedæmoniosque hymenæos [...]
Ast illum, eraptæ magno inflammatus amore
Conjugis, et scelerum Furiis agitatus, Orestes
Excipit incautum, patriasque obtruncat ad aras.

Voilà, en peu de vers, tout le sujet de cette tragédie, voilà le lieu de la scène, l'action qui s'y passe, les quatre principaux acteurs, et même leurs caractères, excepté celui d'Hermione dont la jalousie et les emportements sont assez marqués dans l'*Andromaque* d'Euripide.

C'est presque la seule chose que j'emprunte ici de cet auteur. Car, quoique ma tragédie porte le même nom que la sienne, le sujet en est cependant très différent. Andromaque, dans Euripide, craint pour la vie de Molossus, qui est un fils qu'elle a eu de Pyrrhus et qu'Hermione veut faire mourir avec sa mère. Mais ici il ne s'agit point de Molossus : Andromaque ne connaît point d'autre mari qu'Hector, ni d'autre fils qu'Astyanax. J'ai cru en cela me conformer à l'idée que nous avons maintenant de cette princesse. La plupart de ceux qui ont entendu parler d'Andromaque ne la connaissaient guère que pour la veuve d'Hector et pour la mère d'Astyanax. On ne croit point qu'elle doive aimer ni un autre mari, ni un autre fils ; et je doute que les larmes d'Andromaque eussent fait sur l'esprit de mes spectateurs l'impression qu'elles y ont faite, si elles avaient coulé pour un autre fils que celui qu'elle avait d'Hector.

Il est vrai que j'ai été obligé de faire vivre Astyanax un peu plus qu'il n'a vécu[11] ; mais j'écris dans un pays où cette liberté ne pouvait pas être mal reçue. Car, sans parler de Ronsard, qui a choisi ce même Astyanax pour le héros de sa *Franciade,* qui ne sait que l'on fait descendre nos anciens rois de ce fils d'Hector, et que nos vieilles chroniques sauvent la vie à ce jeune prince, après la désolation de son pays, pour en faire le fondateur de notre monarchie[12] ?

Combien Euripide a-t-il été plus hardi dans sa tragédie d'*Hélène* ! il y choque ouvertement la créance commune de toute la Grèce : il suppose qu'Hélène n'a jamais mis le pied dans Troie, et qu'après l'embrasement de cette ville, Ménélas trouve sa femme en Égypte, d'où elle n'était point partie ; tout cela fondé sur une opinion qui n'était reçue que parmi les Égyptiens, comme on le peut voir dans Hérodote[13].

Je ne crois pas que j'eusse besoin de cet exemple d'Euripide pour justifier le peu de liberté que j'ai prise. Car il y a bien de la différence entre détruire le principal fondement d'une fable et en altérer quelques incidents, qui changent presque de face dans toutes les mains qui les traitent. Ainsi Achille, selon la plupart des poètes, ne peut être blessé qu'au talon, quoique Homère le fasse blesser au bras[14], et ne le croie invulnérable en aucune partie de son corps. Ainsi Sophocle fait mourir Jocaste aussitôt après la reconnaissance d'Œdipe[15] ; tout au contraire d'Euripide qui la fait vivre jusqu'au combat et à la mort de ses deux fils[16]. Et c'est à propos de quelques contrariétés de cette nature qu'un ancien commentateur de Sophocle * remarque fort bien « qu'il ne faut point s'amuser à chicaner les poètes pour quelques changements qu'ils ont pu faire dans la fable ; mais qu'il faut s'attacher à considérer l'excellent usage qu'ils ont fait de ces changements, et la manière ingénieuse dont ils ont su accommoder la fable à leur sujet[17] ».

ACTEURS

ANDROMAQUE, veuve d'Hector, captive de Pyrrhus.
PYRRHUS, fils d'Achille, roi d'Épire.
ORESTE, fils d'Agamemnon.
HERMIONE, fille d'Hélène, accordée avec Pyrrhus.
PYLADE, ami d'Oreste.
CLÉONE, confidente d'Hermione.
CÉPHISE, confidente d'Andromaque.
PHŒNIX, gouverneur d'Achille, et ensuite de Pyrrhus.
Suite d'Oreste.

La scène est à Buthrot, ville d'Épire, dans une salle du palais de Pyrrhus.

* Sophoclis *Electra.*

ANDROMAQUE

ACTE PREMIER

SCÈNE I

ORESTE, PYLADE

ORESTE

Oui, puisque je retrouve un ami si fidèle,
Ma fortune va prendre une face nouvelle ;
Et déjà son courroux semble s'être adouci
Depuis qu'elle a pris soin de nous rejoindre ici.
Qui l'eût dit, qu'un rivage à mes vœux si funeste
Présenterait d'abord Pylade aux yeux d'Oreste ?
Qu'après plus de six mois que je t'avais perdu,
A la cour de Pyrrhus tu me serais rendu ?

PYLADE

J'en rends grâces au ciel qui, m'arrêtant sans cesse,
10 Semblait m'avoir fermé le chemin de la Grèce,
Depuis le jour fatal que la fureur des eaux
Presque aux yeux de l'Épire écarta nos vaisseaux.
Combien, dans cet exil, ai-je souffert d'alarmes !
Combien à vos malheurs ai-je donné de larmes,
Craignant toujours pour vous quelque nouveau danger
Que ma triste amitié ne pouvait partager !
Surtout je redoutais cette mélancolie
Où j'ai vu si longtemps votre âme ensevelie.
Je craignais que le ciel, par un cruel secours,

20 Ne vous offrît la mort que vous cherchiez toujours.
Mais je vous vois, Seigneur ; et si j'ose le dire,
Un destin plus heureux vous conduit en Épire :
Le pompeux appareil qui suit ici vos pas
N'est point d'un malheureux qui cherche le trépas.

ORESTE

Hélas ! qui peut savoir le destin qui m'amène ?
L'amour me fait ici chercher une inhumaine.
Mais qui sait ce qu'il doit ordonner de mon sort,
Et si je viens chercher ou la vie ou la mort ?

PYLADE

Quoi ? votre âme à l'amour en esclave asservie
30 Se repose sur lui du soin de votre vie ?
Par quel charme, oubliant tant de tourments soufferts,
Pouvez-vous consentir à rentrer dans ses fers ?
Pensez-vous qu'Hermione, à Sparte inexorable,
Vous prépare en Épire un sort plus favorable ?
Honteux d'avoir poussé tant de vœux superflus,
Vous l'abhorriez ; enfin vous ne m'en parliez plus.
Vous me trompiez, Seigneur.

ORESTE

                    Je me trompais moi-
[même !
Ami, n'accable point un malheureux qui t'aime.
T'ai-je jamais caché mon cœur et mes désirs ?
40 Tu vis naître ma flamme et mes premiers soupirs.
Enfin, quand Ménélas disposa de sa fille
En faveur de Pyrrhus, vengeur de sa famille,
Tu vis mon désespoir ; et tu m'as vu depuis
Traîner de mers en mers ma chaîne et mes ennuis.
Je te vis à regret, en cet état funeste,
Prêt à suivre partout le déplorable Oreste,
Toujours de ma fureur interrompre le cours,
Et de moi-même enfin me sauver tous les jours.
Mais quand je me souvins que parmi tant d'alarmes
50 Hermione à Pyrrhus prodiguait tous ses charmes,
Tu sais de quel courroux mon cœur alors épris
Voulut en l'oubliant punir[18] tous ses mépris.
Je fis croire et je crus ma victoire certaine ;

Je pris tous mes transports pour des transports de
Détestant ses rigueurs, rabaissant ses attraits, [haine.
Je défiais ses yeux de me troubler jamais.
Voilà comme je crus étouffer ma tendresse.
En ce calme trompeur j'arrivai dans la Grèce,
Et je trouvai d'abord ses princes rassemblés,
60 Qu'un péril assez grand semblait avoir troublés.
J'y courus. Je pensai que la guerre et la gloire
De soins plus importants rempliraient ma mémoire ;
Que mes sens reprenant leur première vigueur,
L'amour achèverait de sortir de mon cœur.
Mais admire avec moi le sort dont la poursuite
Me fit courir alors au piège que j'évite.
J'entends de tous côtés qu'on menace Pyrrhus.
Toute la Grèce éclate en murmures confus ;
On se plaint qu'oubliant son sang et sa promesse
70 Il élève en sa cour l'ennemi de la Grèce,
Astyanax, d'Hector jeune et malheureux fils,
Reste de tant de rois sous Troie ensevelis.
J'apprends que pour ravir son enfance au supplice
Andromaque trompa l'ingénieux Ulysse,
Tandis qu'un autre enfant, arraché de ses bras,
Sous le nom de son fils fut conduit au trépas.
On dit que peu sensible aux charmes d'Hermione
Mon rival porte ailleurs son cœur et sa couronne
Ménélas, sans le croire, en paraît affligé.
80 Et se plaint d'un hymen si longtemps négligé.
Parmi les déplaisirs où son âme se noie,
Il s'élève en la mienne une secrète joie :
Je triomphe ; et pourtant je me flatte d'abord
Que la seule vengeance excite ce transport.
Mais l'ingrate en mon cœur reprit bientôt sa place
De mes feux mal éteints je reconnus la trace ;
Je sentis que ma haine allait finir son cours,
Ou plutôt je sentis que je l'aimais toujours.
Ainsi de tous les Grecs je brigue le suffrage.
90 On m'envoie à Pyrrhus ; j'entreprends ce voyage,
Je viens voir si l'on peut arracher de ses bras
Cet enfant dont la vie alarme tant d'États.
Heureux si je pouvais, dans l'ardeur qui me presse,
Au lieu d'Astyanax, lui ravir ma princesse !
Car enfin n'attends pas que mes feux redoublés

Des périls les plus grands puissent être troublés.
Puisque après tant d'efforts ma résistance est vaine,
Je me livre en aveugle au destin qui m'entraîne.
J'aime : je viens chercher Hermione en ces lieux,
100 La fléchir, l'enlever, ou mourir à ses yeux.
Toi qui connais Pyrrhus, que penses-tu qu'il fasse?
Dans sa cour, dans son cœur, dis-moi ce qui se passe.
Mon Hermione encor le tient-elle asservi?
Me rendra-t-il, Pylade, un bien qu'il m'a ravi?

PYLADE

Je vous abuserais si j'osais vous promettre
Qu'entre vos mains, Seigneur, il voulût la remettre.
Non que de sa conquête il paraisse flatté;
Pour la veuve d'Hector ses feux ont éclaté;
Il l'aime. Mais enfin cette veuve inhumaine
110 N'a payé jusqu'ici son amour que de haine;
Et chaque jour encore on lui voit tout tenter
Pour fléchir sa captive, ou pour l'épouvanter.
De son fils qu'il lui cache il menace la tête,
Et fait couler des pleurs qu'aussitôt il arrête.
Hermione elle-même a vu plus de cent fois
Cet amant irrité revenir sous ses lois,
Et de ses vœux troublés lui rapportant l'hommage,
Soupirer à ses pieds moins d'amour que de rage.
Ainsi n'attendez pas que l'on puisse aujourd'hui
120 Vous répondre d'un cœur si peu maître de lui :
Il peut, Seigneur, il peut, dans ce désordre extrême,
Épouser ce qu'il hait, et punir ce qu'il aime.

ORESTE

Mais dis-moi de quel œil Hermione peut voir
Son hymen différé, ses charmes sans pouvoir.

PYLADE

Hermione, Seigneur, au moins en apparence,
Semble de son amant dédaigner l'inconstance,
Et croit que trop heureux de fléchir [19] sa rigueur
Il la viendra presser de reprendre son cœur.
Mais je l'ai vue enfin me confier ses larmes;
130 Elle pleure en secret le mépris de ses charmes.

Toujours prête à partir, et demeurant toujours,
Quelquefois elle appelle Oreste à son secours.

ORESTE

Ah ! si je le croyais, j'irais bientôt, Pylade,
Me jeter...

PYLADE

      Achevez, Seigneur, votre ambassade.
Vous attendez le roi : parlez, et lui montrez
Contre le fils d'Hector tous les Grecs conjurés.
Loin de leur accorder ce fils de sa maîtresse,
Leur haine ne fera qu'irriter sa tendresse.
Plus on les veut brouiller, plus on va les unir.
140 Pressez, demandez tout, pour ne rien obtenir.
Il vient.

ORESTE

      Eh bien ! va donc disposer la cruelle
A revoir un amant qui ne vient que pour elle.

SCÈNE II

PYRRHUS, ORESTE, PHŒNIX

ORESTE

Avant que tous les Grecs vous parlent par ma voix,
Souffrez que j'ose ici me flatter[20] de leur choix,
Et qu'à vos yeux, Seigneur, je montre quelque joie
De voir le fils d'Achille et le vainqueur de Troie.
Oui, comme ses exploits nous admirons vos coups :
Hector tomba sous lui, Troie expira sous vous ;
Et vous avez montré, par une heureuse audace,
150 Que le fils seul d'Achille a pu remplir sa place.
Mais, ce qu'il n'eût point fait, la Grèce avec douleur
Vous voit du sang troyen relever le malheur,
Et vous laissant toucher d'une pitié funeste,
D'une guerre si longue entretenir le reste.
Ne vous souvient-il plus, Seigneur, quel fut Hector ?
Nos peuples affaiblis s'en souviennent encor.
Son nom seul fait frémir nos veuves et nos filles,
Et dans toute la Grèce il n'est point de familles

Qui ne demandent compte à ce malheureux fils
160 D'un père ou d'un époux qu'Hector leur a ravis.
Et qui sait ce qu'un jour ce fils peut entreprendre ?
Peut-être dans nos ports nous le verrons descendre,
Tel qu'on a vu son père embraser nos vaisseaux,
Et, la flamme à la main, les suivre sur les eaux[21].
Oserai-je, Seigneur, dire ce que je pense ?
Vous-même de vos soins craignez la récompense,
Et que dans votre sein ce serpent élevé
Ne vous punisse un jour de l'avoir conservé.
Enfin de tous les Grecs satisfaites l'envie,
170 Assurez leur vengeance, assurez votre vie ;
Perdez un ennemi d'autant plus dangereux
Qu'il s'essaiera sur vous à combattre contre eux.

PYRRHUS

La Grèce en ma faveur est trop inquiétée.
De soins plus importants je l'ai crue agitée,
Seigneur, et sur le nom de son ambassadeur,
J'avais dans ses projets conçu plus de grandeur.
Qui croirait en effet qu'une telle entreprise
Du fils d'Agamemnon méritât l'entremise ;
Qu'un peuple tout entier, tant de fois triomphant,
180 N'eût daigné conspirer que la mort d'un enfant ?
Mais à qui prétend-on que je le sacrifie ?
La Grèce a-t-elle encor quelque droit sur sa vie ?
Et seul de tous les Grecs ne m'est-il pas permis
D'ordonner d'un captif que le sort m'a soumis ?
Oui, Seigneur, lorsqu'au pied des murs fumants de
                                                    [Troie
Les vainqueurs tout sanglants partagèrent leur proie,
Le sort, dont les arrêts furent alors suivis,
Fit tomber en mes mains Andromaque et son fils.
Hécube près d'Ulysse acheva sa misère ;
190 Cassandre dans Argos a suivi votre père ;
Sur eux, sur leurs captifs, ai-je étendu mes droits ?
Ai-je enfin disposé du fruit de leurs exploits ?
On craint qu'avec Hector Troie un jour ne renaisse ;
Son fils peut me ravir le jour que je lui laisse :
Seigneur, tant de prudence entraîne trop de soin ;
Je ne sais point prévoir les malheurs de si loin.
Je songe quelle était autrefois cette ville

Si superbe en remparts, en héros si fertile,
Maîtresse de l'Asie; et je regarde enfin
200 Quel fut le sort de Troie, et quel est son destin.
Je ne vois que des tours que la cendre a couvertes,
Un fleuve teint de sang, des campagnes désertes,
Un enfant dans les fers; et je ne puis songer
Que Troie en cet état aspire à se venger.
Ah! si du fils d'Hector la perte était jurée,
Pourquoi d'un an entier l'avons-nous différée?
Dans le sein de Priam n'a-t-on pu l'immoler?
Sous tant de morts, sous Troie, il fallait l'accabler.
Tout était juste alors : la vieillesse et l'enfance
210 En vain sur leur faiblesse appuyaient leur défense;
La victoire et la nuit, plus cruelles que nous,
Nous excitaient au meurtre, et confondaient nos coups.
Mon courroux aux vaincus ne fut que trop sévère.
Mais que ma cruauté survive à ma colère?
Que malgré la pitié dont je me sens saisir,
Dans le sang d'un enfant je me baigne à loisir?
Non, Seigneur : que les Grecs cherchent quelque autre
[proie;
Qu'ils poursuivent ailleurs ce qui reste de Troie :
De mes inimitiés le cours est achevé;
220 L'Épire sauvera ce que Troie a sauvé.

ORESTE

Seigneur, vous savez trop avec quel artifice
Un faux Astyanax fut offert au supplice
Où le seul fils d'Hector devait être conduit.
Ce n'est pas les Troyens, c'est Hector qu'on poursuit.
Oui, les Grecs sur le fils persécutent le père;
Il a par trop de sang acheté leur colère,
Ce n'est que dans le sien qu'elle peut expirer,
Et jusque dans l'Épire il les peut attirer.
Prévenez-les.

PYRRHUS

Non, non. J'y consens avec joie!
230 Qu'ils cherchent dans l'Épire une seconde Troie;
Qu'ils confondent leur haine, et ne distinguent plus
Le sang qui les fit vaincre et celui des vaincus.
Aussi bien ce n'est pas la première injustice

Dont la Grèce d'Achille a payé le service[22].
Hector en profita, Seigneur; et quelque jour
Son fils en pourrait bien profiter à son tour.

ORESTE

Ainsi la Grèce en vous trouve un enfant rebelle?

PYRRHUS

Et je n'ai donc vaincu que pour dépendre d'elle?

ORESTE

Hermione, Seigneur, arrêtera vos coups :
240 Ses yeux s'opposeront entre son père et vous.

PYRRHUS

Hermione, Seigneur, peut m'être toujours chère,
Je puis l'aimer, sans être esclave de son père;
Et je saurai peut-être accorder quelque jour
Les soins de ma grandeur et ceux de mon amour.
Vous pouvez cependant voir la fille d'Hélène :
Du sang qui vous unit je sais l'étroite chaîne[23].
Après cela, Seigneur, je ne vous retiens plus,
Et vous pourrez aux Grecs annoncer mon refus.

SCÈNE III

PYRRHUS, PHŒNIX

PHŒNIX

Ainsi vous l'envoyez aux pieds de sa maîtresse?

PYRRHUS

250 On dit qu'il a longtemps brûlé pour la princesse.

PHŒNIX

Mais si ce feu, Seigneur, vient à se rallumer?
S'il lui rendait son cœur, s'il s'en faisait aimer?

PYRRHUS

Ah! qu'ils s'aiment, Phœnix! J'y consens. Qu'elle
[parte.
Que charmés l'un de l'autre ils retournent à Sparte!

Tous nos ports sont ouverts et pour elle et pour lui.
Qu'elle m'épargnerait de contrainte et d'ennui !

PHŒNIX

Seigneur...

PYRRHUS

Une autre fois je t'ouvrirai mon âme :
Andromaque paraît.

SCÈNE IV

PYRRHUS, ANDROMAQUE, CÉPHISE

PYRRHUS

Me cherchiez-vous, Madame ?
Un espoir si charmant me serait-il permis ?

ANDROMAQUE

260 Je passais jusqu'aux lieux où l'on garde mon fils.
Puisqu'une fois le jour vous souffrez que je voie
Le seul bien qui me reste et d'Hector et de Troie,
J'allais, Seigneur, pleurer un moment avec lui :
Je ne l'ai point encore embrassé d'aujourd'hui[24].

PYRRHUS

Ah, Madame ! les Grecs, si j'en crois leurs alarmes,
Vous donneront bientôt d'autres sujets de larmes.

ANDROMAQUE

Et quelle est cette peur dont leur cœur est frappé,
Seigneur ? Quelque Troyen vous est-il échappé ?

PYRRHUS

Leur haine pour Hector n'est pas encore éteinte.
270 Ils redoutent son fils.

ANDROMAQUE

Digne objet de leur crainte !
Un enfant malheureux qui ne sait pas encor
Que Pyrrhus est son maître, et qu'il est fils d'Hector.

PYRRHUS

Tel qu'il est, tous les Grecs demandent qu'il périsse.
Le fils d'Agamemnon vient hâter son supplice.

ANDROMAQUE

Et vous prononcerez un arrêt si cruel ?
Est-ce mon intérêt qui le rend crimine! ?
Hélas ! on ne craint point qu'il venge un jour son père ;
On craint qu'il n'essuyât les larmes de sa mère.
Il m'aurait tenu lieu d'un père [25] et d'un époux ;
280 Mais il me faut tout perdre, et toujours par vos coups.

PYRRHUS

Madame, mes refus ont prévenu vos larmes.
Tous les Grecs m'ont déjà menacé de leurs armes,
Mais dussent-ils encore, en repassant les eaux,
Demander votre fils avec mille vaisseaux,
Coutât-il tout le sang qu'Hélène a fait répandre,
Dussé-je après dix ans voir mon palais en cendre,
Je ne balance point, je vole à son secours.
Je défendrai sa vie aux dépens de mes jours.
Mais parmi ces périls où je cours pour vous plaire,
290 Me refuserez-vous un regard moins sévère ?
Haï de tous les Grecs, pressé de tous côtés,
Me faudra-t-il combattre encor vos cruautés ?
Je vous offre mon bras. Puis-je espérer encore
Que vous accepterez un cœur qui vous adore ?
En combattant pour vous, me sera-t-il permis
De ne vous point compter parmi mes ennemis ?

ANDROMAQUE

Seigneur, que faites-vous, et que dira la Grèce ?
Faut-il qu'un si grand cœur montre tant de faiblesse ?
Voulez-vous qu'un dessein si beau, si généreux,
300 Passe pour le transport d'un esprit amoureux [26] ?
Captive, toujours triste, importune à moi-même,
Pouvez-vous souhaiter qu'Andromaque vous aime ?
Quels charmes ont pour vous des yeux infortunés
Qu'à des pleurs éternels vous avez condamnés [27] ?
Non, non ; d'un ennemi respecter la misère,
Sauver des malheureux, rendre un fils à sa mère,
De cent peuples pour lui combattre la rigueur,

Sans me faire payer son salut de mon cœur,
Malgré moi, s'il le faut, lui donner un asile :
310 Seigneur, voilà des soins dignes du fils d'Achille.

PYRRHUS

Hé quoi ! votre courroux n'a-t-il pas eu son cours ?
Peut-on haïr sans cesse ? et punit-on toujours ?
J'ai fait des malheureux, sans doute ; et la **Phrygie**
Cent fois de votre sang a vu ma main rougie ;
Mais que vos yeux sur moi se sont bien exercés !
Qu'ils m'ont vendu bien cher les pleurs qu'ils ont
[versés !
De combien de remords m'ont-ils rendu la proie !
Je souffre tous les maux que j'ai faits devant **Troie**.
Vaincu, chargé de fers, de regrets consumé,
320 Brûlé de plus de feux que je n'en allumai [28],
Tant de soins, tant de pleurs, tant d'ardeurs inquiètes...
Hélas ! fus-je jamais si cruel que vous l'êtes ?
Mais enfin, tour à tour, c'est assez nous punir :
Nos ennemis communs devraient nous réunir.
Madame, dites-moi seulement que j'espère,
Je vous rends votre fils, et je lui sers de père ;
Je l'instruirai moi-même à venger les Troyens ;
J'irai punir les Grecs de vos maux et des miens.
Animé d'un regard, je puis tout entreprendre :
330 Votre Ilion encor peut sortir de sa cendre ;
Je puis, en moins de temps que les Grecs ne l'ont pris,
Dans ses murs relevés couronner votre fils.

ANDROMAQUE

Seigneur, tant de grandeurs ne nous touchent plus
Je les lui promettais tant qu'a vécu son père. [guère.
Non, vous n'espérez plus de nous revoir encor,
Sacrés murs que n'a pu conserver mon **Hector** !
A de moindres faveurs des malheureux prétendent,
Seigneur : c'est un exil que mes pleurs vous deman-
[dent.
Souffrez que, loin des Grecs, et même loin de vous,
340 J'aille cacher mon fils, et pleurer mon époux.
Votre amour contre nous allume trop de haine.
Retournez, retournez à la fille d'**Hélène**.

PYRRHUS

Et le puis-je, Madame ? Ah ! que vous me gênez !
Comment lui rendre un cœur que vous me retenez ?
Je sais que de mes vœux on lui promit l'empire ;
Je sais que pour régner elle vint dans l'Épire ;
Le sort vous y voulut l'une et l'autre amener :
Vous, pour porter des fers, elle, pour en donner.
Cependant ai-je pris quelque soin de lui plaire ?
350 Et ne dirait-on pas, en voyant au contraire
Vos charmes tout-puissants, et les siens dédaignés,
Qu'elle est ici captive et que vous y régnez ?
Ah ! qu'un seul des soupirs que mon cœur vous envoie,
S'il s'échappait vers elle y porterait de joie.

ANDROMAQUE

Et pourquoi vos soupirs seraient-ils repoussés ?
Aurait-elle oublié vos services passés ?
Troie, Hector, contre vous, révoltent-ils son âme ?
Aux cendres d'un époux doit-elle enfin sa flamme ?
Et quel époux encore ! Ah ! souvenir cruel !
360 Sa mort seule a rendu votre père immortel ;
Il doit au sang d'Hector tout l'éclat de ses armes,
Et vous n'êtes tous deux connus que par mes larmes.

PYRRHUS

Eh bien, Madame, eh bien ! il faut vous obéir :
Il faut vous oublier, ou plutôt vous haïr.
Oui, mes vœux ont trop loin poussé leur violence
Pour ne plus s'arrêter que dans l'indifférence ;
Songez-y bien : il faut désormais que mon cœur,
S'il n'aime avec transport, haïsse avec fureur.
Je n'épargnerai rien dans ma juste colère :
370 Le fils me répondra des mépris de la mère[29] ;
La Grèce le demande, et je ne prétends pas
Mettre toujours ma gloire à sauver des ingrats.

ANDROMAQUE

Hélas ! il mourra donc. Il n'a pour sa défense
Que les pleurs de sa mère et que son innocence.
Et peut-être après tout, en l'état où je suis,
Sa mort avancera la fin de mes ennuis.
Je prolongeais pour lui ma vie et ma misère ;

Mais enfin sur ses pas j'irai revoir son père.
Ainsi, tous trois, Seigneur, par vos soins réunis,
380 Nous vous...

PYRRHUS

Allez, Madame, allez voir votre fils.
Peut-être, en le voyant, votre amour plus timide
Ne prendra pas toujours sa colère pour guide.
Pour savoir nos destins j'irai vous retrouver.
Madame, en l'embrassant, songez à le sauver.

ACTE DEUXIÈME

SCÈNE I

HERMIONE, CLÉONE

HERMIONE

Je fais ce que tu veux. Je consens qu'il me voie.
Je lui veux bien encore accorder cette joie.
Pylade va bientôt conduire ici ses pas ;
Mais si je m'en croyais, je ne le verrais pas.

CLÉONE

Et qu'est-ce que sa vue a pour vous de funeste ?
390 Madame, n'est-ce pas toujours le même Oreste
Dont vous avez cent fois souhaité le retour,
Et dont vous regrettiez la constance et l'amour ?

HERMIONE

C'est cet amour payé de trop d'ingratitude
Qui me rend en ces lieux sa présence si rude.
Quelle honte pour moi, quel triomphe pour lui,
De voir mon infortune égaler son ennui !
Est-ce là, dira-t-il, cette fière Hermione ?
Elle me dédaignait ; un [30] autre l'abandonne.
L'ingrate, qui mettait son cœur à si haut prix,
400 Apprend donc à son tour à souffrir des mépris ?
Ah dieux !

CLÉONE

Ah ! dissipez ces indignes alarmes :
Il a trop bien senti le pouvoir de vos charmes.
Vous croyez qu'un amant vienne vous insulter ?
Il vous rapporte un cœur qu'il n'a pu vous ôter.
Mais vous ne dites point ce que vous mande un père ?

HERMIONE

Dans ses retardements si Pyrrhus persévère,
A la mort du Troyen s'il ne veut consentir,
Mon père avec les Grecs m'ordonne de partir.

CLÉONE

Eh bien, Madame, eh bien ! écoutez donc Oreste.
410 Pyrrhus a commencé, faites au moins le reste.
Pour bien faire il faudrait que vous le prévinssiez.
Ne m'avez-vous pas dit que vous le haïssiez ?

HERMIONE

Si je le hais, Cléone ! Il y va de ma gloire,
Après tant de bontés dont il perd la mémoire ;
Lui qui me fut si cher, et qui m'a pu trahir,
Ah ! je l'ai trop aimé pour ne le point haïr !

CLÉONE

Fuyez-le donc, Madame ; et puisqu'on vous adore...

HERMIONE

Ah ! laisse à ma fureur le temps de croître encore.
Contre mon ennemi laisse-moi m'assurer.
420 Cléone, avec horreur je m'en veux séparer.
Il n'y travaillera que trop bien, l'infidèle !

CLÉONE

Quoi ? vous en attendez quelque injure nouvelle ?
Aimer une captive, et l'aimer à vos yeux,
Tout cela n'a donc pu vous le rendre odieux ?
Après ce qu'il a fait, que saurait-il donc faire ?
Il vous aurait déplu, s'il pouvait vous déplaire.

HERMIONE

Pourquoi veux-tu, cruelle, irriter mes ennuis ?
Je crains de me connaître en l'état où je suis.

De tout ce que tu vois tâche de ne rien croire ;
430 Crois que je n'aime plus, vante-moi ma victoire ;
Crois que dans son dépit mon cœur est endurci,
Hélas ! et, s'il se peut, fais-le moi croire aussi.
Tu veux que je le fuie ? Eh bien ! rien ne m'arrête :
Allons ; n'envions plus son indigne conquête :
Que sur lui sa captive étende son pouvoir.
Fuyons... Mais si l'ingrat rentrait dans son devoir !
Si la foi dans son cœur retrouvait quelque place ;
S'il venait à mes pieds me demander sa grâce ;
Si sous mes lois, Amour, tu pouvais l'engager !
440 S'il voulait... Mais l'ingrat ne veut que m'outrager.
Demeurons toutefois pour troubler leur fortune,
Prenons quelque plaisir à leur être importune ;
Ou, le forçant de rompre un nœud si solennel,
Aux yeux de tous les Grecs rendons-le criminel.
J'ai déjà sur le fils attiré leur colère ;
Je veux qu'on vienne encor lui demander la mère.
Rendons-lui les tourments qu'elle m'a fait souffrir :
Qu'elle le perde, ou bien qu'il la fasse périr.

CLÉONE

Vous pensez que des yeux toujours ouverts aux larmes
450 Se plaisent à troubler le pouvoir de vos charmes,
Et qu'un cœur accablé de tant de déplaisirs
De son persécuteur ait brigué les soupirs ?
Voyez si sa douleur en paraît soulagée.
Pourquoi donc les chagrins où son âme est plongée ?
Contre un amant qui plaît pourquoi tant de fierté ?

HERMIONE

Hélas ! pour mon malheur, je l'ai trop écouté.
Je n'ai point du silence affecté le mystère :
Je croyais sans péril pouvoir être sincère,
Et sans armer mes yeux d'un moment de rigueur,
460 Je n'ai pour lui parler consulté que mon cœur.
Et qui ne se serait comme moi déclarée
Sur la foi d'une amour si saintement jurée ?
Me voyait-il de l'œil qu'il me voit aujourd'hui ?
Tu t'en souviens encor, tout conspirait pour lui :
Ma famille vengée, et les Grecs dans la joie,
Nos vaisseaux tout chargés des dépouilles de Troie,

Les exploits de son père effacés par les siens,
Ses feux que je croyais plus ardents que les miens,
Mon cœur, toi-même enfin de sa gloire éblouie,
470 Avant qu'il me trahît, vous m'avez tous trahie.
Mais c'en est trop, Cléone, et quel que soit Pyrrhus,
Hermione est sensible, Oreste a des vertus ;
Il sait aimer du moins, et même sans qu'on l'aime,
Et peut-être il saura se faire aimer lui-même.
Allons. Qu'il vienne enfin.

CLÉONE

Madame, le voici.

HERMIONE

Ah ! je ne croyais pas qu'il fût si près d'ici.

SCÈNE II

HERMIONE, ORESTE, CLÉONE

HERMIONE

Le croirai-je, Seigneur, qu'un reste de tendresse
Vous fasse ici chercher une triste princesse ?
Ou ne dois-je imputer qu'à votre seul devoir
480 L'heureux empressement qui vous porte à me voir ?

ORESTE

Tel est de mon amour l'aveuglement funeste.
Vous le savez, Madame, et le destin d'Oreste
Est de venir sans cesse adorer vos attraits,
Et de jurer toujours qu'il n'y viendra jamais.
Je sais que vos regards vont rouvrir mes blessures,
Que tous mes pas vers vous sont autant de parjures :
Je le sais, j'en rougis ; mais j'atteste les dieux,
Témoins de la fureur de mes derniers adieux,
Que j'ai couru partout où ma perte certaine
490 Dégageait mes serments et finissait ma peine.
J'ai mendié la mort chez des peuples cruels
Qui n'apaisaient leurs dieux que du sang des mortels :
Ils [31] m'ont fermé leur temple ; et ces peuples barbares
De mon sang prodigué sont devenus avares.
Enfin je viens à vous, et je me vois réduit

A chercher dans vos yeux une mort qui me fuit.
Mon désespoir n'attend que leur indifférence :
Ils n'ont qu'à m'interdire un reste d'espérance.
Ils n'ont, pour avancer cette mort où je cours,
500 Qu'à me dire une fois ce qu'ils m'ont dit toujours.
Voilà depuis un an le seul soin qui m'anime.
Madame, c'est à vous de prendre une victime
Que les Scythes auraient dérobée à vos coups,
Si j'en avais trouvé d'aussi cruels que vous.

HERMIONE

Quittez, Seigneur, quittez ce funeste langage.
A des soins plus pressants la Grèce vous engage.
Que parlez-vous du Scythe et de mes cruautés ?
Songez à tous ces rois que vous représentez [32].
Faut-il que d'un transport leur vengeance dépende ?
510 Est-ce le sang d'Oreste enfin qu'on vous demande ?
Dégagez-vous des soins dont vous êtes chargé.

ORESTE

Les refus de Pyrrhus m'ont assez dégagé,
Madame : il me renvoie ; et quelque autre puissance
Lui fait du fils d'Hector embrasser la défense.

HERMIONE

L'infidèle !

ORESTE

           Ainsi donc, tout prêt à le quitter,
Sur mon propre destin je viens vous consulter.
Déjà même je crois entendre la réponse
Qu'en secret contre moi votre haine prononce

HERMIONE

Hé quoi ? toujours injuste en vos tristes discours,
520 De mon inimitié vous plaindrez-vous toujours [33] ?
Quelle est cette rigueur tant de fois alléguée ?
J'ai passé dans l'Épire où j'étais reléguée :
Mon père l'ordonnait ; mais qui sait si depuis
Je n'ai point en secret partagé vos ennuis ?
Pensez-vous avoir seul éprouvé des alarmes ?
Que l'Épire jamais n'ait vu couler mes larmes ?

Enfin, qui vous a dit que malgré mon devoir
Je n'ai pas quelquefois souhaité de vous voir ?

ORESTE

Souhaité de me voir ! Ah ! divine Princesse...
530 Mais, de grâce, est-ce à moi que ce discours s'adresse ?
Ouvrez vos yeux : songez qu'Oreste est devant vous,
Oreste si longtemps l'objet de leur courroux.

HERMIONE

Oui, c'est vous dont l'amour, naissant avec leurs
[charmes,
Leur apprit le premier le pouvoir de leurs armes ;
Vous que mille vertus me forçaient d'estimer ;
Vous que j'ai plaint, enfin que je voudrais aimer.

ORESTE

Je vous entends. Tel est mon partage funeste :
Le cœur est pour Pyrrhus, et les vœux pour Oreste.

HERMIONE

Ah ! ne souhaitez pas le destin de Pyrrhus :
540 Je vous haïrais trop.

ORESTE

                    Vous m'en aimeriez plus.
Ah ! que vous me verriez d'un regard bien contraire !
Vous me voulez aimer, et je ne puis vous plaire ;
Et l'amour seul alors se faisant obéir,
Vous m'aimeriez, Madame, en me voulant haïr.
O dieux ! tant de respects, une amitié si tendre...
Que de raisons pour moi, si vous pouviez m'entendre !
Vous seule pour Pyrrhus disputez aujourd'hui,
Peut-être malgré vous, sans doute malgré lui :
Car enfin il vous hait ; son âme ailleurs éprise
550 N'a plus...

HERMIONE

          Qui vous l'a dit, Seigneur, qu'il me méprise ?
Ses regards, ses discours vous l'ont-ils donc appris ?
Jugez-vous que ma vue inspire des mépris,
Qu'elle allume en un cœur des feux si peu durables ?
Peut-être d'autres yeux me sont plus favorables.

ORESTE

Poursuivez : il est beau de m'insulter ainsi.
Cruelle, c'est donc moi qui vous méprise ici ?
Vos yeux n'ont pas assez éprouvé ma constance ?
Je suis donc un témoin de leur peu de puissance ?
Je les ai méprisés ? Ah ! qu'ils voudraient bien voir
560 Mon rival comme moi mépriser leur pouvoir !

HERMIONE

Que m'importe, Seigneur, sa haine, ou sa tendresse ?
Allez contre un rebelle armer toute la Grèce ;
Rapportez-lui le prix de sa rébellion ;
Qu'on fasse de l'Épire un second Ilion.
Allez. Après cela direz-vous que je l'aime ?

ORESTE

Madame, faites plus, et venez-y vous-même.
Voulez-vous demeurer pour otage en ces lieux ?
Venez dans tous les cœurs faire parler vos yeux.
Faisons de notre haine une commune attaque.

HERMIONE

570 Mais, Seigneur, cependant, s'il épouse Andromaque ?

ORESTE

Hé, Madame !

HERMIONE

                    Songez quelle honte pour nous,
Si d'une Phrygienne il devenait l'époux.

ORESTE

Et vous le haïssez ? Avouez-le, Madame,
L'amour n'est pas un feu qu'on renferme en une âme ;
Tout nous trahit, la voix, le silence, les yeux,
Et les feux mal couverts n'en éclatent que mieux.

HERMIONE

Seigneur, je le vois bien, votre âme prévenue
Répand sur mes discours le venin qui la tue[34],
Toujours dans mes raisons cherche quelque détour,
580 Et croit qu'en moi la haine est un effort d'amour.

Il faut donc m'expliquer ; vous agirez en suite.
Vous savez qu'en ces lieux mon devoir m'a conduite ;
Mon devoir m'y retient ; et je n'en puis partir
Que mon père ou Pyrrhus ne m'en fasse sortir.
De la part de mon père allez lui faire entendre
Que l'ennemi des Grecs ne peut être son gendre.
Du Troyen ou de moi faites-le décider :
Qu'il songe qui des deux il veut rendre, ou garder ;
Enfin qu'il me renvoie, ou bien qu'il vous le livre.
590 Adieu. S'il y consent, je suis prête à vous suivre.

SCÈNE III

ORESTE, *seul.*

Oui, oui, vous me suivrez, n'en doutez nullement ;
Je vous réponds déjà de son consentement.
Je ne crains pas, enfin, que Pyrrhus la retienne :
Il n'a devant les yeux que sa chère Troyenne ;
Tout autre objet le blesse ; et peut-être aujourd'hui
Il n'attend qu'un prétexte à l'éloigner de lui.
Nous n'avons qu'à parler : c'en est fait. Quelle joie
D'enlever à l'Épire une si belle proie !
600 Sauve tout ce qui reste, et de Troie, et d'Hector,
Garde son fils, sa veuve, et mille autres encor,
Épire, c'est assez qu'Hermione rendue
Perde à jamais tes bords et ton prince de vue.
Mais un heureux destin le conduit en ces lieux.
Parlons. A tant d'attraits, Amour, ferme ses yeux !

SCÈNE IV

PYRRHUS, ORESTE, PHŒNIX

PYRRHUS

Je vous cherchais, Seigneur. Un peu de violence
M'a fait de vos raisons combattre la puissance,
Je l'avoue ; et depuis que je vous ai quitté,
J'en ai senti la force et connu l'équité.
J'ai songé comme vous qu'à la Grèce, à mon père,
610 A moi-même, en un mot, je devenais contraire,
Que je relevais Troie, et rendais imparfait
Tout ce qu'a fait Achille, et tout ce que j'ai fait.

Je ne condamne plus un courroux légitime,
Et l'on vous va, Seigneur, livrer votre victime.

ORESTE

Seigneur, par ce conseil prudent et rigoureux,
C'est acheter la paix du sang d'un malheureux.

PYRRHUS

Oui ; mais je veux, Seigneur, l'assurer davantage :
D'une éternelle paix Hermione est le gage ;
Je l'épouse. Il semblait qu'un spectacle si doux
620 N'attendît en ces lieux qu'un témoin tel que vous :
Vous y représentez tous les Grecs et son père,
Puisqu'en vous Ménélas voit revivre son frère.
Voyez-la donc. Allez. Dites-lui que demain
J'attends, avec la paix, son cœur de votre main.

ORESTE

Ah dieux !

SCÈNE V

PYRRHUS, PHŒNIX

PYRRHUS

Eh bien, Phœnix, l'amour est-il le maître ?
Tes yeux refusent-ils encor de me connaître ?

PHŒNIX

Ah ! je vous reconnais, et ce juste courroux,
Ainsi qu'à tous les Grecs, Seigneur, vous rend à vous [35].
Ce n'est plus le jouet d'une flamme servile :
630 C'est Pyrrhus. C'est le fils et le rival d'Achille,
Que la gloire à la fin ramène sous ses lois,
Qui triomphe de Troie une seconde fois.

PYRRHUS

Dis plutôt qu'aujourd'hui commence ma victoire.
D'aujourd'hui seulement je jouis de ma gloire,
Et mon cœur, aussi fier que tu l'as vu soumis,
Croit avoir en l'amour vaincu mille ennemis.
Considère, Phœnix, les troubles que j'évite,

Quelle foule de maux l'amour traîne à sa suite,
Que d'amis, de devoirs, j'allais sacrifier ;
640 Quels périls... Un regard m'eût tout fait oublier.
Tous les Grecs conjurés fondaient sur un rebelle ;
Je trouvais du plaisir à me perdre pour elle.

PHŒNIX

Oui, je bénis, Seigneur, l'heureuse cruauté
Qui vous rend...

PYRRHUS

        Tu l'as vu, comme elle m'a traité.
Je pensais, en voyant sa tendresse alarmée,
Que son fils me la dût renvoyer désarmée.
J'allais voir le succès de ses embrassements :
Je n'ai trouvé que pleurs mêlés d'emportements.
Sa misère l'aigrit ; et toujours plus farouche,
650 Cent fois le nom d'Hector est sorti de sa bouche.
Vainement à son fils j'assurais mon secours :
C'est Hector, disait-elle, en l'embrassant toujours ;
Voilà ses yeux, sa bouche, et déjà son audace ;
C'est lui-même ; c'est toi, cher époux, que j'embrasse.
Et quelle est sa pensée ? attend-elle en ce jour
Que je lui laisse un fils pour nourrir son amour ?

PHŒNIX

Sans doute. C'est le prix que vous gardait l'ingrate.
Mais laissez-la, Seigneur.

PYRRHUS

        Je vois ce qui la flatte :
Sa beauté la rassure, et malgré mon courroux,
660 L'orgueilleuse m'attend encore à ses genoux.
Je la verrais aux miens, Phœnix, d'un œil tranquille.
Elle est veuve d'Hector, et je suis fils d'Achille :
Trop de haine sépare Andromaque et Pyrrhus.

PHŒNIX

Commencez donc, Seigneur, à ne m'en parler plus.
Allez voir Hermione, et content de lui plaire,
Oubliez à ses pieds jusqu'à votre colère.
Vous-même à cet hymen venez la disposer.

Est-ce sur un rival qu'il s'en faut reposer ?
Il ne l'aime que trop.

PYRRHUS

Crois-tu, si je l'épouse,
670 Qu'Andromaque en son cœur[36] n'en sera pas jalouse ?

PHŒNIX

Quoi ! toujours Andromaque occupe votre esprit ?
Que vous importe, ô dieux ! sa joie, ou son dépit ?
Quel charme, malgré vous, vers elle vous attire ?

PYRRHUS

Non, je n'ai pas bien dit tout ce qu'il lui faut dire :
Ma colère à ses yeux n'a paru qu'à demi ;
Elle ignore à quel point je suis son ennemi.
Retournons-y. Je veux la braver à sa vue,
Et donner à ma haine une libre étendue.
Viens voir tous ses attraits, Phœnix, humiliés.
680 Allons.

PHŒNIX

Allez, Seigneur, vous jeter à ses pieds :
Allez, en lui jurant que votre âme l'adore,
A de nouveaux mépris l'encourager encore.

PYRRHUS

Je le vois bien, tu crois que prêt à l'excuser
Mon cœur court après elle et cherche à s'apaiser.

PHŒNIX

Vous aimez, c'est assez.

PYRRHUS

Moi l'aimer ? une ingrate
Qui me hait d'autant plus que mon amour la flatte ?
Sans parents, sans amis, sans espoir que sur moi ;
Je puis perdre son fils, peut-être je le doi ;
Étrangère... que dis-je ? esclave dans l'Épire,
690 Je lui donne son fils, mon âme, mon empire,
Et je ne puis gagner dans son perfide cœur
D'autre rang que celui de son persécuteur ?

Non, non, je l'ai juré, ma vengeance est certaine :
Il faut bien une fois justifier sa haine.
J'abandonne son fils. Que de pleurs vont couler !
De quel nom sa douleur me va-t-elle appeler !
Quel spectacle pour elle aujourd'hui se dispose !
Elle en mourra, Phœnix, et j'en serai la cause.
C'est lui mettre moi-même un poignard dans le sein.

PHŒNIX

700 Et pourquoi donc en faire éclater le dessein ?
Que ne consultiez-vous tantôt votre faiblesse ?

PYRRHUS

Je t'entends. Mais excuse un reste de tendresse.
Crains-tu pour ma colère un si faible combat ?
D'un amour qui s'éteint c'est le dernier éclat.
Allons. A tes conseils, Phœnix, je m'abandonne.
Faut-il livrer son fils ? faut-il voir Hermione ?

PHŒNIX

Oui, voyez-la, Seigneur, et par des vœux soumis,
Protestez-lui...

PYRRHUS

Faisons tout ce que j'ai promis.

ACTE TROISIÈME

SCÈNE I

ORESTE, PYLADE

PYLADE

Modérez donc, Seigneur, cette fureur extrême.
710 Je ne vous connais plus ; vous n'êtes plus vous-même.
Souffrez...

ORESTE

            Non, tes conseils ne sont plus de saison,
Pylade ; je suis las d'écouter la raison.
C'est traîner trop longtemps ma vie et mon supplice :

Il faut que je l'enlève, ou bien que je périsse.
Le dessein en est pris, je le veux achever.
Oui, je le veux.

PYLADE

Eh bien ! il la faut enlever.
J'y consens. Mais songez cependant où vous êtes.
Que croira-t-on de vous, à voir ce que vous faites ?
Dissimulez : calmez ce transport inquiet ;
720 Commandez à vos yeux de garder le secret.
Ces gardes, cette cour, l'air qui vous environne,
Tout dépend de Pyrrhus, et surtout Hermione[37].
A ses regards surtout cachez votre courroux.
O dieux ! en cet état pourquoi la cherchiez-vous ?

ORESTE

Que sais-je ? De moi-même étais-je alors le maître ?
La fureur m'emportait, et je venais peut-être
Menacer à la fois l'ingrate et son amant.

PYLADE

Et quel était le fruit de cet emportement ?

ORESTE

Et quelle âme, dis-moi, ne serait éperdue
730 Du coup dont ma raison vient d'être confondue ?
Il épouse, dit-il, Hermione demain ;
Il veut pour m'honorer la tenir de ma main.
Ah ! plutôt cette main dans le sang du barbare...

PYLADE

Vous l'accusez, Seigneur, de ce destin bizarre ;
Cependant tourmenté de ses propres desseins,
Il est peut-être à plaindre, autant que je vous plains.

ORESTE

Non, non, je le connais, mon désespoir le flatte ;
Sans moi, sans mon amour, il dédaignait l'ingrate :
Ses charmes jusque-là n'avaient pu le toucher :
740 Le cruel ne la prend que pour me l'arracher.
Ah dieux ! c'en était fait : Hermione gagnée
Pour jamais de sa vue allait être éloignée,

Son cœur, entre l'amour et le dépit confus,
Pour se donner à moi n'attendait qu'un refus,
Ses yeux s'ouvraient, Pylade. Elle écoutait Oreste,
Lui parlait, le plaignait. Un mot eût fait le reste.

PYLADE

Vous le croyez.

ORESTE

Hé quoi ? ce courroux enflammé
Contre un ingrat...

PYLADE

Jamais il ne fut plus aimé.
Pensez-vous, quand Pyrrhus vous l'aurait accordée,
750 Qu'un prétexte tout prêt ne l'eût pas retardée ?
M'en croirez-vous ? Lassé de ses trompeurs attraits,
Au lieu de l'enlever, fuyez-la pour jamais.
Quoi ? votre amour se veut charger d'une furie
Qui vous détestera, qui toute votre vie,
Regrettant un hymen tout prêt à s'achever,
Voudra...

ORESTE

C'est pour cela que je veux l'enlever.
Tout lui rirait, Pylade, et moi, pour mon partage,
Je n'emporterais donc qu'une inutile rage ?
J'irais loin d'elle encor tâcher de l'oublier ?
760 Non, non, à mes tourments, je veux l'associer.
C'est trop gémir tout seul. Je suis las qu'on me plaigne.
Je prétends qu'à mon tour l'inhumaine me craigne,
Et que ses yeux cruels, à pleurer condamnés,
Me rendent tous les noms que je leur ai donnés.

PYLADE

Voilà donc le succès qu'aura votre ambassade :
Oreste ravisseur !

ORESTE

Et qu'importe, Pylade ?
Quand nos États vengés jouiront de mes soins,
L'ingrate de mes pleurs jouira-t-elle moins ?

Et que me servira que la Grèce m'admire,
770 Tandis que je serai la fable de l'Épire ?
Que veux-tu ? Mais s'il faut ne te rien déguiser,
Mon innocence enfin commence à me peser.
Je ne sais de tout temps quelle injuste puissance
Laisse le crime en paix, et poursuit l'innocence.
De quelque part sur moi que je tourne les yeux,
Je ne vois que malheurs qui condamnent les dieux.
Méritons leur courroux, justifions leur haine,
Et que le fruit du crime en précède la peine.
Mais toi, par quelle erreur veux-tu toujours sur toi
780 Détourner un courroux qui ne cherche que moi ?
Assez et trop longtemps mon amitié t'accable :
Évite un malheureux, abandonne un coupable.
Cher Pylade, crois-moi, ta pitié te séduit.
Laisse-moi des périls dont j'attends tout le fruit.
Porte aux Grecs cet enfant que Pyrrhus m'abandonne.
Va-t'en.

PYLADE

Allons, Seigneur, enlevons Hermione.
Au travers des périls un grand cœur se fait jour.
Que ne peut l'amitié conduite par l'amour ?
Allons de tous vos Grecs encourager le zèle.
790 Nos vaisseaux sont tout prêts, et le vent nous appelle.
Je sais de ce palais tous les détours obscurs ;
Vous voyez que la mer en vient battre les murs.
Et cette nuit sans peine une secrète voie
Jusqu'en votre vaisseau conduira votre proie.

ORESTE

J'abuse, cher ami, de ton trop d'amitié.
Mais pardonne à des maux dont toi seul as pitié ;
Excuse un malheureux, qui perd tout ce qu'il aime,
Que tout le monde hait, et qui se hait lui-même.
Que ne puis-je à mon tour dans un sort plus heureux...

PYLADE

800 Dissimulez, Seigneur, c'est tout ce que je veux.
Gardez qu'avant le coup votre dessein n'éclate :
Oubliez jusque-là qu'Hermione est ingrate ;
Oubliez votre amour. Elle vient, je la vois.

ORESTE

Va-t'en. Réponds-moi d'elle, et je réponds de moi.

SCÈNE II

HERMIONE, ORESTE, CLÉONE

ORESTE

Eh bien ? mes soins vous ont rendu votre conquête.
J'ai vu Pyrrhus, Madame, et votre hymen s'apprête.

HERMIONE

On le dit ; et de plus on vient de m'assurer
Que vous ne me cherchiez que pour m'y préparer.

ORESTE

Et votre âme à ses vœux ne sera pas rebelle ?

HERMIONE

810 Qui l'eût cru, que Pyrrhus ne fût pas infidèle ?
Que sa flamme attendrait si tard pour éclater ?
Qu'il reviendrait à moi, quand je l'allais quitter ?
Je veux croire avec vous qu'il redoute la Grèce,
Qu'il suit son intérêt plutôt que sa tendresse,
Que mes yeux sur votre âme étaient plus absolus.

ORESTE

Non, Madame, il vous aime, et je n'en doute plus.
Vos yeux ne font-ils pas tout ce qu'ils veulent faire ?
Et vous ne vouliez pas sans doute lui déplaire.

HERMIONE

Mais que puis-je, Seigneur ? On a promis ma foi.
820 Lui ravirai-je un bien qu'il ne tient pas de moi ?
L'amour ne règle pas le sort d'une princesse :
La gloire d'obéir est tout ce qu'on nous laisse.
Cependant je partais, et vous avez pu voir
Combien je relâchais pour vous de mon devoir.

ORESTE

Ah ! que vous saviez bien, cruelle... Mais, Madame,
Chacun peut à son choix disposer de son âme.

La vôtre était à vous. J'espérais ; mais enfin
Vous l'avez pu donner sans me faire un larcin.
Je vous accuse aussi bien moins que la fortune.
830 Et pourquoi vous lasser d'une plainte importune ?
Tel est votre devoir, je l'avoue ; et le mien
Est de vous épargner un si triste entretien.

SCÈNE III

HERMIONE, CLÉONE

HERMIONE

Attendais-tu, Cléone, un courroux si modeste ?

CLÉONE

La douleur qui se tait n'en est que plus funeste.
Je le plains d'autant plus qu'auteur de son ennui,
Le coup qui l'a perdu n'est parti que de lui.
Comptez depuis quel temps votre hymen se prépare ;
Il a parlé, Madame, et Pyrrhus se déclare.

HERMIONE

Tu crois que Pyrrhus craint ? Et que craint-il encor ?
840 Des peuples qui dix ans ont fui devant Hector ?
Qui cent fois effrayés de l'absence d'Achille,
Dans leurs vaisseaux brûlants ont cherché leur asile,
Et qu'on verrait encor, sans l'appui de son fils,
Redemander Hélène aux Troyens impunis ?
Non, Cléone, il n'est point ennemi de lui-même,
Il veut tout ce qu'il fait, et s'il m'épouse, il m'aime
Mais qu'Oreste à son gré m'impute ses douleurs :
N'avons-nous d'entretien que celui de ses pleurs ?
Pyrrhus revient à nous. Eh bien, chère Cléone,
850 Conçois-tu les transports de l'heureuse Hermione ?
Sais-tu quel est Pyrrhus ? T'es-tu fait raconter
Le nombre des exploits... mais qui les peut compter ?
Intrépide, et partout suivi de la victoire,
Charmant, fidèle, enfin, rien ne manque à sa gloire.
Songe...

CLÉONE

Dissimulez. Votre rivale en pleurs
Vient à vos pieds sans doute apporter ses douleurs

HERMIONE

Dieux ! ne puis-je à ma joie abandonner mon âme ?
Sortons : que lui dirais-je ?

SCÈNE IV

ANDROMAQUE, HERMIONE, CLÉONE, CÉPHISE[38]

ANDROMAQUE

          Où fuyez-vous, Madame ?
N'est-ce pas à vos yeux un spectacle assez doux
860 Que la veuve d'Hector pleurante à vos genoux ?
Je ne viens point ici, par de jalouses larmes,
Vous envier un cœur qui se rend à vos charmes.
Par une main cruelle, hélas ! j'ai vu percer
Le seul où mes regards prétendaient s'adresser.
Ma flamme par Hector fut jadis allumée ;
Avec lui dans la tombe elle s'est enfermée.
Mais il me reste un fils. Vous saurez quelque jour,
Madame, pour un fils jusqu'où va notre amour ;
Mais vous ne saurez pas, du moins je le souhaite,
870 En quel trouble mortel son intérêt nous jette,
Lorsque de tant de biens qui pouvaient nous flatter,
C'est le seul qui nous reste, et qu'on veut nous l'ôter.
Hélas ! lorsque lassés de dix ans de misère,
Les Troyens en courroux menaçaient votre mère,
J'ai su de mon Hector lui procurer l'appui.
Vous pouvez sur Pyrrhus ce que j'ai pu sur lui.
Que craint-on d'un enfant qui survit à sa perte ?
Laissez-moi le cacher en quelque île déserte ;
Sur les soins de sa mère on peut s'en assurer,
880 Et mon fils avec moi n'apprendra qu'à pleurer.

HERMIONE

Je conçois vos douleurs. Mais un devoir austère,
Quand mon père a parlé, m'ordonne de me taire.
C'est lui qui de Pyrrhus fait agir le courroux.
S'il faut fléchir Pyrrhus, qui le peut mieux que vous ?
Vos yeux assez longtemps ont régné sur son âme ;
Faites-le prononcer : j'y souscrirai, Madame.

SCÈNE V

ANDROMAQUE, CÉPHISE

ANDROMAQUE

Quel mépris la cruelle attache à ses refus !

CÉPHISE

Je croirais ses conseils, et je verrais Pyrrhus.
Un regard confondrait Hermione et la Grèce...
890 Mais lui-même il vous cherche.

SCÈNE VI

PYRRHUS, ANDROMAQUE, PHŒNIX, CÉPHISE

PYRRHUS, *à Phœnix.*

Où donc est la prin-
[cesse ?
Ne m'avais-tu pas dit qu'elle était en ces lieux ?

PHŒNIX

Je le croyais.

ANDROMAQUE, *à Céphise.*

Tu vois le pouvoir de mes yeux !

PYRRHUS

Que dit-elle, Phœnix ?

ANDROMAQUE

Hélas ! tout m'abandonne.

PHŒNIX

Allons, Seigneur, marchons sur les pas d'Hermione.

CÉPHISE

Qu'attendez-vous ? Rompez ce silence obstiné.

ANDROMAQUE

Il a promis mon fils.

CÉPHISE

Il ne l'a pas donné.

ANDROMAQUE

Non, non, j'ai beau pleurer, sa mort est résolue.

PYRRHUS

Daigne-t-elle sur nous tourner au moins la vue ?
Quel orgueil !

ANDROMAQUE

Je ne fais que l'irriter encor.
900 Sortons.

PYRRHUS

Allons aux Grecs livrer le fils d'Hector.

ANDROMAQUE

Ah ! Seigneur, arrêtez ! Que prétendez-vous faire ?
Si vous livrez le fils, livrez-leur donc la mère.
Vos serments m'ont tantôt juré tant d'amitié !
Dieux ! ne pourrai-je au moins toucher votre pitié ?
Sans espoir de pardon m'avez-vous condamnée ?

PYRRHUS

Phœnix vous le dira, ma parole est donnée.

ANDROMAQUE

Vous qui braviez pour moi tant de périls divers !

PYRRHUS

J'étais aveugle alors ; mes yeux se sont ouverts.
Sa grâce à vos désirs pouvait être accordée ;
910 Mais vous ne l'avez pas seulement demandée :
C'en est fait.

ANDROMAQUE

Ah ! Seigneur, vous entendiez assez
Des soupirs qui craignaient de se voir repoussés.
Pardonnez à l'éclat d'une illustre fortune
Ce reste de fierté, qui craint d'être importune.

Vous ne l'ignorez pas : Andromaque, sans vous,
N'aurait jamais d'un maître embrassé les genoux.

PYRRHUS

Non, vous me haïssez ; et dans le fond de l'âme
Vous craignez de devoir quelque chose à ma flamme.
Ce fils même, ce fils, l'objet de tant de soins,
920 Si je l'avais sauvé, vous l'en aimeriez moins.
La haine, le mépris, contre moi tout s'assemble ;
Vous me haïssez plus que tous les Grecs ensemble.
Jouissez à loisir d'un si noble courroux.
Allons, Phœnix.

ANDROMAQUE

Allons rejoindre mon époux.

CÉPHISE

Madame...

ANDROMAQUE

Et que veux-tu que je lui dise encore ?
Auteur de tous mes maux, crois-tu qu'il les ignore ?
Seigneur, voyez l'état où vous me réduisez.
J'ai vu mon père mort et nos murs embrasés,
J'ai vu trancher les jours de ma famille entière,
930 Et mon époux sanglant traîné sur la poussière,
Son fils seul avec moi réservé pour les fers.
Mais que ne peut un fils ? Je respire, je sers.
J'ai fait plus : je me suis quelquefois consolée
Qu'ici plutôt qu'ailleurs le sort m'eût exilée ;
Qu'heureux dans son malheur, le fils de tant de rois,
Puisqu'il devait servir, fût tombé sous vos lois.
J'ai cru que sa prison deviendrait son asile.
Jadis Priam soumis fut respecté d'Achille :
J'attendais de son fils encor plus de bonté.
940 Pardonne, cher Hector, à ma crédulité.
Je n'ai pu soupçonner ton ennemi d'un crime ;
Malgré lui-même enfin je l'ai cru magnanime.
Ah ! s'il l'était assez pour nous laisser du moins
Au tombeau qu'à ta cendre ont élevé mes soins ;
Et que finissant là sa haine et nos misères,
Il ne séparât point des dépouilles si chères !

PYRPHUS

Va m'attendre, Phœnix.

SCÈNE VII

PYRRHUS, ANDROMAQUE. CÉPHISE

PYRRHUS *continue.*

Madame, demeurez.
On peut vous rendre encor ce fils que vous pleurez.
Oui, je sens à regret qu'en excitant vos larmes
950 Je ne fais contre moi que vous donner des armes.
Je croyais apporter plus de haine en ces lieux.
Mais, Madame, du moins tournez vers moi les yeux :
Voyez si mes regards sont d'un juge sévère,
S'ils sont d'un ennemi qui cherche à vous déplaire.
Pourquoi me forcez-vous vous-même à vous trahir ?
Au nom de votre fils, cessons de nous haïr.
A le sauver enfin c'est moi qui vous convie.
Faut-il que mes soupirs vous demandent sa vie ?
Faut-il qu'en sa faveur j'embrasse vos genoux ?
960 Pour la dernière fois, sauvez-le, sauvez-vous.
Je sais de quels serments je romps pour vous les
                                          [chaînes,
Combien je vais sur moi faire éclater de haines.
Je renvoie Hermione, et je mets sur son front,
Au lieu de ma couronne, un éternel affront.
Je vous conduis au temple où son hymen s'apprête,
Je vous ceins du bandeau préparé pour sa tête.
Mais ce n'est plus, Madame, une offre à dédaigner :
Je vous le dis, il faut ou périr ou régner.
Mon cœur, désespéré d'un an d'ingratitude,
970 Ne peut plus de son sort souffrir l'incertitude.
C'est craindre, menacer et gémir trop longtemps.
Je meurs si je vous perds, mais je meurs si j'attends.
Songez-y : je vous laisse, et je viendrai vous prendre
Pour vous mener au temple, où ce fils doit m'attendre.
Et là vous me verrez soumis, ou furieux,
Vous couronner, Madame, ou le perdre à vos yeux.

SCÈNE VIII

ANDROMAQUE, CÉPHISE

CÉPHISE

Je vous l'avais prédit, qu'en dépit de la Grèce
De votre sort encor vous seriez la maîtresse.

ANDROMAQUE

Hélas ! de quel effet tes discours sont suivis ?
980 Il ne me restait plus qu'à condamner mon fils.

CÉPHISE

Madame, à votre époux, c'est être assez fidèle :
Trop de vertu pourrait vous rendre criminelle ;
Lui-même il porterait votre âme à la douceur.

ANDROMAQUE

Quoi, je lui donnerais Pyrrhus pour successeur ?

CÉPHISE

Ainsi le veut son fils, que les Grecs vous ravissent.
Pensez-vous qu'après tout ses mânes en rougissent ?
Qu'il méprisât, Madame, un roi victorieux,
Qui vous fait remonter au rang de vos aïeux ;
Qui foule aux pieds pour vous vos vainqueurs en
[colère,
990 Qui ne se souvient plus qu'Achille était son père,
Qui dément ses exploits et les rend superflus ?

ANDROMAQUE

Dois-je les oublier, s'il ne s'en souvient plus ?
Dois-je oublier Hector privé de funérailles,
Et traîné sans honneur autour de nos murailles ?
Dois-je oublier son père à mes pieds renversé,
Ensanglantant l'autel qu'il tenait embrassé ?
Songe, songe, Céphise, à cette nuit cruelle
Qui fut pour tout un peuple une nuit éternelle ;
Figure-toi Pyrrhus les yeux étincelants,
1000 Entrant à la lueur de nos palais brûlants ;
Sur tous mes frères morts se faisant un passage,
Et de sang tout couvert échauffant le carnage ;

Songe aux cris des vainqueurs, songe aux cris des
[mourants,
Dans la flamme étouffés, sous le fer expirants ;
Peins-toi dans ces horreurs Andromaque éperdue :
Voilà comme Pyrrhus vint s'offrir à ma vue,
Voilà par quels exploits il sut se couronner,
Enfin voilà l'époux que tu me veux donner.
Non, je ne serai point complice de ses crimes ;
1010 Qu'il nous prenne, s'il veut, pour dernières victimes.
Tous mes ressentiments lui seraient asservis.

CÉPHISE

Eh bien, allons donc voir expirer votre fils :
On n'attend plus que vous. Vous frémissez, Madame ?

ANDROMAQUE

Ah ! de quel souvenir viens-tu frapper mon âme !
Quoi, Céphise, j'irai voir expirer encor
Ce fils, ma seule joie, et l'image d'Hector ?
Ce fils que de sa flamme il me laissa pour gage ?
Hélas ! je m'en souviens [39], le jour que son courage
Lui fit chercher Achille, ou plutôt le trépas,
1020 Il demanda son fils, et le prit dans ses bras :
Chère épouse, dit-il en essuyant mes larmes,
J'ignore quel succès le sort garde à mes armes [40] ;
Je te laisse mon fils pour gage de ma foi :
S'il me perd, je prétends qu'il me retrouve en toi.
Si d'un heureux hymen la mémoire t'est chère,
Montre au fils à quel point tu chérissais le père.
Et je puis voir répandre un sang si précieux ?
Et je laisse avec lui périr tous ses aïeux ?
Roi barbare, faut-il que mon crime l'entraîne ?
1030 Si je te hais, est-il coupable de ma haine ?
T'a-t-il de tous les siens reproché le trépas ?
S'est-il plaint à tes yeux des maux qu'il ne sent pas ?
Mais cependant, mon fils, tu meurs si je n'arrête
Le fer que le cruel tient levé sur ta tête.
Je l'en puis détourner, et je t'y vais offrir ?
Non, tu ne mourras point, je ne le puis souffrir.
Allons trouver Pyrrhus. Mais non, chère Céphise,
Va le trouver pour moi.

CÉPHISE

Que faut-il que je dise ?

ANDROMAQUE

Dis-lui que de mon fils l'amour est assez fort...
1040 Crois-tu que dans son cœur il ait juré sa mort ?
L'amour peut-il si loin pousser sa barbarie ?

CÉPHISE

Madame, il va bientôt revenir en furie.

ANDROMAQUE

Eh bien, va l'assurer...

CÉPHISE

De quoi ? de votre foi ?

ANDROMAQUE

Hélas ! pour la promettre est-elle encore à moi ?
O cendres d'un époux ! ô Troyens ! ô mon père !
O mon fils, que tes jours coûtent cher à ta mère !
Allons.

CÉPHISE

Où donc, Madame, et que résolvez-vous ?

ANDROMAQUE

Allons sur son tombeau consulter mon époux.

ACTE QUATRIÈME

SCÈNE I

ANDROMAQUE, CÉPHISE

CÉPHISE

Ah ! je n'en doute point : c'est votre époux, Madame,
1050 C'est Hector qui produit ce miracle en votre âme.
Il veut que Troie encor se puisse relever,
Avec cet heureux fils, qu'il vous fait conserver.

Pyrrhus vous l'a promis. Vous venez de l'entendre,
Madame : il n'attendait qu'un mot pour vous le rendre.
Croyez-en ses transports : père, sceptre, alliés,
Content de votre cœur, il met tout à vos pieds.
Sur lui, sur tout son peuple il vous rend souveraine.
Est-ce là ce vainqueur digne de tant de haine ?
Déjà contre les Grecs plein d'un noble courroux,
1060 Le soin de votre fils le touche autant que vous.
Il prévient leur fureur, il lui laisse sa garde ;
Pour ne pas l'exposer, lui-même il se hasarde.
Mais tout s'apprête au temple. Et vous avez promis.

ANDROMAQUE

Oui, je m'y trouverai. Mais allons voir mon fils.

CÉPHISE

Madame, qui vous presse ? Il suffit que sa vue
Désormais à vos yeux ne soit plus défendue.
Vous lui pourrez bientôt prodiguer vos bontés,
Et vos embrassements ne seront plus comptés.
Quel plaisir d'élever un enfant qu'on voit craître,
1070 Non plus comme un esclave élevé pour son maître,
Mais pour voir avec lui renaître tant de rois !

ANDROMAQUE

Céphise, allons le voir pour la dernière fois.

CÉPHISE

Que dites-vous ? O dieux !

ANDROMAQUE

                    O ma chère Céphise,
Ce n'est point avec toi que mon cœur se déguise.
Ta foi, dans mon malheur, s'est montrée à mes yeux ;
Mais j'ai cru qu'à mon tour tu me connaissais mieux.
Quoi donc ? as-tu pensé qu'Andromaque infidèle
Pût trahir un époux qui croit revivre en elle,
Et que de tant de morts réveillant la douleur,
1080 Le soin de mon repos me fît troubler le leur ?
Est-ce là cette ardeur tant promise à sa cendre ?
Mais son fils périssait ; il l'a fallu défendre.
Pyrrhus en m'épousant s'en déclare l'appui ;

Il suffit : je veux bien m'en reposer sur lui.
Je sais quel est Pyrrhus : violent, mais sincère,
Céphise, il fera plus qu'il n'a promis de faire.
Sur le courroux des Grecs je m'en repose encor :
Leur haine va donner un père au fils d'Hector.
Je vais donc, puisqu'il faut que je me sacrifie,
1090 Assurer à Pyrrhus le reste de ma vie ;
Je vais en recevant sa foi sur les autels,
L'engager à mon fils par des nœuds immortels.
Mais aussitôt ma main, à moi seule funeste,
D'une infidèle vie abrégera le reste,
Et sauvant ma vertu, rendra ce que je doi,
A Pyrrhus, à mon fils, à mon époux, à moi.
Voilà de mon amour l'innocent stratagème ;
Voilà ce qu'un époux m'a commandé lui-même ;
J'irai seule rejoindre Hector, et mes aïeux.
1100 Céphise, c'est à toi de me fermer les yeux.

CÉPHISE

Ah ! ne prétendez pas que je puisse survivre.

ANDROMAQUE

Non, non, je te défends, Céphise, de me suivre.
Je confie à tes soins mon unique trésor.
Si tu vivais pour moi, vis pour le fils d'Hector.
De l'espoir des Troyens seule dépositaire,
Songe à combien de rois tu deviens nécessaire.
Veille auprès de Pyrrhus ; fais-lui garder sa foi :
S'il le faut, je consens qu'on lui parle de moi ;
Fais-lui valoir l'hymen où je me suis rangée ;
1110 Dis-lui qu'avant ma mort je lui fus engagée,
Que ses ressentiments doivent être effacés,
Qu'en lui laissant mon fils, c'est l'estimer assez.
Fais connaître à mon fils les héros de sa race ;
Autant que tu pourras, conduis-le sur leur trace :
Dis-lui par quels exploits leurs noms ont éclaté,
Plutôt ce qu'ils ont fait que ce qu'ils ont été[41] ;
Parle-lui tous les jours des vertus de son père,
Et quelquefois aussi parle-lui de sa mère.
Mais qu'il ne songe plus, Céphise, à nous venger :
1120 Nous lui laissons un maître, il le doit ménager.
Qu'il ait de ses aïeux un souvenir modeste[42] :

Il est du sang d'Hector, mais il en est le reste ;
Et pour ce reste enfin j'ai moi-même, en un jour,
Sacrifié mon sang, ma haine, et mon amour.

CÉPHISE

Hélas !

ANDROMAQUE

Ne me suis point, si ton cœur en alarmes
Prévoit qu'il ne pourra commander à tes larmes.
On vient. Cache tes pleurs, Céphise, et souviens-toi
Que le sort d'Andromaque est commis à ta foi.
C'est Hermione. Allons, fuyons sa violence.

SCÈNE II

HERMIONE, CLÉONE

CLÉONE

1130 Non, je ne puis assez admirer ce silence.
Vous vous taisez, Madame, et ce cruel mépris
N'a pas du moindre trouble agité vos esprits ?
Vous soutenez en paix une si rude attaque,
Vous qu'on voyait frémir au seul nom d'Andromaque ?
Vous qui sans désespoir ne pouviez endurer
Que Pyrrhus d'un regard la voulût honorer ?
Il l'épouse, il lui donne avec son diadème
La foi que vous venez de recevoir vous-même ;
Et votre bouche encor muette à tant d'ennui,
1140 N'a pas daigné s'ouvrir pour se plaindre de lui ?
Ah ! que je crains, Madame, un calme si funeste !
Et qu'il vaudrait bien mieux...

HERMIONE

Fais-tu venir Oreste ?

CLÉONE

Il vient, Madame, il vient. Et vous pouvez juger
Que bientôt à vos pieds il allait se ranger ;
Prêt à servir toujours sans espoir de salaire,
Vos yeux ne sont que trop assurés de lui plaire.
Mais il entre.

SCÈNE III

ORESTE, HERMIONE, CLÉONE

ORESTE

Ah ! Madame ! est-il vrai qu'une fois
Oreste en vous cherchant obéisse à vos lois ?
Ne m'a-t-on point flatté d'une fausse espérance ?
1150 Avez-vous en effet souhaité ma présence ?
Croirai-je que vos yeux à la fin désarmés
Veulent...

HERMIONE

Je veux savoir, Seigneur, si vous m'aimez.

ORESTE

Si je vous aime ? ô dieux ! mes serments, mes parjures,
Ma fuite, mon retour, mes respects, mes injures,
Mon désespoir, mes yeux de pleurs toujours noyés,
Quels témoins croirez-vous, si vous ne les croyez ?

HERMIONE

Vengez-moi, je crois tout.

ORESTE

Eh bien ! allons, Madame :
Mettons encore un coup toute la Grèce en flamme ;
Prenons, en signalant mon bras, et votre nom,
1160 Vous la place d'Hélène, et moi d'Agamemnon.
De Troie en ce pays réveillons les misères,
Et qu'on parle de nous ainsi que de nos pères.
Partons, je suis tout prêt.

HERMIONE

Non, Seigneur, demeurons :
Je ne veux pas si loin porter de tels affronts.
Quoi ! de mes ennemis couronnant l'insolence,
J'irais attendre ailleurs une lente vengeance,
Et je m'en remettrais au destin des combats,
Qui peut-être à la fin ne me vengerait pas ?
Je veux qu'à mon départ toute l'Épire pleure.
1170 Mais si vous me vengez, vengez-moi dans une heure.

Tous vos retardements sont pour moi des refus.
Courez au temple. Il faut immoler...

ORESTE

Qui ?

HERMIONE

Pyrrhus.

ORESTE

Pyrrhus, Madame ?

HERMIONE

Eh quoi ! votre haine chancelle ?
Ah ! courez, et craignez que je ne vous rappelle.
N'alléguez point des droits que je veux oublier ;
Et ce n'est pas à vous à le justifier.

ORESTE

Moi, je l'excuserais ? Ah ! vos bontés, Madame,
Ont gravé trop avant ses crimes dans mon âme.
Vengeons-nous, j'y consens. Mais par d'autres
1180 Soyons ses ennemis, et non ses assassins ; [chemins :
Faisons de sa ruine une juste conquête.
Quoi ! pour réponse aux Grecs porterai-je sa tête ?
Et n'ai-je pris sur moi le soin de tout l'Etat,
Que pour m'en acquitter par un assassinat ?
Souffrez, au nom des dieux, que la Grèce s'explique,
Et qu'il meure chargé de la haine publique.
Souvenez-vous qu'il règne, et qu'un front couronné...

HERMIONE

Ne vous suffit-il pas que je l'ai condamné ?
Ne vous suffit-il pas que ma gloire offensée
1190 Demande une victime à moi seule adressée ;
Qu'Hermione est le prix d'un tyran opprimé,
Que je le hais, enfin, Seigneur, que je l'aimai[43] ?
Je ne m'en cache point : l'ingrat m'avait su plaire,
Soit qu'ainsi l'ordonnât mon amour ou mon père,
N'importe ; mais enfin réglez-vous là-dessus.
Malgré mes vœux, Seigneur, honteusement déçus,

Malgré la juste horreur que son crime me donne,
Tant qu'il vivra, craignez que je ne lui pardonne.
Doutez jusqu'à sa mort d'un courroux incertain :
1200 S'il ne meurt aujourd'hui, je puis l'aimer demain.

ORESTE

Eh bien, il faut le perdre, et prévenir sa grâce ;
Il faut... Mais cependant que faut-il que je fasse ?
Comment puis-je si tôt servir votre courroux ?
Quel chemin jusqu'à lui peut conduire mes coups ?
A peine suis-je encore arrivé dans l'Épire,
Vous voulez par mes mains renverser un empire ;
Vous voulez qu'un roi meure, et pour son châtiment
Vous ne donnez qu'un jour, qu'une heure, qu'un
                                              [moment.
Aux yeux de tout son peuple, il faut que je l'opprime ?
1210 Laissez-moi vers l'autel conduire ma victime.
Je ne m'en défends plus ; et je ne veux qu'aller
Reconnaître la place où je dois l'immoler.
Cette nuit je vous sers. Cette nuit je l'attaque.

HERMIONE

Mais cependant ce jour il épouse Andromaque.
Dans le temple déjà le trône est élevé.
Ma honte est confirmée, et son crime achevé.
Enfin qu'attendez-vous ? Il vous offre sa tête :
Sans gardes, sans défense il marche à cette fête ;
Autour du fils d'Hector il les fait tous ranger ;
1220 Il s'abandonne au bras qui me voudra venger.
Voulez-vous malgré lui prendre soin de sa vie ?
Armez avec vos Grecs tous ceux qui m'ont suivie ;
Soulevez vos amis. Tous les miens sont à vous :
Il me trahit, vous trompe, et nous méprise tous.
Mais quoi ? Déjà leur haine est égale à la mienne :
Elle épargne à regret l'époux d'une Troyenne.
Parlez : mon ennemi ne vous peut échapper.
Ou plutôt, il ne faut que les laisser frapper.
Conduisez, ou suivez une fureur si belle ;
1230 Revenez tout couvert du sang de l'infidèle ;
Allez : en cet état soyez sûr de mon cœur.

ORESTE

Mais, Madame, songez...

HERMIONE

Ah ! c'en est trop, Seigneur.
Tant de raisonnements offensent ma colère.
J'ai voulu vous donner les moyens de me plaire,
Rendre Oreste content ; mais enfin je vois bien
Qu'il veut toujours se plaindre, et ne mériter rien.
Partez : allez ailleurs vanter votre constance,
Et me laissez ici le soin de ma vengeance.
De mes lâches bontés mon courage est confus,
1240 Et c'est trop en un jour essuyer de refus.
Je m'en vais seule au temple, où leur hymen s'apprête,
Où vous n'osez aller mériter ma conquête.
Là, de mon ennemi je saurai m'approcher.
Je percerai le cœur que je n'ai pu toucher[44],
Et mes sanglantes mains, sur moi-même tournées,
Aussitôt, malgré lui, joindront nos destinées,
Et tout ingrat qu'il est, il me sera plus doux
De mourir avec lui que de vivre avec vous.

ORESTE

Non, je vous priverai de ce plaisir funeste,
1250 Madame : il ne mourra que de la main d'Oreste.
Vos ennemis par moi vont vous être immolés,
Et vous reconnaîtrez mes soins, si vous voulez[45].

HERMIONE

Allez. De votre sort laissez-moi la conduite,
Et que tous vos vaisseaux soient prêts pour notre fuite.

SCÈNE IV

HERMIONE, CLÉONE

CLÉONE

Vous vous perdez, Madame. Et vous devez songer...

HERMIONE

Que je me perde ou non, je songe à me venger.
Je ne sais même encor, quoi qu'il m'ait pu promettre,
Sur d'autres que sur moi si je dois m'en remettre :
Pyrrhus n'est pas coupable à ses yeux comme aux
[miens,

1260 Et je tiendrais mes coups bien plus sûrs que les siens.
Quel plaisir de venger moi-même mon injure,
De retirer mon bras teint du sang du parjure,
Et pour rendre sa peine et mes plaisirs plus grands,
De cacher ma rivale à ses regards mourants !
Ah ! si du moins Oreste, en punissant son crime,
Lui laissait le regret de mourir ma victime !
Va le trouver : dis-lui qu'il apprenne à l'ingrat
Qu'on l'immole à ma haine, et non pas à l'Etat.
Chère Cléone, cours : ma vengeance est perdue
1270 S'il ignore en mourant que c'est moi qui le tue[46].

CLÉONE

Je vous obéirai. Mais qu'est-ce que je vois ?
O dieux ! qui l'aurait cru, Madame ? C'est le roi.

HERMIONE

Ah ! cours après Oreste ; et dis-lui, ma Cléone,
Qu'il n'entreprenne rien sans revoir Hermione !

SCÈNE V

PYRRHUS, HERMIONE, PHŒNIX

PYRRHUS

Vous ne m'attendiez pas, Madame, et je vois bien
Que mon abord ici trouble votre entretien.
Je ne viens point armé d'un indigne artifice
D'un voile d'équité couvrir mon injustice :
Il suffit que mon cœur me condamne tout bas,
1280 Et je soutiendrais mal ce que je ne crois pas.
J'épouse une Troyenne. Oui, Madame, et j'avoue
Que je vous ai promis la foi que je lui voue.
Un autre vous dirait que dans les champs troyens
Nos deux pères sans nous formèrent ces liens,
Et que sans consulter ni mon choix ni le vôtre,
Nous fûmes sans amour engagés l'un à l'autre ;
Mais c'est assez pour moi que je me sois soumis.
Par mes ambassadeurs mon cœur vous fut promis ;
Loin de les révoquer, je voulus y souscrire :
1290 Je vous vis avec eux arriver en Épire,
Et quoique d'un autre œil l'éclat victorieux

Eût déjà prévenu le pouvoir de vos yeux,
Je ne m'arrêtai point à cette ardeur nouvelle ;
Je voulus m'obstiner à vous être fidèle :
Je vous reçus en reine, et jusques à ce jour
J'ai cru que mes serments me tiendraient lieu d'amour.
Mais cet amour l'emporte. Et par un coup funeste,
Andromaque m'arrache un cœur qu'elle déteste.
L'un par l'autre entraînés, nous courons à l'autel
1300 Nous jurer, malgré nous, un amour immortel.
Après cela, Madame, éclatez contre un traître,
Qui l'est avec douleur, et qui pourtant veut l'être.
Pour moi, loin de contraindre un si juste courroux,
Il me soulagera peut-être autant que vous.
Donnez-moi tous les noms destinés aux parjures :
Je crains votre silence, et non pas vos injures,
Et mon cœur soulevant mille secrets témoins
M'en dira d'autant plus que vous m'en direz moins.

HERMIONE

Seigneur, dans cet aveu dépouillé d'artifice,
1310 J'aime à voir que du moins vous vous rendiez justice,
Et que voulant bien rompre un nœud si solennel,
Vous vous abandonniez au crime en criminel.
Est-il juste après tout qu'un conquérant s'abaisse
Sous la servile loi de garder sa promesse ?
Non, non, la perfidie a de quoi vous tenter ;
Et vous ne me cherchez que pour vous en vanter.
Quoi ? Sans que ni serment ni devoir vous retienne,
Rechercher une Grecque, amant d'une Troyenne ?
Me quitter, me reprendre, et retourner encor
1320 De la fille d'Hélène à la veuve d'Hector ?
Couronner tour à tour l'esclave, et la princesse,
Immoler Troie aux Grecs, au fils d'Hector la Grèce ?
Tout cela part d'un cœur toujours maître de soi,
D'un héros qui n'est point esclave de sa foi.
Pour plaire à votre épouse, il vous faudrait peut-être
Prodiguer les doux noms de parjure, et de traître.
Vous veniez de mon front observer la pâleur,
Pour aller dans ses bras rire de ma douleur.
Pleurante après son char vous voulez qu'on me voie ;
1330 Mais, Seigneur, en un jour ce serait trop de joie ;
Et sans chercher ailleurs des titres empruntés,

Ne vous suffit-il pas de ceux que vous portez ?
Du vieux père d'Hector la valeur abattue
Aux pieds de sa famille expirante à sa vue,
Tandis que dans son sein votre bras enfoncé
Cherche un reste de sang que l'âge avait glacé ;
Dans des ruisseaux de sang Troie ardente plongée,
De votre propre main Polyxène égorgée
Aux yeux de tous les Grecs indignés contre vous,
1340 Que peut-on refuser à ces généreux coups ?

PYRRHUS

Madame, je sais trop à quels excès de rage
La vengeance d'Hélène emporta mon courage.
Je puis me plaindre à vous du sang que j'ai versé ;
Mais enfin je consens d'oublier le passé.
Je rends grâces au ciel que votre indifférence
De mes heureux soupirs m'apprenne l'innocence.
Mon cœur, je le vois bien, trop prompt à se gêner,
Devait mieux vous connaître et mieux s'examiner.
Mes remords vous faisaient une injure mortelle.
1350 Il faut se croire aimé pour se croire infidèle.
Vous ne prétendiez point m'arrêter dans vos fers :
Je crains de vous trahir, peut-être je vous sers.
Nos cœurs n'étaient point faits dépendants l'un de
[l'autre ;
Je suivais mon devoir, et vous cédiez au vôtre ;
Rien ne vous engageait à m'aimer en effet.

HERMIONE

Je ne t'ai point aimé, cruel ? Qu'ai-je donc fait ?
J'ai dédaigné pour toi les vœux de tous nos princes,
Je t'ai cherché moi-même au fond de tes provinces.
J'y suis encor, malgré tes infidélités,
1360 Et malgré tous mes Grecs honteux de mes bontés.
Je leur ai commandé de cacher mon injure ;
J'attendais en secret le retour d'un parjure ;
J'ai cru que tôt ou tard, à ton devoir rendu,
Tu me rapporterais un cœur qui m'était dû.
Je t'aimais inconstant, qu'aurais-je fait fidèle[47] ?
Et même en ce moment, où ta bouche cruelle
Vient si tranquillement m'annoncer le trépas,
Ingrat, je doute encor si je ne t'aime pas.

Mais, Seigneur, s'il le faut, si le ciel en colère
1370 Réserve à d'autres yeux la gloire de vous plaire,
Achevez votre hymen, j'y consens ; mais du moins
Ne forcez pas mes yeux d'en être les témoins.
Pour la dernière fois je vous parle peut-être.
Différez-le d'un jour, demain vous serez maître.
Vous ne répondez point ? Perfide, je le voi,
Tu comptes les moments que tu perds avec moi.
Ton cœur, impatient de revoir ta Troyenne,
Ne souffre qu'à regret qu'un autre t'entretienne.
Tu lui parles du cœur, tu la cherches des yeux.
1380 Je ne te retiens plus, sauve-toi de ces lieux,
Va lui jurer la foi que tu m'avais jurée,
Va profaner des dieux la majesté sacrée.
Ces dieux, ces justes dieux n'auront pas oublié
Que les mêmes serments avec moi t'ont lié.
Porte au pied des autels ce cœur qui m'abandonne.
Va, cours ; mais crains encor d'y trouver Hermione.

SCÈNE VI

PYRRHUS, PHŒNIX

PHŒNIX

Seigneur, vous entendez. Gardez de négliger
Une amante en fureur, qui cherche à se venger.
Elle n'est en ces lieux que trop bien appuyée :
1390 La querelle des Grecs à la sienne est liée ;
Oreste l'aime encore. Et peut-être à ce prix...

PYRRHUS

Andromaque m'attend. Phœnix, garde son fils.

ACTE CINQUIÈME

SCÈNE I

HERMIONE, *seule.*

Où suis-je ? Qu'ai-je fait ? Que dois-je faire encore ?
Quel transport me saisit ? Quel chagrin me dévore ?

Errante, et sans dessein, je cours dans ce palais.
Ah ! ne puis-je savoir si j'aime, ou si je hais ?
Le cruel ! de quel œil il m'a congédiée !
Sans pitié, sans douleur au moins étudiée.
L'ai-je vu se troubler et me plaindre un moment ?
1400 En ai-je pu tirer un seul gémissement ?
Muet à mes soupirs, tranquille à mes alarmes,
Semblait-il seulement qu'il eût part à mes larmes ?
Et je le plains encore ? Et pour comble d'ennui
Mon cœur, mon lâche cœur s'intéresse pour lui ?
Je tremble au seul penser du coup qui le menace ?
Et prête à me venger, je lui fais déjà grâce ?
Non, ne révoquons point l'arrêt de mon courroux :
Qu'il périsse. Aussi bien il ne vit plus pour nous.
Le perfide triomphe, et se rit de ma rage :
1410 Il pense voir en pleurs dissiper cet orage ;
Il croit que toujours faible et d'un cœur incertain,
Je parerai d'un bras les coups de l'autre main.
Il juge encor de moi par mes bontés passées.
Mais plutôt le perfide a bien d'autres pensées :
Triomphant dans le temple, il ne s'informe pas
Si l'on souhaite ailleurs sa vie, ou son trépas.
Il me laisse, l'ingrat ! cet embarras funeste.
Non, non, encore un coup, laissons agir Oreste.
Qu'il meure, puisque enfin il a dû le prévoir,
1420 Et puisqu'il m'a forcée enfin à le vouloir.
A le vouloir ? Hé quoi ? C'est donc moi qui l'ordonne ?
Sa mort sera l'effet de l'amour d'Hermione ?
Ce prince, dont mon cœur se faisait autrefois,
Avec tant de plaisir, redire les exploits,
A qui même en secret je m'étais destinée
Avant qu'on eût conclu ce fatal hyménée,
Je n'ai donc traversé tant de mers, tant d'États,
Que pour venir si loin préparer son trépas,
L'assassiner, le perdre ? Ah ! devant qu'il expire...

SCÈNE II
HERMIONE, CLÉONE

HERMIONE

1430 Ah ! qu'ai-je fait, Cléone ? Et que viens-tu me dire ?
Que fait Pyrrhus ?

CLÉONE

Il est au comble de ses vœux,
Le plus fier des mortels, et le plus amoureux.
Je l'ai vu vers le temple, où son hymen s'apprête,
Mener en conquérant sa nouvelle conquête,
Et d'un œil où brillaient sa joie et son espoir,
S'enivrer, en marchant, du plaisir de la voir.
Andromaque, au travers de mille cris de joie,
Porte jusqu'aux autels le souvenir de Troie.
Incapable toujours d'aimer et de haïr,
1440 Sans joie, et sans murmure elle semble obéir.

HERMIONE

Et l'ingrat ? Jusqu'au bout il a poussé l'outrage ?
Mais as-tu bien, Cléone, observé son visage ?
Goûte-t-il des plaisirs tranquilles et parfaits ?
N'a-t-il point détourné ses yeux vers le palais ?
Dis-moi, ne t'es-tu point présentée à sa vue ?
L'ingrat a-t-il rougi lorsqu'il t'a reconnue ?
Son trouble avouait-il son infidélité ?
A-t-il jusqu'à la fin soutenu sa fierté ?

CLÉONE

Madame, il ne voit rien. Son salut, et sa gloire
1450 Semblent être avec vous sortis de sa mémoire.
Sans songer qui le suit, ennemis ou sujets,
Il poursuit seulement ses amoureux projets.
Autour du fils d'Hector il a rangé sa garde,
Et croit que c'est lui seul que le péril regarde.
Phœnix même en répond, qui l'a conduit exprès
Dans un fort éloigné du temple et du palais.
Voilà, dans ses transports, le seul soin qui lui reste.

HERMIONE

Le perfide ! Il mourra. Mais que t'a dit Oreste ?

CLÉONE

Oreste, avec ses Grecs, dans le temple est entré.

HERMIONE

1460 Hé bien ? à me venger n'est-il pas préparé ?

CLÉONE

Je ne sais.

HERMIONE

Tu ne sais? Quoi donc? Oreste encore,
Oreste me trahit?

CLÉONE

Oreste vous adore.
Mais de mille remords son esprit combattu
Croit tantôt son amour, et tantôt sa vertu.
Il respecte en Pyrrhus l'honneur du diadème;
Il respecte en Pyrrhus Achille, et Pyrrhus même;
Il craint la Grèce, il craint l'univers en courroux.
Mais il se craint, dit-il, soi-même plus que tous.
Il voudrait en vainqueur vous apporter sa tête;
1470 Le seul nom d'assassin l'épouvante et l'arrête.
Enfin il est entré, sans savoir dans son cœur
S'il en devait sortir coupable, ou spectateur.

HERMIONE

Non, non, il les verra triompher sans obstacle,
Il se gardera bien de troubler ce spectacle.
Je sais de quels remords son courage est atteint :
Le lâche craint la mort, et c'est tout ce qu'il craint.
Quoi? sans qu'elle employât une seule prière,
Ma mère en sa faveur arma la Grèce entière?
Ses yeux pour leur querelle, en dix ans de combats,
1480 Virent périr vingt rois qu'ils ne connaissaient pas?
Et moi je ne prétends que la mort d'un parjure,
Et je charge un amant du soin de mon injure,
Il peut me conquérir à ce prix, sans danger,
Je me livre moi-même, et ne puis me venger?
Allons : c'est à moi seule, à me rendre justice.
Que de cris de douleur le temple retentisse;
De leur hymen fatal troublons l'événement,
Et qu'ils ne soient unis, s'il se peut, qu'un moment.
Je ne choisirai point dans ce désordre extrême :
1490 Tout me sera Pyrrhus, fût-ce Oreste lui-même.
Je mourrai; mais au moins ma mort me vengera,
Je ne mourrai pas seule, et quelqu'un me suivra.

SCÈNE III

ORESTE, HERMIONE, CLÉONE[48]

ORESTE

Madame, c'en est fait, et vous êtes servie :
Pyrrhus rend à l'autel son infidèle vie.

HERMIONE

Il est mort ?

ORESTE

            Il expire ; et nos Grecs irrités
Ont lavé dans son sang ses infidélités.
Je vous l'avais promis ; et quoique mon courage
Se fît de ce complot une funeste image,
J'ai couru vers le temple, où nos Grecs dispersés
1500 Se sont jusqu'à l'autel dans la foule glissés.
Pyrrhus m'a reconnu. Mais sans changer de face,
Il semblait que ma vue excitât son audace,
Que tous les Grecs bravés en leur ambassadeur
Dussent de son hymen relever la splendeur.
Enfin, avec transport prenant son diadème,
Sur le front d'Andromaque il l'a posé lui-même :
Je vous donne, a-t-il dit, ma couronne et ma foi,
Andromaque, régnez sur l'Épire et sur moi.
Je voue à votre fils une amitié de père,
1510 J'en atteste les dieux, je le jure à sa mère :
Pour tous mes ennemis je déclare les siens,
Et je le reconnais pour le roi des Troyens.
A ces mots, qui du peuple attiraient le suffrage,
Nos Grecs n'ont répondu que par un cri de rage ;
L'infidèle s'est vu partout envelopper,
Et je n'ai pu trouver de place pour frapper.
Chacun se disputait la gloire de l'abattre.
Je l'ai vu dans leurs mains quelque temps se débattre,
Tout sanglant à leurs coups vouloir se dérober,
1520 Mais enfin à l'autel il est allé tomber[49].
Du peuple épouvanté j'ai traversé la presse
Pour venir de ces lieux enlever ma princesse,
Et regagner le port, où bientôt nos amis[50]
Viendront couverts du sang que je vous ai promis.

HERMIONE

Qu'ont-ils fait !

ORESTE

　　　　　Pardonnez à leur impatience :
Ils ont, je le vois bien, trahi votre vengeance.
Vous vouliez que ma main portât les premiers coups,
Qu'il sentît en mourant qu'il expirait pour vous ;
Mais c'est moi dont l'ardeur leur a servi d'exemple :
1530 Je les ai pour vous seule entraînés dans le temple,
Madame, et vous pouvez justement vous flatter
D'une mort que leurs bras n'ont fait qu'exécuter.
Vous seule avez poussé les coups...

HERMIONE

　　　　　　　　　　Tais-toi, perfide.
Et n'impute qu'à toi ton lâche parricide.
Va faire chez tes Grecs admirer ta fureur,
Va, je la désavoue, et tu me fais horreur.
Barbare, qu'as-tu fait ? Avec quelle furie
As-tu tranché le cours d'une si belle vie ?
Avez-vous pu, cruels, l'immoler aujourd'hui,
1540 Sans que tout votre sang se soulevât pour lui ?
Mais parle : de son sort qui t'a rendu l'arbitre ?
Pourquoi l'assassiner ? Qu'a-t-il fait ? A quel titre ?
Qui te l'a dit ?

ORESTE

　　　　　O dieux ! Quoi ? ne m'avez-vous pas
Vous-même, ici, tantôt, ordonné son trépas ?

HERMIONE

Ah ! fallait-il en croire une amante insensée ?
Ne devais-tu pas lire au fond de ma pensée ?
Et ne voyais-tu pas dans mes emportements
Que mon cœur démentait ma bouche à tous moments ?
Quand je l'aurais voulu, fallait-il y souscrire ?
1550 N'as-tu pas dû cent fois te le faire redire,
Toi-même avant le coup me venir consulter,
Y revenir encore, ou plutôt m'éviter ?
Que ne me laissais-tu le soin de ma vengeance ?
Qui t'amène en des lieux où l'on fuit ta présence ?

Voilà de ton amour le détestable fruit :
Tu m'apportais, cruel, le malheur qui te suit.
C'est toi dont l'ambassade, à tous les deux fatale,
L'a fait pour son malheur pencher vers ma rivale.
Nous le verrions encor nous partager ses soins ;
1560 Il m'aimerait peut-être, il le feindrait du moins.
Adieu. Tu peux partir. Je demeure en Épire :
Je renonce à la Grèce, à Sparte, à son empire,
A toute ma famille ; et c'est assez pour moi,
Traître, qu'elle ait produit un monstre comme toi[51].

SCÈNE IV

ORESTE, *seul.*

Que vois-je ? Est-ce Hermione ? Et que viens-je d'en-
[tendre ?
Pour qui coule le sang que je viens de répandre ?
Je suis, si je l'en crois, un traître, un assassin.
Est-ce Pyrrhus qui meurt ? et suis-je Oreste enfin ?
Quoi ? j'étouffe en mon cœur la raison qui m'éclaire.
1570 J'assassine à regret un roi que je révère,
Je viole en un jour les droits des souverains,
Ceux des ambassadeurs, et tous ceux des humains ;
Ceux même des autels, où ma fureur l'assiège :
Je deviens parricide, assassin, sacrilège.
Pour qui ? pour une ingrate, à qui je le promets,
Qui même, s'il ne meurt, ne me verra jamais,
Dont j'épouse la rage. Et quand je l'ai servie,
Elle me redemande et son sang et sa vie !
Elle l'aime ! et je suis un monstre furieux !
1580 Je la vois pour jamais s'éloigner de mes yeux.
Et l'ingrate, en fuyant, me laisse pour salaire
Tous les noms odieux que j'ai pris pour lui plaire !

SCÈNE V

ORESTE, PYLADE, Soldats d'Oreste

PYLADE

Il faut partir, Seigneur. Sortons de ce palais,
Ou bien résolvons-nous de n'en sortir jamais.
Nos Grecs pour un moment en défendent la porte ;

Tout le peuple assemblé nous poursuit à main-forte ;
Aux ordres d'Andromaque ici tout est soumis,
Ils la traitent en reine, et nous comme ennemis.
Andromaque elle-même, à Pyrrhus si rebelle,
1590 Lui rend tous les devoirs d'une veuve fidèle,
Commande qu'on le venge, et peut-être sur nous
Veut venger Troie encore et son premier époux.
Allons. N'attendons pas que l'on nous environne :
Nos Grecs nous rejoindront ; et tandis qu'Hermione
Tient encore le peuple autour d'elle arrêté,
Voilà notre chemin, sortons en sûreté.

ORESTE

Non, non, c'est Hermione, amis, que je veux suivre.
A son dernier arrêt je ne puis plus survivre.
Partez : j'ai fait le crime, et je vais l'expier.

PYLADE

1600 Hermione, Seigneur ? Il la faut oublier.
Quoi ! toujours l'instrument et l'objet de sa rage,
Cherchez-vous chez les morts quelque nouvel outrage ?
Et parce qu'elle meurt faut-il que vous mouriez ?

ORESTE

Elle meurt ? Dieux ! qu'entends-je ?

PYLADE

Eh quoi ? vous l'igno-
[riez ?
En rentrant dans ces lieux nous l'avons rencontrée
Qui courait vers le temple, inquiète, égarée.
Elle a trouvé Pyrrhus porté sur des soldats
Que son sang excitait à venger son trépas.
Sans doute à cet objet sa rage s'est émue.
1610 Mais du haut de la porte enfin nous l'avons vue,
Un poignard à la main, sur Pyrrhus se courber,
Lever les yeux au ciel, se frapper et tomber.

ORESTE

Grâce aux dieux ! Mon malheur passe mon espérance.
Oui, je te loue, ô ciel ! de ta persévérance.
Appliqué sans relâche au soin de me punir,
Au comble des douleurs tu m'as fait parvenir.

Ta haine a pris plaisir à former ma misère ;
J'étais né pour servir d'exemple à ta colère,
Pour être du malheur un modèle accompli.
1620 Hé bien, je meurs content, et mon sort est rempli.
Où sont ces deux amants ? Pour couronner ma joie,
Dans leur sang, dans le mien, il faut que je me noie ;
L'un et l'autre en mourant je les veux regarder :
Réunissons trois cœurs qui n'ont pu s'accorder.
Mais quelle épaisse nuit tout à coup m'environne ?
De quel côté sortir ? D'où vient que je frissonne ?
Quelle horreur me saisit ? Grâce au ciel j'entrevoi.
Dieux [52] ! quels ruisseaux de sang coulent autour de
[moi !

PYLADE

Ah ! Seigneur !

ORESTE

                    Quoi, Pyrrhus, je te rencontre encore ?
1630 Trouverai-je partout un rival que j'abhorre ?
Percé de tant de coups, comment t'es-tu sauvé ?
Tiens, tiens, voilà le coup que je t'ai réservé.
Mais que vois-je ? A mes yeux Hermione l'embrasse !
Elle vient l'arracher au coup qui le menace ?
Dieux, quels affreux regards elle jette sur moi !
Quels démons, quels serpents traîne-t-elle après soi ?
Eh bien, filles d'enfer, vos mains sont-elles prêtes ?
Pour qui sont ces serpents qui sifflent sur vos têtes ?
A qui destinez-vous l'appareil qui vous suit ?
1640 Venez-vous m'enlever dans l'éternelle nuit ?
Venez, à vos fureurs Oreste s'abandonne.
Mais non, retirez-vous, laissez faire Hermione :
L'ingrate mieux que vous saura me déchirer,
Et je lui porte enfin mon cœur à dévorer.

PYLADE

Il perd le sentiment. Amis, le temps nous presse.
Ménageons les moments que ce transport nous laisse.
Sauvons-le. Nos efforts deviendraient impuissants
1648 S'il reprenait ici sa rage avec ses sens.

LES PLAIDEURS

Comédie

AU LECTEUR

Quand je lus *Les Guêpes* d'Aristophane, je ne songeais guère que j'en dusse faire *Les Plaideurs*. J'avoue qu'elles me divertirent beaucoup, et que j'y trouvai quantité de plaisanteries qui me tentèrent d'en faire part au public ; mais c'était en les mettant dans la bouche des Italiens[1], à qui je les avais destinées, comme une chose qui leur appartenait de plein droit. Le juge qui saute par les fenêtres, le chien criminel et les larmes de sa famille me semblaient autant d'incidents dignes de la gravité de Scaramouche[2]. Le départ de cet acteur[3] interrompit mon dessein, et fit naître l'envie à quelques-uns de mes amis de voir sur notre théâtre un échantillon d'Aristophane. Je ne me rendis pas à la première proposition qu'ils m'en firent. Je leur dis que quelque esprit que je trouvasse dans cet auteur, mon inclination ne me porterait pas à le prendre pour modèle si j'avais à faire une comédie, et que j'aimerais beaucoup mieux imiter la régularité de Ménandre et de Térence, que la liberté de Plaute et d'Aristophane. On me répondit que ce n'était pas une comédie qu'on me demandait, et qu'on voulait seulement voir si les bons mots d'Aristophane auraient quelque grâce dans notre langue. Ainsi, moitié en m'encourageant, moitié en mettant eux-mêmes la main à l'œuvre, mes amis me firent commencer une pièce qui ne tarda guère à être achevée.

Cependant la plupart du monde ne se soucie point de l'intention ni de la diligence des auteurs. On examina d'abord mon amusement comme on aurait fait une tragédie. Ceux mêmes qui s'y étaient le plus divertis eurent peur de n'avoir pas ri dans les règles et trouvèrent mauvais que je n'eusse pas songé plus sérieusement à les faire rire. Quelques autres s'imaginèrent qu'il était bienséant à eux de s'y ennuyer et que les matières de palais ne pouvaient pas être un sujet de divertissement pour les gens de cour. La pièce fut bientôt jouée à Versailles. On ne fit point de scrupule de s'y réjouir ; et ceux qui avaient cru se déshonorer de rire à Paris furent peut-être obligés de rire à Versailles pour se faire honneur.

Ils auraient tort, à la vérité, s'ils me reprochaient d'avoir fatigué leurs oreilles de trop de chicane. C'est une langue qui m'est plus étrangère qu'à personne, et je n'en ai employé que quelques mots barbares que je puis avoir appris dans le cours d'un procès que ni mes juges ni moi n'avons[4] jamais bien entendu.

Si j'appréhende quelque chose, c'est que des personnes un peu sérieuses ne traitent de badineries le procès du chien et les extravagances du juge. Mais enfin je traduis Aristophane, et l'on doit se souvenir qu'il avait affaire à des spectateurs assez difficiles. Les Athéniens savaient apparemment ce que c'était que le sel attique ; et ils étaient bien sûrs, quand ils avaient ri d'une chose, qu'ils n'avaient pas ri d'une sottise.

Pour moi, je trouve qu'Aristophane a eu raison de pousser les choses au-delà du vraisemblable. Les juges de l'Aréopage n'auraient pas peut-être trouvé bon qu'il eût marqué au naturel leur avidité de gagner, les bons tours de leurs secrétaires et les forfanteries de leurs avocats. Il était à propos d'outrer un peu les personnages pour les empêcher de se reconnaître. Le public ne laissait pas de discerner le vrai au travers du ridicule ; et je m'assure qu'il vaut mieux avoir occupé l'impertinente éloquence de deux orateurs autour d'un chien accusé, que si l'on avait mis sur la sellette un véritable criminel et qu'on eût intéressé les spectateurs à la vie d'un homme.

Quoi qu'il en soit, je puis dire que notre siècle n'a pas été de plus mauvaise humeur que le sien, et que si le but de ma comédie était de faire rire, jamais comédie n'a mieux attrapé son but. Ce n'est pas que j'attende un grand honneur d'avoir assez longtemps réjoui le monde ; mais je me sais quelque gré de l'avoir fait sans qu'il m'en ait coûté une seule de ces sales équivoques et de ces malhonnêtes plaisanteries[5] qui coûtent maintenant si peu à la plupart de nos écrivains, et qui font retomber le théâtre dans la turpitude d'où quelques auteurs plus modestes l'avaient tiré.

ACTEURS

DANDIN[6], juge.
LÉANDRE, fils de Dandin.
CHICANNEAU[7], bourgeois.
ISABELLE, fille de Chicanneau.
LA COMTESSE.
PETIT-JEAN, portier.
L'INTIMÉ[8], secrétaire.
LE SOUFFLEUR.

La scène est dans une ville de Basse-Normandie.

LES PLAIDEURS

ACTE PREMIER

SCÈNE I

PETIT-JEAN, *traînant un gros sac*[9] *de procès.*

Ma foi ! sur l'avenir bien fou qui se fiera :
Tel qui rit vendredi, dimanche pleurera.
Un juge, l'an passé, me prit à son service ;
Il m'avait fait venir d'Amiens pour être suisse.
Tous ces Normands voulaient se divertir de nous.
On apprend à hurler, dit l'autre, avec les loups :
Tout Picard que j'étais, j'étais un bon apôtre,
Et je faisais claquer mon fouet tout comme un autre.
Tous les plus gros monsieurs me parlaient chapeau
                                              [bas :
10 « Monsieur de Petit-Jean », ah ! gros comme le bras !
Mais sans argent l'honneur n'est qu'une maladie.
Ma foi, j'étais un franc portier de comédie[10] :
On avait beau heurter et m'ôter son chapeau,
On n'entrait pas chez nous sans graisser le marteau.
Point d'argent, point de suisse, et ma porte était close.
Il est vrai qu'à Monsieur j'en rendais quelque chose ;
Nous comptions quelquefois. On me donnait le soin
De fournir la maison de chandelle et de foin ;
Mais je n'y perdais rien. Enfin, vaille que vaille,
20 J'aurais sur le marché fort bien fourni la paille.
C'est dommage : il avait le cœur trop au métier ;
Tous les jours le premier aux plaids[11], et le dernier,

Et bien souvent tout seul ; si l'on l'eût voulu croire,
Il y serait couché sans manger et sans boire.
Je lui disais parfois : Monsieur Perrin Dandin,
Tout franc, vous vous levez tous les jours trop
Qui peut voyager loin ménage sa monture ;   [matin :
Buvez, mangez, dormez, et faisons feu qui dure.
Il n'en a tenu compte. Il a si bien veillé
30 Et si bien fait, qu'on dit que son timbre est brouillé.
Il nous veut tous juger les uns après les autres.
Il marmotte toujours certaines patenôtres
Où je ne comprends rien. Il veut, bon gré mal gré,
Ne se coucher qu'en robe et qu'en bonnet carré.
Il fit couper la tête à son coq, de colère,
Pour l'avoir éveillé plus tard qu'à l'ordinaire :
Il disait qu'un plaideur dont l'affaire allait mal
Avait graissé la patte à ce pauvre animal.
Depuis ce bel arrêt, le pauvre homme a beau faire,
40 Son fils ne souffre plus qu'on lui parle d'affaire.
Il nous le fait garder jour et nuit, et de près :
Autrement, serviteur [12], et mon homme est aux plaids.
Pour s'échapper de nous, Dieu sait s'il est allègre.
Pour moi, je ne dors plus : aussi je deviens maigre,
C'est pitié. Je m'étends, et ne fais que bâiller.
Mais veille qui voudra, voici mon oreiller.
Ma foi, pour cette nuit il faut que je m'en donne !
Pour dormir dans la rue on n'offense personne :
Dormons.

SCÈNE II

L'INTIMÉ, PETIT-JEAN

L'INTIMÉ

Hé ! Petit-Jean ! Petit-Jean !

PETIT-JEAN

L'Intimé !
50 Il a déjà bien peur de me voir enrhumé.

L'INTIMÉ

Que diable ! si matin que fais-tu dans la rue ?

PETIT-JEAN

Est-ce qu'il faut toujours faire le pied de grue,
Garder toujours un homme, et l'entendre crier ?
Quelle gueule ! Pour moi, je crois qu'il est sorcier.

L'INTIMÉ

Bon !

PETIT-JEAN

Je lui disais donc, en me grattant la tête,
Que je voulais dormir. Présente ta requête
Comme tu veux dormir, m'a-t-il dit gravement.
Je dors en te contant la chose seulement.
Bonsoir.

L'INTIMÉ

Comment bonsoir ? Que le diable m'emporte
60 Si... Mais j'entends du bruit au-dessus de la porte.

SCÈNE III

DANDIN, L'INTIMÉ, PETIT-JEAN

DANDIN, *à la fenêtre.*

Petit-Jean ! L'Intimé !

L'INTIMÉ, *à Petit-Jean.*

Paix !

DANDIN

Je suis seul ici.
Voilà mes guichetiers[13] en défaut, Dieu merci.
Si je leur donne temps, ils pourront comparaître.
Çà, pour nous élargir, sautons par la fenêtre.
Hors de cour[14] !

L'INTIMÉ

Comme il saute !

PETIT-JEAN

Ho ! Monsieur ! je vous
[tien.

DANDIN

Au voleur! au voleur!

PETIT-JEAN

Ho! nous vous tenons bien.

L'INTIMÉ

Vous avez beau crier.

DANDIN

Main-forte[15]! l'on me tue!

SCÈNE IV

LÉANDRE, DANDIN, L'INTIMÉ, PETIT-JEAN

LÉANDRE

Vite un flambeau! j'entends mon père dans la rue.
Mon père, si matin qui vous fait déloger?
70 Où courez-vous la nuit?

DANDIN

Je veux aller juger.

LÉANDRE

Et qui juger? Tout dort.

PETIT-JEAN

Ma foi, je ne dors guères.

LÉANDRE

Que de sacs! il en a jusques aux jarretières.

DANDIN

Je ne veux de trois mois rentrer dans la maison.
De sacs et de procès j'ai fait provision.

LÉANDRE

Et qui vous nourrira?

DANDIN

Le buvetier[16], je pense.

LÉANDRE

Mais où dormirez-vous, mon père ?

DANDIN

                    A l'audience.

LÉANDRE

Non, mon père ; il vaut mieux que vous ne sortiez pas :
Dormez chez vous, chez vous faites tous vos repas,
Souffrez que la raison enfin vous persuade,
80 Et pour votre santé...

DANDIN

              Je veux être malade.

LÉANDRE

Vous ne l'êtes que trop. Donnez-vous du repos ;
Vous n'avez tantôt plus que la peau sur les os.

DANDIN

Du repos ? Ah ! sur toi tu veux régler ton père !
Crois-tu qu'un juge n'ait qu'à faire bonne chère,
Qu'à battre le pavé comme un tas de galants,
Courir le bal la nuit, et le jour les brelans ?
L'argent ne nous vient pas si vite que l'on pense.
Chacun de tes rubans me coûte une sentence.
Ma robe vous fait honte : un fils de juge ! Ah ! fi !
90 Tu fais le gentilhomme. Hé ! Dandin, mon ami,
Regarde dans ma chambre et dans ma garde-robe[17]
Les portraits des Dandins : tous ont porté la robe,
Et c'est le bon parti. Compare prix pour prix
Les étrennes d'un juge à celles d'un marquis :
Attends que nous soyons à la fin de décembre.
Qu'est-ce qu'un gentilhomme ? Un pilier d'anti-
Combien en as-tu vu, je dis des plus huppés,   [chambre.
A souffler dans leurs doigts dans ma cour occupés,
Le manteau sur le nez ou la main dans la poche,
100 Enfin, pour se chauffer, venir tourner ma broche !
Voilà comme on les traite. Hé ! mon pauvre garçon,
De ta défunte mère est-ce là la leçon ?
La pauvre Babonnette ! Hélas ! lorsque j'y pense,

Elle ne manquait pas une seule audience !
Jamais, au grand jamais, elle ne me quitta,
Et Dieu sait bien souvent ce qu'elle en rapporta :
Elle eût du buvetier emporté les serviettes,
Plutôt que de rentrer au logis les mains nettes.
Et voilà comme on fait les bonnes maisons. Va,
110 Tu ne seras qu'un sot.

LÉANDRE

                              Vous vous morfondez là,
Mon père. Petit-Jean, remenez votre maître,
Couchez-le dans son lit ; fermez porte, fenêtre ;
Qu'on barricade tout, afin qu'il ait plus chaud.

PETIT-JEAN

Faites donc mettre au moins des garde-fous là-haut.

DANDIN

Quoi ? l'on me mènera coucher sans autre forme[18] ?
Obtenez un arrêt comme il faut que je dorme.

LÉANDRE

Hé ! par provision[19], mon père, couchez-vous.

DANDIN

J'irai ; mais je m'en vais vous faire enrager tous :
Je ne dormirai point.

LÉANDRE

                    Eh bien, à la bonne heure !
120 Qu'on ne le quitte pas. Toi, l'Intimé, demeure.

SCÈNE V

LÉANDRE, L'INTIMÉ

LÉANDRE

Je veux t'entretenir un moment sans témoin.

L'INTIMÉ

Quoi ? vous faut-il garder ?

LÉANDRE

J'en aurais bon[20] besoin.
J'ai ma folie, hélas ! aussi bien que mon père.

L'INTIMÉ

Oh ! vous voulez juger ?

LÉANDRE

Laissons là le mystère.
Tu connais ce logis ?

L'INTIMÉ

Je vous entends enfin.
Diantre ! l'amour vous tient au cœur de bon matin.
Vous me voulez parler sans doute d'Isabelle.
Je vous l'ai dit cent fois : elle est sage, elle est belle ;
Mais vous devez songer que monsieur Chicanneau
130 De son bien en procès consume le plus beau.
Qui ne plaide-t-il point ? Je crois qu'à l'audience
Il fera, s'il ne meurt, venir toute la France.
Tout auprès de son juge il s'est venu loger :
L'un veut plaider toujours, l'autre toujours juger,
Et c'est un grand hasard s'il conclut votre affaire
Sans plaider le curé, le gendre et le notaire.

LÉANDRE

Je le sais comme toi ; mais malgré tout cela,
Je meurs pour Isabelle.

L'INTIMÉ

Eh bien ! épousez-la,
Vous n'avez qu'à parler, c'est une affaire prête.

LÉANDRE

140 Hé, cela ne va pas si vite que ta tête.
Son père est un sauvage à qui je ferais peur.
A moins que d'être huissier, sergent ou procureur[21],
On ne voit point sa fille ; et la pauvre Isabelle,
Invisible et dolente, est en prison chez elle.
Elle voit dissiper sa jeunesse en regrets,
Mon amour en fumée, et son bien en procès.
Il la ruinera si l'on le laisse faire.

Ne connaîtrais-tu pas quelque honnête faussaire
Qui servît ses amis, en le payant, s'entend,
150 Quelque sergent zélé ?

L'INTIMÉ

Bon ! l'on en trouve tant !

LÉANDRE

Mais encore ?

L'INTIMÉ

Ah ! Monsieur ! si feu mon pauvre père
Était encor vivant, c'était bien votre affaire.
Il gagnait en un jour plus qu'un autre en six mois :
Ses rides sur son front gravaient tous ses exploits[22].
Il vous eût arrêté le carrosse d'un prince ;
Il vous l'eût pris lui-même ; et si dans la province
Il se donnait en tout vingt coups de nerf de bœuf,
Mon père pour sa part en emboursait dix-neuf[23].
Mais de quoi s'agit-il ? Suis-je pas fils de maître ?
160 Je vous servirai.

LÉANDRE

Toi ?

L'INTIMÉ

Mieux qu'un sergent peut-être.

LÉANDRE

Tu porterais au père un faux exploit !

L'INTIMÉ

Hon ! hon !

LÉANDRE

Tu rendrais à la fille un billet ?

L'INTIMÉ

Pourquoi non ?
Je suis des deux métiers.

LÉANDRE

Viens, je l'entends qui crie.
Allons à ce dessein rêver ailleurs.

SCÈNE VI

CHICANNEAU, PETIT-JEAN

CHICANNEAU, *allant et revenant.*

La Brie,
Qu'on garde la maison, je reviendrai bientôt.
Qu'on ne laisse monter aucune âme là-haut.
Fais porter cette lettre à la poste du Maine[24].
Prends-moi dans mon clapier trois lapins de garenne,
Et chez mon procureur porte-les ce matin.
170 Si son clerc vient céans, fais-lui goûter mon vin.
Ah, donne-lui ce sac, qui pend à ma fenêtre.
Est-ce tout ? Il viendra me demander peut-être
Un grand homme sec, là, qui me sert de témoin,
Et qui jure pour moi lorsque j'en ai besoin :
Qu'il m'attende. Je crains que mon juge ne sorte ;
Quatre heures vont sonner. Mais frappons à sa porte.

PETIT-JEAN, *entrouvrant la porte.*

Qui va là ?

CHICANNEAU

Peut-on voir Monsieur ?

PETIT-JEAN, *refermant la porte.*

Non.

CHICANNEAU

Pourrait-on
Dire un mot à Monsieur son secrétaire ?

PETIT-JEAN

Non.

CHICANNEAU

Et Monsieur son portier ?

PETIT-JEAN

C'est moi-même.

CHICANNEAU

De grâce,
180 Buvez à ma santé, Monsieur.

PETIT-JEAN

Grand bien vous fasse !
Mais revenez demain.

CHICANNEAU

Hé ! rendez donc l'argent.
Le monde est devenu, sans mentir, bien méchant.
J'ai vu que les procès ne donnaient point de peine :
Six écus en gagnaient une demi-douzaine.
Mais aujourd'hui, je crois que tout mon bien entier
Ne me suffirait pas pour gagner un portier.
Mais j'aperçois venir madame la comtesse
De Pimbesche. Elle vient pour affaire qui presse.

SCÈNE VII

CHICANNEAU, LA COMTESSE

CHICANNEAU

Madame, on n'entre plus.

LA COMTESSE

Eh bien ! l'ai-je pas dit ?
190 Sans mentir, mes valets me font perdre l'esprit.
Pour les faire lever c'est en vain que je gronde ;
Il faut que tous les jours j'éveille tout mon monde.

CHICANNEAU

Il faut absolument qu'il se fasse celer.

LA COMTESSE

Pour moi, depuis deux jours, je ne lui puis parler.

CHICANNEAU

Ma partie est puissante, et j'ai lieu de tout craindre.

LA COMTESSE

Après ce qu'on m'a fait, il ne faut plus se plaindre.

CHICANNEAU

Si[25] pourtant j'ai bon droit.

LA COMTESSE

Ah ! Monsieur ! quel arrêt !

CHICANNEAU

Je m'en rapporte à vous. Écoutez, s'il vous plaît.

LA COMTESSE

Il faut que vous sachiez, Monsieur, la perfidie...

CHICANNEAU

200 Ce n'est rien dans le fond.

LA COMTESSE

Monsieur, que je vous die...

CHICANNEAU

Voici le fait. Depuis quinze ou vingt ans en çà,
Au travers d'un mien pré certain ânon passa,
S'y vautra, non sans faire un notable dommage,
Dont je formai ma plainte au juge du village.
Je fais saisir l'ânon. Un expert est nommé,
A deux bottes de foin le dégât estimé,
Enfin, au bout d'un an, sentence[26] par laquelle
Nous sommes renvoyés hors de cour. J'en appelle.
Pendant qu'à l'audience on poursuit un arrêt[27],
210 Remarquez bien ceci, Madame, s'il vous plaît,
Notre ami Drolichon, qui n'est pas une bête,
Obtient pour quelque argent un arrêt sur requête[28],
Et je gagne ma cause. A cela, que fait-on ?
Mon chicaneur s'oppose à l'exécution.
Autre incident[29] : tandis qu'au procès on travaille,
Ma partie en mon pré laisse aller sa volaille.
Ordonné qu'il sera fait rapport à la cour
Du foin que peut manger une poule en un jour ;
Le tout joint au procès. Enfin, et toute chose
220 Demeurant en état[30], on appointe[31] la cause,

Le cinquième ou sixième avril cinquante-six.
J'écris sur nouveaux frais[32]. Je produis, je fournis
De dits, de contredits[33], enquêtes, compulsoires[34],
Rapports d'experts, transports[35], trois interlocu-
　　　　　　　　　　　　　　　　　　　[toires[36],
Griefs et faits nouveaux, baux et procès-verbaux.
J'obtiens lettres royaux[37], et je m'inscris en faux.
Quatorze appointements, trente exploits, six instances,
Six-vingts[38] productions, vingt arrêts de défenses[39],
Arrêt enfin. Je perds ma cause avec dépens,
230 Estimés environ cinq à six mille francs.
Est-ce là faire droit? Est-ce là comme on juge?
Après quinze ou vingt ans! Il me reste un refuge:
La requête civile est ouverte pour moi,
Je ne suis pas rendu. Mais vous, comme je vois,
Vous plaidez?

LA COMTESSE

　　　　　Plût à Dieu!

CHICANNEAU

　　　　　　　　J'y brûlerai mes livres.

LA COMTESSE

Je...

CHICANNEAU

Deux bottes de foin cinq à six mille livres!

LA COMTESSE

Monsieur, tous mes procès allaient être finis;
Il ne m'en restait plus que quatre ou cinq petits:
L'un contre mon mari, l'autre contre mon père,
240 Et contre mes enfants. Ah! Monsieur, la misère!
Je ne sais quel biais ils ont imaginé,
Ni tout ce qu'ils ont fait; mais on leur a donné
Un arrêt par lequel, moi vêtue et nourrie,
On me défend, Monsieur, de plaider de ma vie.

CHICANNEAU

De plaider?

LA COMTESSE

De plaider !

CHICANNEAU

Certes, le trait est noir.

J'en suis surpris.

LA COMTESSE

Monsieur, j'en suis au désespoir.

CHICANNEAU

Comment ! lier les mains aux gens de votre sorte !
Mais cette pension, Madame, est-elle forte ?

LA COMTESSE

Je n'en vivrais, Monsieur, que trop honnêtement.
250 Mais vivre sans plaider, est-ce contentement ?

CHICANNEAU

Des chicaneurs viendront nous manger jusqu'à l'âme,
Et nous ne dirons mot ? Mais, s'il vous plaît, Madame,
Depuis quand plaidez-vous ?

LA COMTESSE

Il ne m'en souvient pas ;
Depuis trente ans, au plus.

CHICANNEAU

Ce n'est pas trop.

LA COMTESSE

Hélas !

CHICANNEAU

Et quel âge avez-vous ? Vous avez bon visage.

LA COMTESSE

Hé ! quelque soixante ans.

CHICANNEAU

Comment ! c'est le bel âge
Pour plaider.

LA COMTESSE

Laissez faire, ils ne sont pas au bout.
J'y vendrai ma chemise; et je veux rien ou tout.

CHICANNEAU

Madame, écoutez-moi. Voici ce qu'il faut faire.

LA COMTESSE

260 Oui, Monsieur, je vous crois comme mon propre père.

CHICANNEAU

J'irais trouver mon juge...

LA COMTESSE

Oh! oui, Monsieur, j'irai.

CHICANNEAU

Me jeter à ses pieds...

LA COMTESSE

Oui, je m'y jetterai;
Je l'ai bien résolu.

CHICANNEAU

Mais daignez donc m'entendre.

LA COMTESSE

Oui, vous prenez la chose ainsi qu'il la faut prendre.

CHICANNEAU

Avez-vous dit, Madame?

LA COMTESSE

Oui.

CHICANNEAU

J'irais sans façon
Trouver mon juge.

LA COMTESSE

Hélas! que ce Monsieur est bon!

CHICANNEAU

Si vous parlez toujours, il faut que je me taise.

LA COMTESSE

Ah ! que vous m'obligez ! je ne me sens pas d'aise.

CHICANNEAU

J'irais trouver mon juge, et lui dirais...

LA COMTESSE

Oui.

CHICANNEAU

Voi[40] !

270 Et lui dirais : Monsieur...

LA COMTESSE

Oui, Monsieur.

CHICANNEAU

Liez-moi...

LA COMTESSE

Monsieur, je ne veux point être liée.

CHICANNEAU

A l'autre !

LA COMTESSE

Je ne la serai point.

CHICANNEAU

Quelle humeur est la vôtre ?

LA COMTESSE

Non.

CHICANNEAU

Vous ne savez pas, Madame, où je viendrai.

LA COMTESSE

Je plaiderai, Monsieur, ou bien je ne pourrai.

CHICANNEAU

Mais...

LA COMTESSE

Mais je ne veux point, Monsieur, que l'on me
                                              [lie...

CHICANNEAU

Enfin, quand une femme en tête a sa folie...

LA COMTESSE

Fou vous-même.

CHICANNEAU

Madame !

LA COMTESSE

                    Et pourquoi me lier ?

CHICANNEAU

Madame...

LA COMTESSE

Voyez-vous ? il se rend familier.

CHICANNEAU

Mais, Madame...

LA COMTESSE

            Un crasseux, qui n'a que sa chicane,
280 Veut donner des avis !

CHICANNEAU

            Madame !

LA COMTESSE

                        Avec son âne !

CHICANNEAU

Vous me poussez.

LA COMTESSE

Bonhomme, allez garder vos foins.

CHICANNEAU

Vous m'excédez.

LA COMTESSE

Le sot !

CHICANNEAU

Que n'ai-je des témoins[41] !

SCÈNE VIII

PETIT-JEAN, LA COMTESSE, CHICANNEAU

PETIT-JEAN

Voyez le beau sabbat qu'ils font à notre porte.
Messieurs, allez plus loin tempêter de la sorte.

CHICANNEAU

Monsieur, soyez témoin...

LA COMTESSE

Que monsieur est un sot.

CHICANNEAU

Monsieur, vous l'entendez, retenez bien ce mot.

PETIT-JEAN

Ah ! vous ne deviez pas lâcher cette parole.

LA COMTESSE

Vraiment, c'est bien à lui de me traiter de folle !

PETIT-JEAN

Folle ! Vous avez tort. Pourquoi l'injurier ?

CHICANNEAU

290 On la conseille.

PETIT-JEAN

Oh !

LA COMTESSE

Oui, de me faire lier.

PETIT-JEAN

Oh ! Monsieur !

CHICANNEAU

Jusqu'au bout que ne m'écoute-t-elle ?

PETIT-JEAN

Oh ! Madame !

LA COMTESSE

Qui ? moi ? souffrir qu'on me querelle ?

CHICANNEAU

Une crieuse !

PETIT-JEAN

Hé ! paix !

LA COMTESSE

Un chicaneur !

PETIT-JEAN

Holà !

CHICANNEAU

Qui n'ose plus plaider !

LA COMTESSE

Que t'importe cela ?
Qu'est-ce qui t'en revient, faussaire abominable,
Brouillon, voleur ?

CHICANNEAU

Et bon, et bon, de par le diable !
Un sergent ! un sergent !

LA COMTESSE

Un huissier ! un huissier !

PETIT-JEAN

Ma foi, juge et plaideurs, il faudrait tout lier.

ACTE DEUXIÈME

SCÈNE I

LÉANDRE, L'INTIMÉ

L'INTIMÉ

Monsieur, encore un coup, je ne puis pas tout faire ·
300 Puisque je fais l'huissier, faites le commissaire[42].
En robe sur mes pas il ne faut que venir ;
Vous aurez tout moyen de vous entretenir.
Changez en cheveux noirs votre perruque blonde.
Ces plaideurs songent-ils que vous soyez au monde ?
Hé ! lorsque à votre père ils vont faire leur cour,
A peine seulement savez-vous s'il est jour.
Mais n'admirez-vous pas cette bonne comtesse
Qu'avec tant de bonheur la fortune m'adresse ;
Qui dès qu'elle me voit, donnant dans le panneau,
310 Me charge d'un exploit pour Monsieur Chicanneau,
Et le fait assigner pour certaine parole,
Disant qu'il la voudrait faire passer pour folle,
Je dis folle à lier, et pour d'autres excès
Et blasphèmes, toujours l'ornement des procès ?
Mais vous ne dites rien de tout mon équipage ?
Ai-je bien d'un sergent le port et le visage ?

LÉANDRE

Ah ! fort bien.

L'INTIMÉ

Je ne sais, mais je me sens enfin
L'âme et le dos six fois plus durs que ce matin.
Quoi qu'il en soit, voici l'exploit et votre lettre :
320 Isabelle l'aura, j'ose vous le promettre.

Mais pour faire signer le contrat que voici,
Il faut que sur mes pas vous vous rendiez ici.
Vous feindrez d'informer sur toute cette affaire,
Et vous ferez l'amour [43] en présence du père.

LÉANDRE

Mais ne va pas donner l'exploit pour le billet.

L'INTIMÉ

Le père aura l'exploit, la fille le poulet.
Rentrez.

SCÈNE II

L'INTIMÉ, ISABELLE

ISABELLE

   Qui frappe ?

L'INTIMÉ

        Ami. C'est la voix d'Isabelle.

ISABELLE

Demandez-vous quelqu'un, Monsieur ?

L'INTIMÉ

               Mademoiselle,
C'est un petit exploit que j'ose vous prier
330 De m'accorder l'honneur de vous signifier.

ISABELLE

Monsieur, excusez-moi, je n'y puis rien comprendre.
Mon père va venir, qui pourra vous entendre.

L'INTIMÉ

Il n'est donc pas ici, Mademoiselle ?

ISABELLE

                   Non.

L'INTIMÉ

L'exploit, Mademoiselle, est mis sous votre nom.

ISABELLE

Monsieur, vous me prenez pour une autre, sans doute :
Sans avoir de procès, je sais ce qu'il en coûte ;
Et si l'on n'aimait pas à plaider plus que moi,
Vos pareils pourraient bien chercher un autre emploi.
Adieu.

L'INTIMÉ

Mais, permettez...

ISABELLE

Je ne veux rien permettre.

L'INTIMÉ

340 Ce n'est pas un exploit.

ISABELLE

Chanson !

L'INTIMÉ

C'est une lettre

ISABELLE

Encor moins.

L'INTIMÉ

Mais lisez.

ISABELLE

Vous ne m'y tenez pas.

L'INTIMÉ

C'est de Monsieur...

ISABELLE

Adieu.

L'INTIMÉ

Léandre.

ISABELLE

Parlez bas.

C'est de Monsieur...?

L'INTIMÉ

Que diable ! on a bien de la peine
A se faire écouter ; je suis tout hors d'haleine.

ISABELLE

Ah ! L'Intimé, pardonne à mes sens étonnés ;
Donne.

L'INTIMÉ

Vous me deviez fermer la porte au nez.

ISABELLE

Et qui t'aurait connu déguisé de la sorte ?
Mais donne.

L'INTIMÉ

Aux gens de bien ouvre-t-on votre porte ?

ISABELLE

Hé ! donne donc.

L'INTIMÉ

La peste...

ISABELLE

Oh ! ne donnez donc pas.
350 Avec votre billet retournez sur vos pas.

L'INTIMÉ

Tenez. Une autre fois ne soyez pas si prompte.

SCÈNE III

CHICANNEAU, ISABELLE, L'INTIMÉ

CHICANNEAU

Oui, je suis donc un sot, un voleur, à son compte ?
Un sergent s'est chargé de la remercier,
Et je vais lui servir un plat de mon métier.
Je serais bien fâché que ce fût à refaire,
Ni qu'elle m'envoyât assigner la première.
Mais un homme ici parle à ma fille ? Comment ?

Elle lit un billet ? Ah ! c'est de quelque amant.
Approchons.

ISABELLE

Tout de bon, ton maître est-il sincère ?
360 Le croirai-je ?

L'INTIMÉ

Il ne dort non plus que votre père.
(Apercevant Chicanneau.)
Il se tourmente ; il vous... fera voir aujourd'hui
Que l'on ne gagne rien à plaider contre lui.

ISABELLE

C'est mon père ! Vraiment, vous leur pouvez apprendre
Que si l'on nous poursuit, nous saurons nous défendre.
Tenez, voilà le cas qu'on fait de votre exploit.

CHICANNEAU

Comment ! c'est un exploit que ma fille lisoit [44] ?
Ah ! tu seras un jour l'honneur de ta famille :
Tu défendras ton bien. Viens, mon sang, viens, ma
Va, je t'achèterai *Le Praticien françois* [46].   [fille [45].
370 Mais, diantre ! il ne faut pas déchirer les exploits.

ISABELLE

Au moins, dites-leur bien que je ne les crains guère ;
Ils me feront plaisir ; je les mets à pis faire [47].

CHICANNEAU

Hé ! ne te fâche point.

ISABELLE

Adieu, Monsieur.

SCÈNE IV

CHICANNEAU, L'INTIMÉ

L'INTIMÉ

                              Or çà,
Verbalisons.

CHICANNEAU

          Monsieur, de grâce, excusez-la :
Elle n'est pas instruite ; et puis, si bon vous semble,
En voici les morceaux que je vais mettre ensemble.

L'INTIMÉ

Non.

CHICANNEAU

Je le lirai bien.

L'INTIMÉ

                    Je ne suis pas méchant :
J'en ai sur moi copie.

CHICANNEAU

                    Ah ! le trait est touchant.
Mais je ne sais pourquoi, plus je vous envisage,
380 Et moins je me remets, Monsieur, votre visage.
Je connais force huissiers.

L'INTIMÉ

                    Informez-vous de moi :
Je m'acquitte assez bien de mon petit emploi.

CHICANNEAU

Soit. Pour qui venez-vous ?

L'INTIMÉ

                    Pour une brave dame,
Monsieur, qui vous honore, et de toute son âme
Voudrait que vous vinssiez, à ma sommation,
Lui faire un petit mot de réparation.

CHICANNEAU

De réparation ? Je n'ai blessé personne.

L'INTIMÉ

Je le crois : vous avez, Monsieur, l'âme trop bonne.

CHICANNEAU

Que demandez-vous donc ?

L'INTIMÉ

            Elle voudrait, Monsieur,
390 Que devant des témoins vous lui fissiez l'honneur
De l'avouer pour sage, et point extravagante.

CHICANNEAU

Parbleu, c'est ma comtesse !

L'INTIMÉ

            Elle est votre servante.

CHICANNEAU

Je suis son serviteur.

L'INTIMÉ

            Vous êtes obligeant,
Monsieur.

CHICANNEAU

            Oui, vous pouvez l'assurer qu'un sergent
Lui doit porter pour moi tout ce qu'elle demande.
Hé quoi donc ? les battus, ma foi, paieront l'amende !
Voyons ce qu'elle chante. Hon... *Sixième janvier,*
Pour avoir faussement dit qu'il fallait lier,
Étant à ce porté par esprit de chicane,
400 *Haute et puissante dame Yolande Cudasne,*
Comtesse de Pimbesche, Orbesche, et cœtera,
Il soit dit que sur l'heure il se transportera
Au logis de la dame ; et là, d'une voix claire,
Devant quatre témoins assistés d'un notaire,
Zeste[48]*, ledit Hiérome avouera hautement*
Qu'il la tient pour sensée et de bon jugement.
LE BON. C'est donc le nom de Votre Seigneurie ?

L'INTIMÉ

Pour vous servir. Il faut payer d'effronterie.

CHICANNEAU

Le Bon ? Jamais exploit ne fut signé Le Bon.
410 Monsieur Le Bon...

L'INTIMÉ

Monsieur.

CHICANNEAU

Vous êtes un fripon.

L'INTIMÉ

Monsieur, pardonnez-moi, je suis fort honnête homme.

CHICANNEAU

Mais fripon le plus franc qui soit de Caen à Rome.

L'INTIMÉ

Monsieur, je ne suis pas pour vous désavouer :
Vous aurez la bonté de me le bien payer.

CHICANNEAU

Moi, payer ? En soufflets.

L'INTIMÉ

Vous êtes trop honnête :
Vous me le paierez bien.

CHICANNEAU

Oh ! tu me romps la tête.
Tiens, voilà ton paiement.

L'INTIMÉ

Un soufflet ! Écrivons :
Lequel Hiérome, après plusieurs rébellions,
Aurait atteint, frappé, moi sergent, à la joue,
420 *Et fait tomber, d'un coup, mon chapeau dans la boue.*

CHICANNEAU

Ajoute cela.

L'INTIMÉ

Bon ! c'est de l'argent comptant ;
J'en avais bien besoin. *Et, de ce non content,*
Aurait avec le pied réitéré. Courage !
Outre plus, le susdit serait venu, de rage,
Pour lacérer ledit présent procès-verbal.
Allons, mon cher Monsieur, cela ne va pas mal.
Ne vous relâchez point.

CHICANNEAU

Coquin !

L'INTIMÉ

Ne vous déplaise !
Quelques coups de bâton, et je suis à mon aise[49].

CHICANNEAU

Oui-da : je verrai bien s'il est sergent.

L'INTIMÉ, *en posture d'écrire.*

Tôt donc,
430 Frappez : j'ai quatre enfants à nourrir.

CHICANNEAU

Ah ! pardon !
Monsieur, pour un sergent je ne pouvais vous prendre,
Mais le plus habile homme enfin peut se méprendre.
Je saurai réparer ce soupçon outrageant.
Oui, vous êtes sergent, Monsieur, et très sergent.
Touchez là : vos pareils sont gens que je révère ;
Et j'ai toujours été nourri par feu mon père
Dans la crainte de Dieu, Monsieur, et des sergents.

L'INTIMÉ

Non, à si bon marché l'on ne bat point les gens.

CHICANNEAU

Monsieur, point de procès !

L'INTIMÉ

Serviteur. Contumace,
440 Bâton levé, soufflet, coup de pied. Ah !

CHICANNEAU

De grâce,
Rendez-les-moi plutôt.

L'INTIMÉ

Suffit qu'ils soient reçus;
Je ne les voudrais pas donner pour mille écus.

SCÈNE V

LÉANDRE, CHICANNEAU, L'INTIMÉ

L'INTIMÉ

Voici fort à propos Monsieur le commissaire.
Monsieur, votre présence est ici nécessaire.
Tel que vous me voyez, Monsieur ici présent
M'a d'un fort grand soufflet fait un petit présent.

LÉANDRE

A vous, Monsieur?

L'INTIMÉ

A moi, parlant à ma personne.
Item, un coup de pied; plus, les noms qu'il me donne.

LÉANDRE

Avez-vous des témoins?

L'INTIMÉ

Monsieur, tâtez plutôt:
450 Le soufflet sur ma joue est encore tout chaud.

LÉANDRE

Pris en flagrant délit. Affaire criminelle.

CHICANNEAU

Foin de moi!

L'INTIMÉ

Plus, sa fille, au moins soi-disant telle,
A mis un mien papier en morceaux, protestant [50]

Qu'on lui ferait plaisir, et que d'un œil content
Elle nous défiait.

LÉANDRE

Faites venir la fille.
L'esprit de contumace est dans cette famille.

CHICANNEAU

Il faut absolument qu'on m'ait ensorcelé :
Si j'en connais pas un, je veux être étranglé.

LÉANDRE

Comment ? battre un huissier ! Mais voici la rebelle.

SCÈNE VI

LÉANDRE, ISABELLE, CHICANNEAU, L'INTIMÉ

L'INTIMÉ, *à Isabelle.*

460 Vous le reconnaissez ?

LÉANDRE

Eh bien, Mademoiselle,
C'est donc vous qui tantôt braviez notre officier,
Et qui si hautement osiez nous défier ?
Votre nom ?

ISABELLE

Isabelle.

LÉANDRE, *à l'Intimé.*
Écrivez. Et votre âge.

ISABELLE

Dix-huit ans.

CHICANNEAU

Elle en a quelque peu davantage,
Mais n'importe.

LÉANDRE

Êtes-vous en pouvoir de mari ?

ISABELLE

Non, Monsieur.

LÉANDRE

Vous riez ? Écrivez qu'elle a ri.

CHICANNEAU

Monsieur, ne parlons point de maris à des filles ;
Voyez-vous, ce sont là des secrets de familles.

LÉANDRE

Mettez qu'il interrompt.

CHICANNEAU

Hé ! je n'y pensais pas.
470 Prends bien garde, ma fille, à ce que tu diras.

LÉANDRE

Là, ne vous troublez point. Répondez à votre aise.
On ne veut pas rien faire ici qui vous déplaise.
N'avez-vous pas reçu de l'huissier que voilà
Certain papier tantôt ?

ISABELLE

Oui, Monsieur.

CHICANNEAU

Bon cela.

LÉANDRE

Avez-vous déchiré ce papier sans le lire ?

ISABELLE

Monsieur, je l'ai lu.

CHICANNEAU

Bon.

LÉANDRE

Continuez d'écrire.
Et pourquoi l'avez-vous déchiré ?

ISABELLE

J'avais peur
Que mon père ne prît l'affaire trop à cœur,
Et qu'il ne s'échauffât le sang à sa lecture.

CHICANNEAU

480 Et tu fuis les procès ? C'est méchanceté pure.

LÉANDRE

Vous ne l'avez donc pas déchiré par dépit,
Ou par mépris de ceux qui vous l'avaient écrit ?

ISABELLE

Monsieur, je n'ai pour eux ni mépris ni colère.

LÉANDRE

Écrivez.

CHICANNEAU

Je vous dis qu'elle tient de son père :
Elle répond fort bien.

LÉANDRE

Vous montrez cependant
Pour tous les gens de robe un mépris évident.

ISABELLE

Une robe toujours m'avait choqué la vue ;
Mais cette aversion à présent diminue.

CHICANNEAU

La pauvre enfant ! Va, va, je te marierai bien
490 Dès que je le pourrai, s'il ne m'en coûte rien.

LÉANDRE

A la justice donc vous voulez satisfaire ?

ISABELLE

Monsieur, je ferai tout pour ne vous pas déplaire.

L'INTIMÉ

Monsieur, faites signer.

LÉANDRE

Dans les occasions
Soutiendrez-vous au moins vos dépositions ?

ISABELLE

Monsieur, assurez-vous qu'Isabelle est constante.

LÉANDRE

Signez. Cela va bien : la justice est contente.
Çà, ne signez-vous pas, Monsieur ?

CHICANNEAU

Oui-da, gaiement,
A tout ce qu'elle a dit je signe aveuglément.

LÉANDRE, *à Isabelle.*

Tout va bien. A mes vœux le succès est conforme :
500 Il signe un bon contrat écrit en bonne forme,
Et sera condamné tantôt sur son écrit.

CHICANNEAU

Que lui dit-il ? Il est charmé de son esprit.

LÉANDRE

Adieu. Soyez toujours aussi sage que belle :
Tout ira bien. Huissier, remenez-la chez elle.
Et vous, Monsieur, marchez.

CHICANNEAU

Où, Monsieur ?

LÉANDRE

Suivez-
[moi.

CHICANNEAU

Où donc ?

LÉANDRE

Vous le saurez. Marchez, de par le roi.

CHICANNEAU

Comment ?

SCÈNE VII

PETIT-JEAN, LÉANDRE, CHICANNEAU

PETIT-JEAN

Holà ! quelqu'un n'a-t-il point vu mon
[maître ?
Quel chemin a-t-il pris ? la porte ou la fenêtre ?

LÉANDRE

A l'autre !

PETIT-JEAN

Je ne sais qu'est devenu son fils ;
510 Et pour le père, il est où le diable l'a mis.
Il me redemandait sans cesse ses épices[51] :
Et j'ai tout bonnement couru dans les offices
Chercher la boîte au poivre, et lui, pendant cela,
Est disparu.

SCÈNE VIII

DANDIN, LÉANDRE, CHICANNEAU,
L'INTIMÉ, PETIT-JEAN

DANDIN

Paix ! paix ! que l'on se taise là.

LÉANDRE

Hé ! grand Dieu !

PETIT-JEAN

Le voilà, ma foi, dans les gouttières.

DANDIN

Quelles gens êtes-vous ? Quelles sont vos affaires ?
Qui sont ces gens en robe ? Êtes-vous avocats ?
Çà, parlez.

PETIT-JEAN

Vous verrez qu'il va juger les chats.

DANDIN

Avez-vous eu le soin de voir mon secrétaire?
520 Allez lui demander si je sais votre affaire.

LÉANDRE

Il faut bien que je l'aille arracher de ces lieux.
Sur votre prisonnier, huissier, ayez les yeux.

PETIT-JEAN

Oh! oh! Monsieur!

LÉANDRE

                    Tais-toi, sur les yeux de ta tête,
Et suis-moi.

SCÈNE IX

DANDIN, CHICANNEAU,
LA COMTESSE, L'INTIMÉ

DANDIN

Dépêchez, donnez votre requête.

CHICANNEAU

Monsieur, sans votre aveu, l'on me fait prisonnier.

LA COMTESSE

Hé! mon Dieu! j'aperçois Monsieur dans son grenier.
Que fait-il là?

L'INTIMÉ

                    Madame, il y donne audience.
Le champ vous est ouvert.

CHICANNEAU

                              On me fait violence,
Monsieur, on m'injurie; et je venais ici
530 Me plaindre à vous.

LA COMTESSE

Monsieur, je viens me plaindre
[aussi.

CHICANNEAU ET LA COMTESSE

Vous voyez devant vous mon adverse partie.

L'INTIMÉ

Parbleu ! je veux me mettre aussi de la partie.

LA COMTESSE, CHICANNEAU ET L'INTIMÉ

Monsieur, je viens ici pour un petit exploit.

CHICANNEAU

Hé, Messieurs ! tour à tour exposons notre droit.

LA COMTESSE

Son droit ? Tout ce qu'il dit sont autant d'impostures.

DANDIN

Qu'est-ce qu'on vous a fait ?

LA COMTESSE, CHICANNEAU ET L'INTIMÉ

On m'a dit des injures.

L'INTIMÉ, *continuant.*

Outre un soufflet, Monsieur, que j'ai reçu plus qu'eux.

CHICANNEAU

Monsieur, je suis cousin de l'un de vos neveux.

LA COMTESSE

Monsieur, père Cordon vous dira mon affaire.

L'INTIMÉ

540 Monsieur, je suis bâtard de votre apothicaire.

DANDIN

Vos qualités ?

LA COMTESSE

Je suis comtesse.

L'INTIMÉ

Huissier.

CHICANNEAU

Bourgeois.

Messieurs...

DANDIN

Parlez toujours : je vous entends tous trois.

CHICANNEAU

Monsieur...

L'INTIMÉ

Bon ! le voilà qui fausse compagnie.

LA COMTESSE

Hélas !

CHICANNEAU

Hé quoi ? déjà l'audience est finie ?
Je n'ai pas eu le temps de lui dire deux mots.

SCÈNE X

CHICANNEAU, LÉANDRE, *sans robe, etc.*

LÉANDRE

Messieurs, voulez-vous bien nous laisser en repos ?

CHICANNEAU

Monsieur, peut-on entrer ?

LÉANDRE

Non, Monsieur, ou je
[meure !

CHICANNEAU

Hé ! pourquoi ? J'aurai fait en une petite heure,
En deux heures au plus.

LÉANDRE

On n'entre point, Monsieur.

LA COMTESSE

550 C'est bien fait de fermer la porte à ce crieur.
Mais moi...

LÉANDRE

L'on n'entre point, Madame, je vous jure.

LA COMTESSE

Ho ! Monsieur, j'entrerai.

LÉANDRE

Peut-être.

LA COMTESSE

J'en suis sûre.

LÉANDRE

Par la fenêtre donc ?

LA COMTESSE

Par la porte.

LÉANDRE

Il faut voir.

CHICANNEAU

Quand je devrais ici demeurer jusqu'au soir.

SCÈNE XI

PETIT-JEAN, LÉANDRE, CHICANNEAU, *etc.*

PETIT-JEAN, *à Léandre.*

On ne l'entendra pas, quelque chose qu'il fasse,
Parbleu ! je l'ai fourré dans notre salle basse[52],
Tout auprès de la cave.

LÉANDRE

En un mot comme en cent,
On ne voit point mon père.

CHICANNEAU

Eh bien donc! Si pourtant
Sur toute cette affaire il faut que je le voie.
    (Dandin paraît par le soupirail.)
560 Mais que vois-je? Ah! c'est lui que le ciel nous renvoie.

LÉANDRE

Quoi? par le soupirail?

PETIT-JEAN

Il a le diable au corps.

CHICANNEAU

Monsieur...

DANDIN

L'impertinent! Sans lui j'étais dehors.

CHICANNEAU

Monsieur...

DANDIN

Retirez-vous, vous êtes une bête.

CHICANNEAU

Monsieur, voulez-vous bien...

DANDIN

Vous me rompez la tête.

CHICANNEAU

Monsieur j'ai commandé...

DANDIN

Taisez-vous, vous dit-on.

CHICANNEAU

Que l'on portât chez vous...

DANDIN

Qu'on le mène en prison.

CHICANNEAU

Certain quartaut de vin.

DANDIN

Hé ! je n'en ai que faire.

CHICANNEAU

C'est de très bon muscat.

DANDIN

Redites votre affaire.

LÉANDRE, *à l'Intimé.*

Il faut les entourer ici de tous côtés.

LA COMTESSE

570 Monsieur, il vous va dire autant de faussetés.

CHICANNEAU

Monsieur, je vous dis vrai.

DANDIN

Mon Dieu, laissez-la dire.

LA COMTESSE

Monsieur, écoutez-moi.

DANDIN

Souffrez que je respire.

CHICANNEAU

Monsieur...

DANDIN

Vous m'étranglez.

LA COMTESSE

Tournez les yeux vers moi.

DANDIN

Elle m'étrangle... Ay ! ay !

CHICANNEAU

                    Vous m'entraînez, ma foi !
Prenez garde, je tombe.

PETIT-JEAN

                    Ils sont, sur ma parole,
L'un et l'autre encavés.

LÉANDRE

                    Vite, que l'on y vole ;
Courez à leur secours. Mais au moins je prétends
Que Monsieur Chicanneau, puisqu'il est là dedans,
N'en sorte d'aujourd'hui. L'Intimé, prends-y garde.

L'INTIMÉ

580 Gardez le soupirail.

LÉANDRE

                    Va vite, je le garde.

SCÈNE XII

LA COMTESSE, LÉANDRE

LA COMTESSE

Misérable ! il s'en va lui prévenir l'esprit.
(Par le soupirail.)
Monsieur, ne croyez rien de tout ce qu'il vous dit ;
Il n'a point de témoins : c'est un menteur.

LÉANDRE

                                    Madame,
Que leur contez-vous là ? Peut-être ils rendent l'âme.

LA COMTESSE

Il lui fera, Monsieur, croire ce qu'il voudra.
Souffrez que j'entre.

LÉANDRE

Oh non ! personne n'entrera.

LA COMTESSE

Je le vois bien, Monsieur, le vin muscat opère
Aussi bien sur le fils que sur l'esprit du père.
Patience ! je vais protester comme il faut
590 Contre Monsieur le juge et contre le quartaut.

LÉANDRE

Allez donc, et cessez de nous rompre la tête !
Que de fous ! Je ne fus jamais à telle fête.

SCÈNE XIII

DANDIN, L'INTIMÉ, LÉANDRE

L'INTIMÉ

Monsieur, où courez-vous ? C'est vous mettre en
Et vous boitez tout bas.   [danger,

DANDIN

Je veux aller juger.

LÉANDRE

Comment, mon père ? Allons, permettez qu'on vous
Vite, un chirurgien.   [panse :

DANDIN

Qu'il vienne à l'audience.

LÉANDRE

Hé ! mon père ! arrêtez...

DANDIN

Ho ! je vois ce que c'est :
Tu prétends faire ici de moi ce qui te plaît ;
Tu ne gardes pour moi respect ni complaisance :
600 Je ne puis prononcer une seule sentence.
Achève, prends ce sac [53], prends vite.

LÉANDRE

Hé ! doucement,
Mon père. Il faut trouver quelque accommodement.
Si pour vous, sans juger, la vie est un supplice,
Si vous êtes pressé de rendre la justice,
Il ne faut point sortir pour cela de chez vous :
Exercez le talent et jugez parmi nous.

DANDIN

Ne raillons point ici de la magistrature,
Vois-tu ? je ne veux point être un juge en peinture.

LÉANDRE

Vous serez, au contraire, un juge sans appel,
610 Et juge du civil comme du criminel.
Vous pourrez tous les jours tenir deux audiences.
Tout vous sera chez vous matière de sentences :
Un valet manque-t-il de rendre un verre net,
Condamnez-le à l'amende, ou s'il le casse, au fouet.

DANDIN

C'est quelque chose. Encor passe quand on raisonne.
Et mes vacations, qui les paiera ? Personne ?

LÉANDRE

Leurs gages vous tiendront lieu de nantissement.

DANDIN

Il parle, ce me semble, assez pertinemment.

LÉANDRE

Contre un de vos voisins...

SCÈNE XIV

DANDIN, LÉANDRE, L'INTIMÉ, PETIT-JEAN

PETIT-JEAN

Arrête ! arrête ! attrape !

LÉANDRE

620 Ah ! c'est mon prisonnier, sans doute, qui s'échappe !

L'INTIMÉ

Non, non, ne craignez rien.

PETIT-JEAN

Tout est perdu... Citron...
Votre chien... vient là-bas de manger un chapon.
Rien n'est sûr devant lui : ce qu'il trouve, il l'emporte.

LÉANDRE

Bon, voilà pour mon père une cause. Main-forte !
Qu'on se mette après lui. Courez tous.

DANDIN

Point de bruit,
Tout doux ! Un amené sans scandale[54] suffit.

LÉANDRE

Çà, mon père, il faut faire un exemple authentique[55] :
Jugez sévèrement ce voleur domestique.

DANDIN

Mais je veux faire au moins la chose avec éclat.
630 Il faut de part et d'autre avoir un avocat.
Nous n'en avons pas un.

LÉANDRE

Eh bien ! il en faut faire.
Voilà votre portier et votre secrétaire :
Vous en ferez, je crois, d'excellents avocats ;
Ils sont fort ignorants.

L'INTIMÉ

Non pas, Monsieur, non pas.
J'endormirai Monsieur tout aussi bien qu'un autre.

PETIT-JEAN

Pour moi, je ne sais rien ; n'attendez rien du nôtre.

LÉANDRE

C'est ta première cause, et l'on te la fera.

PETIT-JEAN

Mais je ne sais pas lire.

LÉANDRE

Hé ! l'on te soufflera[56].

DANDIN

Allons nous préparer. Çà, Messieurs, point d'intrigue !
640 Fermons l'œil aux présents, et l'oreille à la brigue.
Vous, Maître Petit-Jean, serez le demandeur ;
Vous, Maître L'Intimé, soyez le défendeur.

ACTE TROISIÈME

SCÈNE I

CHICANNEAU, LÉANDRE, LE SOUFFLEUR

CHICANNEAU

Oui, Monsieur, c'est ainsi qu'ils ont conduit l'affaire.
L'huissier m'est inconnu, comme le commissaire.
Je ne mens pas d'un mot.

LÉANDRE

                                 Oui, je crois tout cela ;
Mais, si vous m'en croyez, vous les laisserez là.
En vain vous prétendez les pousser l'un et l'autre,
Vous troublerez bien moins leur repos que le vôtre.
Les trois quarts de vos biens sont déjà dépensés
650 A faire enfler des sacs l'un sur l'autre entassés,
Et dans une poursuite à vous-même contraire[57]...

CHICANNEAU

Vraiment, vous me donnez un conseil salutaire,
Et devant qu'il soit peu je veux en profiter ;
Mais je vous prie au moins de bien solliciter.
Puisque Monsieur Dandin va donner audience,
Je vais faire venir ma fille en diligence.
On peut l'interroger, elle est de bonne foi,
Et même elle saura mieux répondre que moi.

LÉANDRE

Allez et revenez : l'on vous fera justice.

LE SOUFFLEUR

660 Quel homme !

SCÈNE II

LÉANDRE, LE SOUFFLEUR

LÉANDRE

Je me sers d'un étrange artifice ;
Mais mon père est un homme à se désespérer,
Et d'une cause en l'air il le faut bien leurrer.
D'ailleurs j'ai mon dessein, et je veux qu'il condamne
Ce fou qui réduit tout au pied de la chicane.
Mais voici tous nos gens qui marchent sur nos pas.

SCÈNE III

DANDIN, LÉANDRE, L'INTIMÉ,
PETIT-JEAN, LE SOUFFLEUR

DANDIN

Çà, qu'êtes-vous ici ?

LÉANDRE

Ce sont les avocats.

DANDIN

Vous ?

LE SOUFFLEUR

Je viens secourir leur mémoire troublée.

DANDIN

Je vous entends. Et vous ?

LÉANDRE

Moi ? je suis l'assemblée.

DANDIN

Commencez donc !

LE SOUFFLEUR

Messieurs...

PETIT-JEAN

Ho ! prenez-le plus bas :
670 Si vous soufflez si haut, l'on ne m'entendra pas.
Messieurs...

DANDIN

Couvrez-vous.

PETIT-JEAN

Oh ! Mes...

DANDIN

Couvrez-vous, vous
[dis-je,

PETIT-JEAN

Oh ! Monsieur, je sais bien à quoi l'honneur m'oblige.

DANDIN

Ne te couvre donc pas.

PETIT-JEAN, *se couvrant.*

Messieurs... Vous, doucement :
Ce que je sais le mieux, c'est mon commencement.
Messieurs, quand je regarde avec exactitude
L'inconstance du monde et sa vicissitude ;
Lorsque je vois, parmi tant d'hommes différents,
Pas une étoile fixe, et tant d'astres errants ;
Quand je vois les Césars, quand je vois leur fortune ;
680 Quand je vois le soleil, et quand je vois la lune ;
                        (Babyloniens.)
Quand je vois les États des Babiboniens
            (Persans.)   *(Macédoniens.)*
Transférés des Serpans aux Nacédoniens ;
            (Romains.)   *(despotique.)*
Quand je vois les Lorrains de l'état dépotique,

(démocratique.)
Passer au démocrite, et puis au monarchique ;
Quand je vois le Japon...

L'INTIMÉ

Quand aura-t-il tout vu ?

PETIT-JEAN

Oh ! pourquoi celui-là m'a-t-il interrompu ?
Je ne dirai plus rien.

DANDIN

Avocat incommode,
Que ne lui laissiez-vous finir sa période ?
Je suais sang et eau, pour voir si du Japon
690 Il viendrait à bon port au fait de son chapon,
Et vous l'interrompez par un discours frivole.
Parlez donc, avocat.

PETIT-JEAN

J'ai perdu la parole.

LÉANDRE

Achève, Petit-Jean : c'est fort bien débuté.
Mais que font là tes bras pendants à ton côté ?
Te voilà sur tes pieds droit comme une statue.
Dégourdis-toi. Courage ! allons, qu'on s'évertue.

PETIT-JEAN, *remuant les bras.*

Quand... je vois... Quand... je vois...

LÉANDRE

Dis donc ce que tu
[vois.

PETIT-JEAN

Oh dame ! on ne court pas deux lièvres à la fois.

LE SOUFFLEUR

On lit...

PETIT-JEAN

On lit...

LE SOUFFLEUR

Dans la...

PETIT-JEAN

Dans la...

LE SOUFFLEUR

Métamorphose...

PETIT-JEAN

700 Comment ?

LE SOUFFLEUR

Que la métem...

PETIT-JEAN

Que la métem...

LE SOUFFLEUR

Psycose...

PETIT-JEAN

Psycose...

LE SOUFFLEUR

Hé ! le cheval !

PETIT-JEAN

Et le cheval...

LE SOUFFLEUR

Encor !

PETIT-JEAN

Encor...

LE SOUFFLEUR

Le chien !

PETIT-JEAN

Le chien...

LE SOUFFLEUR

Le butor !

PETIT-JEAN

Le butor...

LE SOUFFLEUR

Peste de l'avocat !

PETIT-JEAN

Ah ! peste de toi-même !
Voyez cet autre avec sa face de carême !
Va-t'en au diable !

DANDIN

Et vous, venez au fait. Un mot
Du fait.

PETIT-JEAN

Hé ! faut-il tant tourner autour du pot ?
Ils me font dire aussi des mots longs d'une toise,
De grands mots qui tiendraient d'ici jusqu'à Pontoise.
Pour moi, je ne sais point tant faire de façon
710 Pour dire qu'un mâtin vient de prendre un chapon.
Tant y a [58] qu'il n'est rien que votre chien ne prenne,
Qu'il a mangé là-bas un bon chapon du Maine,
Que la première fois que je l'y trouverai,
Son procès est tout fait, et je l'assommerai.

LÉANDRE

Belle conclusion, et digne de l'exorde !

PETIT-JEAN

On l'entend bien toujours. Qui voudra mordre y
[morde.

DANDIN

Appelez les témoins.

LÉANDRE

C'est bien dit, s'il le peut :
Les témoins sont fort chers, et n'en a pas qui veut.

PETIT-JEAN

Nous en avons pourtant, et qui sont sans reproche.

DANDIN

720 Faites-les donc venir.

PETIT-JEAN

Je les ai dans ma poche.
Tenez : voilà la tête et les pieds du chapon.
Voyez-les, et jugez.

L'INTIMÉ

Je les récuse.

DANDIN

Bon !
Pourquoi les récuser ?

L'INTIMÉ

Monsieur, ils sont du Maine.

DANDIN

Il est vrai que du Mans il en vient par douzaine[59].

L'INTIMÉ

Messieurs...

DANDIN

Serez-vous long, avocat ? dites-moi.

L'INTIMÉ

Je ne réponds de rien[60].

DANDIN

Il est de bonne foi.

L'INTIMÉ, *d'un ton finissant en fausset.*

Messieurs, tout ce qui peut étonner un coupable,
Tout ce que les mortels ont de plus redoutable,
Semble s'être assemblé contre nous par hasard :
730 Je veux dire la brigue et l'éloquence. Car
D'un côté, le crédit du défunt m'épouvante ;

Et de l'autre côté l'éloquence éclatante
De maître Petit-Jean m'éblouit[61].

DANDIN

                     Avocat,
De votre ton vous-même adoucissez l'éclat.

L'INTIMÉ, *du beau ton.*

Oui-da, j'en ai plusieurs... Mais quelque défiance
Que vous doive donner la susdite éloquence,
Et le susdit crédit, ce néanmoins, Messieurs,
L'ancre de vos bontés nous rassure d'ailleurs.
Devant le grand Dandin l'innocence est hardie :
740 Oui, devant ce Caton de Basse-Normandie,
Ce soleil d'équité qui n'est jamais terni,
Victrix causa diis placuit, sed victa Catoni[62].

DANDIN

Vraiment, il plaide bien.

L'INTIMÉ

               Sans craindre aucune chose,
Je prends donc la parole, et je viens à ma cause.
Aristote, *primo, peri Politicon,*
Dit fort bien...

DANDIN

           Avocat, il s'agit d'un chapon,
Et non point d'Aristote et de sa *Politique*[63].

L'INTIMÉ

Oui ; mais l'autorité du Péripatétique
Prouverait que le bien et le mal...

DANDIN

                    Je prétends
750 Qu'Aristote n'a point d'autorité céans.
Au fait...

L'INTIMÉ

Pausanias, en ses *Corinthiaques*...

DANDIN

Au fait.

L'INTIMÉ

Rebuffe[64]...

DANDIN

Au fait, vous dis-je.

L'INTIMÉ

Le grand
[Jacques...

DANDIN

Au fait, au fait, au fait !

L'INTIMÉ

Armeno Pul, *in Prompt*[65]...

DANDIN

Ho ! je te vais juger.

L'INTIMÉ

Oh ! vous êtes si prompt !
(Vite.)
Voici le fait. Un chien vient dans une cuisine ;
Il y trouve un chapon, lequel a bonne mine.
Or celui pour lequel je parle est affamé,
Celui contre lequel je parle *autem*[66] plumé ;
Et celui pour lequel je suis prend en cachette
760 Celui contre lequel je parle. L'on décrète[67] :
On le prend. Avocat pour et contre appelé ;
Jour pris. Je dois parler, je parle, j'ai parlé.

DANDIN

Ta, ta, ta, ta. Voilà bien instruire une affaire !
Il dit fort posément ce dont on n'a que faire,
Et court le grand galop quand il est à son fait.

L'INTIMÉ

Mais le premier, Monsieur, c'est le beau.

DANDIN

C'est le laid !

A-t-on jamais plaidé d'une telle méthode ?
Mais qu'en dit l'assemblée ?

LÉANDRE

Il est fort à la mode.

L'INTIMÉ, *d'un ton véhément.*

Qu'arrive-t-il, Messieurs ? On vient. Comment vient-
770 On poursuit ma partie. On force une maison.   [on ?
Quelle maison ? maison de notre propre juge !
On brise le cellier qui nous sert de refuge !
De vol, de brigandage on nous déclare auteurs !
On nous traîne, on nous livre à nos accusateurs,
A maître Petit-Jean, Messieurs. Je vous atteste :
Qui ne sait que la loi *Si quis canis,* Digeste[68],
De vi, paragrapho, Messieurs, *Caponibus,*
Est manifestement contraire à cet abus ?
Et quand il serait vrai que Citron, ma partie,
Aurait mangé, Messieurs, le tout, ou bien partie
780 Dudit chapon : qu'on mette en compensation
Ce que nous avons fait avant cette action.
Quand ma partie a-t-elle été réprimandée ?
Par qui votre maison a-t-elle été gardée ?
Quand avons-nous manqué d'aboyer au larron ?
Témoin trois procureurs, dont icelui[69] Citron
A déchiré la robe. On en verra les pièces.
Pour nous justifier, voulez-vous d'autres pièces ?

PETIT-JEAN

Maître Adam...

L'INTIMÉ

Laissez-nous.

PETIT-JEAN

L'Intimé...

L'INTIMÉ

Laissez-nous.

PETIT-JEAN

790 S'enroue.

L'INTIMÉ

He, laissez-nous ! Euh ! euh !

DANDIN

Reposez-vous,
Et concluez.

L'INTIMÉ, *d'un ton pesant.*

Puis donc, qu'on nous, permet, de prendre,
Haleine, et que l'on nous défend, de nous, étendre,
Je vais, sans rien obmettre[70], et sans prévariquer,
Compendieusement[71] énoncer, expliquer,
Exposer à vos yeux, l'idée universelle
De ma cause et des faits, renfermés en icelle.

DANDIN

Il aurait plus tôt fait de dire tout vingt fois,
Que de l'abréger une. Homme, ou qui que tu sois,
Diable, conclus ; ou bien que le Ciel te confonde !

L'INTIMÉ

800 Je finis.

DANDIN

Ah !

L'INTIMÉ

Avant la naissance du monde .

DANDIN, *bâillant.*

Avocat, ah ! passons au déluge.

L'INTIMÉ

Avant donc
La naissance du monde et sa création,
Le monde, l'univers, tout, la nature entière
Était ensevelie au fond de la matière.
Les éléments, le feu, l'air, et la terre, et l'eau,
Enfoncés, entassés, ne faisaient qu'un monceau,

Une confusion, une masse sans forme,
Un désordre, un chaos, une cohue énorme :
Unus erat toto naturae vultus in orbe,
810 *Quem Græci dixere chaos, rudis indigestaque moles*[72].

LÉANDRE

Quelle chute ! Mon père !

PETIT-JEAN

Ay ! Monsieur ! Comme il dort !

LÉANDRE

Mon père, éveillez-vous.

PETIT-JEAN

Monsieur, êtes-vous mort ?

LÉANDRE

Mon père !

DANDIN

Eh bien ! eh bien ? Quoi ? Qu'est-ce ? Ah ! ah !
[quel homme !
Certes, je n'ai jamais dormi d'un si bon somme.

LÉANDRE

Mon père, il faut juger.

DANDIN

Aux galères.

LÉANDRE

Un chien

Aux galères !

DANDIN

Ma foi ! je n'y conçois plus rien :
De monde, de chaos, j'ai la tête troublée
Hé ! concluez.

L'INTIMÉ, *lui présentant de petits chiens.*

Venez, famille désolée,
Venez, pauvres enfants qu'on veut rendre orphelins,

820 Venez faire parler vos esprits enfantins.
Oui, Messieurs, vous voyez ici notre misère :
Nous sommes orphelins ; rendez-nous notre père,
Notre père, par qui nous fûmes engendrés,
Notre père, qui nous...

DANDIN

Tirez, tirez, tirez[73] !

L'INTIMÉ

Notre père, Messieurs...

DANDIN

Tirez donc. Quels vacarmes !
Ils ont pissé partout.

L'INTIMÉ

Monsieur, voyez nos larmes.

DANDIN

Ouf[74] ! Je me sens déjà pris de compassion.
Ce que c'est qu'à propos toucher la passion !
Je suis bien empêché. La vérité me presse ;
830 Le crime est avéré : lui-même il le confesse.
Mais s'il est condamné, l'embarras est égal :
Voilà bien des enfants réduits à l'hôpital.
Mais je suis occupé, je ne veux voir personne.

SCÈNE DERNIÈRE

CHICANNEAU, ISABELLE, etc.

CHICANNEAU

Monsieur...

DANDIN

Oui, pour vous seuls l'audience se donne.
Adieu... Mais, s'il vous plaît, quel est cet enfant-là ?

CHICANNEAU

C'est ma fille, Monsieur.

DANDIN

Hé ! tôt, rappelez-la.

ISABELLE

Vous êtes occupé.

DANDIN

Moi ? Je n'ai point d'affaire.
Que ne me disiez-vous que vous étiez son père !

CHICANNEAU

Monsieur...

DANDIN

Elle sait mieux votre affaire que vous.
840 Dites. Qu'elle est jolie, et qu'elle a les yeux doux !
Ce n'est pas tout, ma fille, il faut de la sagesse.
Je suis tout réjoui de voir cette jeunesse.
Savez-vous que j'étais un compère autrefois ?
On a parlé de nous.

ISABELLE

Ah ! Monsieur, je vous crois.

DANDIN

Dis-nous : à qui veux-tu faire perdre la cause ?

ISABELLE

A personne.

DANDIN

Pour toi je ferai toute chose.
Parle donc.

ISABELLE

Je vous ai trop d'obligation.

DANDIN

N'avez-vous jamais vu donner la question ?

ISABELLE

Non ; et ne le verrai, que je crois, de ma vie.

DANDIN

850 Venez, je vous en veux faire passer l'envie.

ISABELLE

Hé! Monsieur! peut-on voir souffrir des malheureux?

DANDIN

Bon! Cela fait toujours passer une heure ou deux

CHICANNEAU

Monsieur, je viens ici pour vous dire...

LÉANDRE

                              Mon père,
Je vous vais en deux mots dire toute l'affaire.
C'est pour un mariage. Et vous saurez d'abord
Qu'il ne tient plus qu'à vous, et que tout est d'accord :
La fille le veut bien; son amant le respire;
Ce que la fille veut, le père le désire.
C'est à vous de juger.

DANDIN, *se rasseyant.*

                    Mariez au plus tôt :
860 Dès demain, si l'on veut; aujourd'hui, s'il le faut.

LÉANDRE

Mademoiselle, allons, voilà votre beau-père :
Saluez-le.

CHICANNEAU

        Comment?

DANDIN

                Quel est donc ce mystère?

LÉANDRE

Ce que vous avez dit se fait de point en point.

DANDIN

Puisque je l'ai jugé, je n'en reviendrai point.

CHICANNEAU

Mais on ne donne pas une fille sans elle

LÉANDRE

Sans doute, et j'en croirai la charmante Isabelle.

CHICANNEAU

Es-tu muette ? Allons, c'est à toi de parler.
Parle.

ISABELLE

Je n'ose pas, mon père, en appeler.

CHICANNEAU

Mais j'en appelle, moi.

LÉANDRE

Voyez cette écriture.
870 Vous n'appellerez pas de votre signature ?

CHICANNEAU

Plaît-il ?

DANDIN

C'est un contrat en fort bonne façon.

CHICANNEAU

Je vois qu'on m'a surpris, mais j'en aurai raison :
De plus de vingt procès ceci sera la source.
On a la fille, soit, on n'aura pas la bourse.

LÉANDRE

Hé ! Monsieur ! qui vous dit qu'on vous demande rien ?
Laissez-nous votre fille, et gardez votre bien.

CHICANNEAU

Ah !

LÉANDRE

Mon père, êtes-vous content de l'audience ?

DANDIN

Oui-da. Que les procès viennent en abondance,
Et je passe avec vous le reste de mes jours,
880 Mais que les avocats soient désormais plus courts.
Et notre criminel ?

LÉANDRE

Ne parlons que de joie :
Grâce ! grâce ! mon père.

DANDIN

Eh bien, qu'on le renvoie ;
C'est en votre faveur, ma bru, ce que j'en fais.
884 Allons nous délasser à voir d'autres procès.

BRITANNICUS

Tragédie

A MONSEIGNEUR
LE DUC DE CHEVREUSE[1]

MONSEIGNEUR,

Vous serez peut-être étonné de voir votre nom à la tête de cet ouvrage ; et si je vous avais demandé la permission de vous l'offrir, je doute si je l'aurais obtenue. Mais ce serait être en quelque sorte ingrat que de cacher plus longtemps au monde les bontés dont vous m'avez toujours honoré. Quelle apparence qu'un homme qui ne travaille que pour la gloire se puisse taire d'une protection aussi glorieuse que la vôtre ?

Non, MONSEIGNEUR, il m'est trop avantageux que l'on sache que mes amis mêmes ne vous sont pas indifférents, que vous prenez part à tous mes ouvrages, et que vous m'avez procuré l'honneur de lire celui-ci devant un homme dont toutes les heures sont précieuses[2]. Vous fûtes témoin avec quelle pénétration d'esprit il jugea l'économie de la pièce, et combien l'idée qu'il s'est formée d'une excellente tragédie est au-delà de tout ce que j'ai pu concevoir.

Ne craignez pas, MONSEIGNEUR, que je m'engage plus avant, et que n'osant le louer en face, je m'adresse à vous pour le louer avec plus de liberté. Je sais qu'il serait dangereux de le fatiguer de ses louanges, et j'ose dire que cette même modestie, qui vous est commune avec lui, n'est pas un des moindres liens qui vous attachent l'un à l'autre.

La modération n'est qu'une vertu ordinaire quand elle ne se rencontre qu'avec des qualités ordinaires. Mais qu'avec toutes les qualités et du cœur et de l'esprit, qu'avec un jugement qui, ce semble, ne devrait être le fruit que de l'expérience de plusieurs années, qu'avec mille belles connaissances que vous ne sauriez cacher à vos amis particuliers, vous ayez encore cette sage retenue que tout le monde admire en vous, c'est sans doute une vertu rare en un siècle où l'on fait vanité des moindres choses. Mais je me laisse emporter insensiblement à la tentation de parler de vous; il faut qu'elle soit bien violente, puisque je n'ai pu y résister dans une lettre où je n'avais autre dessein que de vous témoigner avec combien de respect je suis,

MONSEIGNEUR,

Votre très humble et très obéissant serviteur,

RACINE.

PREMIÈRE PRÉFACE[3]

De tous les ouvrages que j'ai donnés au public, il n'y en a point qui m'ait attiré plus d'applaudissements ni plus de censeurs que celui-ci. Quelque soin que j'aie pris pour travailler cette tragédie, il semble qu'autant que je me suis efforcé de la rendre bonne, autant de certaines gens se sont efforcés de la décrier. Il n'y a point de cabale qu'ils n'aient faite, point de critique dont ils ne se soient avisés. Il y en a qui ont pris même le parti de Néron contre moi. Ils ont dit que je le faisais trop cruel. Pour moi, je croyais que le nom seul de Néron faisait entendre quelque chose de plus que cruel. Mais peut-être qu'ils raffinent sur son histoire, et veulent dire qu'il était honnête homme dans ses premières années. Il ne faut qu'avoir lu Tacite pour savoir que, s'il a été quelque temps un bon empereur, il a toujours été un très méchant homme. Il ne s'agit point dans ma tragédie des affaires du dehors. Néron est ici dans son particulier et dans sa famille, et ils me dispenseront de leur rapporter tous les passages qui pourraient aisément leur prouver que je n'ai point de réparation à lui faire.

D'autres ont dit, au contraire, que je l'avais fait trop bon. J'avoue que je ne m'étais pas formé l'idée d'un bon homme en la personne de Néron. Je l'ai toujours regardé comme un monstre. Mais c'est ici un monstre naissant. Il n'a pas encore mis le feu à Rome, il n'a pas encore tué sa mère, sa femme, ses gouverneurs : à cela près, il me semble qu'il lui échappe assez de cruautés pour empêcher que personne ne le méconnaisse.

Quelques-uns ont pris l'intérêt de Narcisse, et se sont plaints que j'en eusse fait un très méchant homme et le confident de Néron. Il suffit d'un passage pour leur répondre. « Néron, dit Tacite, porta impatiemment la mort de Narcisse, parce que cet affranchi avait une conformité merveilleuse avec les vices du prince encore cachés : *Cujus abditis adhuc vitiis mire congruebat*[4].

Les autres se sont scandalisés que j'eusse choisi un homme aussi jeune que Britannicus pour le héros d'une tragédie. Je leur ai déclaré, dans la préface d'*Andromaque*, les sentiments d'Aristote sur le héros de la tragédie, et que bien loin d'être parfait, il faut toujours qu'il ait quelque imperfection. Mais je leur dirai encore ici qu'un jeune prince de dix-sept ans qui a beaucoup de cœur, beaucoup d'amour, beaucoup de franchise et beaucoup de crédulité, qualités ordinaires d'un jeune homme, m'a semblé très capable d'exciter la compassion. Je n'en veux pas davantage.

Mais, disent-ils, ce prince n'entrait que dans sa quinzième année lorsqu'il mourut. On le fait vivre, lui et Narcisse, deux ans plus qu'ils n'ont vécu. Je n'aurais point parlé de cette objection, si elle n'avait été faite avec chaleur par un homme[5] qui s'est donné la liberté de faire régner vingt ans un empereur qui n'en a régné que huit, quoique ce changement soit bien plus considérable dans la chronologie, où l'on suppute les temps par les années des empereurs.

Junie ne manque pas non plus de censeurs. Ils disent que d'une vieille coquette, nommée Junia Silana, j'en ai fait une jeune fille très sage. Qu'auraient-ils à me répondre, si je leur disais que cette Junie est un personnage inventé, comme l'Émilie de *Cinna*, comme la Sabine d'*Horace*.? Mais j'ai à leur dire que, s'ils avaient bien lu l'histoire, ils auraient trouvé une Junia Calvina, de la famille d'Auguste, sœur de Silanus, à qui Claudius avait promis Octavie. Cette Junie était jeune, belle, et, comme dit Sénèque : *festivissima omnium puellarum*[6]. Elle aimait tendrement son frère, « et leurs ennemis, dit Tacite, les accusèrent tous deux d'inceste, quoiqu'ils ne fussent coupables que d'un peu d'indiscrétion[7]. » Si je la présente plus retenue qu'elle n'était, je n'ai pas ouï dire qu'il nous fût défendu de rectifier les mœurs d'un personnage, surtout lorsqu'il n'est pas connu.

L'on trouve étrange qu'elle paraisse sur le théâtre après la mort de Britannicus. Certainement la délicatesse est grande de ne pas vouloir qu'elle dise en quatre vers[8] assez touchants qu'elle passe chez Octavie. Mais, disent-ils, cela ne valait pas la peine de la faire revenir, un autre l'aurait pu raconter pour elle. Ils ne savent pas qu'une des règles du théâtre est de ne mettre en récit que les choses qui ne se peuvent passer en action, et que tous les Anciens font venir souvent sur la scène des acteurs qui n'ont autre chose à dire, sinon qu'ils viennent d'un endroit, et qu'ils s'en retournent à un autre.

Tout cela est inutile, disent mes censeurs. La pièce est finie au récit de la mort de Britannicus, et l'on ne devrait point écouter le reste. On l'écoute pourtant, et même avec autant d'attention qu'aucune fin de tragédie. Pour moi, j'ai toujours compris que la tragédie étant l'imitation d'une action complète, où plusieurs personnes concourent, cette action n'est point finie que l'on ne sache en quelle situation elle laisse ces mêmes personnes. C'est ainsi que Sophocle en use presque partout. C'est ainsi que dans l'*Antigone* il emploie autant de vers[9] à représenter la fureur d'Hémon et la punition de Créon après la mort de cette princesse, que j'en ai employé aux imprécations d'Agrippine, à la retraite de Junie, à la punition de Narcisse, et au désespoir de Néron, après la mort de Britannicus.

Que faudrait-il faire pour contenter des juges si difficiles? La chose serait aisée, pour peu qu'on voulût trahir le bon sens. Il ne faudrait que s'écarter du naturel pour se jeter dans l'extraordinaire. Au lieu d'une action simple, chargée de peu de matière, telle que doit être une action qui se passe en un seul jour, et qui, s'avançant par degrés vers sa fin, n'est soutenue que par les intérêts, les sentiments et les passions des personnages, il faudrait remplir cette même action de quantité d'incidents qui ne se pourraient passer qu'en un mois, d'un grand nombre de jeux de théâtre d'autant plus surprenants qu'ils seraient moins vraisemblables, d'une infinité de déclamations où l'on ferait dire aux acteurs tout le contraire de ce qu'ils devraient dire. Il faudrait, par exemple, représenter quelque héros ivre[10], qui se voudrait faire haïr de sa maîtresse de gaieté de cœur[11], un Lacédémonien grand parleur[12], un conquérant qui ne débiterait que des maximes d'amour[13], une femme qui donnerait des leçons de fierté à des conquérants[14]. Voilà sans doute de quoi faire récrier tous ces messieurs. Mais que dirait cependant le petit nombre de gens sages auxquels je m'efforce de plaire? De quel front oserais-je me montrer, pour ainsi dire, aux yeux de ces grands hommes de l'Antiquité que j'ai choisis pour modèles? Car, pour me servir de la pensée d'un Ancien[15], voilà les véritables spectateurs que nous devons nous proposer; et nous devons sans cesse nous demander : « que diraient Homère et Virgile, s'ils lisaient ces vers? que dirait Sophocle, s'il voyait représenter cette scène? » Quoi qu'il en soit, je n'ai point prétendu empêcher qu'on ne parlât contre mes ouvrages; je l'aurais prétendu inutilement. *Quid de te alii loquantur ipsi videant*, dit Cicéron; *sed loquentur tamen*[16].

Je prie seulement le lecteur de me pardonner cette petite préface, que j'ai faite pour lui rendre raison de ma tragédie. Il n'y a rien de plus naturel que de se défendre quand on se croit injustement attaqué. Je vois que Térence même semble n'avoir fait des prologues que pour se justifier contre les critiques d'un vieux poète malintentionné, *malevoli veteris poetae*[17], et qui venait briguer des voix contre lui jusqu'aux heures où l'on représentait ses comédies.

> *Occepta est agi :*
> *Exclamat, etc.*[18]

On me pouvait faire une difficulté qu'on ne m'a point faite. Mais ce qui est échappé aux spectateurs pourra être remarqué par les lecteurs. C'est que je fais entrer Junie dans les vestales, où, selon Aulu-Gelle[19], on ne recevait personne au-dessous de six ans, ni au-dessus de dix. Mais le peuple prend ici Junie sous sa protection, et j'ai cru qu'en considération de sa naissance, de sa vertu et de son malheur, il pouvait la dispenser de l'âge prescrit par les lois, comme il a dispensé de l'âge pour le consulat tant de grands hommes qui avaient mérité ce privilège.

Enfin je suis très persuadé qu'on me peut faire bien d'autres critiques, sur lesquelles je n'aurais d'autre parti à prendre que celui d'en profiter à l'avenir. Mais je plains fort le malheur d'un homme qui travaille pour le public. Ceux qui voient le mieux nos défauts sont ceux qui les dissimulent le plus volontiers : ils nous pardonnent les endroits qui leur ont déplu, en faveur de ceux qui leur ont donné du plaisir. Il n'y a rien, au contraire, de plus injuste qu'un ignorant. Il croit toujours que l'admiration est le partage des gens qui ne savent rien. Il condamne toute une pièce pour une scène qu'il n'approuve pas. Il s'attaque même aux endroits les plus éclatants, pour faire croire qu'il a de l'esprit ; et pour peu que nous résistions à ses sentiments, il nous traite de présomptueux qui ne veulent croire personne, et ne songe pas qu'il tire quelquefois plus de vanité d'une critique fort mauvaise, que nous n'en tirons d'une assez bonne pièce de théâtre.

Homine imperito nunquam quidquam injustius[20].

SECONDE PRÉFACE[21]

Voici celle de mes tragédies que je puis dire que j'ai le plus travaillée. Cependant j'avoue que le succès ne répondit pas d'abord à mes espérances. A peine elle parut sur le théâtre, qu'il s'éleva quantité de critiques qui semblaient le devoir détruire. Je crus moi-même que sa destinée serait à l'avenir moins heureuse que celle de mes autres tragédies. Mais enfin il est arrivé de cette pièce ce qui arrivera toujours des ouvrages qui auront quelque bonté : les critiques se sont évanouies, la pièce est demeurée. C'est maintenant celle des miennes que la cour et le public revoient le plus volontiers. Et si j'ai fait quelque chose de solide, et qui mérite quelque louange, la plupart des connaisseurs demeurent d'accord que c'est ce même *Britannicus*.

A la vérité, j'avais travaillé sur des modèles qui m'avaient extrêmement soutenu dans la peinture que je voulais faire de la cour d'Agrippine et de Néron. J'avais copié mes personnages d'après le plus grand peintre de l'Antiquité, je veux dire d'après Tacite, et j'étais alors si rempli de la lecture de cet excellent historien, qu'il n'y a presque pas un trait éclatant dans ma tragédie, dont il ne m'ait donné l'idée. J'avais voulu mettre dans ce recueil un extrait des plus beaux endroits que j'ai tâché d'imiter ; mais j'ai trouvé que cet extrait tiendrait presque autant de place que la tragédie. Ainsi le lecteur trouvera bon que je le renvoie à cet auteur, qui aussi bien est entre les mains de tout le monde ; et je me contenterai de rapporter ici quelques-uns de ses passages sur chacun des personnages que j'introduis sur la scène.

Pour commencer par Néron, il faut se souvenir qu'il est ici dans les premières années de son règne, qui ont été heureuses, comme l'on sait. Ainsi, il ne m'a pas été permis de le représenter aussi méchant qu'il l'a été depuis. Je ne le représente pas non plus comme un homme vertueux, car il ne l'a jamais été. Il n'a pas encore tué sa mère, sa femme, ses gouverneurs ; mais il a en lui les semences de tous ces crimes. Il commence à vouloir secouer le joug ; il les hait les uns et les autres, et il leur cache sa haine sous de fausses caresses : *Factus natura velare odium fallacibus blanditiis*[22]. En un mot, c'est ici un monstre naissant, mais qui n'ose encore se déclarer, et qui cherche des couleurs à ses méchantes actions : *Hactenus Nero flagitiis et sceleribus velamenta quaesivit*[23]. Il ne pouvait souffrir Octavie, princesse d'une bonté et d'une vertu exemplaires : *Fato quodam, an quia praevalent illicita ; metuebaturque ne in stupra feminarum illustrium prorumperet*[24].

Je lui donne Narcisse pour confident. J'ai suivi en cela Tacite, qui dit que Néron porta impatiemment la mort de Narcisse, parce que cet affranchi avait une conformité merveilleuse avec les vices du prince encore cachés : *Cujus abditis adhuc vitiis mire congrebat*[25]. Ce passage prouve deux choses : il prouve et que Néron était déjà vicieux, mais qu'il dissimulait ses vices, et que Narcisse l'entretenait dans ses mauvaises inclinations.

J'ai choisi Burrhus pour opposer un honnête homme à cette peste de cour ; et je l'ai choisi plutôt que Sénèque. En voici la raison : ils étaient tous deux gouverneurs de la jeunesse de Néron, l'un pour les armes, et l'autre pour les lettres. Et ils étaient fameux, Burrhus pour son expérience dans les armes et pour la sévérité de ses mœurs, *militaribus curis et severitate morum;* Sénèque pour son éloquence et le tour agréable de son esprit, *Seneca praeceptis eloquentiae et comitate honesta*[26]. Burrhus, après sa mort, fut extrêmement regretté à cause de sa vertu : *Civitati grande desiderium ejus mansit per memoriam virtutis*[27].

Toute leur peine était de résister à l'orgueil et à la férocité d'Agrippine, *quae cunctis malae dominationis cupidinibus flagrans, habebat in partibus Pallantem*[28]. Je ne dis que ce mot d'Agrippine, car il y aurait trop de choses à en dire. C'est elle que je me suis surtout efforcé de bien exprimer, et ma tragédie n'est pas moins la disgrâce d'Agrippine que la mort de Britannicus. Cette mort fut un coup de foudre pour elle ; et il parut, dit Tacite, par sa frayeur et par sa consternation, qu'elle était aussi innocente de cette mort qu'Octavie[29]. Agrippine perdait en lui sa dernière espérance, et ce crime lui en faisait craindre un plus grand : *Sibi supremum auxilium ereptum, et parricidii exemplum intelligebat*[30]. »

L'âge de Britannicus était si connu, qu'il ne m'a pas été permis de le représenter autrement que comme un jeune prince qui avait beaucoup de cœur, beaucoup d'amour et beaucoup de franchise, qualités ordinaires d'un jeune homme. Il avait quinze ans, et on dit qu'il avait beaucoup d'esprit, soit qu'on dise vrai, ou que ses malheurs aient fait croire cela de lui, sans qu'il ait pu en donner des marques : *Neque segnem ei fuisse indolem ferunt; sive verum, seu periculis commendatus retinuit famam sine experimento*[31].

Il ne faut pas s'étonner s'il n'a auprès de lui qu'un aussi méchant homme que Narcisse, car il y avait longtemps qu'on avait donné ordre qu'il n'y eût auprès de Britannicus que des gens qui n'eussent ni foi ni honneur : *Nam ut proximus quisque Britannico, neque fas neque fidem pensi haberet, olim provisum erat*[32].

Il me reste à parler de Junie. Il ne la faut pas confondre avec une vieille coquette qui s'appelait Junia Silana. C'est ici une autre Junie, que Tacite appelle Junia Calvina, de la famille d'Auguste, sœur de Silanus, à qui Claudius avait promis Octavie. Cette Junie était jeune, belle, et, comme dit Sénèque, *festivissima omnium puellarum.* Son frère et elle s'aimaient tendrement, et leurs ennemis, dit Tacite, les accusèrent tous deux d'inceste, quoiqu'ils ne fussent coupables que d'un peu d'indiscrétion. Elle vécut jusqu'au règne de Vespasien.

Je la fais entrer dans les vestales, quoique, selon Aulu-Gelle, on n'y reçût jamais personne au-dessous de six ans ni au-dessus de dix. Mais le peuple prend ici Junie sous sa protection. Et j'ai cru qu'en considération de sa naissance, de sa vertu et de son malheur, il pouvait la dispenser de l'âge prescrit par les lois, comme il a dispensé de l'âge pour le consulat tant de grands hommes qui avaient mérité ce privilège.

ACTEURS

NÉRON, empereur, fils d'Agrippine.
BRITANNICUS, fils de l'empereur Claudius.
AGRIPPINE, veuve de Domitius Enobarbus, père de Néron, et, en secondes noces, veuve de l'empereur Claudius.
JUNIE, amante de Britannicus.
BURRHUS, gouverneur de Néron.
NARCISSE, gouverneur de Britannicus.
ALBINE, confidente d'Agrippine.
Gardes.

La scène est à Rome, dans une chambre du palais de Néron.

BRITANNICUS

ACTE PREMIER

SCÈNE I

AGRIPPINE, ALBINE

ALBINE

Quoi ? tandis que Néron s'abandonne au sommeil,
Faut-il que vous veniez attendre son réveil ?
Qu'errant dans le palais sans suite et sans escorte,
La mère de César veille seule à sa porte ?
Madame, retournez dans votre appartement.

AGRIPPINE

Albine, il ne faut pas s'éloigner un moment.
Je veux l'attendre ici. Les chagrins qu'il me cause
M'occuperont assez tout le temps qu'il repose.
Tout ce que j'ai prédit n'est que trop assuré :
10 Contre Britannicus Néron s'est déclaré.
L'impatient Néron cesse de se contraindre ;
Las de se faire aimer, il veut se faire craindre.
Britannicus le gêne, Albine, et chaque jour
Je sens que je deviens importune à mon tour.

ALBINE

Quoi ? vous à qui Néron doit le jour qu'il respire,
Qui l'avez appelé de si loin à l'empire ?
Vous qui, déshéritant le fils de Claudius,

Avez nommé César l'heureux Domitius ?
Tout lui parle, Madame, en faveur d'Agrippine :
20 Il vous doit son amour.

AGRIPPINE

      Il me le doit, Albine ;
Tout, s'il est généreux, lui prescrit cette loi ;
Mais tout, s'il est ingrat, lui parle contre moi.

ALBINE

S'il est ingrat, Madame ? Ah ! toute sa conduite
Marque dans son devoir une âme trop instruite.
Depuis trois ans entiers, qu'a-t-il dit, qu'a-t-il fait
Qui ne promette à Rome un empereur parfait ?
Rome, depuis deux ans, par ses soins gouvernée,
Au temps de ses consuls croit être retournée :
Il la gouverne en père. Enfin, Néron naissant
30 A toutes les vertus d'Auguste vieillissant.

AGRIPPINE

Non, non, mon intérêt ne me rend point injuste :
Il commence, il est vrai, par où finit Auguste ;
Mais crains que l'avenir détruisant le passé,
Il ne finisse ainsi qu'Auguste a commencé.
Il se déguise en vain : je lis sur son visage
Des fiers Domitius l'humeur triste et sauvage ;
Il mêle avec l'orgueil qu'il a pris dans leur sang
La fierté des Nérons qu'il puisa dans mon flanc.
Toujours la tyrannie a d'heureuses prémices :
40 De Rome, pour un temps, Caïus[33] fut les délices ;
Mais sa feinte bonté se tournant en fureur,
Les délices de Rome en devinrent l'horreur.
Que m'importe, après tout, que Néron, plus fidèle,
D'une longue vertu laisse un jour le modèle ?
Ai-je mis dans sa main le timon de l'État
Pour le conduire au gré du peuple et du sénat ?
Ah ! que de la patrie il soit, s'il veut, le père ;
Mais qu'il songe un peu plus qu'Agrippine est sa mère.
De quel nom cependant pouvons-nous appeler
50 L'attentat que le jour vient de nous révéler ?
Il sait, car leur amour ne peut être ignorée,
Que de Britannicus Junie est adorée,

Et ce même Néron, que la vertu conduit,
Fait enlever Junie au milieu de la nuit !
Que veut-il ? Est-ce haine, est-ce amour qui l'inspire ?
Cherche-t-il seulement le plaisir de leur nuire ?
Ou plutôt n'est-ce point que sa malignité
Punit sur eux l'appui que je leur ai prêté ?

ALBINE

Vous, leur appui, Madame ?

AGRIPPINE

Arrête, chère Albine.
60 Je sais que j'ai moi seule avancé leur ruine ;
Que du trône, où le sang l'a dû faire monter,
Britannicus par moi s'est vu précipiter.
Par moi seule éloigné de l'hymen d'Octavie,
Le frère de Junie abandonna la vie,
Silanus, sur qui Claude avait jeté les yeux,
Et qui comptait Auguste au rang de ses aïeux.
Néron jouit de tout ; et moi, pour récompense,
Il faut qu'entre eux et lui je tienne la balance,
Afin que quelque jour, par une même loi,
70 Britannicus la tienne entre mon fils et moi.

ALBINE

Quel dessein !

AGRIPPINE

Je m'assure un port dans la tempête.
Néron m'échappera, si ce frein ne l'arrête.

ALBINE

Mais prendre contre un fils tant de soins superflus ?

AGRIPPINE

Je le craindrais bientôt, s'il ne me craignait plus.

ALBINE

Une injuste frayeur vous alarme peut-être.
Mais si Néron pour vous n'est plus ce qu'il doit être,
Du moins son changement ne vient pas jusqu'à nous,
Et ce sont des secrets entre César et vous.

Quelques titres nouveaux que Rome lui défère,
80 Néron n'en reçoit point qu'il ne donne à sa mère.
Sa prodigue amitié ne se réserve rien ;
Votre nom est dans Rome aussi saint que le sien.
A peine parle-t-on de la triste Octavie.
Auguste votre aïeul honora moins Livie.
Néron devant sa mère a permis le premier
Qu'on portât les faisceaux couronnés de laurier.
Quels effets voulez-vous de sa reconnaissance ?

AGRIPPINE

Un peu moins de respect, et plus de confiance.
Tous ces présents, Albine, irritent mon dépit.
90 Je vois mes honneurs croître et tomber mon crédit.
Non, non, le temps n'est plus que Néron, jeune encore,
Me renvoyait les vœux d'une cour qui l'adore,
Lorsqu'il se reposait sur moi de tout l'État,
Que mon ordre au palais assemblait le sénat,
Et que derrière un voile, invisible et présente,
J'étais de ce grand corps l'âme toute-puissante.
Des volontés de Rome alors mal assuré,
Néron de sa grandeur n'était point enivré.
Ce jour, ce triste jour frappe encor ma mémoire,
100 Où Néron fut lui-même ébloui de sa gloire,
Quand les ambassadeurs de tant de rois divers
Vinrent le reconnaître au nom de l'univers.
Sur son trône avec lui j'allais prendre ma place :
J'ignore quel conseil prépara ma disgrâce ;
Quoi qu'il en soit, Néron, d'aussi loin qu'il me vit,
Laissa sur son visage éclater son dépit.
Mon cœur même en conçut un malheureux augure.
L'ingrat, d'un faux respect colorant son injure,
Se leva par avance, et courant m'embrasser,
110 Il m'écarta du trône où je m'allais placer[34].
Depuis ce coup fatal, le pouvoir d'Agrippine
Vers sa chute à grands pas chaque jour s'achemine.
L'ombre seule m'en reste, et l'on n'implore plus
Que le nom de Sénèque et l'appui de Burrhus.

ALBINE

Ah ! si de ce soupçon votre âme est prévenue,
Pourquoi nourrissez-vous le venin qui vous tue ?
Daignez avec César vous éclaircir du moins.

AGRIPPINE

César ne me voit plus, Albine, sans témoins.
En public, à mon heure, on me donne audience ;
120 Sa réponse est dictée, et même son silence.
Je vois deux surveillants, ses maîtres et les miens,
Présider l'un ou l'autre à tous nos entretiens.
Mais je le poursuivrai d'autant plus qu'il m'évite :
De son désordre, Albine, il faut que je profite.
J'entends du bruit ; on ouvre. Allons subitement
Lui demander raison de cet enlèvement.
Surprenons, s'il se peut, les secrets de son âme.
Mais quoi ? déjà Burrhus sort de chez lui ?

SCÈNE II

AGRIPPINE, BURRHUS, ALBINE

BURRHUS

                                         Madame,
Au nom de l'empereur j'allais vous informer
130 D'un ordre qui d'abord a pu vous alarmer,
Mais qui n'est que l'effet d'une sage conduite,
Dont César a voulu que vous soyez instruite.

AGRIPPINE

Puisqu'il le veut, entrons : il m'en instruira mieux.

BURRHUS

César pour quelque temps s'est soustrait à nos yeux.
Déjà par une porte au public moins connue
L'un et l'autre consul vous avaient prévenue,
Madame. Mais souffrez que je retourne exprès...

AGRIPPINE

Non, je ne trouble point ses augustes secrets.
Cependant voulez-vous qu'avec moins de contrainte
140 L'un et l'autre une fois nous nous parlions sans feinte ?

BURRHUS

Burrhus pour le mensonge eut toujours trop d'horreur.

AGRIPPINE

Prétendez-vous longtemps me cacher l'empereur ?
Ne le verrai-je plus qu'à titre d'importune ?
Ai-je donc élevé si haut votre fortune
Pour mettre une barrière entre mon fils et moi ?
Ne l'osez-vous laisser un moment sur sa foi ?
Entre Sénèque et vous disputez-vous la gloire
A qui m'effacera plus tôt de sa mémoire ?
Vous l'ai-je confié pour en faire un ingrat,
150 Pour être, sous son nom, les maîtres de l'État ?
Certes, plus je médite, et moins je me figure
Que vous m'osiez compter pour votre créature,
Vous, dont j'ai pu laisser vieillir l'ambition
Dans les honneurs obscurs de quelque légion,
Et moi qui sur le trône ai suivi mes ancêtres,
Moi, fille, femme, sœur et mère de vos maîtres[35] !
Que prétendez-vous donc ? Pensez-vous que ma voix
Ait fait un empereur pour m'en imposer trois ?
Néron n'est plus enfant : n'est-il pas temps qu'il
[règne ?
160 Jusqu'à quand voulez-vous que l'empereur vous
[craigne ?
Ne saurait-il rien voir qu'il n'emprunte vos yeux ?
Pour se conduire, enfin, n'a-t-il pas ses aïeux ?
Qu'il choisisse, s'il veut, d'Auguste ou de Tibère,
Qu'il imite, s'il peut, Germanicus mon père.
Parmi tant de héros je n'ose me placer,
Mais il est des vertus que je lui puis tracer.
Je puis l'instruire au moins combien sa confidence
Entre un sujet et lui doit laisser de distance.

BURRHUS

Je ne m'étais chargé dans cette occasion
170 Que d'excuser César d'une seule action.
Mais puisque sans vouloir que je le justifie,
Vous me rendez garant du reste de sa vie,
Je répondrai, Madame, avec la liberté
D'un soldat qui sait mal farder la vérité.
Vous m'avez de César confié la jeunesse,
Je l'avoue, et je dois m'en souvenir sans cesse.

Mais vous avais-je fait serment de le trahir,
D'en faire un empereur qui ne sût qu'obéir ?
Non. Ce n'est plus à vous qu'il faut que j'en réponde,
180 Ce n'est plus votre fils, c'est le maître du monde.
J'en dois compte, Madame, à l'empire romain,
Qui croit voir son salut ou sa perte en ma main.
Ah ! si dans l'ignorance il le fallait instruire,
N'avait-on que Sénèque et moi pour le séduire ?
Pourquoi de sa conduite éloigner les flatteurs ?
Fallait-il dans l'exil chercher des corrupteurs ?
La cour de Claudius, en esclaves fertile,
Pour deux que l'on cherchait en eût présenté mille,
Qui tous auraient brigué l'honneur de l'avilir :
190 Dans une longue enfance ils l'auraient fait vieillir.
De quoi vous plaignez-vous, Madame ? On vous
Ainsi que par César, on jure par sa mère.   [révère ·
L'empereur, il est vrai, ne vient plus chaque jour
Mettre à vos pieds l'empire, et grossir votre cour.
Mais le doit-il, Madame ? et sa reconnaissance
Ne peut-elle éclater que dans sa dépendance ?
Toujours humble, toujours le timide Néron
N'ose-t-il être Auguste et César que de nom ?
Vous le dirai-je enfin ? Rome le justifie.
200 Rome, à trois affranchis si longtemps asservie[36],
A peine respirant du joug qu'elle a porté,
Du règne de Néron compte sa liberté.
Que dis-je ? la vertu semble même renaître.
Tout l'empire n'est plus la dépouille d'un maître :
Le peuple au champ de Mars nomme ses magistrats ;
César nomme les chefs sur la foi des soldats ;
Thraséas au sénat, Corbulon dans l'armée,
Sont encore innocents, malgré leur renommée ;
Les déserts, autrefois peuplés de sénateurs,
210 Ne sont plus habités que par leurs délateurs[37].
Qu'importe que César continue à nous croire,
Pourvu que nos conseils ne tendent qu'à sa gloire ;
Pourvu que dans le cours d'un règne florissant
Rome soit toujours libre, et César tout-puissant ?
Mais, Madame, Néron suffit pour se conduire.
J'obéis, sans prétendre à l'honneur de l'instruire.
Sur ses aïeux, sans doute, il n'a qu'à se régler ;
Pour bien faire, Néron n'a qu'à se ressembler :

Heureux si ses vertus, l'une à l'autre enchaînées,
220 Ramènent tous les ans ses premières années !

AGRIPPINE

Ainsi, sur l'avenir n'osant vous assurer,
Vous croyez que sans vous Néron va s'égarer.
Mais vous qui jusqu'ici content de votre ouvrage,
Venez de ses vertus nous rendre témoignage,
Expliquez-nous pourquoi, devenu ravisseur,
Néron de Silanus fait enlever la sœur ?
Ne tient-il qu'à marquer de cette ignominie
Le sang de mes aïeux qui brille dans Junie ?
De quoi l'accuse-t-il ? Et par quel attentat
230 Devient-elle en un jour criminelle d'État,
Elle qui sans orgueil jusqu'alors élevée,
N'aurait point vu Néron, s'il ne l'eût enlevée,
Et qui même aurait mis au rang de ses bienfaits
L'heureuse liberté de ne le voir jamais ?

BURRHUS

Je sais que d'aucun crime elle n'est soupçonnée ;
Mais jusqu'ici César ne l'a point condamnée,
Madame. Aucun objet ne blesse ici ses yeux :
Elle est dans un palais tout plein de ses aïeux.
Vous savez que les droits qu'elle porte avec elle
240 Peuvent de son époux faire un prince rebelle,
Que le sang de César ne se doit allier
Qu'à ceux à qui César le veut bien confier,
Et vous-même avouerez qu'il ne serait pas juste
Qu'on disposât sans lui de la nièce d'Auguste.

AGRIPPINE

Je vous entends : Néron m'apprend par votre voix
Qu'en vain Britannicus s'assure sur mon choix.
En vain, pour détourner ses yeux de sa misère,
J'ai flatté son amour d'un hymen qu'il espère.
A ma confusion, Néron veut faire voir
250 Qu'Agrippine promet par-delà son pouvoir.
Rome de ma faveur est trop préoccupée :
Il veut par cet affront qu'elle soit détrompée,
Et que tout l'univers apprenne avec terreur
A ne confondre plus mon fils et l'empereur.

Il le peut. Toutefois j'ose encore lui dire
Qu'il doit avant ce coup affermir son empire,
Et qu'en me réduisant à la nécessité
D'éprouver contre lui ma faible autorité,
Il expose la sienne, et que dans la balance
260 Mon nom peut-être aura plus de poids qu'il ne pense.

BURRHUS

Quoi Madame ? toujours soupçonner son respect ?
Ne peut-il faire un pas qui ne vous soit suspect ?
L'empereur vous croit-il du parti de Junie ?
Avec Britannicus vous croit-il réunie ?
Quoi ? de vos ennemis devenez-vous l'appui
Pour trouver un prétexte à vous plaindre de lui ?
Sur le moindre discours qu'on pourra vous redire,
Serez-vous toujours prête à partager l'empire ?
Vous craindrez-vous sans cesse, et vos embrassements
270 Ne se passeront-ils qu'en éclaircissements ?
Ah ! quittez d'un censeur la triste diligence ;
D'une mère facile affectez l'indulgence,
Souffrez quelques froideurs sans les faire éclater,
Et n'avertissez point la cour de vous quitter.

AGRIPPINE

Et qui s'honorerait de l'appui d'Agrippine,
Lorsque Néron lui-même annonce ma ruine ?
Lorsque de sa présence il semble me bannir ?
Quand Burrhus à sa porte ose me retenir ?

BURRHUS

Madame, je vois bien qu'il est temps de me taire,
280 Et que ma liberté commence à vous déplaire.
La douleur est injuste, et toutes les raisons
Qui ne la flattent point aigrissent ses soupçons.
Voici Britannicus. Je lui cède ma place.
Je vous laisse écouter et plaindre sa disgrâce,
Et peut-être, Madame, en accuser les soins
De ceux que l'empereur a consultés le moins.

SCÈNE III

AGRIPPINE, BRITANNICUS, NARCISSE, ALBINE

AGRIPPINE

Ah, Prince ! où courez-vous ? Quelle ardeur inquiète
Parmi vos ennemis en aveugle vous jette ?
Que venez-vous chercher ?

BRITANNICUS

                          Ce que je cherche ? Ah,
                                              [dieux !
290 Tout ce que j'ai perdu, Madame, est en ces lieux.
De mille affreux soldats Junie environnée
S'est vue en ce palais indignement traînée.
Hélas ! de quelle horreur ses timides esprits
A ce nouveau spectacle auront été surpris !
Enfin on me l'enlève. Une loi trop sévère
Va séparer deux cœurs qu'assemblait leur misère.
Sans doute on ne veut pas que mêlant nos douleurs
Nous nous aidions l'un l'autre à porter nos malheurs.

AGRIPPINE

Il suffit. Comme vous je ressens vos injures ;
300 Mes plaintes ont déjà précédé vos murmures.
Mais je ne prétends pas qu'un impuissant courroux
Dégage ma parole et m'acquitte envers vous.
Je ne m'explique point. Si vous voulez m'entendre,
Suivez-moi chez Pallas, où je vais vous attendre.

SCÈNE IV

BRITANNICUS, NARCISSE

BRITANNICUS

La croirai-je, Narcisse ? et dois-je sur sa foi
La prendre pour arbitre entre son fils et moi ?
Qu'en dis-tu ? N'est-ce pas cette même Agrippine
Que mon père épousa jadis pour sa ruine,
Et qui, si je t'en crois, a de ses derniers jours,
310 Trop lents pour ses desseins, précipité le cours ?

NARCISSE

N'importe. Elle se sent comme vous outragée ;
A vous donner Junie elle s'est engagée :
Unissez vos chagrins, liez vos intérêts.
Ce palais retentit en vain de vos regrets :
Tandis qu'on vous verra d'une voix suppliante
Semer ici la plainte et non pas l'épouvante,
Que vos ressentiments se perdront en discours,
Il n'en faut pas douter, vous vous plaindrez toujours.

BRITANNICUS

Ah ! Narcisse, tu sais si de la servitude
320 Je prétends faire encore une longue habitude ;
Tu sais si pour jamais, de ma chute étonné,
Je renonce à l'empire où j'étais destiné.
Mais je suis seul encor : les amis de mon père
Sont autant d'inconnus que glace ma misère,
Et ma jeunesse même écarte loin de moi
Tous ceux qui dans le cœur me réservent leur foi.
Pour moi, depuis un an qu'un peu d'expérience
M'a donné de mon sort la triste connaissance,
Que vois-je autour de moi, que des amis vendus
330 Qui sont de tous mes pas les témoins assidus,
Qui choisis par Néron pour ce commerce infâme,
Trafiquent avec lui des secrets de mon âme ?
Quoi qu'il en soit, Narcisse, on me vend tous les jours :
Il prévoit mes desseins, il entend mes discours ;
Comme toi, dans mon cœur, il sait ce qui se passe.
Que t'en semble, Narcisse ?

NARCISSE

          Ah ! quelle âme assez
          [basse...
C'est à vous de choisir des confidents discrets,
Seigneur, et de ne pas prodiguer vos secrets.

BRITANNICUS

Narcisse, tu dis vrai. Mais cette défiance
340 Est toujours d'un grand cœur la dernière science ;
On le trompe longtemps. Mais enfin je te croi,
Ou plutôt je fais vœu de ne croire que toi.
Mon père, il m'en souvient, m'assura de ton zèle.
Seul de ses affranchis tu m'es toujours fidèle ;

Tes yeux, sur ma conduite incessamment ouverts,
M'ont sauvé jusqu'ici de mille écueils couverts.
Va donc voir si le bruit de ce nouvel orage
Aura de nos amis excité le courage.
Examine leurs yeux, observe leurs discours,
350 Vois si j'en puis attendre un fidèle secours.
Surtout dans ce palais remarque avec adresse
Avec quel soin Néron fait garder la princesse :
Sache si du péril ses beaux yeux sont remis,
Et si son entretien m'est encore permis.
Cependant de Néron je vais trouver la mère
Chez Pallas, comme toi l'affranchi de mon père.
Je vais la voir, l'aigrir, la suivre et s'il se peut
M'engager sous son nom plus loin qu'elle ne veut.

ACTE DEUXIÈME

SCÈNE I

NÉRON, BURRHUS, NARCISSE, Gardes.

NÉRON

N'en doutez point, Burrhus : malgré ses injustices,
360 C'est ma mère, et je veux ignorer ses caprices.
Mais je ne prétends plus ignorer ni souffrir
Le ministre insolent qui les ose nourrir.
Pallas de ses conseils empoisonne ma mère ;
Il séduit, chaque jour, Britannicus mon frère,
Ils l'écoutent tout seul, et qui suivrait leurs pas
Les trouverait peut-être assemblés chez Pallas.
C'en est trop. De tous deux il faut que je l'écarte.
Pour la dernière fois, qu'il s'éloigne, qu'il parte ;
Je le veux, je l'ordonne ; et que la fin du jour
370 Ne le retrouve pas dans Rome ou dans ma cour.
Allez : cet ordre importe au salut de l'empire.
Vous, Narcisse, approchez. Et vous, qu'on se retire.

SCÈNE II

NÉRON, NARCISSE

NARCISSE

Grâces aux dieux, Seigneur, Junie entre vos mains
Vous assure aujourd'hui du reste des Romains.
Vos ennemis, déchus de leur vaine espérance,
Sont allés chez Pallas pleurer leur impuissance.
Mais que vois-je ? Vous-même, inquiet, étonné,
Plus que Britannicus paraissez consterné.
Que présage à mes yeux cette tristesse obscure
380 Et ces sombres regards errants à l'aventure ?
Tout vous rit : la fortune obéit à vos vœux.

NÉRON

Narcisse, c'en est fait, Néron est amoureux.

NARCISSE

Vous ?

NÉRON

        Depuis un moment, mais pour toute ma vie.
J'aime, que dis-je, aimer ? j'idolâtre Junie !

NARCISSE

Vous l'aimez ?

NÉRON

              Excité d'un désir curieux,
Cette nuit je l'ai vue arriver en ces lieux,
Triste, levant au ciel ses yeux mouillés de larmes,
Qui brillaient au travers des flambeaux et des armes,
Belle, sans ornements, dans le simple appareil
390 D'une beauté qu'on vient d'arracher au sommeil.
Que veux-tu ? Je ne sais si cette négligence,
Les ombres, les flambeaux, les cris et le silence,
Et le farouche aspect de ses fiers ravisseurs,
Relevaient de ses yeux les timides douceurs.
Quoi qu'il en soit, ravi d'une si belle vue,
J'ai voulu lui parler, et ma voix s'est perdue :
Immobile, saisi d'un long étonnement,
Je l'ai laissé passer dans son appartement.

J'ai passé dans le mien. C'est là que, solitaire,
400 De son image en vain j'ai voulu me distraire.
Trop présente à mes yeux, je croyais lui parler,
J'aimais jusqu'à ses pleurs que je faisais couler.
Quelquefois, mais trop tard, je lui demandais grâce ;
J'employais les soupirs, et même la menace.
Voilà comme, occupé de mon nouvel amour,
Mes yeux, sans se fermer, ont attendu le jour.
Mais je m'en fais peut-être une trop belle image ;
Elle m'est apparue avec trop d'avantage :
Narcisse, qu'en dis-tu ?

NARCISSE

Quoi, Seigneur ? croira-t-on
410 Qu'elle ait pu si longtemps se cacher à Néron ?

NÉRON

Tu le sais bien, Narcisse. Et soit que sa colère
M'imputât le malheur qui lui ravit son frère,
Soit que son cœur, jaloux d'une austère fierté,
Enviât à nos yeux sa naissante beauté,
Fidèle à sa douleur, et dans l'ombre enfermée,
Elle se dérobait même à sa renommée.
Et c'est cette vertu, si nouvelle à la cour,
Dont la persévérance irrite mon amour.
Quoi, Narcisse ? Tandis qu'il n'est point de Romaine
420 Que mon amour n'honore et ne rende plus vaine,
Qui dès qu'à ses regards elle ose se fier,
Sur le cœur de César ne les vienne essayer,
Seule dans son palais la modeste Junie
Regarde leurs honneurs comme une ignominie,
Fuit, et ne daigne pas peut-être s'informer
Si César est aimable ou bien s'il sait aimer ?
Dis-moi : Britannicus l'aime-t-il ?

NARCISSE

Quoi ! s'il l'aime,
Seigneur ?

NÉRON

Si jeune encor, se connaît-il lui-même ?
D'un regard enchanteur connaît-il le poison ?

NARCISSE

430 Seigneur, l'amour toujours n'attend pas la raison.
N'en doutez point, il l'aime. Instruits par tant de
                                          [charmes,
Ses yeux sont déjà faits à l'usage des larmes.
A ses moindres désirs il sait s'accommoder,
Et peut-être déjà sait-il persuader.

NÉRON

Que dis-tu ? Sur son cœur il aurait quelque empire ?

NARCISSE

Je ne sais. Mais, Seigneur, ce que je puis vous dire,
Je l'ai vu quelquefois s'arracher de ces lieux,
Le cœur plein d'un courroux qu'il cachait à vos yeux,
D'une cour qui le fuit pleurant l'ingratitude,
440 Las de votre grandeur et de sa servitude,
Entre l'impatience et la crainte flottant ;
Il allait voir Junie, et revenait content.

NÉRON

D'autant plus malheureux qu'il aura su lui plaire,
Narcisse, il doit plutôt souhaiter sa colère.
Néron impunément ne sera pas jaloux.

NARCISSE

Vous ? Et de quoi, Seigneur, vous inquiétez-vous ?
Junie a pu le plaindre et partager ses peines :
Elle n'a vu couler de larmes que les siennes.
Mais aujourd'hui, Seigneur, que ses yeux dessillés
450 Regardant de plus près l'éclat dont vous brillez,
Verront autour de vous les rois sans diadème,
Inconnus dans la foule, et son amant lui-même,
Attachés sur vos yeux s'honorer d'un regard
Que vous aurez sur eux fait tomber au hasard ;
Quand elle vous verra, de ce degré de gloire,
Venir en soupirant avouer sa victoire,
Maître, n'en doutez point, d'un cœur déjà charmé,
Commandez qu'on vous aime, et vous serez aimé.

NÉRON

A combien de chagrins il faut que je m'apprête !
460 Que d'importunités !

NARCISSE

Quoi donc ? Qui vous arrête,
Seigneur ?

NÉRON

Tout : Octavie, Agrippine, Burrhus,
Sénèque, Rome entière, et trois ans de vertus.
Non que pour Octavie un reste de tendresse
M'attache à son hymen et plaigne sa jeunesse :
Mes yeux, depuis longtemps fatigués de ses soins,
Rarement de ses pleurs daignent être témoins ;
Trop heureux, si bientôt la faveur d'un divorce
Me soulageait d'un joug qu'on m'imposa par force !
Le ciel même en secret semble la condamner :
470 Ses vœux, depuis quatre ans, ont beau l'importuner,
Les dieux ne montrent point que sa vertu les touche :
D'aucun gage, Narcisse, ils n'honorent sa couche ;
L'empire vainement demande un héritier.

NARCISSE

Que tardez-vous, Seigneur, à la répudier ?
L'empire, votre cœur, tout condamne Octavie.
Auguste, votre aïeul, soupirait pour Livie :
Par un double divorce ils s'unirent tous deux,
Et vous devez l'empire à ce divorce heureux [38].
Tibère, que l'hymen plaça dans sa famille,
480 Osa bien à ses yeux répudier sa fille [39].
Vous seul, jusques ici contraire à vos désirs,
N'osez par un divorce assurer vos plaisirs.

NÉRON

Et ne connais-tu pas l'implacable Agrippine ?
Mon amour inquiet déjà se l'imagine
Qui m'amène Octavie, et d'un œil enflammé
Atteste les saints droits d'un nœud qu'elle a formé ;
Et portant à mon cœur des atteintes plus rudes,
Me fait un long récit de mes ingratitudes.
De quel front soutenir ce fâcheux entretien ?

NARCISSE

490 N'êtes-vous pas, Seigneur, votre maître et le sien ?
Vous verrons-nous toujours trembler sous sa tutelle ?

Vivez, régnez pour vous : c'est trop régner pour elle.
Craignez-vous ? Mais, Seigneur, vous ne la craignez
                                        [pas :
Vous venez de bannir le superbe Pallas,
Pallas, dont vous savez qu'elle soutient l'audace.

NÉRON

Éloigné de ses yeux, j'ordonne, je menace,
J'écoute vos conseils, j'ose les approuver ;
Je m'excite contre elle, et tâche à la braver :
Mais (je t'expose ici mon âme toute nue)
500 Sitôt que mon malheur me ramène à sa vue,
Soit que je n'ose encor démentir le pouvoir
De ces yeux où j'ai lu si longtemps mon devoir ;
Soit qu'à tant de bienfaits ma mémoire fidèle
Lui soumette en secret tout ce que je tiens d'elle,
Mais enfin mes efforts ne me servent de rien :
Mon génie étonné tremble devant le sien.
Et c'est pour m'affranchir de cette dépendance,
Que je la fuis partout, que même je l'offense,
Et que de temps en temps j'irrite ses ennuis,
510 Afin qu'elle m'évite autant que je la fuis.
Mais je t'arrête trop. Retire-toi, Narcisse ;
Britannicus pourrait t'accuser d'artifice.

NARCISSE

Non, non ; Britannicus s'abandonne à ma foi ;
Par son ordre, Seigneur, il croit que je vous vois,
Que je m'informe ici de tout ce qui le touche,
Et veut de vos secrets être instruit par ma bouche.
Impatient surtout de revoir ses amours,
Il attend de mes soins ce fidèle secours.

NÉRON

J'y consens ; porte-lui cette douce nouvelle :
520 Il la verra.

NARCISSE

Seigneur, bannissez-le loin d'elle.

NÉRON

J'ai mes raisons, Narcisse ; et tu peux concevoir
Que je lui vendrai cher le plaisir de la voir.

Cependant vante-lui ton heureux stratagème,
Dis-lui qu'en sa faveur on me trompe moi-même,
Qu'il la voit sans mon ordre. On ouvre : la voici.
Va retrouver ton maître, et l'amener ici.

SCÈNE III

NÉRON, JUNIE

NÉRON

Vous vous troublez, Madame, et changez de visage.
Lisez-vous dans mes yeux quelque triste présage ?

JUNIE

Seigneur, je ne vous puis déguiser mon erreur :
530 J'allais voir Octavie, et non pas l'empereur.

NÉRON

Je le sais bien, Madame, et n'ai pu sans envie
Apprendre vos bontés pour l'heureuse Octavie.

JUNIE

Vous, Seigneur ?

NÉRON

Pensez-vous, Madame, qu'en ces lieux,
Seule pour vous connaître Octavie ait des yeux ?

JUNIE

Et quel autre, Seigneur, voulez-vous que j'implore ?
A qui demanderai-je un crime que j'ignore ?
Vous qui le punissez, vous ne l'ignorez pas :
De grâce, apprenez-moi, Seigneur, mes attentats.

NÉRON

Quoi, Madame ? est-ce donc une légère offense
540 De m'avoir si longtemps caché votre présence ?
Ces trésors dont le ciel voulut vous embellir,
Les avez-vous reçus pour les ensevelir ?
L'heureux Britannicus verra-t-il sans alarmes
Croître, loin de nos yeux, son amour et vos charmes ?
Pourquoi, de cette gloire exclus jusqu'à ce jour,

M'avez-vous, sans pitié, relégué dans ma cour ?
On dit plus : vous souffrez sans en être offensée
Qu'il vous ose, Madame, expliquer sa pensée.
Car je ne croirai point que sans me consulter
550 La sévère Junie ait voulu le flatter,
Ni qu'elle ait consenti d'aimer et d'être aimée,
Sans que j'en sois instruit que par la renommée.

JUNIE

Je ne vous nierai point, Seigneur, que ses soupirs
M'ont daigné quelquefois expliquer ses désirs.
Il n'a point détourné ses regards d'une fille,
Seul reste du débris d'une illustre famille.
Peut-être il se souvient qu'en un temps plus heureux
Son père me nomma pour l'objet de ses vœux.
Il m'aime ; il obéit à l'empereur son père,
560 Et j'ose dire encore, à vous, à votre mère :
Vos désirs sont toujours si conformes aux siens...

NÉRON

Ma mère a ses desseins, Madame, et j'ai les miens.
Ne parlons plus ici de Claude et d'Agrippine :
Ce n'est point par leur choix que je me détermine.
C'est à moi seul, Madame, à répondre de vous,
Et je veux de ma main vous choisir un époux.

JUNIE

Ah ! Seigneur songez-vous que toute autre alliance
Fera honte aux Césars, auteurs de ma naissance ?

NÉRON

Non, Madame, l'époux dont je vous entretiens
570 Peut sans honte assembler vos aïeux et les siens,
Vous pouvez, sans rougir, consentir à sa flamme.

JUNIE

Et quel est donc, Seigneur, cet époux ?

NÉRON

                    Moi, madame.

JUNIE

Vous ?

NÉRON

Je vous nommerais, Madame, un autre nom,
Si j'en savais quelque autre au-dessus de Néron.
Oui, pour vous faire un choix où vous puissiez sous-
[crire,
J'ai parcouru des yeux la cour, Rome et l'empire.
Plus j'ai cherché, Madame, et plus je cherche encor
En quelles mains je dois confier ce trésor,
Plus je vois que César, digne seul de vous plaire,
580 En doit être lui seul l'heureux dépositaire,
Et ne peut dignement vous confier qu'aux mains
A qui Rome a commis l'empire des humains.
Vous-même, consultez vos premières années :
Claudius à son fils les avait destinées,
Mais c'était en un temps où de l'empire entier
Il croyait quelque jour le nommer l'héritier.
Les dieux ont prononcé. Loin de leur contredire,
C'est à vous de passer du côté de l'empire.
En vain de ce présent ils m'auraient honoré,
590 Si votre cœur devait en être séparé,
Si tant de soins ne sont adoucis par vos charmes,
Si tandis que je donne aux veilles, aux alarmes,
Des jours toujours à plaindre et toujours enviés,
Je ne vais quelquefois respirer à vos pieds.
Qu'Octavie à vos yeux ne fasse point d'ombrage :
Rome, aussi bien que moi, vous donne son suffrage,
Répudie Octavie, et me fait dénouer
Un hymen que le ciel ne veut point avouer.
Songez-y donc, Madame, et pesez en vous-même
600 Ce choix digne des soins d'un prince qui vous aime,
Digne de vos beaux yeux trop longtemps captivés,
Digne de l'univers à qui vous vous devez.

JUNIE

Seigneur, avec raison je demeure étonnée.
Je me vois, dans le cours d'une même journée,
Comme une criminelle amenée en ces lieux ;
Et lorsque avec frayeur je parais à vos yeux,
Que sur mon innocence à peine je me fie,

Vous m'offrez tout d'un coup la place d'Octavie.
J'ose dire pourtant que je n'ai mérité
610 Ni cet excès d'honneur, ni cette indignité.
Et pouvez-vous, Seigneur, souhaiter qu'une fille
Qui vit presque en naissant éteindre sa famille,
Qui dans l'obscurité nourrissant sa douleur,
S'est fait une vertu conforme à son malheur,
Passe subitement de cette nuit profonde
Dans un rang qui l'expose aux yeux de tout le monde,
Dont je n'ai pu de loin soutenir la clarté,
Et dont une autre enfin remplit la majesté ?

NÉRON

Je vous ai déjà dit que je la répudie.
620 Ayez moins de frayeur, ou moins de modestie.
N'accusez point ici mon choix d'aveuglement ;
Je vous réponds de vous ; consentez seulement.
Du sang dont vous sortez rappelez la mémoire,
Et ne préférez point à la solide gloire
Des honneurs dont César prétend vous revêtir,
La gloire d'un refus sujet au repentir.

JUNIE

Le ciel connaît, Seigneur, le fond de ma pensée.
Je ne me flatte point d'une gloire insensée :
Je sais de vos présents mesurer la grandeur ;
630 Mais plus ce rang sur moi répandrait de splendeur,
Plus il me ferait honte, et mettrait en lumière
Le crime d'en avoir dépouillé l'héritière[40].

NÉRON

C'est de ses intérêts prendre beaucoup de soin,
Madame ; et l'amitié ne peut aller plus loin.
Mais ne nous flattons point, et laissons le mystère :
La sœur vous touche ici beaucoup moins que le frère,
Et pour Britannicus...

JUNIE

Il a su me toucher,
Seigneur, et je n'ai point prétendu m'en cacher.
Cette sincérité sans doute est peu discrète ;
640 Mais toujours de mon cœur ma bouche est l'interprète.

Absente de la cour, je n'ai pas dû penser,
Seigneur, qu'en l'art de feindre il fallût m'exercer.
J'aime Britannicus. Je lui fus destinée
Quand l'empire devait suivre son hyménée :
Mais ces mêmes malheurs qui l'en ont écarté,
Ses honneurs abolis, son palais déserté,
La fuite d'une cour que sa chute a bannie,
Sont autant de liens qui retiennent Junie.
Tout ce que vous voyez conspire à vos désirs ;
650 Vos jours toujours sereins coulent dans les plaisirs :
L'empire en est pour vous l'inépuisable source ;
Ou, si quelque chagrin en interrompt la course,
Tout l'univers soigneux de les entretenir
S'empresse à l'effacer de votre souvenir.
Britannicus est seul. Quelque ennui qui le presse,
Il ne voit, dans son sort, que moi qui s'intéresse,
Et n'a pour tout plaisir, Seigneur, que quelques pleurs
Qui lui font quelquefois oublier ses malheurs.

NÉRON

Et ce sont ces plaisirs et ces pleurs que j'envie,
660 Que tout autre que lui me paierait de sa vie.
Mais je garde à ce prince un traitement plus doux :
Madame, il va bientôt paraître devant vous.

JUNIE

Ah ! Seigneur, vos vertus m'ont toujours rassurée

NÉRON

Je pouvais de ces lieux lui défendre l'entrée ;
Mais, Madame, je veux prévenir le danger
Où son ressentiment le pourrait engager.
Je ne veux point le perdre. Il vaut mieux que lui-même
Entende son arrêt de la bouche qu'il aime.
Si ses jours vous sont chers, éloignez-le de vous,
670 Sans qu'il ait aucun lieu de me croire jaloux.
De son bannissement prenez sur vous l'offense,
Et soit par vos discours, soit par votre silence,
Du moins par vos froideurs, faites-lui concevoir
Qu'il doit porter ailleurs ses vœux et son espoir.

JUNIE

Moi ! que je lui prononce un arrêt si sévère ?
Ma bouche mille fois lui jura le contraire.
Quand même jusque-là je pourrais me trahir,
Mes yeux lui défendront, Seigneur, de m'obéir.

NÉRON

Caché près de ces lieux, je vous verrai, Madame.
680 Renfermez votre amour dans le fond de votre âme.
Vous n'aurez point pour moi de langages secrets :
J'entendrai des regards que vous croirez muets,
Et sa perte sera l'infaillible salaire
D'un geste ou d'un soupir échappé pour lui plaire.

JUNIE

Hélas ! si j'ose encor former quelques souhaits,
Seigneur, permettez-moi de ne le voir jamais !

SCÈNE IV

NÉRON, JUNIE, NARCISSE

NARCISSE

Britannicus, Seigneur, demande la princesse :
Il approche.

NÉRON

Qu'il vienne.

JUNIE

Ah ! Seigneur.

NÉRON

Je vous laisse
Sa fortune dépend de vous plus que de moi.
690 Madame, en le voyant, songez que je vous voi.

SCÈNE V

JUNIE, NARCISSE

JUNIE

Ah ! cher Narcisse, cours au-devant de ton maître ;
Dis-lui... Je suis perdue, et je le vois paraître.

SCÈNE VI

JUNIE, BRITANNICUS, NARCISSE

BRITANNICUS

Madame, quel bonheur me rapproche de vous ?
Quoi ? je puis donc jouir d'un entretien si doux ?
Mais parmi ce plaisir, quel chagrin me dévore !
Hélas ! puis-je espérer de vous revoir encore ?
Faut-il que je dérobe, avec mille détours,
Un bonheur que vos yeux m'accordaient tous les
                                          [jours ?
Quelle nuit ! quel réveil ! Vos pleurs, votre présence
700 N'ont point de ces cruels désarmé l'insolence ?
Que faisait votre amant ? Quel démon envieux
M'a refusé l'honneur de mourir à vos yeux ?
Hélas ! dans la frayeur dont vous étiez atteinte,
M'avez-vous en secret adressé quelque plainte ?
Ma princesse, avez-vous daigné me souhaiter ?
Songiez-vous aux douleurs que vous m'alliez coûter ?
Vous ne me dites rien ? Quel accueil ! Quelle glace !
Est-ce ainsi que vos yeux consolent ma disgrâce ?
Parlez : nous sommes seuls. Notre ennemi trompé
710 Tandis que je vous parle est ailleurs occupé.
Ménageons les moments[41] de cette heureuse absence.

JUNIE

Vous êtes en des lieux tout pleins de sa puissance.
Ces murs mêmes[42], Seigneur, peuvent avoir des yeux,
Et jamais l'empereur n'est absent de ces lieux.

BRITANNICUS

Et depuis quand, Madame, êtes-vous si craintive ?
Quoi ? déjà votre amour souffre qu'on le captive ?
Qu'est devenu ce cœur qui me jurait toujours

De faire à Néron même envier nos amours ?
Mais bannissez, Madame, une inutile crainte.
720 La foi dans tous les cœurs n'est pas encore éteinte ;
Chacun semble des yeux approuver mon courroux :
La mère de Néron se déclare pour nous ;
Rome, de sa conduite elle-même offensée...

JUNIE

Ah ! Seigneur, vous parlez contre votre pensée.
Vous-même, vous m'avez avoué mille fois
Que Rome le louait d'une commune voix ;
Toujours à sa vertu vous rendiez quelque hommage.
Sans doute la douleur vous dicte ce langage.

BRITANNICUS

Ce discours me surprend, il le faut avouer.
730 Je ne vous cherchais pas pour l'entendre louer.
Quoi ? pour vous confier la douleur qui m'accable,
A peine je dérobe un moment favorable,
Et ce moment si cher, Madame, est consumé
A louer l'ennemi dont je suis opprimé ?
Qui vous rend à vous-même, en un jour, si contraire ?
Quoi ! même vos regards ont appris à se taire ?
Que vois-je ? Vous craignez de rencontrer mes yeux ?
Néron vous plairait-il ? Vous serais-je odieux ?
Ah ! si je le croyais... Au nom des dieux, Madame,
740 Éclaircissez le trouble où vous jetez mon âme.
Parlez. Ne suis-je plus dans votre souvenir ?

JUNIE

Retirez-vous, Seigneur ; l'empereur va venir.

BRITANNICUS

Après ce coup, Narcisse, à qui dois-je m'attendre ?

SCÈNE VII

NÉRON, JUNIE, NARCISSE

NÉRON

Madame.

JUNIE

Non, Seigneur, je ne puis rien entendre.
Vous êtes obéi. Laissez couler du moins
Des larmes dont ses yeux ne seront pas témoins.

SCÈNE VIII

NÉRON, NARCISSE

NÉRON

Eh bien ! de leur amour tu vois la violence,
Narcisse : elle a paru jusque dans son silence !
Elle aime mon rival, je ne puis l'ignorer ;
750 Mais je mettrai ma joie à le désespérer.
Je me fais de sa peine une image charmante,
Et je l'ai vu douter du cœur de son amante.
Je la suis. Mon rival t'attend pour éclater :
Par de nouveaux soupçons, va, cours le tourmenter.
Et tandis qu'à mes yeux on le pleure, on l'adore,
Fais-lui payer bien cher un bonheur qu'il ignore.

NARCISSE, *seul.*

La fortune t'appelle une seconde fois,
Narcisse : voudrais-tu résister à sa voix ?
Suivons jusques au bout ses ordres favorables ;
760 Et pour nous rendre heureux, perdons les miséra-
[bles[43].

ACTE TROISIÈME

SCÈNE I[44]

NÉRON, BURRHUS

BURRHUS

Pallas obéira, Seigneur.

NÉRON

Et de quel œil
Ma mère a-t-elle vu confondre son orgueil ?

BURRHUS

Ne doutez point, Seigneur, que ce coup ne la frappe,
Qu'en reproches bientôt sa douleur ne s'échappe.
Ses transports dès longtemps commencent d'éclater.
A d'inutiles cris puissent-ils s'arrêter !

NÉRON

Quoi ? de quelque dessein la croyez-vous capable ?

BURRHUS

Agrippine, Seigneur, est toujours redoutable.
Rome et tous vos soldats révèrent ses aïeux ;
770 Germanicus son père est présent à leurs yeux.
Elle sait son pouvoir ; vous savez son courage ;
Et ce qui me la fait redouter davantage,
C'est que vous appuyez vous-même son courroux
Et que vous lui donnez des armes contre vous.

NÉRON

Moi, Burrhus ?

BURRHUS

                    Cet amour, Seigneur, qui vous possède..

NÉRON

Je vous entends, Burrhus. Le mal est sans remède.
Mon cœur s'en est plus dit que vous ne m'en direz ;
Il faut que j'aime enfin.

BURRHUS

                              Vous vous le figurez,
Seigneur ; et satisfait de quelque résistance,
780 Vous redoutez un mal faible dans sa naissance.
Mais si, dans son devoir, votre cœur affermi
Voulait ne point s'entendre avec son ennemi,
Si de vos premiers ans vous consultiez la gloire,
Si vous daigniez, Seigneur, rappeler la mémoire
Des vertus d'Octavie indignes de ce prix,
Et de son chaste amour vainqueur de vos mépris,
Surtout si, de Junie évitant la présence,
Vous condamniez vos yeux à quelques jours d'ab-
                                              [sence,

Croyez-moi, quelque amour qui semble vous charmer,
790 On n'aime point, Seigneur, si l'on ne veut aimer.

NÉRON

Je vous croirai, Burrhus, lorsque dans les alarmes
Il faudra soutenir la gloire de nos armes,
Ou lorsque, plus tranquille, assis dans le sénat,
Il faudra décider du destin de l'État :
Je m'en reposerai sur votre expérience.
Mais, croyez-moi, l'amour est une autre science,
Burrhus, et je ferais quelque difficulté
D'abaisser jusque-là votre sévérité.
Adieu. Je souffre trop, éloigné de Junie.

SCÈNE II

BURRHUS, *seul.*

800 Enfin, Burrhus, Néron découvre son génie :
Cette férocité que tu croyais fléchir,
De tes faibles liens est prête à s'affranchir.
En quels excès peut-être elle va se répandre !
O dieux ! en ce malheur quel conseil dois-je prendre ?
Sénèque, dont les soins me devraient soulager,
Occupé loin de Rome, ignore ce danger.
Mais quoi ? si d'Agrippine excitant la tendresse
Je pouvais... La voici : mon bonheur me l'adresse.

SCÈNE III

AGRIPPINE, BURRHUS, ALBINE

AGRIPPINE

Eh bien ! je me trompais, Burrhus, dans mes soup-
810 Et vous vous signalez par d'illustres leçons !   [çons ?
On exile Pallas, dont le crime peut-être
Est d'avoir à l'empire élevé votre maître.
Vous le savez trop bien : jamais, sans ses avis,
Claude qu'il gouvernait n'eût adopté mon fils.
Que dis-je ? A son épouse on donne une rivale ;
On affranchit Néron de la foi conjugale !

Digne emploi d'un ministre ennemi des flatteurs,
Choisi pour mettre un frein à ses jeunes ardeurs,
De les flatter lui-même, et nourrir dans son âme
820 Le mépris de sa mère et l'oubli de sa femme !

BURRHUS

Madame, jusqu'ici c'est trop tôt m'accuser.
L'empereur n'a rien fait qu'on ne puisse excuser.
N'imputez qu'à Pallas un exil nécessaire :
Son orgueil dès longtemps exigeait ce salaire,
Et l'empereur ne fait qu'accomplir à regret
Ce que toute la cour demandait en secret.
Le reste est un malheur qui n'est point sans res-
                                        [source :
Des larmes d'Octavie on peut tarir la source.
Mais calmez vos transports. Par un chemin plus doux,
830 Vous lui pourrez plus tôt ramener son époux :
Les menaces, les cris le rendront plus farouche.

AGRIPPINE

Ah ! l'on s'efforce en vain de me fermer la bouche.
Je vois que mon silence irrite vos dédains,
Et c'est trop respecter l'ouvrage de mes mains.
Pallas n'emporte pas tout l'appui d'Agrippine :
Le ciel m'en laisse assez pour venger ma ruine.
Le fils de Claudius commence à ressentir
Des crimes dont je n'ai que le seul repentir.
J'irai, n'en doutez point, le montrer à l'armée,
840 Plaindre aux yeux des soldats son enfance opprimée,
Leur faire, à mon exemple, expier leur erreur.
On verra d'un côté le fils d'un empereur
Redemandant la foi jurée à sa famille,
Et de Germanicus on entendra la fille ;
De l'autre, l'on verra le fils d'Ænobarbus,
Appuyé de Sénèque et du tribun Burrhus,
Qui tous deux, de l'exil rappelés par moi-même,
Partagent à mes yeux l'autorité suprême.
De nos crimes communs je veux qu'on soit instruit ;
850 On saura les chemins par où je l'ai conduit.
Pour rendre sa puissance et la vôtre odieuses,
J'avouerai les rumeurs les plus injurieuses :

Je confesserai tout, exils, assassinats,
Poison même...

BURRHUS

                    Madame, ils ne vous croiront pas.
Ils sauront récuser l'injuste stratagème
D'un témoin irrité qui s'accuse lui-même.
Pour moi, qui le premier secondai vos desseins,
Qui fis même jurer l'armée entre ses mains,
Je ne me repens point de ce zèle sincère.
860 Madame, c'est un fils qui succède à son père.
En adoptant Néron, Claudius par son choix
De son fils et du vôtre a confondu les droits.
Rome l'a pu choisir. Ainsi, sans être injuste,
Elle choisit Tibère adopté par Auguste ;
Et le jeune Agrippa [45], de son sang descendu,
Se vit exclu du rang vainement prétendu.
Sur tant de fondements sa puissance établie
Par vous-même aujourd'hui ne peut être affaiblie :
Et s'il m'écoute encor, Madame, sa bonté
870 Vous en fera bientôt perdre la volonté.
J'ai commencé, je vais poursuivre mon ouvrage.

SCÈNE IV

AGRIPPINE, ALBINE

ALBINE

Dans quel emportement la douleur vous engage,
Madame ! L'empereur puisse-t-il l'ignorer !

AGRIPPINE

Ah ! lui-même à mes yeux puisse-t-il se montrer !

ALBINE

Madame, au nom des dieux, cachez votre colère.
Quoi ? pour les intérêts de la sœur ou du frère,
Faut-il sacrifier le repos de vos jours ?
Contraindrez-vous César jusque dans ses amours ?

AGRIPPINE

Quoi ? tu ne vois donc pas jusqu'où l'on me ravale,
880 Albine ? C'est à moi qu'on donne une rivale.

Bientôt, si je ne romps ce funeste lien,
Ma place est occupée et je ne suis plus rien.
Jusqu'ici d'un vain titre Octavie honorée,
Inutile à la cour, en était ignorée.
Les grâces, les honneurs, par moi seule versés,
M'attiraient des mortels les vœux intéressés.
Une autre de César a surpris la tendresse :
Elle aura le pouvoir d'épouse et de maîtresse,
Le fruit de tant de soins, la pompe des Césars,
890 Tout deviendra le prix d'un seul de ses regards.
Que dis-je ? l'on m'évite, et déjà délaissée...
Ah ! je ne puis, Albine, en souffrir la pensée.
Quand je devrais du ciel hâter l'arrêt fatal,
Néron, l'ingrat Néron... Mais voici son rival.

SCÈNE V

BRITANNICUS, AGRIPPINE, NARCISSE, ALBINE

BRITANNICUS

Nos ennemis communs ne sont pas invincibles,
Madame, nos malheurs trouvent des cœurs sensibles.
Vos amis et les miens, jusqu'alors si secrets,
Tandis que nous perdions le temps en vains regrets,
Animés du courroux qu'allume l'injustice,
900 Viennent de confier leur douleur à Narcisse.
Néron n'est pas encor tranquille possesseur
De l'ingrate qu'il aime au mépris de ma sœur.
Si vous êtes toujours sensible à son injure,
On peut dans son devoir ramener le parjure.
La moitié du sénat s'intéresse pour nous :
Sylla, Pison, Plautus...

AGRIPPINE

Prince, que dites-vous ?
Sylla, Pison, Plautus ! les chefs de la noblesse !

BRITANNICUS

Madame, je vois bien que ce discours vous blesse ;
Et que votre courroux, tremblant, irrésolu,
910 Craint déjà d'obtenir tout ce qu'il a voulu.
Non, vous avez trop bien établi ma disgrâce :

D'aucun ami pour moi ne redoutez l'audace.
Il ne m'en reste plus, et vos soins trop prudents
Les ont tous écartés ou séduits dès longtemps.

AGRIPPINE

Seigneur, à vos soupçons donnez moins de créance :
Notre salut dépend de notre intelligence.
J'ai promis, il suffit. Malgré vos ennemis,
Je ne révoque rien de ce que j'ai promis.
Le coupable Néron fuit en vain ma colère :
920 Tôt ou tard il faudra qu'il entende sa mère.
J'essaierai tour à tour la force et la douceur,
Ou moi-même, avec moi conduisant votre sœur,
J'irai semer partout ma crainte et ses alarmes,
Et ranger tous les cœurs du parti de ses larmes.
Adieu. J'assiégerai Néron de toutes parts.
Vous, si vous m'en croyez, évitez ses regards.

SCÈNE VI

BRITANNICUS, NARCISSE

BRITANNICUS

Ne m'as-tu point flatté d'une fausse espérance ?
Puis-je sur ton récit fonder quelque assurance,
Narcisse ?

NARCISSE

          Oui. Mais, Seigneur, ce n'est pas en ces lieux
930 Qu'il faut développer ce mystère à vos yeux.
Sortons. Qu'attendez-vous ?

BRITANNICUS

                          Ce que j'attends, Narcisse ?
Hélas !

NARCISSE

Expliquez-vous.

BRITANNICUS

                Si par ton artifice,
Je pouvais revoir...

NARCISSE

Qui ?

BRITANNICUS

J'en rougis. Mais enfin
D'un cœur moins agité j'attendrais mon destin.

NARCISSE

Après tous mes discours, vous la croyez fidèle ?

BRITANNICUS

Non, je la crois, Narcisse, ingrate, criminelle,
Digne de mon courroux ; mais je sens, malgré moi,
Que je ne le crois pas autant que je le doi.
Dans ses égarements mon cœur opiniâtre
940 Lui prête des raisons, l'excuse, l'idolâtre.
Je voudrais vaincre enfin mon incrédulité
Je la voudrais haïr avec tranquillité.
Et qui croira qu'un cœur si grand en apparence,
D'une infidèle cour ennemi dès l'enfance,
Renonce à tant de gloire, et dès le premier jour
Trame une perfidie inouïe à la cour ?

NARCISSE

Et qui sait si l'ingrate, en sa longue retraite,
N'a point de l'empereur médité la défaite ?
Trop sûre que ses yeux ne pouvaient se cacher,
950 Peut-être elle fuyait pour se faire chercher,
Pour exciter Néron par la gloire pénible
De vaincre une fierté jusqu'alors invincible.

BRITANNICUS

Je ne la puis donc voir ?

NARCISSE

Seigneur, en ce moment
Elle reçoit les vœux de son nouvel amant.

BRITANNICUS

Eh bien ! Narcisse, allons. Mais que vois-je ? C'est elle.

NARCISSE

Ah! dieux! A l'empereur portons cette nouvelle.

SCÈNE VII

BRITANNICUS, JUNIE

JUNIE

Retirez-vous, Seigneur, et fuyez un courroux
Que ma persévérance allume contre vous.
Néron est irrité. Je me suis échappée
960 Tandis qu'à l'arrêter sa mère est occupée.
Adieu; réservez-vous, sans blesser mon amour,
Au plaisir de me voir justifier un jour;
Votre image sans cesse est présente à mon âme :
Rien ne l'en peut bannir.

BRITANNICUS

Je vous entends, Madame;
Vous voulez que ma fuite assure vos désirs,
Que je laisse un champ libre à vos nouveaux soupirs.
Sans doute, en me voyant, une pudeur secrète
Ne vous laisse goûter qu'une joie inquiète.
Eh bien! il faut partir.

JUNIE

Seigneur, sans m'imputer...

BRITANNICUS

970 Ah! vous deviez du moins plus longtemps disputer.
Je ne murmure point qu'une amitié commune
Se range du parti que flatte la fortune;
Que l'éclat d'un empire ait pu vous éblouir;
Qu'aux dépens de ma sœur vous en vouliez jouir;
Mais que de ces grandeurs comme une autre occupée
Vous m'en ayez paru si longtemps détrompée,
Non, je l'avoue encor, mon cœur désespéré
Contre ce seul malheur n'était point préparé.
J'ai vu sur ma ruine élever l'injustice;
980 De mes persécuteurs j'ai vu le ciel complice;
Tant d'horreurs n'avaient point épuisé son courroux,
Madame; il me restait d'être oublié de vous.

JUNIE

Dans un temps plus heureux ma juste impatience
Vous ferait repentir de votre défiance.
Mais Néron vous menace : en ce pressant danger,
Seigneur, j'ai d'autres soins que de vous affliger.
Allez, rassurez-vous et cessez de vous plaindre :
Néron nous écoutait, et m'ordonnait de feindre.

BRITANNICUS

Quoi ? le cruel...

JUNIE

      Témoin de tout notre entretien,
990 D'un visage sévère examinait le mien,
Prêt à faire sur vous éclater la vengeance
D'un geste confident de notre intelligence.

BRITANNICUS

Néron nous écoutait, Madame ! mais, hélas !
Vos yeux auraient pu feindre et ne m'abuser pas ;
Ils pouvaient me nommer l'auteur de cet outrage.
L'amour est-il muet, ou n'a-t-il qu'un langage ?
De quel trouble un regard pouvait me préserver !
Il fallait...

JUNIE

      Il fallait me taire et vous sauver.
Combien de fois, hélas ! puisqu'il faut vous le dire,
1000 Mon cœur de son désordre allait-il vous instruire ?
De combien de soupirs interrompant le cours
Ai-je évité vos yeux que je cherchais toujours ?
Quel tourment de se taire en voyant ce qu'on aime,
De l'entendre gémir, de l'affliger soi-même,
Lorsque par un regard on peut le consoler !
Mais quels pleurs ce regard aurait-il fait couler !
Ah ! dans ce souvenir, inquiète, troublée,
Je ne me sentais pas assez dissimulée.
De mon front effrayé je craignais la pâleur,
1010 Je trouvais mes regards trop pleins de ma douleur.
Sans cesse il me semblait que Néron en colère
Me venait reprocher trop de soin de vous plaire,
Je craignais mon amour vainement renfermé,

Enfin, j'aurais voulu n'avoir jamais aimé.
Hélas ! pour son bonheur, Seigneur, et pour le nôtre,
Il n'est que trop instruit de mon cœur et du vôtre !
Allez, encore un coup, cachez-vous à ses yeux :
Mon cœur plus à loisir vous éclaircira mieux.
De mille autres secrets j'aurais compte à vous rendre.

BRITANNICUS

1020 Ah ! n'en voilà que trop. C'est trop me faire entendre,
Madame, mon bonheur, mon crime, vos bontés.
Et savez-vous pour moi tout ce que vous quittez ?
Quand pourrai-je à vos pieds expier ce reproche ?

JUNIE

Que faites-vous ? Hélas ! votre rival s'approche.

SCÈNE VIII

NÉRON, BRITANNICUS, JUNIE

NÉRON

Prince, continuez des transports si charmants.
Je conçois vos bontés par ses remerciements,
Madame. A vos genoux je viens de le surprendre,
Mais il aurait aussi quelque grâce à me rendre :
Ce lieu le favorise, et je vous y retiens
1030 Pour lui faciliter de si doux entretiens.

BRITANNICUS

Je puis mettre à ses pieds ma douleur ou ma joie
Partout où sa bonté consent que je la voie ;
Et l'aspect de ces lieux où vous la retenez
N'a rien dont mes regards doivent être étonnés.

NÉRON

Et que vous montrent-ils qui ne vous avertisse
Qu'il faut qu'on me respecte et que l'on m'obéisse ?

BRITANNICUS

Ils ne nous ont pas vus l'un et l'autre élever,
Moi pour vous obéir et vous pour me braver,

Et ne s'attendaient pas, lorsqu'ils nous virent naître,
1040 Qu'un jour Domitius me dût parler en maître.

NÉRON

Ainsi par le destin nos vœux sont traversés :
J'obéissais alors, et vous obéissez.
Si vous n'avez appris à vous laisser conduire,
Vous êtes jeune encore, et l'on peut vous instruire.

BRITANNICUS

Et qui m'en instruira ?

NÉRON

                    Tout l'empire à la fois,
Rome.

BRITANNICUS

        Rome met-elle au nombre de vos droits
Tout ce qu'a de cruel l'injustice et la force,
Les emprisonnements, le rapt et le divorce ?

NÉRON

Rome ne porte point ses regards curieux
1050 Jusque dans des secrets que je cache à ses yeux.
Imitez son respect.

BRITANNICUS

                On sait ce qu'elle en pense.

NÉRON

Elle se tait du moins : imitez son silence.

BRITANNICUS

Ainsi Néron commence à ne se plus forcer.

NÉRON

Néron de vos discours commence à se lasser.

BRITANNICUS

Chacun devait bénir le bonheur de son règne.

NÉRON

Heureux ou malheureux, il suffit qu'on me craigne.

BRITANNICUS

Je connais mal Junie ou de tels sentiments
Ne mériteront pas ses applaudissements.

NÉRON

Du moins, si je ne sais le secret de lui plaire,
1060 Je sais l'art de punir un rival téméraire.

BRITANNICUS

Pour moi, quelque péril qui me puisse accabler,
Sa seule inimitié peut me faire trembler.

NÉRON

Souhaitez-la, c'est tout ce que je vous puis dire.

BRITANNICUS

Le bonheur de lui plaire est le seul où j'aspire.

NÉRON

Elle vous l'a promis, vous lui plairez toujours.

BRITANNICUS

Je ne sais pas du moins épier ses discours.
Je la laisse expliquer sur tout ce qui me touche,
Et ne me cache point pour lui fermer la bouche.

NÉRON

Je vous entends. Eh bien, Gardes!

JUNIE

Que faites-vous?
1070 C'est votre frère. Hélas! C'est un amant jaloux;
Seigneur, mille malheurs persécutent sa vie.
Ah! son bonheur peut-il exciter votre envie?
Souffrez que de vos cœurs rapprochant les liens,
Je me cache à vos yeux et me dérobe aux siens;
Ma fuite arrêtera vos discordes fatales,
Seigneur, j'irai remplir le nombre des vestales.

Ne lui disputez plus mes vœux infortunés,
Souffrez que les dieux seuls en soient importunés.

NÉRON

L'entreprise, Madame, est étrange et soudaine.
1080 Dans son appartement, Gardes, qu'on la ramène.
Gardez Britannicus dans celui de sa sœur.

BRITANNICUS

C'est ainsi que Néron sait disputer un cœur.

JUNIE

Prince, sans l'irriter, cédons à cet orage.

NÉRON

Gardes, obéissez sans tarder davantage.

SCÈNE IX

NÉRON, BURRHUS

BURRHUS

Que vois-je ? O ciel !

NÉRON, *sans voir Burrhus.*

Ainsi leurs feux sont redoublés.
Je reconnais la main qui les a rassemblés.
Agrippine ne s'est présentée à ma vue,
Ne s'est dans ses discours si longtemps étendue,
Que pour faire jouer ce ressort odieux.
1090 Qu'on sache si ma mère est encore en ces lieux.
Burrhus, dans ce palais je veux qu'on la retienne,
Et qu'au lieu de sa garde on lui donne la mienne.

BURRHUS

Quoi, Seigneur ? sans l'ouïr ? Une mère ?

NÉRON

Arrêtez.
J'ignore quel projet, Burrhus, vous méditez,
Mais depuis quelques jours tout ce que je désire
Trouve en vous un censeur prêt à me contredire.

Répondez-m'en, vous dis-je ; ou sur votre refus
D'autres me répondront et d'elle et de Burrhus.

ACTE QUATRIÈME

SCÈNE I

AGRIPPINE, BURRHUS

BURRHUS

Oui, Madame, à loisir vous pourrez vous défendre :
1100 César lui-même ici consent de vous entendre.
Si son ordre au palais vous a fait retenir,
C'est peut-être à dessein de vous entretenir.
Quoi qu'il en soit, si j'ose expliquer ma pensée,
Ne vous souvenez plus qu'il vous ait offensée :
Préparez-vous plutôt à lui tendre les bras ;
Défendez-vous, Madame, et ne l'accusez pas.
Vous voyez, c'est lui seul que la cour envisage.
Quoiqu'il soit votre fils, et même votre ouvrage,
Il est votre empereur. Vous êtes, comme nous,
1110 Sujette à ce pouvoir qu'il a reçu de vous.
Selon qu'il vous menace, ou bien qu'il vous caresse,
La cour autour de vous ou s'écarte ou s'empresse.
C'est son appui qu'on cherche en cherchant votre
Mais voici l'empereur.   [appui.

AGRIPPINE

Qu'on me laisse avec lui.

SCÈNE II

AGRIPPINE, NÉRON [46]

AGRIPPINE, *s'asseyant.*

Approchez-vous, Néron, et prenez votre place.
On veut sur vos soupçons que je vous satisfasse.
J'ignore de quel crime on a pu me noircir :
De tous ceux que j'ai faits je vais vous éclaircir.
Vous régnez : vous savez combien votre naissance

1120 Entre l'empire et vous avait mis de distance.
Les droits de mes aïeux, que Rome a consacrés,
Étaient même sans moi d'inutiles degrés.
Quand de Britannicus la mère condamnée
Laissa de Claudius disputer l'hyménée,
Parmi tant de beautés qui briguèrent son choix,
Qui de ses affranchis mendièrent les voix[47]
Je souhaitai son lit, dans la seule pensée
De vous laisser au trône où je serais placée.
Je fléchis mon orgueil, j'allai prier Pallas.
1130 Son maître, chaque jour caressé dans mes bras,
Prit insensiblement dans les yeux de sa nièce
L'amour où je voulais amener sa tendresse.
Mais ce lien du sang qui nous joignait tous deux
Écartait Claudius d'un lit incestueux ;
Il n'osait épouser la fille de son frère.
Le sénat fut séduit : une loi moins sévère
Mit Claude dans mon lit, et Rome à mes genoux.
C'était beaucoup pour moi, ce n'était rien pour vous.
Je vous fis sur mes pas entrer dans sa famille :
1140 Je vous nommai son gendre, et vous donnai sa fille ;
Silanus, qui l'aimait, s'en vit abandonné
Et marqua de son sang ce jour infortuné.
Ce n'était rien encore. Eussiez-vous pu prétendre
Qu'un jour Claude à son fils dût préférer son gendre ?
De ce même Pallas j'implorai le secours :
Claude vous adopta, vaincu par ses discours,
Vous appela Néron, et du pouvoir suprême
Voulut, avant le temps, vous faire part lui-même.
C'est alors que chacun, rappelant le passé,
1150 Découvrit mon dessein déjà trop avancé,
Que de Britannicus la disgrâce future
Des amis de son père excita le murmure.
Mes promesses aux uns éblouirent les yeux ;
L'exil me délivra des plus séditieux ;
Claude même, lassé de ma plainte éternelle,
Éloigna de son fils tous ceux de qui le zèle,
Engagé dès longtemps à suivre son destin,
Pouvait du trône encor lui rouvrir le chemin.
Je fis plus : je choisis moi-même dans ma suite
1160 Ceux à qui je voulais qu'on livrât sa conduite ;
J'eus soin de vous nommer, par un contraire choix,

Des gouverneurs que Rome honorait de sa voix ;
Je fus sourde à la brigue, et crus la renommée :
J'appelai de l'exil, je tirai de l'armée,
Et ce même Sénèque, et ce même Burrhus,
Qui depuis... Rome alors estimait leurs vertus.
De Claude en même temps épuisant les richesses,
Ma main, sous votre nom, répandait ses largesses.
Les spectacles, les dons, invincibles appas,
1170 Vous attiraient les cœurs du peuple et des soldats,
Qui d'ailleurs, réveillant leur tendresse première,
Favorisaient en vous Germanicus mon père.
Cependant Claudius penchait vers son déclin.
Ses yeux, longtemps fermés, s'ouvrirent à la fin :
Il connut son erreur. Occupé de sa crainte,
Il laissa pour son fils échapper quelque plainte
Et voulut, mais trop tard, assembler ses amis.
Ses gardes, son palais, son lit m'étaient soumis.
Je lui laissai sans fruit consumer sa tendresse ;
1180 De ses derniers soupirs je me rendis maîtresse :
Mes soins, en apparence, épargnant ses douleurs,
De son fils, en mourant, lui cachèrent les pleurs.
Il mourut. Mille bruits en courent à ma honte.
J'arrêtai de sa mort la nouvelle trop prompte,
Et tandis que Burrhus allait secrètement
De l'armée en vos mains exiger le serment,
Que vous marchiez au camp, conduit sous mes aus
Dans Rome les autels fumaient de sacrifices : [pices,
Par mes ordres trompeurs tout le peuple excité
1190 Du prince déjà mort demandait la santé.
Enfin des légions l'entière obéissance
Ayant de votre empire affermi la puissance,
On vit Claude, et le peuple, étonné de son sort,
Apprit en même temps votre règne et sa mort.
C'est le sincère aveu que je voulais vous faire.
Voilà tous mes forfaits. En voici le salaire.
Du fruit de tant de soins à peine jouissant
En avez-vous six mois paru reconnaissant,
Que lassé d'un respect qui vous gênait peut-être,
1200 Vous avez affecté de ne me plus connaître.
J'ai vu Burrhus, Sénèque, aigrissant vos soupçons,
De l'infidélité vous tracer des leçons,
Ravis d'être vaincus dans leur propre science.

J'ai vu favorisés de votre confiance
Othon, Sénecion, jeunes voluptueux,
Et de tous vos plaisirs flatteurs respectueux ;
Et lorsque vos mépris excitant mes murmures,
Je vous ai demandé raison de tant d'injures,
Seul recours d'un ingrat qui se voit confondu,
1210 Par de nouveaux affronts vous m'avez répondu.
Aujourd'hui je promets Junie à votre frère,
Ils se flattent tous deux du choix de votre mère :
Que faites-vous ? Junie, enlevée à la cour,
Devient en une nuit l'objet de votre amour ;
Je vois de votre cœur Octavie effacée,
Prête à sortir du lit où je l'avais placée ;
Je vois Pallas banni, votre frère arrêté ;
Vous attentez enfin jusqu'à ma liberté :
Burrhus ose sur moi porter ses mains hardies.
1220 Et lorsque, convaincu de tant de perfidies,
Vous deviez ne me voir que pour les expier,
C'est vous qui m'ordonnez de me justifier.

NÉRON

Je me souviens toujours que je vous dois l'empire,
Et sans vous fatiguer du soin de le redire
Votre bonté, Madame, avec tranquillité
Pouvait se reposer sur ma fidélité.
Aussi bien ces soupçons, ces plaintes assidues,
Ont fait croire à tous ceux qui les ont entendues
Que jadis (j'ose ici vous le dire entre nous)
1230 Vous n'aviez, sous mon nom, travaillé que pour vous.
« Tant d'honneurs, disaient-ils, et tant de déférences,
Sont-ce de ses bienfaits de faibles récompenses ?
Quel crime a donc commis ce fils tant condamné ?
Est-ce pour obéir qu'elle l'a couronné ?
N'est-il de son pouvoir que le dépositaire ? »
Non que, si jusque-là j'avais pu vous complaire,
Je n'eusse pris plaisir, Madame, à vous céder
Ce pouvoir que vos cris semblaient redemander ;
Mais Rome veut un maître, et non une maîtresse.
1240 Vous entendiez les bruits qu'excitait ma faiblesse.
Le sénat chaque jour et le peuple, irrités
De s'ouïr par ma voix dicter vos volontés

Publiaient qu'en mourant Claude avec sa puissance
M'avait encor laissé sa simple obéissance.
Vous avez vu cent fois nos soldats en courroux
Porter en murmurant leurs aigles devant vous,
Honteux de rabaisser par cet indigne usage
Les héros dont encore elles portent l'image.
Toute autre se serait rendue à leurs discours,
1250 Mais si vous ne régnez, vous vous plaignez toujours.
Avec Britannicus contre moi réunie,
Vous le fortifiez du parti de Junie,
Et la main de Pallas trame tous ces complots.
Et lorsque malgré moi j'assure mon repos,
On vous voit de colère et de haine animée.
Vous voulez présenter mon rival à l'armée :
Déjà jusques au camp le bruit en a couru.

AGRIPPINE

Moi, le faire empereur ? Ingrat ! l'avez-vous cru ?
Quel serait mon dessein ? qu'aurais-je pu prétendre ?
1260 Quels honneurs dans sa cour, quel rang pourrais-je
[attendre ?
Ah ! si sous votre empire on ne m'épargne pas,
Si mes accusateurs observent tous mes pas,
Si de leur empereur ils poursuivent la mère,
Que ferais-je au milieu d'une cour étrangère ?
Ils me reprocheraient, non des cris impuissants,
Des desseins étouffés aussitôt que naissants,
Mais des crimes pour vous commis à votre vue,
Et dont je ne serais que trop tôt convaincue.
Vous ne me trompez point, je vois tous vos détours :
1270 Vous êtes un ingrat, vous le fûtes toujours.
Dès vos plus jeunes ans, mes soins et mes tendresses
N'ont arraché de vous que de feintes caresses.
Rien ne vous a pu vaincre, et votre dureté
Aurait dû dans son cours arrêter ma bonté.
Que je suis malheureuse ! Et par quelle infortune
Faut-il que tous mes soins me rendent importune ?
Je n'ai qu'un fils. O ciel, qui m'entends aujourd'hui,
T'ai-je fait quelques vœux qui ne fussent pour lui ?
Remords, crainte, périls, rien ne m'a retenue ;
1280 J'ai vaincu ses mépris ; j'ai détourné ma vue
Des malheurs qui dès lors me furent annoncés ;

J'ai fait ce que j'ai pu : vous régnez, c'est assez.
Avec ma liberté que vous m'avez ravie,
Si vous le souhaitez prenez encor ma vie,
Pourvu que par ma mort tout le peuple irrité
Ne vous ravisse pas ce qui m'a tant coûté.

NÉRON

Eh bien donc! prononcez. Que voulez-vous qu'on
[fasse?

AGRIPPINE

De mes accusateurs qu'on punisse l'audace;
Que de Britannicus on calme le courroux;
1290 Que Junie à son choix puisse prendre un époux;
Qu'ils soient libres tous deux, et que Pallas demeure;
Que vous me permettiez de vous voir à toute heure;
Que ce même Burrhus, qui nous vient écouter,
A votre porte enfin n'ose plus m'arrêter.

NÉRON

Oui, Madame, je veux que ma reconnaissance
Désormais dans les cœurs grave votre puissance,
Et je bénis déjà cette heureuse froideur,
Qui de notre amitié va rallumer l'ardeur.
Quoi que Pallas ait fait, il suffit, je l'oublie,
1300 Avec Britannicus je me réconcilie,
Et quant à cet amour qui nous a séparés,
Je vous fais notre arbitre, et vous nous jugerez.
Allez donc, et portez cette joie à mon frère.
Gardes, qu'on obéisse aux ordres de ma mère.

SCÈNE III

NÉRON, BURRHUS

BURRHUS

Que cette paix, Seigneur, et ces embrassements
Vont offrir à mes yeux des spectacles charmants!
Vous savez si jamais ma voix lui fut contraire,
Si de son amitié j'ai voulu vous distraire,
Et si j'ai mérité cet injuste courroux.

NÉRON

1310 Je ne vous flatte point, je me plaignais de vous,
Burrhus : je vous ai crus tous deux d'intelligence,
Mais son inimitié vous rend ma confiance.
Elle se hâte trop, Burrhus, de triompher :
J'embrasse mon rival, mais c'est pour l'étouffer.

BURRHUS

Quoi, Seigneur ?

NÉRON

              C'en est trop : il faut que sa ruine
Me délivre à jamais des fureurs d'Agrippine.
Tant qu'il respirera je ne vis qu'à demi.
Elle m'a fatigué de ce nom ennemi ;
Et je ne prétends pas que sa coupable audace
1320 Une seconde fois lui promette ma place.

BURRHUS

Elle va donc bientôt pleurer Britannicus ?

NÉRON

Avant la fin du jour je ne le craindrai plus.

BURRHUS

Et qui de ce dessein vous inspire l'envie ?

NÉRON

Ma gloire, mon amour, ma sûreté, ma vie.

BURRHUS

Non, quoi que vous disiez, cet horrible dessein
Ne fut jamais, Seigneur, conçu dans votre sein.

NÊRON

Burrhus !

BURRHUS

              De votre bouche, ô ciel ! puis-je l'apprendre ?
Vous-même sans frémir avez-vous pu l'entendre ?
Songez-vous dans quel sang vous allez vous baigner ?

1330 Néron dans tous les cœurs est-il las de régner ?
Que dira-t-on de vous ? Quelle est votre pensée ?

NÉRON

Quoi ? toujours enchaîné de ma gloire passée,
J'aurai devant les yeux je ne sais quel amour
Que le hasard nous donne et nous ôte en un jour ?
Soumis à tous leurs vœux, à mes désirs contraire,
Suis-je leur empereur seulement pour leur plaire ?

BURRHUS[48]

Et ne suffit-il pas, Seigneur, à vos souhaits
Que le bonheur public soit un de vos bienfaits ?
C'est à vous à choisir, vous êtes encor maître.
1340 Vertueux jusqu'ici, vous pouvez toujours l'être :
Le chemin est tracé, rien ne vous retient plus ;
Vous n'avez qu'à marcher de vertus en vertus.
Mais si de vos flatteurs vous suivez la maxime,
Il vous faudra, Seigneur, courir de crime en crime,
Soutenir vos rigueurs par d'autres cruautés,
Et laver dans le sang vos bras ensanglantés.
Britannicus mourant excitera le zèle
De ses amis, tout prêts à prendre sa querelle.
Ces vengeurs trouveront de nouveaux défenseurs,
1350 Qui, même après leur mort, auront des successeurs
Vous allumez un feu qui ne pourra s'éteindre.
Craint de tout l'univers, il vous faudra tout craindre,
Toujours punir, toujours trembler dans vos projets,
Et pour vos ennemis compter tous vos sujets.
Ah ! de vos premiers ans l'heureuse expérience
Vous fait-elle, Seigneur, haïr votre innocence ?
Songez-vous au bonheur qui les a signalés ?
Dans quel repos, ô ciel ! les avez-vous coulés !
Quel plaisir de penser et de dire en vous-même :
1360 « Partout, en ce moment, on me bénit, on m'aime ;
On ne voit point le peuple à mon nom s'alarmer ;
Le ciel dans tous leurs pleurs ne m'entend point
                                                [nommer ;
Leur sombre inimitié ne fuit point mon visage ;
Je vois voler partout les cœurs à mon passage ! »
Tels étaient vos plaisirs. Quel changement, ô dieux !
Le sang le plus abject vous était précieux.

Un jour, il m'en souvient, le sénat équitable
Vous pressait de souscrire à la mort d'un coupable ;
Vous résistiez, Seigneur, à leur sévérité :
1370 Votre cœur s'accusait de trop de cruauté,
Et, plaignant les malheurs attachés à l'empire,
« Je voudrais, disiez-vous, ne savoir pas écrire[49]. »
Non, ou vous me croirez, ou bien de ce malheur
Ma mort m'épargnera la vue et la douleur :
On ne me verra point survivre à votre gloire,
Si vous allez commettre une action si noire.
     (Il se jette à genoux.)
Me voilà prêt, Seigneur : avant que de partir,
Faites percer ce cœur qui n'y peut consentir ;
Appelez les cruels qui vous l'ont inspirée,
1380 Qu'ils viennent essayer leur main mal assurée.
Mais je vois que mes pleurs touchent mon empereur,
Je vois que sa vertu frémit de leur fureur.
Ne perdez point de temps, nommez-moi les perfides
Qui vous osent donner ces conseils parricides ;
Appelez votre frère, oubliez dans ses bras...

NÉRON

Ah ! que demandez-vous ?

BURRHUS

                    Non, il ne vous hait pas,
Seigneur ; on le trahit : je sais son innocence ;
Je vous réponds pour lui de son obéissance.
J'y cours. Je vais presser un entretien si doux.

NÉRON

1390 Dans mon appartement qu'il m'attende avec vous.

SCÈNE IV

NÉRON, NARCISSE

NARCISSE

Seigneur, j'ai tout prévu pour une mort si juste.
Le poison est tout prêt. La fameuse Locuste
A redoublé pour moi ses soins officieux :
Elle a fait expirer un esclave à mes yeux ·

Et le fer est moins prompt pour trancher une vie
Que le nouveau poison que sa main me confie.

NÉRON

Narcisse, c'est assez ; je reconnais ce soin,
Et ne souhaite pas que vous alliez plus loin.

NARCISSE

Quoi ? pour Britannicus votre haine affaiblie
1400 Me défend...

NÉRON

Oui, Narcisse : on nous réconcilie.

NARCISSE

Je me garderai bien de vous en détourner,
Seigneur. Mais il s'est vu tantôt emprisonner :
Cette offense en son cœur sera longtemps nouvelle.
Il n'est point de secrets que le temps ne révèle :
Il saura que ma main lui devait présenter
Un poison que votre ordre avait fait apprêter.
Les dieux de ce dessein puissent-ils le distraire !
Mais peut-être il fera ce que vous n'osez faire.

NÉRON

On répond de son cœur, et je vaincrai le mien.

NARCISSE

1410 Et l'hymen de Junie en est-il le lien ?
Seigneur, lui faites-vous encor ce sacrifice ?

NÉRON

C'est prendre trop de soin. Quoi qu'il en soit, Narcisse,
Je ne le compte plus parmi mes ennemis.

NARCISSE

Agrippine, Seigneur, se l'était bien promis :
Elle a repris sur vous son souverain empire.

NÉRON

Quoi donc ? Qu'a-t-elle dit ? Et que voulez-vous dire ?

NARCISSE

Elle s'en est vantée assez publiquement.

NÉRON

De quoi ?

NARCISSE

Qu'elle n'avait qu'à vous voir un moment,
Qu'à tout ce grand éclat, à ce courroux funeste,
1420 On verrait succéder un silence modeste ;
Que vous-même à la paix souscririez le premier,
Heureux que sa bonté daignât tout oublier.

NÉRON

Mais, Narcisse, dis-moi, que veux-tu que je fasse ?
Je n'ai que trop de pente à punir son audace,
Et si je m'en croyais, ce triomphe indiscret
Serait bientôt suivi d'un éternel regret.
Mais de tout l'univers quel sera le langage ?
Sur les pas des tyrans veux-tu que je m'engage,
Et que Rome, effaçant tant de titres d'honneur,
1430 Me laisse pour tous noms celui d'empoisonneur ?
Ils mettront ma vengeance au rang des parricides.

NARCISSE

Et prenez-vous, Seigneur, leurs caprices pour guides ?
Avez-vous prétendu qu'ils se tairaient toujours ?
Est-ce à vous de prêter l'oreille à leurs discours ?
De vos propres désirs perdrez-vous la mémoire ?
Et serez-vous le seul que vous n'oserez croire ?
Mais, Seigneur, les Romains ne vous sont pas connus.
Non, non, dans leurs discours ils sont plus retenus.
Tant de précaution affaiblit votre règne :
1440 Ils croiront, en effet, mériter qu'on les craigne.
Au joug, depuis longtemps, ils se sont façonnés :
Ils adorent la main qui les tient enchaînés.
Vous les verrez toujours ardents à vous complaire.
Leur prompte servitude a fatigué Tibère.
Moi-même, revêtu d'un pouvoir emprunté,
Que je reçus de Claude avec la liberté,
J'ai cent fois, dans le cours de ma gloire passée,
Tenté leur patience, et ne l'ai point lassée.

D'un empoisonnement vous craignez la noirceur ?
1450 Faites périr le frère, abandonnez la sœur ;
Rome, sur ses autels, prodiguant les victimes,
Fussent-ils innocents, leur trouvera des crimes ;
Vous verrez mettre au rang des jours infortunés
Ceux où jadis la sœur et le frère sont nés.

NÉRON

Narcisse, encore un coup, je ne puis l'entreprendre.
J'ai promis à Burrhus, il a fallu me rendre.
Je ne veux point encore, en lui manquant de foi,
Donner à sa vertu des armes contre moi.
J'oppose à ses raisons un courage inutile :
1460 Je ne l'écoute point avec un cœur tranquille.

NARCISSE

Burrhus ne pense pas, Seigneur, tout ce qu'il dit :
Son adroite vertu ménage son crédit.
Ou plutôt ils n'ont tous qu'une même pensée :
Ils verraient par ce coup leur puissance abaissée ;
Vous seriez libre alors, Seigneur ; et devant vous,
Ces maîtres orgueilleux fléchiraient comme nous.
Quoi donc ? ignorez-vous tout ce qu'ils osent dire ?
« Néron, s'ils en sont crus, n'est point né pour l'empire ;
Il ne dit, il ne fait que ce qu'on lui prescrit :
1470 Burrhus conduit son cœur, Sénèque son esprit.
Pour toute ambition, pour vertu singulière,
Il excelle à conduire un char dans la carrière,
A disputer des prix indignes de ses mains,
A se donner lui-même en spectacle aux Romains,
A venir prodiguer sa voix sur un théâtre,
A réciter des chants qu'il veut qu'on idolâtre,
Tandis que des soldats, de moments en moments,
Vont arracher pour lui les applaudissements [50] »
Ah ! ne voulez-vous pas les forcer à se taire ?

NÉRON

1480 Viens, Narcisse : allons voir ce que nous devons faire.

ACTE CINQUIÈME

SCÈNE I

BRITANNICUS, JUNIE

BRITANNICUS

Oui, Madame, Néron, qui l'aurait pu penser ?
Dans son appartement m'attend pour m'embrasser.
Il y fait de sa cour inviter la jeunesse :
Il veut que d'un festin la pompe et l'allégresse
Confirment à leurs yeux la foi de nos serments,
Et réchauffent l'ardeur de nos embrassements.
Il éteint cet amour, source de tant de haine,
Il vous fait de mon sort arbitre souveraine.
Pour moi, quoique banni du rang de mes aïeux,
1490 Quoique de leur dépouille il se pare à mes yeux,
Depuis qu'à mon amour cessant d'être contraire
Il semble me céder la gloire de vous plaire,
Mon cœur, je l'avouerai, lui pardonne en secret,
Et lui laisse le reste avec moins de regret.
Quoi ! je ne serai plus séparé de vos charmes ?
Quoi ! même en ce moment, je puis voir sans alarmes
Ces yeux que n'ont émus ni soupirs ni terreur,
Qui m'ont sacrifié l'empire et l'empereur !
Ah ! Madame... Mais quoi ? Quelle nouvelle crainte
1500 Tient parmi mes transports votre joie en contrainte ?
D'où vient qu'en m'écoutant, vos yeux, vos tristes yeux,
Avec de longs regards se tournent vers les cieux ?
Qu'est-ce que vous craignez ?

JUNIE

                              Je l'ignore moi-même ;
Mais je crains.

BRITANNICUS

            Vous m'aimez ?

JUNIE

                    Hélas ! si je vous aime ?

BRITANNICUS

Néron ne trouble plus notre félicité.

JUNIE

Mais me répondez-vous de sa sincérité ?

BRITANNICUS

Quoi ? vous le soupçonnez d'une haine couverte ?

JUNIE

Néron m'aimait tantôt, il jurait votre perte ;
Il me fuit, il vous cherche : un si grand changement
1510 Peut-il être, Seigneur, l'ouvrage d'un moment ?

BRITANNICUS

Cet ouvrage, Madame, est un coup d'Agrippine :
Elle a cru que ma perte entraînait sa ruine.
Grâce aux préventions de son esprit jaloux,
Nos plus grands ennemis ont combattu pour nous.
Je m'en fie aux transports qu'elle m'a fait paraître ;
Je m'en fie à Burrhus ; j'en crois même son maître :
Je crois qu'à mon exemple impuissant à trahir,
Il hait à cœur ouvert, ou cesse de haïr.

JUNIE

Seigneur, ne jugez pas de son cœur par le vôtre :
1520 Sur des pas différents vous marchez l'un et l'autre.
Je ne connais Néron et la cour que d'un jour,
Mais, si je l'ose dire, hélas ! dans cette cour
Combien tout ce qu'on dit est loin de ce qu'on pense !
Que la bouche et le cœur sont peu d'intelligence !
Avec combien de joie on y trahit sa foi !
Quel séjour étranger et pour vous et pour moi !

BRITANNICUS

Mais que son amitié soit véritable ou feinte,
Si vous craignez Néron, lui-même est-il sans crainte ?
Non, non, il n'ira point, par un lâche attentat,
1530 Soulever contre lui le peuple et le sénat.
Que dis-je ? Il reconnaît sa dernière injustice.
Ses remords ont paru, même aux yeux de Narcisse.
Ah ! s'il vous avait dit, ma Princesse, à quel point...

JUNIE

Mais Narcisse, seigneur, ne vous trahit-il point ?

BRITANNICUS

Et pourquoi voulez-vous que mon cœur s'en défie[51] ?

JUNIE

Et que sais-je ? Il y va, Seigneur, de votre vie.
Tout m'est suspect : je crains que tout ne soit séduit.
Je crains Néron, je crains le malheur qui me suit.
D'un noir pressentiment malgré moi prévenue,
1540 Je vous laisse à regret éloigner de ma vue.
Hélas ! si cette paix dont vous vous repaissez
Couvrait contre vos jours quelques pièges dressés !
Si Néron, irrité de notre intelligence,
Avait choisi la nuit pour cacher sa vengeance !
S'il préparait ses coups tandis que je vous vois !
Et si je vous parlais pour la dernière fois !
Ah ! Prince !

BRITANNICUS

　　　　　　Vous pleurez ! Ah ! ma chère Princesse !
Et pour moi jusque-là votre cœur s'intéresse ?
1550 Quoi ? Madame, en un jour où plein de sa grandeur
Néron croit éblouir vos yeux de sa splendeur,
Dans des lieux où chacun me fuit et le révère,
Aux pompes de sa cour préférer ma misère ?
Quoi ? dans ce même jour et dans ces mêmes lieux,
Refuser un empire et pleurer à mes yeux ?
Mais, Madame, arrêtez ces précieuses larmes :
Mon retour va bientôt dissiper vos alarmes.
Je me rendrais suspect par un plus long séjour.
Adieu. Je vais, le cœur tout plein de mon amour,
Au milieu des transports d'une aveugle jeunesse,
1560 Ne voir, n'entretenir que ma belle princesse.
Adieu.

JUNIE

　　Prince...

BRITANNICUS

On m'attend, Madame, il faut partir.

JUNIE

Mais du moins attendez qu'on vous vienne avertir.

SCÈNE II

AGRIPPINE, BRITANNICUS, JUNIE

AGRIPPINE

Prince, que tardez-vous ? Partez en diligence :
Néron impatient se plaint de votre absence.
La joie et le plaisir de tous les conviés
Attend pour éclater que vous vous embrassiez.
Ne faites point languir une si juste envie ;
Allez. Et nous, Madame, allons chez Octavie.

BRITANNICUS

Allez, belle Junie, et d'un esprit content,
1570 Hâtez-vous d'embrasser ma sœur qui vous attend.
Dès que je le pourrai, je reviens sur vos traces,
Madame, et de vos soins j'irai vous rendre grâces.

SCÈNE III

AGRIPPINE, JUNIE

AGRIPPINE

Madame, ou je me trompe, ou durant vos adieux,
Quelques pleurs répandus ont obscurci vos yeux.
Puis-je savoir quel trouble a formé ce nuage ?
Doutez-vous d'une paix dont je fais mon ouvrage ?

JUNIE

Après tous les ennuis que ce jour m'a coûtés,
Ai-je pu rassurer mes esprits agités ?
Hélas ! à peine encor je conçois ce miracle.
1580 Quand même à vos bontés je craindrais quelque
[obstacle,
Le changement, Madame, est commun à la cour,
Et toujours quelque crainte accompagne l'amour.

AGRIPPINE

Il suffit. J'ai parlé, tout a changé de face.
Mes soins à vos soupçons ne laissent point de place.
Je réponds d'une paix jurée entre mes mains,
Néron m'en a donné des gages trop certains.
Ah ! si vous aviez vu par combien de caresses
Il m'a renouvelé la foi de ses promésses !
Par quels embrassements il vient de m'arrêter !
1590 Ses bras, dans nos adieux, ne pouvaient me quitter.
Sa facile bonté, sur son front répandue,
Jusqu'aux moindres secrets est d'abord descendue :
Il s'épanchait en fils qui vient en liberté
Dans le sein de sa mère oublier sa fierté,
Mais bientôt, reprenant un visage sévère,
Tel que d'un empereur qui consulte sa mère,
Sa confidence auguste a mis entre mes mains
Des secrets d'où dépend le destin des humains.
Non, il le faut ici confesser à sa gloire,
1600 Son cœur n'enferme point une malice noire,
Et nos seuls ennemis, altérant sa bonté,
Abusaient contre nous de sa facilité.
Mais enfin, à son tour, leur puissance décline ;
Rome encore une fois va connaître Agrippine ;
Déjà de ma faveur on adore le bruit.
Cependant en ces lieux n'attendons pas la nuit :
Passons chez Octavie, et donnons-lui le reste
D'un jour autant heureux que je l'ai cru funeste.
Mais qu'est-ce que j'entends ? Quel tumulte confus ?
1610 Que peut-on faire ?

JUNIE

O ciel, sauvez Britannicus !

SCÈNE IV

AGRIPPINE, JUNIE, BURRHUS

AGRIPPINE

Burrhus, où courez-vous ? Arrêtez. Que veut dire...

BURRHUS

Madame c'en est fait, Britannicus expire.

JUNIE

Ah ! mon Prince !

AGRIPPINE

Il expire ?

BURRHUS

Ou plutôt il est mort,
Madame.

JUNIE

Pardonnez, Madame, à ce transport.
Je vais le secourir, si je puis, ou le suivre.

SCÈNE V

AGRIPPINE, BURRHUS

AGRIPPINE

Quel attentat, Burrhus !

BURRHUS

Je n'y pourrai survivre
Madame : il faut quitter la cour et l'empereur.

AGRIPPINE

Quoi ? du sang de son frère il n'a point eu d'horreur ?

BURRHUS

Ce dessein s'est conduit avec plus de mystère[52].
1620 A peine l'empereur a vu venir son frère,
Il se lève, il l'embrasse, on se tait, et soudain
César prend le premier une coupe à la main :
« Pour achever ce jour sous de meilleurs auspices,
Ma main de cette coupe épanche les prémices,
Dit-il ; dieux, que j'appelle à cette effusion,
Venez favoriser notre réunion. »
Par les mêmes serments Britannicus se lie.
La coupe dans ses mains par Narcisse est remplie,
Mais ses lèvres à peine en ont touché les bords,
1630 Le fer ne produit point de si puissants efforts.
Madame, la lumière à ses yeux est ravie,

Il tombe sur son lit sans chaleur et sans vie.
Jugez combien ce coup frappe tous les esprits :
La moitié s'épouvante et sort avec des cris,
Mais ceux qui de la cour ont un plus long usage
Sur les yeux de César composent leur visage.
Cependant sur son lit il demeure penché ;
D'aucun étonnement il ne paraît touché :
« Ce mal, dont vous craignez, dit-il, la violence
1640 A souvent, sans péril, attaqué son enfance. »
Narcisse veut en vain affecter quelque ennui,
Et sa perfide joie éclate malgré lui.
Pour moi, dût l'empereur punir ma hardiesse,
D'une odieuse cour j'ai traversé la presse,
Et j'allais, accablé de cet assassinat,
Pleurer Britannicus, César et tout l'État.

AGRIPPINE

Le voici. Vous verrez si c'est moi qui l'inspire[53].

SCÈNE VI

AGRIPPINE, NÉRON, BURRHUS, NARCISSE

NÉRON, *voyant Agrippine.*

Dieux !

AGRIPPINE

        Arrêtez, Néron : j'ai deux mots à vous dire.
Britannicus est mort, je reconnais les coups ;
1650 Je connais l'assassin.

NÉRON

                    Et qui, Madame ?

AGRIPPINE

                                        Vous.

NÉRON

Moi ! Voilà les soupçons dont vous êtes capable.
Il n'est point de malheur dont je ne sois coupable ·
Et si l'on veut, Madame, écouter vos discours,
Ma main de Claude même aura tranché les jours.

Son fils vous était cher : sa mort peut vous confondre ;
Mais des coups du destin je ne puis pas répondre.

AGRIPPINE

Non, non, Britannicus est mort empoisonné :
Narcisse a fait le coup, vous l'avez ordonné.

NÉRON

Madame !... Mais qui peut vous tenir ce langage ?

NARCISSE

1660 Hé ! Seigneur, ce soupçon vous fait-il tant d'outrage ?
Britannicus, Madame, eut des desseins secrets
Qui vous auraient coûté de plus justes regrets.
Il aspirait plus loin qu'à l'hymen de Junie ;
De vos propres bontés il vous aurait punie.
Il vous trompait vous-même, et son cœur offensé
Prétendait tôt ou tard rappeler le passé.
Soit donc que malgré vous le sort vous ait servie,
Soit qu'instruit des complots qui menaçaient sa vie,
Sur ma fidélité César s'en soit remis,
1670 Laissez les pleurs, Madame, à vos seuls ennemis ;
Qu'ils mettent ce malheur au rang des plus sinistres.
Mais vous...

AGRIPPINE

　　　　　Poursuis, Néron, avec de tels ministres.
Par des faits glorieux tu te vas signaler.
Poursuis. Tu n'as pas fait ce pas pour reculer.
Ta main a commencé par le sang de ton frère ;
Je prévois que tes coups viendront jusqu'à ta mère.
Dans le fond de ton cœur, je sais que tu me hais ;
Tu voudras t'affranchir du joug de mes bienfaits.
Mais je veux que ma mort te soit même inutile ;
1680 Ne crois pas qu'en mourant je te laisse tranquille.
Rome, ce ciel, ce jour que tu reçus de moi,
Partout, à tout moment, m'offriront devant toi.
Tes remords te suivront comme autant de furies,
Tu croiras les calmer par d'autres barbaries :
Ta fureur, s'irritant soi-même dans son cours,
D'un sang toujours nouveau marquera tous tes jours.
Mais j'espère qu'enfin le ciel, las de tes crimes,

Ajoutera ta perte à tant d'autres victimes,
Qu'après t'être couvert de leur sang et du mien,
1690 Tu te verras forcé de répandre le tien ;
Et ton nom paraîtra, dans la race future,
Aux plus cruels tyrans une cruelle injure.
Voilà ce que mon cœur se présage de toi.
Adieu : tu peux sortir.

NÉRON

Narcisse, suivez-moi.

SCÈNE VII[54]

AGRIPPINE, BURRHUS

AGRIPPINE

Ah ciel ! de mes soupçons quelle était l'injustice !
Je condamnais Burrhus pour écouter Narcisse.
Burrhus, avez-vous vu quels regards furieux
Néron en me quittant m'a laissés pour adieux ?
C'en est fait, le cruel n'a plus rien qui l'arrête :
1700 Le coup qu'on m'a prédit va tomber sur ma tête.
Il vous accablera vous-même à votre tour.

BURRHUS

Ah ! Madame, pour moi j'ai vécu trop d'un jour.
Plût au ciel que sa main, heureusement cruelle,
Eût fait sur moi l'essai de sa fureur nouvelle !
Qu'il ne m'eût pas donné, par ce triste attentat,
Un gage trop certain des malheurs de l'État !
Son crime seul n'est pas ce qui me désespère ;
Sa jalousie a pu l'armer contre son frère ;
Mais s'il vous faut, Madame, expliquer ma douleur
1710 Néron l'a vu mourir sans changer de couleur.
Ses yeux indifférents ont déjà la constance
D'un tyran dans le crime endurci dès l'enfance.
Qu'il achève, Madame, et qu'il fasse périr
Un ministre importun qui ne le peut souffrir.
Hélas ! loin de vouloir éviter sa colère,
La plus soudaine mort me sera la plus chère.

SCÈNE DERNIÈRE[55]
AGRIPPINE, BURRHUS, ALBINE

ALBINE

Ah ! Madame ! ah ! Seigneur ! courez vers l'empereur,
Venez sauver César de sa propre fureur :
Il se voit pour jamais séparé de Junie.

AGRIPPINE

1720 Quoi ? Junie elle-même a terminé sa vie ?

ALBINE

Pour accabler César d'un éternel ennui,
Madame, sans mourir elle est morte pour lui.
Vous savez de ces lieux comme elle s'est ravie :
Elle a feint de passer chez la triste Octavie ;
Mais bientôt elle a pris des chemins écartés,
Où mes yeux ont suivi ses pas précipités.
Des portes du palais elle sort éperdue.
D'abord elle a d'Auguste aperçu la statue,
Et mouillant de ses pleurs le marbre de ses pieds,
1730 Que de ses bras pressants elle tenait liés :
« Prince, par ces genoux, dit-elle, que j'embrasse,
Protège en ce moment le reste de ta race.
Rome, dans ton palais, vient de voir immoler
Le seul de tes neveux qui te pût ressembler.
On veut après sa mort que je lui sois parjure ;
Mais pour lui conserver une foi toujours pure,
Prince, je me dévoue à ces dieux immortels
Dont ta vertu t'a fait partager les autels. »
Le peuple cependant, que ce spectacle étonne,
1740 Vole de toutes parts, se presse, l'environne,
S'attendrit à ses pleurs, et plaignant son ennui,
D'une commune voix la prend sous son appui.
Ils la mènent au temple, où depuis tant d'années
Au culte des autels nos vierges destinées
Gardent fidèlement le dépôt précieux
Du feu toujours ardent qui brûle pour nos dieux.
César les voit partir sans oser les distraire.
Narcisse, plus hardi, s'empresse pour lui plaire :
Il vole vers Junie, et sans s'épouvanter,

1750 D'une profane main commence à l'arrêter.
De mille coups mortels son audace est punie ;
Son infidèle sang rejaillit sur Junie.
César, de tant d'objets en même temps frappé,
Le laisse entre les mains qui l'ont enveloppé.
Il rentre. Chacun fuit son silence farouche.
Le seul nom de Junie échappe de sa bouche.
Il marche sans dessein, ses yeux mal assurés
N'osent lever au ciel leurs regards égarés,
Et l'on craint, si la nuit jointe à la solitude
1760 Vient de son désespoir aigrir l'inquiétude,
Si vous l'abandonnez plus longtemps sans secours,
Que sa douleur bientôt n'attente sur ses jours.
Le temps presse : courez. Il ne faut qu'un caprice ;
Il se perdrait, Madame.

AGRIPPINE

Il se ferait justice.
Mais, Burrhus, allons voir jusqu'où vont ses trans-
[ports.
Voyons quel changement produiront ses remords,
S'il voudra désormais suivre d'autres maximes.

BURRHUS

1768 Plût aux dieux que ce fût le dernier de ses crimes !

BÉRÉNICE

Tragédie

A MONSEIGNEUR COLBERT

SECRÉTAIRE D'ÉTAT, CONTRÔLEUR GÉNÉRAL DES FINANCES,
SURINTENDANT DES BÂTIMENTS,
GRAND TRÉSORIER DES ORDRES DU ROI,
MARQUIS DE SEIGNELAY[1], ETC.

MONSEIGNEUR,

Quelque juste défiance que j'aie de moi-même et de mes ouvrages, j'ose espérer que vous ne condamnerez pas la liberté que je prends de vous dédier cette tragédie. Vous ne l'avez pas jugée tout à fait indigne de votre approbation. Mais ce qui fait son plus grand mérite auprès de vous, c'est, MONSEIGNEUR, que vous avez été témoin du bonheur qu'elle a eu de ne pas déplaire à Sa Majesté[2].

L'on sait que les moindres choses vous deviennent considérables, pour peu qu'elles puissent servir ou à sa gloire ou à son plaisir. Et c'est ce qui fait qu'au milieu de tant d'importantes occupations, où le zèle de votre prince et le bien public vous tiennent continuellement attaché, vous ne dédaignez pas quelquefois de descendre jusqu'à nous, pour nous demander compte de notre loisir.

J'aurais ici une belle occasion de m'étendre sur vos louanges, si vous me permettiez de vous louer. Et que ne dirais-je point de tant de rares qualités qui vous ont attiré l'admiration de toute la France, de cette pénétration à laquelle rien n'échappe, de cet esprit vaste qui embrasse, qui exécute tout à la fois tant de grandes choses, de cette âme que rien n'étonne, que rien ne fatigue ?

Mais, MONSEIGNEUR, il faut être plus retenu à vous parler de vous-même et je craindrais de m'exposer, par un éloge importun, à vous faire repentir de l'attention favorable dont vous m'avez honoré ; il vaut mieux que je songe à la mériter par quelques nouveaux ouvrages : aussi bien c'est le plus agréable remerciement qu'on vous puisse faire. Je suis avec un profond respect,

MONSEIGNEUR,
Votre très humble et très obéissant serviteur,
RACINE.

PRÉFACE

Titus, réginam Berenicen, cui etiam nuptias pollicitus fereba-
tur, statim ab Urbe dimisit invitus invitam[3].

C'est-à-dire que Titus, qui aimait passionnément Bérénice, et qui même, à ce qu'on croyait, lui avait promis de
l'épouser, la renvoya de Rome, malgré lui et malgré elle, dès
les premiers jours de son empire. Cette action est très
fameuse dans l'histoire, et je l'ai trouvée très propre pour le
théâtre, par la violence des passions qu'elle y pouvait exciter.
En effet, nous n'avons rien de plus touchant dans tous les
poètes, que la séparation d'Énée et de Didon, dans Virgile. Et
qui doute que ce qui a pu fournir assez de matière pour tout
un chant d'un poème héroïque, où l'action dure plusieurs
jours, ne puisse suffire pour le sujet d'une tragédie, dont la
durée ne doit être que de quelques heures ? Il est vrai que je
n'ai point poussé Bérénice jusqu'à se tuer comme Didon,
parce que Bérénice n'ayant pas ici avec Titus les derniers
engagements que Didon avait avec Énée, elle n'est pas obligée
comme elle de renoncer à la vie. A cela près, le dernier adieu
qu'elle dit à Titus, et l'effort qu'elle se fait pour s'en séparer,
n'est pas le moins tragique de la pièce, et j'ose dire qu'il
renouvelle assez bien dans le cœur des spectateurs l'émotion
que le reste y avait pu exciter. Ce n'est point une nécessité
qu'il y ait du sang et des morts dans une tragédie ; il suffit que
l'action en soit grande, que les acteurs en soient héroïques,
que les passions y soient excitées, et que tout s'y ressente de
cette tristesse majestueuse qui fait tout le plaisir de la
tragédie.

Je crus que je pourrais rencontrer toutes ces parties dans mon
sujet. Mais ce qui m'en plut davantage, c'est que je le
trouvai extrêmement simple. Il y avait longtemps que je
voulais essayer si je pourrais faire une tragédie avec cette
simplicité d'action qui a été si fort du goût des anciens. Car
c'est un des premiers préceptes qu'ils nous ont laissés. Que
ce que vous ferez, dit Horace, soit toujours simple et ne soit
qu'un[4]. Ils ont admiré l'*Ajax* de Sophocle, qui n'est autre
chose qu'Ajax qui se tue de regret, à cause de la fureur où il
était tombé après le refus qu'on lui avait fait des armes
d'Achille. Ils ont admiré le *Philoctète,* dont tout le sujet est
Ulysse qui vient pour surprendre les flèches d'Hercule.
L'*Œdipe*[5] même, quoique tout plein de reconnaissances, est
moins chargé de matière que la plus simple tragédie de nos
jours. Nous voyons enfin que les partisans de Térence, qui

l'élèvent avec raison au-dessus de tous les poètes comiques, pour l'élégance de sa diction et pour la vraisemblance de ses mœurs, ne laissent pas de confesser que Plaute a un grand avantage sur lui par la simplicité qui est dans la plupart des sujets de Plaute. Et c'est sans doute cette simplicité merveilleuse qui a attiré à ce dernier toutes les louanges que les Anciens lui ont données. Combien Ménandre était-il encore plus simple, puisque Térence est obligé de prendre deux comédies de ce poète pour en faire une des siennes !

Et il ne faut point croire que cette règle ne soit fondée que sur la fantaisie de ceux qui l'ont faite. Il n'y a que le vraisemblable qui touche dans la tragédie. Et quelle vraisemblance y a-t-il qu'il arrive en un jour une multitude de choses qui pourraient à peine arriver en plusieurs semaines ? Il y en a qui pensent que cette simplicité est une marque de peu d'invention. Ils ne songent pas qu'au contraire toute l'invention consiste à faire quelque chose de rien, et que tout ce grand nombre d'incidents a toujours été le refuge des poètes qui ne sentaient dans leur génie ni assez d'abondance ni assez de force pour attacher durant cinq actes leurs spectateurs par une action simple, soutenue de la violence des passions, de la beauté des sentiments et de l'élégance de l'expression. Je suis bien éloigné de croire que toutes ces choses se rencontrent dans mon ouvrage ; mais aussi je ne puis croire que le public me sache mauvais gré de lui avoir donné une tragédie qui a été honorée de tant de larmes, et dont la trentième représentation a été aussi suivie que la première.

Ce n'est pas que quelques personnes ne m'aient reproché cette même simplicité que j'avais recherchée avec tant de soin. Ils ont cru qu'une tragédie qui était si peu chargée d'intrigues ne pouvait être selon les règles du théâtre. Je m'informai s'ils se plaignaient qu'elle les eût ennuyés. On me dit qu'ils avouaient tous qu'elle n'ennuyait point, qu'elle les touchait même en plusieurs endroits et qu'ils la verraient encore avec plaisir. Que veulent-ils davantage ? Je les conjure d'avoir assez bonne opinion d'eux-mêmes pour ne pas croire qu'une pièce qui les touche, et qui leur donne du plaisir, puisse être absolument contre les règles. La principale règle est de plaire et de toucher[6]. Toutes les autres ne sont faites que pour parvenir à cette première. Mais toutes ces règles sont d'un long détail, dont je ne leur conseille pas de s'embarrasser. Ils ont des occupations plus importantes. Qu'ils se reposent sur nous de la fatigue d'éclaircir les difficultés de la poétique d'Aristote, qu'ils se réservent le plaisir de pleurer et d'être attendris, et qu'ils me permettent de leur dire ce qu'un musicien disait à Philippe, roi de Macédoine, qui prétendait qu'une chanson n'était pas selon les règles : « A Dieu ne plaise, Seigneur, que vous soyez jamais si malheureux que de savoir ces choses-là mieux que moi[7] ! »

Voilà tout ce que j'ai à dire à ces personnes à qui je ferai toujours gloire de plaire. Car pour le libelle[8] que l'on fait contre moi, je crois que les lecteurs me dispenseront volontiers d'y répondre. Et que répondrais-je à un homme qui ne pense rien et qui ne sait pas même construire ce qu'il pense ? Il parle de protase comme s'il entendait ce mot, et veut que cette première des quatre parties de la tragédie soit toujours la plus proche[9] de la dernière, qui est la catastrophe. Il se plaint que la trop grande connaissance des règles l'empêche de se divertir à la comédie. Certainement, si l'on en juge par sa dissertation, il n'y eut jamais de plainte plus mal fondée. Il paraît bien qu'il n'a jamais lu Sophocle, qu'il loue très injustement d'*une grande multiplicité d'incidents*[10] ; et qu'il n'a même jamais rien lu de la *Poétique*, que dans quelques préfaces de tragédies. Mais je lui pardonne de ne pas savoir les règles du théâtre, puisque heureusement pour le public il ne s'applique pas à ce genre d'écrire. Ce que je ne lui pardonne pas, c'est de savoir si peu les règles de la bonne plaisanterie, lui qui ne veut pas dire un mot sans plaisanter. Croit-il réjouir beaucoup les honnêtes gens par ces *hélas de poche*[11], ces *mesdemoiselles mes règles,* et quantité d'autres basses affectations qu'il trouvera condamnées dans tous les bons auteurs, s'il se mêle jamais de les[12] lire ?

Toutes ces critiques sont le partage de quatre ou cinq petits auteurs infortunés, qui n'ont jamais pu par eux-mêmes exciter la curiosité du public. Ils attendent toujours l'occasion de quelque ouvrage qui réussisse pour l'attaquer, non point par jalousie, car sur quel fondement seraient-ils jaloux ? mais dans l'espérance qu'on se donnera la peine de leur répondre, et qu'on les tirera de l'obscurité où leurs propres ouvrages les auraient laissés toute leur vie.

ACTEURS

TITUS, empereur de Rome.
BÉRÉNICE, reine de Palestine.
ANTIOCHUS, roi de Comagène.
PAULIN, confident de Titus.
ARSACE, confident d'Antiochus.

PHÉNICE, confidente de Bérénice.
RUTILE, Romain.
Suite de Titus.

La scène est à Rome, dans un cabinet qui est entre l'appartement de Titus et celui de Bérénice.

BÉRÉNICE

ACTE PREMIER

SCÈNE I

ANTIOCHUS, ARSACE

ANTIOCHUS

Arrêtons un moment. La pompe de ces lieux [13],
Je le vois bien, Arsace, est nouvelle à tes yeux.
Souvent ce cabinet superbe et solitaire
Des secrets de Titus est le dépositaire.
C'est ici quelquefois qu'il se cache à sa cour,
Lorsqu'il vient à la reine expliquer son amour.
De son appartement cette porte est prochaine,
Et cette autre conduit dans celui de la reine.
Va chez elle : dis-lui qu'importun à regret
10 J'ose lui demander un entretien secret.

ARSACE

Vous, Seigneur, importun ? vous, cet ami fidèle
Qu'un soin si généreux intéresse pour elle ?
Vous, cet Antiochus son amant autrefois ?
Vous, que l'Orient compte entre ses plus grands rois ?
Quoi ? déjà de Titus épouse en espérance,
Ce rang entre elle et vous met-il tant de distance ?

ANTIOCHUS

Va, dis-je ; et sans vouloir te charger d'autres soins,
Vois si je puis bientôt lui parler sans témoins.

SCÈNE II

ANTIOCHUS, *seul*.

Eh bien, Antiochus, es-tu toujours le même ?
20 Pourrai-je, sans trembler, lui dire : « Je vous aime » ?
Mais quoi ? déjà je tremble, et mon cœur agité
Craint autant ce moment que je l'ai souhaité.
Bérénice autrefois m'ôta toute espérance ;
Elle m'imposa même un éternel silence.
Je me suis tu cinq ans, et jusques à ce jour,
D'un voile d'amitié j'ai couvert mon amour.
Dois-je croire qu'au lieu où Titus la destine
Elle m'écoute mieux que dans la Palestine ?
Il l'épouse. Ai-je donc attendu ce moment
30 Pour me venir encor déclarer son amant ?
Quel fruit me reviendra d'un aveu téméraire ?
Ah ! puisqu'il faut partir, partons sans lui déplaire.
Retirons-nous, sortons, et sans nous découvrir,
Allons loin de ses yeux l'oublier, ou mourir.
Hé quoi ? souffrir toujours un tourment qu'elle ignore ?
Toujours verser des pleurs qu'il faut que je dévore ?
Quoi ? même en la perdant redouter son courroux ?
Belle Reine, et pourquoi vous offenseriez-vous ?
Viens-je vous demander que vous quittiez l'empire ?
40 Que vous m'aimiez ? Hélas ! je ne viens que vous dire
Qu'après m'être longtemps flatté que mon rival
Trouverait à ses vœux quelque obstacle fatal,
Aujourd'hui qu'il peut tout, que votre hymen s'avance,
Exemple infortuné d'une longue constance,
Après cinq ans d'amour et d'espoir superflus,
Je pars, fidèle encor, quand je n'espère plus.
Au lieu de s'offenser, elle pourra me plaindre.
Quoi qu'il en soit, parlons : c'est assez nous
                                    [contraindre.
Et que peut craindre, hélas ! un amant sans espoir
50 Qui peut bien se résoudre à ne la jamais voir ?

SCÈNE III

ANTIOCHUS, ARSACE

ANTIOCHUS

Arsace, entrerons-nous ?

ARSACE

Seigneur, j'ai vu la reine ;
Mais, pour me faire voir, je n'ai percé qu'à peine
Les flots toujours nouveaux d'un peuple adorateur
Qu'attire sur ses pas sa prochaine grandeur.
Titus, après huit jours d'une retraite austère,
Cesse enfin de pleurer Vespasien son père.
Cet amant se redonne aux soins de son amour,
Et si j'en crois, Seigneur, l'entretien de la cour,
Peut-être avant la nuit l'heureuse Bérénice
60 Change le nom de reine au nom d'impératrice.

ANTIOCHUS

Hélas !

ARSACE

Quoi ? ce discours pourrait-il vous troubler ?

ANTIOCHUS

Ainsi donc sans témoins je ne lui puis parler ?

ARSACE

Vous la verrez, Seigneur : Bérénice est instruite
Que vous voulez ici la voir seule et sans suite.
La reine d'un regard a daigné m'avertir
Qu'à votre empressement elle allait consentir,
Et sans doute elle attend le moment favorable
Pour disparaître aux yeux d'une cour qui l'accable.

ANTIOCHUS

Il suffit. Cependant n'as-tu rien négligé
70 Des ordres importants dont je t'avais chargé ?

ARSACE

Seigneur, vous connaissez ma prompte obéissance.
Des vaisseaux dans Ostie armés en diligence,

Prêts à quitter le port de moments en moments,
N'attendent pour partir que vos commandements.
Mais qui renvoyez-vous dans votre Comagène?

ANTIOCHUS

Arsace, il faut partir quand j'aurai vu la reine.

ARSACE

Qui doit partir?

ANTIOCHUS

          Moi.

ARSACE

          Vous?

ANTIOCHUS

                    En sortant du palais,
Je sors de Rome, Arsace, et j'en sors pour jamais.

ARSACE

Je suis surpris sans doute, et c'est avec justice.
80 Quoi? depuis si longtemps la reine Bérénice
Vous arrache, Seigneur, du sein de vos États,
Depuis trois ans dans Rome elle arrête vos pas;
Et lorsque cette reine, assurant sa conquête,
Vous attend pour témoin de cette illustre fête,
Quand l'amoureux Titus, devenant son époux,
Lui prépare un éclat qui rejaillit sur vous...

ANTIOCHUS

Arsace, laisse-la jouir de sa fortune,
Et quitte un entretien dont le cours m'importune.

ARSACE

Je vous entends, Seigneur : ces mêmes dignités
90 Ont rendu Bérénice ingrate à vos bontés.
L'inimitié succède à l'amitié trahie.

ANTIOCHUS

Non, Arsace, jamais je ne l'ai moins haïe.

ARSACE

Quoi donc ? de sa grandeur déjà trop prévenu,
Le nouvel empereur vous a-t-il méconnu ?
Quelque pressentiment de son indifférence
Vous fait-il loin de Rome éviter sa présence ?

ANTIOCHUS

Titus n'a point pour moi paru se démentir :
J'aurais tort de me plaindre.

ARSACE

Et pourquoi donc partir ?
Quel caprice vous rend ennemi de vous-même ?
100 Le ciel met sur le trône un prince qui vous aime,
Un prince qui jadis témoin de vos combats,
Vous vit chercher la gloire et la mort sur ses pas,
Et de qui la valeur, par vos soins secondée,
Mit enfin sous le joug la rebelle Judée.
Il se souvient du jour illustre et douloureux
Qui décida du sort d'un long siège douteux.
Sur leur triple rempart les ennemis tranquilles
Contemplaient sans péril nos assauts inutiles ;
Le bélier impuissant les menaçait en vain.
110 Vous seul, Seigneur, vous seul, une échelle à la main,
Vous portâtes la mort jusque sur leurs murailles[14].
Ce jour presque éclaira vos propres funérailles :
Titus vous embrassa mourant entre mes bras,
Et tout le camp vainqueur pleura votre trépas.
Voici le temps, Seigneur, où vous devez attendre
Le fruit de tant de sang qu'ils vous ont vu répandre.
Si pressé du désir de revoir vos États
Vous vous lassez de vivre où vous ne régnez pas,
Faut-il que sans honneur l'Euphrate vous revoie ?
120 Attendez pour partir que César vous renvoie
Triomphant et chargé des titres souverains
Qu'ajoute encore aux rois l'amitié des Romains.
Rien ne peut-il, Seigneur, changer votre entreprise ?
Vous ne répondez point ?

ANTIOCHUS

Que veux-tu que je dise ?
J'attends de Bérénice un moment d'entretien.

ARSACE

Eh bien, Seigneur ?

ANTIOCHUS

Son sort décidera du mien.

ARSACE

Comment ?

ANTIOCHUS

Sur son hymen j'attends qu'elle s'explique.
Si sa bouche s'accorde avec la voix publique,
S'il est vrai qu'on l'élève au trône des Césars,
130 Si Titus a parlé, s'il l'épouse, je pars.

ARSACE

Mais qui rend à vos yeux cet hymen si funeste ?

ANTIOCHUS

Quand nous serons partis, je te dirai le reste.

ARSACE

Dans quel trouble, Seigneur, jetez-vous mon esprit ?

ANTIOCHUS

La reine vient. Adieu. Fais tout ce que j'ai dit.

SCÈNE IV

BÉRÉNICE, ANTIOCHUS, PHÉNICE

BÉRÉNICE

Enfin je me dérobe à la joie importune
De tant d'amis nouveaux que me fait la fortune ;
Je fuis de leurs respects l'inutile longueur,
Pour chercher un ami qui me parle du cœur.
Il ne faut point mentir : ma juste impatience
140 Vous accusait déjà de quelque négligence.
Quoi ? cet Antiochus, disais-je, dont les soins
Ont eu tout l'Orient et Rome pour témoins,
Lui que j'ai vu toujours constant dans mes traverses
Suivre d'un pas égal mes fortunes diverses,

Aujourd'hui que le ciel semble [15] me présager
Un honneur qu'avec vous je prétends partager,
Ce même Antiochus, se cachant à ma vue,
Me laisse à la merci d'une foule inconnue ?

ANTIOCHUS

Il est donc vrai, Madame ? et selon ce discours,
150 L'hymen va succéder à vos longues amours ?

BÉRÉNICE

Seigneur, je vous veux bien confier mes alarmes.
Ces jours ont vu mes yeux baignés de quelques larmes :
Ce long deuil que Titus imposait à sa cour
Avait même en secret suspendu son amour ;
Il n'avait plus pour moi cette ardeur assidue
Lorsqu'il passait les jours attachés sur ma vue ;
Muet, chargé de soins, et les larmes aux yeux,
Il ne me laissait plus que de tristes adieux.
Jugez de ma douleur, moi dont l'ardeur extrême,
160 Je vous l'ai dit cent fois, n'aime en lui que lui-même,
Moi qui, loin des grandeurs dont il est revêtu,
Aurais choisi son cœur et cherché sa vertu.

ANTIOCHUS

Il a repris pour vous sa tendresse première ?

BÉRÉNICE

Vous fûtes spectateur de cette nuit dernière,
Lorsque, pour seconder ses soins religieux,
Le sénat a placé son père entre les dieux.
De ce juste devoir sa piété contente
A fait place, Seigneur, au soin de son amante ;
Et même en ce moment, sans qu'il m'en ait parlé,
170 Il est dans le sénat par son ordre assemblé.
Là, de la Palestine il étend la frontière,
Il y joint l'Arabie et la Syrie entière,
Et si de ses amis j'en dois croire la voix,
Si j'en crois ses serments redoublés mille fois,
Il va sur tant d'États couronner Bérénice,
Pour joindre à plus de noms le nom d'impératrice.
Il m'en viendra lui-même assurer en ce lieu.

ANTIOCHUS

Et je viens donc vous dire un éternel adieu.

BÉRÉNICE

Que dites-vous ? Ah ! ciel ! quel adieu ! quel langage !
180 Prince, vous vous troublez et changez de visage ?

ANTIOCHUS

Madame, il faut partir.

BÉRÉNICE

                                Quoi ? ne puis-je savoir
Quel sujet...

ANTIOCHUS

            Il fallait partir sans la revoir.

BÉRÉNICE

Que craignez-vous ? parlez : c'est trop longtemps se
                                                [taire.
Seigneur, de ce départ quel est donc le mystère ?

ANTIOCHUS

Au moins souvenez-vous que je cède à vos lois,
Et que vous m'écoutez pour la dernière fois.
Si, dans ce haut degré de gloire et de puissance,
Il vous souvient des lieux où vous prîtes naissance,
Madame, il vous souvient que mon cœur en ces lieux
190 Reçut le premier trait qui partit de vos yeux.
J'aimai. J'obtins l'aveu d'Agrippa votre frère ;
Il vous parla de moi. Peut-être sans colère
Alliez-vous de mon cœur recevoir le tribut ;
Titus, pour mon malheur, vint, vous vit, et vous plut[16].
Il parut devant vous dans tout l'éclat d'un homme
Qui porte entre ses mains la vengeance de Rome.
La Judée en pâlit. Le triste Antiochus
Se compta le premier au nombre des vaincus.
Bientôt de mon malheur interprète sévère
200 Votre bouche à la mienne ordonna de se taire.
Je disputai longtemps, je fis parler mes yeux ;
Mes pleurs et mes soupirs vous suivaient en tous lieux.

Enfin votre rigueur emporta la balance :
Vous sûtes m'imposer l'exil ou le silence,
Il fallut le promettre, et même le jurer.
Mais puisqu'en ce moment j'ose me déclarer,
Lorsque vous m'arrachiez cette injuste promesse,
Mon cœur faisait serment de vous aimer sans cesse.

BÉRÉNICE

Ah ! que me dites-vous ?

ANTIOCHUS

              Je me suis tu cinq ans,
210 Madame, et vais encor me taire plus longtemps.
De mon heureux rival j'accompagnai les armes ;
J'espérai de verser mon sang après mes larmes,
Ou qu'au moins, jusqu'à vous porté par mille exploits,
Mon nom pourrait parler, au défaut de ma voix.
Le ciel sembla promettre une fin à ma peine :
Vous pleurâtes ma mort, hélas ! trop peu certaine.
Inutiles périls ! Quelle était mon erreur !
La valeur de Titus surpassait ma fureur.
Il faut qu'à sa vertu mon estime réponde.
220 Quoique attendu, Madame, à l'empire du monde,
Chéri de l'univers, enfin aimé de vous,
Il semblait à lui seul appeler tous les coups,
Tandis que, sans espoir, haï, lassé de vivre,
Son malheureux rival ne semblait que le suivre.
Je vois que votre cœur m'applaudit en secret
Je vois que l'on m'écoute avec moins de regret,
Et que trop attentive à ce récit funeste,
En faveur de Titus vous pardonnez le reste.
Enfin, après un siège aussi cruel que lent,
230 Il dompta les mutins, reste pâle et sanglant
Des flammes, de la faim, des fureurs intestines,
Et laissa leurs remparts cachés sous leurs ruines.
Rome vous vit, Madame, arriver avec lui.
Dans l'Orient désert quel devint mon ennui !
Je demeurai longtemps errant dans Césarée,
Lieux charmants où mon cœur vous avait adorée
Je vous redemandais à vos tristes États ;
Je cherchais en pleurant les traces de vos pas
Mais enfin succombant à ma mélancolie

240 Mon désespoir tourna mes pas vers l'Italie.
Le sort m'y réservait le dernier de ses coups.
Titus en m'embrassant m'amena devant vous ;
Un voile d'amitié vous trompa l'un et l'autre,
Et mon amour devint le confident du vôtre.
Mais toujours quelque espoir flattait mes déplaisirs :
Rome, Vespasien, traversaient vos soupirs ;
Après tant de combats Titus cédait peut-être.
Vespasien est mort, et Titus est le maître.
Que ne fuyais-je alors ! J'ai voulu quelques jours
250 De son nouvel empire examiner le cours.
Mon sort est accompli : votre gloire s'apprête.
Assez d'autres sans moi, témoins de cette fête,
A vos heureux transports viendront joindre les leurs ;
Pour moi, qui ne pourrais y mêler que des pleurs,
D'un inutile amour trop constante victime,
Heureux dans mes malheurs d'en avoir pu sans crime
Conter toute l'histoire aux yeux qui les ont faits,
Je pars plus amoureux que je ne fus jamais.

BÉRÉNICE

Seigneur, je n'ai pas cru que, dans une journée
260 Qui doit avec César unir ma destinée,
Il fût quelque mortel qui pût impunément
Se venir à mes yeux déclarer mon amant.
Mais de mon amitié mon silence est un gage :
J'oublie en sa faveur un discours qui m'outrage.
Je n'en ai point troublé le cours injurieux ;
Je fais plus : à regret je reçois vos adieux.
Le ciel sait qu'au milieu des honneurs qu'il m'envoie,
Je n'attendais que vous pour témoin de ma joie.
Avec tout l'univers j'honorais vos vertus ;
270 Titus vous chérissait, vous admiriez Titus.
Cent fois je me suis fait une douceur extrême
D'entretenir Titus dans un autre lui-même.

ANTIOCHUS

Et c'est ce que je fuis. J'évite, mais trop tard,
Ces cruels entretiens où je n'ai point de part.
Je fuis Titus : je fuis ce nom qui m'inquiète,
Ce nom qu'à tous moments votre bouche répète.
Que vous dirai-je enfin ? Je fuis des yeux distraits,

Qui me voyant toujours ne me voyaient jamais.
Adieu. Je vais, le cœur trop plein de votre image,
280 Attendre, en vous aimant, la mort pour mon partage.
Surtout ne craignez point qu'une aveugle douleur
Remplisse l'univers du bruit de mon malheur,
Madame : le seul bruit d'une mort que j'implore
Vous fera souvenir que je vivais encore.
Adieu.

SCÈNE V

BÉRÉNICE, PHÉNICE

PHÉNICE

Que je le plains! Tant de fidélité,
Madame, méritait plus de prospérité.
Ne le plaignez-vous pas?

BÉRÉNICE

Cette prompte retraite
Me laisse, je l'avoue, une douleur secrète.

PHÉNICE

Je l'aurais retenu.

BÉRÉNICE

Qui? moi? le retenir?
290 J'en dois perdre plutôt jusques au souvenir.
Tu veux donc que je flatte une ardeur insensée?

PHÉNICE

Titus n'a point encore expliqué sa pensée.
Rome vous voit, Madame, avec des yeux jaloux;
La rigueur de ses lois m'épouvante pour vous.
L'hymen chez les Romains n'admet qu'une Romaine;
Rome hait tous les rois, et Bérénice est reine.

BÉRÉNICE

Le temps n'est plus, Phénice, où je pouvais trembler.
Titus m'aime, il peut tout, il n'a plus qu'à parler :
Il verra le sénat m'apporter ses hommages,
300 Et le peuple de fleurs couronner ses images.

De cette nuit, Phénice, as-tu vu la splendeur ?
Tes yeux ne sont-ils pas tout pleins de sa grandeur ?
Ces flambeaux, ce bûcher, cette nuit enflammée,
Ces aigles, ces faisceaux, ce peuple, cette armée,
Cette foule de rois, ces consuls, ce sénat,
Qui tous de mon amant empruntaient leur éclat ;
Cette pourpre, cet or, que rehaussait sa gloire,
Et ces lauriers encor témoins de sa victoire ;
Tous ces yeux qu'on voyait venir de toutes parts
310 Confondre sur lui seul leurs avides regards ;
Ce port majestueux, cette douce présence.
Ciel [17] ! avec quel respect et quelle complaisance
Tous les cœurs en secret l'assuraient de leur foi !
Parle : peut-on le voir sans penser comme moi
Qu'en quelque obscurité que le sort l'eût fait naître,
Le monde en le voyant eût reconnu son maître ?
Mais, Phénice, où m'emporte un souvenir charmant ?
Cependant Rome entière, en ce même moment,
Fait des vœux pour Titus, et par des sacrifices,
320 De son règne naissant célèbre les prémices.
Que tardons-nous ? Allons, pour son empire heureux,
Au ciel qui le protège, offrir aussi nos vœux.
Aussitôt, sans l'attendre, et sans être attendue,
Je reviens le chercher, et dans cette entrevue
Dire tout ce qu'aux cœurs l'un de l'autre contents
Inspirent des transports retenus si longtemps.

ACTE DEUXIÈME

SCÈNE I

TITUS, PAULIN, *Suite.*

TITUS

A-t-on vu de ma part le roi de Comagène ?
Sait-il que je l'attends ?

PAULIN

                    J'ai couru chez la reine :
Dans son appartement ce prince avait paru ;

330 Il en était sorti lorsque j'y suis couru.
De vos ordres, Seigneur, j'ai dit qu'on l'avertisse.

PAULIN

Il suffit. Et que fait la reine Bérénice ?

PAULIN

La reine, en ce moment, sensible à vos bontés,
Charge le ciel de vœux pour vos prospérités.
Elle sortait, Seigneur.

TITUS

Trop aimable princesse !
Hélas !

PAULIN

En sa faveur d'où naît cette tristesse ?
L'Orient presque entier va fléchir sous sa loi ;
Vous la plaignez ?

TITUS

Paulin, qu'on vous laisse avec moi.

SCÈNE II

TITUS, PAULIN

TITUS

Eh bien ! de mes desseins Rome encore incertaine
340 Attend que deviendra le destin de la reine,
Paulin ; et les secrets de son cœur et du mien
Sont de tout l'univers devenus l'entretien.
Voici le temps enfin qu'il faut que je m'explique.
De la reine et de moi que dit la voix publique ?
Parlez : qu'entendez-vous ?

PAULIN

J'entends de tous côtés
Publier vos vertus, Seigneur, et ses beautés.

TITUS

Que dit-on des soupirs que je pousse pour elle ?
Quel succès attend-on d'un amour si fidèle ?

PAULIN

Vous pouvez tout : aimez, cessez d'être amoureux ;
350 La cour sera toujours du parti de vos vœux.

TITUS

Et je l'ai vue aussi cette cour peu sincère,
A ses maîtres toujours trop soigneuse de plaire,
Des crimes de Néron approuver les horreurs ;
Je l'ai vue à genoux consacrer ses fureurs.
Je ne prends point pour juge une cour idolâtre,
Paulin : je me propose un plus noble théâtre ;
Et sans prêter l'oreille à la voix des flatteurs,
Je veux par votre bouche entendre tous les cœurs.
Vous me l'avez promis. Le respect et la crainte
360 Ferment autour de moi le passage à la plainte ;
Pour mieux voir, cher Paulin, et pour entendre mieux,
Je vous ai demandé des oreilles, des yeux ;
J'ai mis même à ce prix mon amitié secrète :
J'ai voulu que des cœurs vous fussiez l'interprète,
Qu'au travers des flatteurs votre sincérité
Fît toujours jusqu'à moi passer la vérité.
Parlez donc. Que faut-il que Bérénice espère ?
Rome lui sera-t-elle indulgente ou sévère ?
Dois-je croire qu'assise au trône des Césars
370 Une si belle reine offensât ses regards ?

PAULIN

N'en doutez point, Seigneur : soit raison, soit caprice,
Rome ne l'attend point pour son impératrice.
On sait qu'elle est charmante, et de si belles mains [18]
Semblent vous demander l'empire des humains.
Elle a même, dit-on, le cœur d'une Romaine ;
Elle a mille vertus, mais, Seigneur, elle est reine.
Rome, par une loi qui ne se peut changer,
N'admet avec son sang aucun sang étranger,
Et ne reconnaît point les fruits illégitimes
380 Qui naissent d'un hymen contraire à ses maximes.
D'ailleurs, vous le savez, en bannissant ses rois,
Rome à ce nom si noble et si saint autrefois
Attache pour jamais une haine puissante ;
Et quoique à ses Césars fidèle, obéissante,
Cette haine, Seigneur, reste de sa fierté,

Survit dans tous les cœurs après la liberté.
Jules, qui le premier la soumit à ses armes,
Qui fit taire les lois dans le bruit des alarmes,
Brûla pour Cléopâtre ; et sans se déclarer,
390 Seule dans l'Orient la laissa soupirer.
Antoine, qui l'aima jusqu'à l'idolâtrie,
Oublia dans son sein sa gloire et sa patrie,
Sans oser toutefois se nommer son époux.
Rome l'alla chercher jusques à ses genoux,
Et ne désarma point sa fureur vengeresse,
Qu'elle n'eût accablé l'amant et la maîtresse.
Depuis ce temps, Seigneur, Caligula, Néron,
Monstres dont à regret je cite ici le nom,
Et qui ne conservant que la figure d'homme,
400 Foulèrent à leurs pieds toutes les lois de Rome,
Ont craint cette loi seule, et n'ont point à nos yeux
Allumé le flambeau d'un hymen odieux.
Vous m'avez commandé sur tout d'être sincère.
De l'affranchi Pallas nous avons vu le frère,
Des fers de Claudius Félix encor flétri,
De deux reines [19], Seigneur, devenir le mari ;
Et s'il faut jusqu'au bout que je vous obéisse,
Ces deux reines [20] étaient du sang de Bérénice.
Et vous croiriez pouvoir, sans blesser nos regards,
410 Faire entrer une reine au lit de nos Césars,
Tandis que l'Orient dans le lit de ses reines
Voit passer un esclave au sortir de nos chaînes ?
C'est ce que les Romains pensent de votre amour,
Et je ne réponds pas, avant la fin du jour,
Que le sénat, chargé des vœux de tout l'empire,
Ne vous redise ici ce que je viens de dire ;
Et que Rome avec lui tombant à vos genoux,
Ne vous demande un choix digne d'elle et de vous.
Vous pouvez préparer, Seigneur, votre réponse.

TITUS

420 Hélas ! à quel amour on veut que je renonce !

PAULIN

Cet amour est ardent, il le faut confesser [21].

TITUS

Plus ardent mille fois que tu ne peux penser,
Paulin. Je me suis fait un plaisir nécessaire
De la voir chaque jour, de l'aimer, de lui plaire.
J'ai fait plus ; je n'ai rien de secret à tes yeux :
J'ai pour elle cent fois rendu grâces aux dieux
D'avoir choisi mon père au fond de l'Idumée,
D'avoir rangé sous lui l'Orient et l'armée,
Et soulevant encor le reste des humains,
430 Remis Rome sanglante en ses paisibles mains.
J'ai même souhaité la place de mon père,
Moi, Paulin, qui cent fois si le sort moins sévère
Eût voulu de sa vie étendre les liens,
Aurais donné mes jours pour prolonger les siens.
Tout cela (qu'un amant sait mal ce qu'il désire !)
Dans l'espoir d'élever Bérénice à l'empire,
De reconnaître un jour son amour et sa foi,
Et de voir à ses pieds tout le monde avec moi.
Malgré tout mon amour, Paulin, et tous ses charmes,
440 Après mille serments appuyés de mes larmes,
Maintenant que je puis couronner tant d'attraits,
Maintenant que je l'aime encor plus que jamais,
Lorsqu'un heureux hymen, joignant nos destinées,
Peut payer en un jour les vœux de cinq années,
Je vais, Paulin... O ciel ! puis-je le déclarer ?

PAULIN

Quoi, Seigneur ?

TITUS

　　　　　　　Pour jamais je vais m'en séparer.
Mon cœur en ce moment ne vient pas de se rendre.
Si je t'ai fait parler, si j'ai voulu t'entendre,
Je voulais que ton zèle achevât en secret
450 De confondre un amour qui se tait à regret.
Bérénice a longtemps balancé la victoire ;
Et si je penche enfin du côté de ma gloire,
Crois qu'il m'en a coûté, pour vaincre tant d'amour,
Des combats dont mon cœur saignera plus d'un jour.
J'aimais, je soupirais, dans une paix profonde :
Un autre était chargé de l'empire du monde.
Maître de mon destin, libre dans mes soupirs,

Je ne rendais qu'à moi compte de mes désirs.
Mais à peine le ciel eut rappelé mon père,
460 Dès que ma triste main eut fermé sa paupière,
De mon aimable erreur je fus désabusé .
Je sentis le fardeau qui m'était imposé,
Je connus que bientôt, loin d'être à ce que j'aime,
Il fallait, cher Paulin, renoncer à moi-même,
Et que le choix des dieux, contraire à mes amours,
Livrait à l'univers le reste de mes jours.
Rome observe aujourd'hui ma conduite nouvelle.
Quelle honte pour moi, quel présage pour elle,
Si dès le premier pas, renversant tous ses droits,
470 Je fondais mon bonheur sur le débris des lois !
Résolu d'accomplir ce cruel sacrifice,
J'y voulus préparer la triste Bérénice.
Mais par où commencer ? Vingt fois depuis huit jours
J'ai voulu devant elle en ouvrir le discours ;
Et dès le premier mot ma langue embarrassée
Dans ma bouche vingt fois a demeuré glacée.
J'espérais que du moins mon trouble et ma douleur
Lui ferait pressentir notre commun malheur ;
Mais sans me soupçonner, sensible à mes alarmes,
480 Elle m'offre sa main pour essuyer mes larmes,
Et ne prévoit rien moins dans cette obscurité,
Que la fin d'un amour qu'elle a trop mérité.
Enfin j'ai ce matin rappelé ma constance :
Il faut la voir, Paulin, et rompre le silence.
J'attends Antiochus pour lui recommander
Ce dépôt précieux que je ne puis garder :
Jusque dans l'Orient je veux qu'il la remène.
Demain Rome avec lui verra partir la reine.
Elle en sera bientôt instruite par ma voix,
490 Et je vais lui parler pour la dernière fois.

PAULIN

Je n'attendais pas moins de cet amour de gloire
Qui partout après vous attacha la victoire.
La Judée asservie, et ses remparts fumants,
De cette noble ardeur éternels monuments,
Me répondaient assez que votre grand courage
Ne voudrait pas, Seigneur, détruire son ouvrage,

Et qu'un héros vainqueur de tant de nations
Saurait bien, tôt ou tard, vaincre ses passions.

TITUS

Ah ! que sous de beaux noms cette gloire est cruelle !
500 Combien mes tristes yeux la trouveraient plus belle,
S'il ne fallait encor qu'affronter le trépas !
Que dis-je ? Cette ardeur que j'ai pour ses appas,
Bérénice en mon sein l'a jadis allumée.
Tu ne l'ignores pas : toujours la renommée
Avec le même éclat n'a pas semé mon nom.
Ma jeunesse, nourrie à la cour de Néron,
S'égarait, cher Paulin, par l'exemple abusée
Et suivait du plaisir la pente trop aisée.
Bérénice me plut. Que ne fait point un cœur
510 Pour plaire à ce qu'il aime, et gagner son vainqueur !
Je prodiguai mon sang : tout fit place à mes armes ;
Je revins triomphant. Mais le sang et les larmes
Ne me suffisaient pas pour mériter ses vœux :
J'entrepris le bonheur de mille malheureux ;
On vit de toutes parts mes bontés se répandre,
Heureux, et plus heureux que tu ne peux comprendre,
Quand je pouvais paraître à ses yeux satisfaits
Chargé de mille cœurs conquis par mes bienfaits !
Je lui dois tout, Paulin. Récompense cruelle !
520 Tout ce que je lui dois va retomber sur elle.
Pour prix de tant de gloire et de tant de vertus,
Je lui dirai : Partez, et ne me voyez plus.

PAULIN

Hé quoi ? Seigneur, hé quoi ? cette magnificence
Qui va jusqu'à l'Euphrate étendre sa puissance,
Tant d'honneurs dont l'excès a surpris le sénat
Vous laissent-ils encor craindre le nom d'ingrat ?
Sur cent peuples nouveaux Bérénice commande.

TITUS

Faibles amusements d'une douleur si grande !
Je connais Bérénice, et ne sais que trop bien
530 Que son cœur n'a jamais demandé que le mien.
Je l'aimai, je lui plus. Depuis cette journée,
(Dois-je dire funeste, hélas ! ou fortunée ?)

Sans avoir en aimant d'objet que son amour,
Étrangère dans Rome, inconnue à la cour,
Elle passe ses jours, Paulin, sans rien prétendre
Que quelque heure à me voir, et le reste à m'attendre.
Encor, si quelquefois un peu moins assidu
Je passe le moment où je suis attendu,
Je la revois bientôt de pleurs toute trempée.
540 Ma main à les sécher est longtemps occupée.
Enfin tout ce qu'Amour a de nœuds plus puissants,
Doux reproches, transports sans cesse renaissants,
Soin de plaire sans art, crainte toujours nouvelle,
Beauté, gloire, vertu, je trouve tout en elle.
Depuis cinq ans entiers chaque jour je la vois,
Et crois toujours la voir pour la première fois[22].
N'y songeons plus. Allons, cher Paulin : plus j'y pense,
Plus je sens chanceler ma cruelle constance.
Quelle nouvelle, ô ciel ! je lui vais annoncer !
550 Encore un coup, allons, il n'y faut plus penser.
Je connais mon devoir, c'est à moi de le suivre :
Je n'examine point si j'y pourrai survivre.

SCÈNE III

TITUS, PAULIN, RUTILE

RUTILE

Bérénice, Seigneur, demande à vous parler.

TITUS

Ah ! Paulin.

PAULIN

                Quoi ? déjà vous semblez reculer !
De vos nobles projets, Seigneur, qu'il vous souvienne ;
Voici le temps.

TITUS

                Eh bien ! Voyons-la. Qu'elle vienne.

SCÈNE IV

BÉRÉNICE, TITUS, PAULIN, PHÉNICE

BÉRÉNICE

Ne vous offensez pas si mon zèle indiscret
De votre solitude interrompt le secret.
Tandis qu'autour de moi votre cour assemblée
560 Retentit des bienfaits dont vous m'avez comblée,
Est-il juste, Seigneur, que seule en ce moment
Je demeure sans voix et sans ressentiment ?
Mais, Seigneur (car je sais que cet ami sincère
Du secret de nos cœurs connaît tout le mystère),
Votre deuil est fini, rien n'arrête vos pas,
Vous êtes seul enfin, et ne me cherchez pas.
J'entends que vous m'offrez un nouveau diadème,
Et ne puis cependant vous entendre vous-même.
Hélas ! plus de repos, Seigneur, et moins d'éclat.
570 Votre amour ne peut-il paraître qu'au sénat ?
Ah ! Titus ! car enfin l'amour fuit la contrainte
De tous ces noms que suit le respect et la crainte,
De quel soin votre amour va-t-il s'importuner ?
N'a-t-il que des États qu'il me puisse donner ?
Depuis quand croyez-vous que ma grandeur me
                                        [touche ?
Un soupir, un regard, un mot de votre bouche,
Voilà l'ambition d'un cœur comme le mien.
Voyez-moi plus souvent, et ne me donnez rien.
Tous vos moments sont-ils dévoués à l'empire ?
580 Ce cœur, après huit jours, n'a-t-il rien à me dire ?
Qu'un mot va rassurer mes timides esprits !
Mais parliez-vous de moi quand je vous ai surpris ?
Dans vos secrets discours étais-je intéressée,
Seigneur ? Étais-je au moins présente à la pensée ?

TITUS

N'en doutez point, Madame ; et j'atteste les dieux
Que toujours Bérénice est présente à mes yeux.
L'absence ni le temps, je vous le jure encore,
Ne vous peuvent ravir ce cœur qui vous adore.

BÉRÉNICE

Hé quoi ? vous me jurez une éternelle ardeur,
590 Et vous me la jurez avec cette froideur ?
Pourquoi même du ciel attester la puissance ?
Faut-il par des serments vaincre ma défiance ?
Mon cœur ne prétend point, Seigneur, vous démentir,
Et je vous en croirai sur un simple soupir.

TITUS

Madame...

BÉRÉNICE

Eh bien, Seigneur ? Mais quoi ? sans me
                                        [répondre,
Vous détournez les yeux et semblez vous confondre.
Ne m'offrirez-vous plus qu'un visage interdit ?
Toujours la mort d'un père occupe votre esprit ?
Rien ne peut-il charmer l'ennui qui vous dévore ?

TITUS

600 Plût au ciel que mon père, hélas ! vécût encore !
Que je vivais heureux !

BÉRÉNICE

                        Seigneur, tous ces regrets
De votre piété sont de justes effets.
Mais vos pleurs ont assez honoré sa mémoire,
Vous devez d'autres soins à Rome, à votre gloire
De mon propre intérêt, je n'ose vous parler.
Bérénice autrefois pouvait vous consoler ;
Avec plus de plaisir vous m'avez écoutée.
De combien de malheurs pour vous persécutée,
Vous ai-je pour un mot sacrifié mes pleurs !
610 Vous regrettez un père ; hélas ! faibles douleurs !
Et moi (ce souvenir me fait frémir encore),
On voulait m'arracher de tout ce que j'adore ;
Moi, dont vous connaissez le trouble et le tourment
Quand vous ne me quittez que pour quelque moment ;
Moi, qui mourrais le jour qu'on voudrait m'interdire
De vous...

TITUS

Madame, hélas! que me venez-vous dire?
Quel temps choisissez-vous? Ah! de grâce, arrêtez.
C'est trop pour un ingrat prodiguer vos bontés.

BÉRÉNICE

Pour un ingrat, Seigneur! Et le pouvez-vous être?
620 Ainsi donc mes bontés vous fatiguent peut-être?

TITUS

Non, Madame. Jamais, puisqu'il faut vous parler,
Mon cœur de plus de feux ne se sentit brûler.
Mais...

BÉRÉNICE

Achevez.

TITUS

Hélas!

BÉRÉNICE

Parlez.

TITUS

Rome... l'Empire...

BÉRÉNICE

Eh bien?

TITUS

Sortons, Paulin : je ne lui puis rien dire.

SCÈNE V
BÉRÉNICE, PHÉNICE

BÉRÉNICE

Quoi? me quitter si tôt, et ne me dire rien?
Chère Phénice, hélas! quel funeste entretien!
Qu'ai-je fait? Que veut-il? et que dit ce silence?

PHÉNICE

Comme vous je me perds d'autant plus que j'y pense.
Mais ne s'offre-t-il rien à votre souvenir
630 Qui contre vous, Madame, ait pu le prévenir ?
Voyez, examinez.

BÉRÉNICE

                    Hélas ! tu peux m'en croire :
Plus je veux du passé rappeler la mémoire,
Du jour que je le vis jusqu'à ce triste jour,
Plus je vois qu'on me peut reprocher trop d'amour.
Mais tu nous entendais. Il ne faut rien me taire :
Parle. N'ai-je rien dit qui lui puisse déplaire ?
Que sais-je ? J'ai peut-être avec trop de chaleur
Rabaissé ses présents, ou blâmé sa douleur.
N'est-ce point que de Rome il redoute la haine ?
640 Il craint peut-être, il craint d'épouser une reine.
Hélas ! s'il était vrai... Mais non, il a cent fois
Rassuré mon amour contre leurs dures lois ;
Cent fois... Ah ! qu'il m'explique un silence si rude :
Je ne respire pas dans cette incertitude.
Moi, je vivrais, Phénice, et je pourrais penser
Qu'il me néglige, ou bien que j'ai pu l'offenser ?
Retournons sur ses pas. Mais quand je m'examine,
Je crois de ce désordre entrevoir l'origine,
Phénice : il aura su tout ce qui s'est passé ;
650 L'amour d'Antiochus l'a peut-être offensé.
Il attend, m'a-t-on dit, le roi de Comagène.
Ne cherchons point ailleurs le sujet de ma peine.
Sans doute ce chagrin qui vient de m'alarmer
N'est qu'un léger soupçon facile à désarmer.
Je ne te vante point cette faible victoire,
Titus. Ah ! plût au ciel que, sans blesser ta gloire,
Un rival plus puissant voulût tenter ma foi,
Et pût mettre à mes pieds plus d'empires que toi,
Que de sceptres sans nombre il pût payer ma flamme,
660 Que ton amour n'eût rien à donner que ton âme :
C'est alors, cher Titus, qu'aimé, victorieux,
Tu verrais de quel prix ton cœur est à mes yeux.
Allons, Phénice, un mot pourra le satisfaire.
Rassurons-nous, mon cœur, je puis encor lui plaire :
Je me comptais trop tôt au rang des malheureux ;
Si Titus est jaloux, Titus est amoureux.

ACTE TROISIÈME

SCÈNE I

TITUS, ANTIOCHUS, ARSACE

TITUS

Quoi, Prince, vous partiez ? Quelle raison subite
Presse votre départ, ou plutôt votre fuite ?
Vouliez-vous me cacher jusques à vos adieux ?
670 Est-ce comme ennemi que vous quittez ces lieux ?
Que diront avec moi la cour, Rome, l'Empire ?
Mais, comme votre ami, que ne puis-je point dire ?
De quoi m'accusez-vous ? Vous avais-je sans choix
Confondu jusqu'ici dans la foule des rois ?
Mon cœur vous fut ouvert tant qu'a vécu mon père :
C'était le seul présent que je pouvais vous faire ;
Et lorsque avec mon cœur ma main peut s'épancher,
Vous fuyez mes bienfaits tout prêts à vous chercher ?
Pensez-vous qu'oubliant ma fortune passée
680 Sur ma seule grandeur j'arrête ma pensée,
Et que tous mes amis s'y présentent de loin
Comme autant d'inconnus dont je n'ai plus besoin ?
Vous-même, à mes regards qui vouliez vous soustraire,
Prince, plus que jamais vous m'êtes nécessaire.

ANTIOCHUS

Moi, Seigneur ?

TITUS

Vous.

ANTIOCHUS

Hélas ! d'un prince malheureux
Que pouvez-vous, Seigneur, attendre que des vœux ?

TITUS

Je n'ai pas oublié, Prince, que ma victoire
Devait à vos exploits la moitié de sa gloire,
Que Rome vit passer au nombre des vaincus
690 Plus d'un captif chargé des fers d'Antiochus,

Que dans le Capitole elle voit attachées
Les dépouilles des Juifs par vos mains arrachées.
Je n'attends pas de vous de ces sanglants exploits,
Et je veux seulement emprunter votre voix.
Je sais que Bérénice, à vos soins redevable,
Croit posséder en vous un ami véritable.
Elle ne voit dans Rome et n'écoute que vous ;
Vous ne faites qu'un cœur et qu'une âme avec nous.
Au nom d'une amitié si constante et si belle,
700 Employez le pouvoir que vous avez sur elle :
Voyez-la de ma part.

ANTIOCHUS

              Moi, paraître à ses yeux ?
La reine, pour jamais, a reçu mes adieux.

TITUS

Prince, il faut que pour moi vous lui parliez encore.

ANTIOCHUS

Ah ! parlez-lui, Seigneur : la reine vous adore.
Pourquoi vous dérober vous-même en ce moment
Le plaisir de lui faire un aveu si charmant ?
Elle l'attend, Seigneur, avec impatience.
Je réponds, en partant, de son obéissance ;
Et même elle m'a dit que prêt à l'épouser,
710 Vous ne la verrez plus que pour l'y disposer

TITUS

Ah ! qu'un aveu si doux aurait lieu de me plaire !
Que je serais heureux, si j'avais à le faire !
Mes transports aujourd'hui s'attendaient d'éclater ;
Cependant aujourd'hui, Prince, il faut la quitter.

ANTIOCHUS

La quitter ! Vous, Seigneur ?

TITUS

              Telle est ma destinée.
Pour elle et pour Titus il n'est plus d'hyménée ;
D'un espoir si charmant je me flattais en vain :
Prince, il faut avec vous qu'elle parte demain.

ANTIOCHUS

Qu'entends-je ? O ciel !

TITUS

                  Plaignez ma grandeur impor-
720 Maître de l'univers, je règle sa fortune ;   [tune :
    Je puis faire les rois, je puis les déposer ;
    Cependant de mon cœur je ne puis disposer.
    Rome, contre les rois de tout temps soulevée,
    Dédaigne une beauté dans la pourpre élevée ;
    L'éclat du diadème et cent rois pour aïeux
    Déshonorent ma flamme et blessent tous les yeux.
    Mon cœur, libre d'ailleurs, sans craindre les mur-
                        [mures,
    Peut brûler à son choix dans des flammes obscures ;
    Et Rome avec plaisir recevrait de ma main
730 La moins digne beauté qu'elle cache en son sein.
    Jules céda lui-même au torrent qui m'entraîne.
    Si le peuple demain ne voit partir la reine,
    Demain elle entendra ce peuple furieux
    Me venir demander son départ à ses yeux.
    Sauvons de cet affront mon nom et sa mémoire
    Et puisqu'il faut céder, cédons à notre gloire.
    Ma bouche et mes regards, muets depuis huit jours,
    L'auront pu préparer à ce triste discours ;
    Et même en ce moment, inquiète, empressée,
740 Elle veut qu'à ses yeux j'explique ma pensée.
    D'un amant interdit soulagez le tourment :
    Épargnez à mon cœur cet éclaircissement.
    Allez, expliquez-lui mon trouble et mon silence.
    Surtout qu'elle me laisse éviter sa présence.
    Soyez le seul témoin de ses pleurs et des miens ;
    Portez-lui mes adieux, et recevez les siens.
    Fuyons tous deux, fuyons un spectacle funeste,
    Qui de notre constance accablerait le reste.
    Si l'espoir de régner et de vivre en mon cœur
750 Peut de son infortune adoucir la rigueur,
    Ah ! Prince, jurez-lui que toujours trop fidèle,
    Gémissant dans ma cour, et plus exilé qu'elle,
    Portant jusqu'au tombeau le nom de son amant,
    Mon règne ne sera qu'un long bannissement,

Si le ciel, non content de me l'avoir ravie,
Veut encor m'affliger par une longue vie.
Vous que l'amitié seule attache sur ses pas,
Prince, dans son malheur ne l'abandonnez pas.
Que l'Orient vous voie arriver à sa suite ;
760 Que ce soit un triomphe, et non pas une fuite ;
Qu'une amitié si belle ait d'éternels liens ;
Que mon nom soit toujours dans tous vos entretiens.
Pour rendre vos États plus voisins l'un de l'autre,
L'Euphrate bornera son empire et le vôtre.
Je sais que le sénat, tout plein de votre nom,
D'une commune voix confirmera ce don.
Je joins la Cilicie à votre Comagène.
Adieu : ne quittez point ma princesse, ma reine,
Tout ce qui de mon cœur fut l'unique désir,
770 Tout ce que j'aimerai jusqu'au dernier soupir.

SCÈNE II

ANTIOCHUS, ARSACE

ARSACE

Ainsi le ciel s'apprête à vous rendre justice.
Vous partirez, Seigneur, mais avec Bérénice.
Loin de vous la ravir, on va vous la livrer.

ANTIOCHUS

Arsace, laisse-moi le temps de respirer.
Ce changement est grand, ma surprise est extrême.
Titus entre mes mains remet tout ce qu'il aime ?
Dois-je croire, grands dieux ! ce que je viens d'ouïr ?
Et quand je le croirai dois-je m'en réjouir ?

ARSACE

Mais moi-même, Seigneur, que faut-il que je croie ?
780 Quel obstacle nouveau s'oppose à votre joie ?
Me trompiez-vous tantôt au sortir de ces lieux,
Lorsque encor tout ému de vos derniers adieux,
Tremblant d'avoir osé s'expliquer devant elle,
Votre cœur me contait son audace nouvelle ?
Vous fuyiez un hymen qui vous faisait trembler.

Cet hymen est rompu : quel soin peut vous troubler ?
Suivez les doux transports où l'amour vous invite.

ANTIOCHUS

Arsace, je me vois chargé de sa conduite ;
Je jouirai longtemps de ses chers entretiens,
790 Ses yeux mêmes pourront s'accoutumer aux miens ;
Et peut-être son cœur fera la différence
Des froideurs de Titus à ma persévérance.
Titus m'accable ici du poids de sa grandeur :
Tout disparaît dans Rome auprès de sa splendeur ;
Mais, quoique l'Orient soit plein de sa mémoire,
Bérénice y verra des traces de ma gloire.

ARSACE

N'en doutez point, Seigneur, tout succède à vos vœux.

ANTIOCHUS

Ah ! que nous nous plaisons à nous tromper tous deux !

ARSACE

Et pourquoi nous tromper ?

ANTIOCHUS

                        Quoi ? je lui pourrais
                                    [plaire ?
800 Bérénice à mes vœux ne serait plus contraire ?
Bérénice d'un mot flatterait mes douleurs ?
Penses-tu seulement que parmi ses malheurs,
Quand l'univers entier négligerait ses charmes,
L'ingrate me permît de lui donner des larmes,
Ou qu'elle s'abaissât jusques à recevoir
Des soins qu'à mon amour elle croirait devoir ?

ARSACE

Et qui peut mieux que vous consoler sa disgrâce ?
Sa fortune, Seigneur, va prendre une autre face :
Titus la quitte.

ANTIOCHUS

                Hélas ! de ce grand changement
810 Il ne me reviendra que le nouveau tourment

D'apprendre par ses pleurs à quel point elle l'aime.
Je la verrai gémir, je la plaindrai moi-même ;
Pour fruit de tant d'amour, j'aurai le triste emploi
De recueillir des pleurs qui ne sont pas pour moi.

ARSACE

Quoi ? ne vous plairez-vous qu'à vous gêner sans cesse ?
Jamais dans un grand cœur vit-on plus de faiblesse ?
Ouvrez les yeux, Seigneur, et songeons entre nous
Par combien de raisons Bérénice est à vous.
Puisque aujourd'hui Titus ne prétend plus lui plaire,
820 Songez que votre hymen lui devient nécessaire.

ANTIOCHUS

Nécessaire !

ARSACE

              A ses pleurs accordez quelques jours ;
De ses premiers sanglots laissez passer le cours :
Tout parlera pour vous, le dépit, la vengeance,
L'absence de Titus, le temps, votre présence,
Trois sceptres que son bras ne peut seul soutenir,
Vos deux États voisins qui cherchent à s'unir.
L'intérêt, la raison, l'amitié, tout vous lie.

ANTIOCHUS

Oui, je respire, Arsace, et tu me rends la vie :
J'accepte avec plaisir un présage si doux.
830 Que tardons-nous ? Faisons ce qu'on attend de nous.
Entrons chez Bérénice ; et puisqu'on nous l'ordonne,
Allons lui déclarer que Titus l'abandonne.
Mais plutôt demeurons. Que faisais-je ? Est-ce à moi,
Arsace, à me charger de ce cruel emploi ?
Soit vertu, soit amour, mon cœur s'en effarouche.
L'aimable Bérénice entendrait de ma bouche
Qu'on l'abandonne ? Ah ! Reine, et qui l'aurait pensé
Que ce mot dût jamais vous être prononcé !

ARSACE

La haine sur Titus tombera toute entière,
840 Seigneur : si vous parlez, ce n'est qu'à sa prière.

ANTIOCHUS

Non, ne la voyons point. Respectons sa douleur ;
Assez d'autres viendront lui conter son malheur.
Et ne la crois-tu pas assez infortunée
D'apprendre à quel mépris Titus l'a condamnée,
Sans lui donner encor le déplaisir fatal
D'apprendre ce mépris par son propre rival ?
Encore un coup, fuyons ; et par cette nouvelle
N'allons point nous charger d'une haine immortelle.

ARSACE

Ah ! la voici, Seigneur : prenez votre parti.

ANTIOCHUS

850 O ciel !

SCÈNE III

BÉRÉNICE, ANTIOCHUS, ARSACE, PHÉNICE

BÉRÉNICE

Hé quoi ? Seigneur ! vous n'êtes point parti ?

ANTIOCHUS

Madame, je vois bien que vous êtes déçue,
Et que c'était César que cherchait votre vue.
Mais n'accusez que lui, si malgré mes adieux
De ma présence encor j'importune vos yeux.
Peut-être en ce moment je serais dans Ostie,
S'il ne m'eût de sa cour défendu la sortie.

BÉRÉNICE

Il vous cherche vous seul. Il nous évite tous.

ANTIOCHUS

Il ne m'a retenu que pour parler de vous.

BÉRÉNICE

De moi, Prince !

ANTIOCHUS

Oui, Madame.

BÉRÉNICE

Et qu'a-t-il pu vous dire ?

ANTIOCHUS

860 Mille autres mieux que moi pourront vous en instruire.

BÉRÉNICE

Quoi ? Seigneur...

ANTIOCHUS

Suspendez votre ressentiment.
D'autres, loin de se taire en ce même moment,
Triompheraient peut-être, et pleins de confiance
Céderaient avec joie à votre impatience.
Mais moi, toujours tremblant, moi, vous le savez bien,
A qui votre repos est plus cher que le mien,
Pour ne le point troubler, j'aime mieux vous déplaire,
Et crains votre douleur plus que votre colère.
Avant la fin du jour vous me justifierez.
870 Adieu, Madame.

BÉRÉNICE

O ciel ! quel discours ! Demeurez,
Prince, c'est trop cacher mon trouble à votre vue.
Vous voyez devant vous une reine éperdue,
Qui, la mort dans le sein, vous demande deux mots.
Vous craignez, dites-vous, de troubler mon repos ;
Et vos refus cruels, loin d'épargner ma peine,
Excitent ma douleur, ma colère, ma haine.
Seigneur, si mon repos vous est si précieux,
Si moi-même jamais je fus chère à vos yeux,
Éclaircissez le trouble où vous voyez mon âme.
880 Que vous a dit Titus ?

ANTIOCHUS

Au nom des dieux, Madame...

BÉRÉNICE

Quoi ? vous craignez si peu de me désobéir ?

ANTIOCHUS

Je n'ai qu'à vous parler pour me faire haïr.

BÉRÉNICE

Je veux que vous parliez.

ANTIOCHUS

Dieux ! quelle violence !
Madame, encore un coup, vous louerez mon silence.

BÉRÉNICE

Prince, dès ce moment contentez mes souhaits,
Ou soyez de ma haine assuré pour jamais.

ANTIOCHUS

Madame, après cela, je ne puis plus me taire.
Eh bien, vous le voulez, il faut vous satisfaire.
Mais ne vous flattez point : je vais vous annoncer
890 Peut-être des malheurs où vous n'osez penser.
Je connais votre cœur : vous devez vous attendre
Que je le vais frapper par l'endroit le plus tendre.
Titus m'a commandé...

BÉRÉNICE

Quoi ?

ANTIOCHUS

De vous déclarer
Qu'à jamais l'un de l'autre il faut vous séparer.

BÉRÉNICE

Nous séparer ? Qui ? Moi ? Titus de Bérénice !

ANTIOCHUS

Il faut que devant vous je lui rende justice.
Tout ce que dans un cœur sensible et généreux
L'amour au désespoir peut rassembler d'affreux,
Je l'ai vu dans le sien. Il pleure ; il vous adore.
900 Mais enfin que lui sert de vous aimer encore ?
Une reine est suspecte à l'empire romain.
Il faut vous séparer, et vous partez demain.

BÉRÉNICE

Nous séparer ! Hélas, Phénice !

PHÉNICE

> Eh bien, Madame ?
Il faut ici montrer la grandeur de votre âme.
Ce coup sans doute est rude : il doit vous étonner.

BÉRÉNICE

Après tant de serments, Titus m'abandonner !
Titus qui me jurait... Non, je ne le puis croire :
Il ne me quitte point, il y va de sa gloire.
Contre son innocence on veut me prévenir.
910 Ce piège n'est tendu que pour nous désunir.
Titus m'aime. Titus ne veut point que je meure.
Allons le voir : je veux lui parler tout à l'heure,
Allons.

ANTIOCHUS

> Quoi ? vous pourriez ici me regarder...

BÉRÉNICE

Vous le souhaitez trop pour me persuader.
Non, je ne vous crois point. Mais quoi qu'il en puisse
[être,
Pour jamais à mes yeux gardez-vous de paraître.
  (A Phénice.)
Ne m'abandonne pas dans l'état où je suis.
Hélas ! pour me tromper je fais ce que je puis.

SCÈNE IV

ANTIOCHUS, ARSACE

ANTIOCHUS

Ne me trompé-je point ? L'ai-je bien entendue ?
920 Que je me garde, moi, de paraître à sa vue !
Je m'en garderai bien. Et ne partais-je pas,
Si Titus malgré moi n'eût arrêté mes pas ?
Sans doute il faut partir. Continuons, Arsace.
Elle croit m'affliger, sa haine me fait grâce.
Tu me voyais tantôt inquiet, égaré :
Je partais amoureux, jaloux, désespéré ;
Et maintenant, Arsace, après cette défense,
Je partirai peut-être avec indifférence.

ARSACE

Moins que jamais, Seigneur, il faut vous éloigner.

ANTIOCHUS

930 Moi, je demeurerai pour me voir dédaigner ?
Des froideurs de Titus je serai responsable ?
Je me verrai puni parce qu'il est coupable ?
Avec quelle injustice et quelle indignité
Elle doute à mes yeux de ma sincérité !
Titus l'aime, dit-elle, et moi je l'ai trahie.
L'ingrate ! m'accuser de cette perfidie !
Et dans quel temps encor ? dans le moment fatal
Que j'étale à ses yeux les pleurs de mon rival,
Que pour la consoler je le faisais paraître
940 Amoureux et constant, plus qu'il ne l'est peut-être.

ARSACE

Et de quel soin, Seigneur, vous allez-vous troubler ?
Laissez à ce torrent le temps de s'écouler ;
Dans huit jours, dans un mois, n'importe, il faut qu'il
Demeurez seulement.   [passe.

ANTIOCHUS

                        Non, je la quitte, Arsace.
Je sens qu'à sa douleur je pourrais compatir :
Ma gloire, mon repos, tout m'excite à partir.
Allons ; et de si loin évitons la cruelle,
Que de longtemps, Arsace, on ne nous parle d'elle.
Toutefois il nous reste encore assez de jour :
950 Je vais dans mon palais attendre ton retour.
Va voir si sa douleur ne l'a point trop saisie[23],
Cours ; et partons du moins assurés de sa vie.

ACTE QUATRIÈME

SCÈNE I

BÉRÉNICE, *seule.*

Phénice ne vient point ? Moments trop rigoureux,
Que vous paraissez lents à mes rapides vœux !

Je m'agite, je cours, languissante, abattue ;
La force m'abandonne, et le repos me tue.
Phénice ne vient point ? Ah ! que cette longueur
D'un présage funeste épouvante mon cœur !
Phénice n'aura point de réponse à me rendre.
960 Titus, l'ingrat Titus n'a point voulu l'entendre .
Il fuit, il se dérobe à ma juste fureur.

SCÈNE II

BÉRÉNICE, PHÉNICE

BÉRÉNICE

Chère Phénice, eh bien ! as-tu vu l'empereur ?
Qu'a-t-il dit ? Viendra-t-il ?

PHÉNICE

                    Oui, je l'ai vu, Madame,
Et j'ai peint à ses yeux le trouble de votre âme.
J'ai vu couler des pleurs qu'il voulait retenir.

BÉRÉNICE

Vient-il ?

PHÉNICE

            N'en doutez point, Madame, il va venir.
Mais voulez-vous paraître en ce désordre extrême ?
Remettez-vous, Madame, et rentrez en vous-même.
Laissez-moi relever ces voiles détachés,
Et ces cheveux épars dont vos yeux sont cachés.
Souffrez que de vos pleurs je répare l'outrage.

BÉRÉNICE

Laisse, laisse, Phénice, il verra son ouvrage.
Et que m'importe, hélas ! de ces vains ornements ?
Si ma foi, si mes pleurs, si mes gémissements,
Mais que dis-je mes pleurs ? si ma perte certaine,
Si ma mort toute prête enfin ne le ramène,
Dis-moi, que produiront tes secours superflus,
Et tout ce faible éclat qui ne le touche plus ?

PHÉNICE

Pourquoi lui faites-vous cet injuste reproche ?
980 J'entends du bruit, Madame, et l'empereur s'ap-
                                              [proche.
Venez, fuyez la foule, et rentrons promptement.
Vous l'entretiendrez seul dans votre appartement[24].

SCÈNE III

TITUS, PAULIN, *Suite*

TITUS

De la reine, Paulin, flattez l'inquiétude.
Je vais la voir. Je veux un peu de solitude.
Que l'on me laisse.

PAULIN

                    O ciel ! que je crains ce combat !
Grands dieux, sauvez sa gloire et l'honneur de l'État.
Voyons la reine.

SCÈNE IV

TITUS, *seul.*

              Eh bien ! Titus, que viens-tu faire ?
Bérénice t'attend. Où viens-tu, téméraire ?
Tes adieux sont-ils prêts ? T'es-tu bien consulté ?
990 Ton cœur te promet-il assez de cruauté ?
Car enfin au combat qui pour toi se prépare
C'est peu d'être constant, il faut être barbare.
Soutiendrai-je ces yeux dont la douce langueur
Sait si bien découvrir les chemins de mon cœur ?
Quand je verrai ces yeux armés de tous leurs charmes,
Attachés sur les miens, m'accabler de leurs larmes,
Me souviendrai-je alors de mon triste devoir ?
Pourrai-je dire enfin : « Je ne veux plus vous voir ? »
Je viens percer un cœur que j'adore, qui m'aime ;
1000 Et pourquoi le percer ? Qui l'ordonne ? Moi-même.
Car enfin Rome a-t-elle expliqué ses souhaits ?
L'entendons-nous crier autour de ce palais ?

Vois-je l'État penchant au bord du précipice ?
Ne le puis-je sauver que par ce sacrifice ?
Tout se tait, et moi seul, trop prompt à me troubler,
J'avance des malheurs que je puis reculer.
Et qui sait si, sensible aux vertus de la reine,
Rome ne voudra point l'avouer pour Romaine ?
Rome peut par son choix justifier le mien.
1010 Non, non, encore un coup, ne précipitons rien.
Que Rome avec ses lois mette dans la balance
Tant de pleurs, tant d'amour, tant de persévérance :
Rome sera pour nous. Titus, ouvre les yeux !
Quel air respires-tu ? N'es-tu pas dans ces lieux
Où la haine des rois, avec le lait sucée,
Par crainte ou par amour ne peut être effacée ?
Rome jugea ta reine en condamnant ses rois.
N'as-tu pas en naissant entendu cette voix ?
Et n'as-tu pas encore ouï la renommée
1020 T'annoncer ton devoir jusque dans ton armée ?
Et lorsque Bérénice arriva sur tes pas,
Ce que Rome en jugeait ne l'entendis-tu pas ?
Faut-il donc tant de fois te le faire redire ?
Ah lâche ! fais l'amour, et renonce à l'empire :
Au bout de l'univers va, cours te confiner,
Et fais place à des cœurs plus dignes de régner.
Sont-ce là ces projets de grandeur et de gloire
Qui devaient dans les cœurs consacrer ma mémoire ?
Depuis huit jours je règne ; et jusques à ce jour
1030 Qu'ai-je fait pour l'honneur ? J'ai tout fait pour
[l'amour.
D'un temps si précieux quel compte puis-je rendre ?
Où sont ces heureux jours que je faisais attendre ?
Quels pleurs ai-je séchés ? Dans quels yeux satisfaits
Ai-je déjà goûté le fruit de mes bienfaits ?
L'univers a-t-il vu changer ses destinées ?
Sais-je combien le ciel m'a compté de journées ?
Et de ce peu de jours, si longtemps attendus,
Ah ! malheureux, combien j'en ai déjà perdus !
Ne tardons plus : faisons ce que l'honneur exige ;
1040 Rompons le seul lien[25]...

SCÈNE V

TITUS, BÉRÉNICE

BÉRÉNICE, *en sortant.*

Non, laissez-moi, vous dis-je ;
En vain tous vos conseils me retiennent ici :
Il faut que je le voie. Ah ! Seigneur, vous voici !
Eh bien, il est donc vrai que Titus m'abandonne ?
Il faut nous séparer ; et c'est lui qui l'ordonne.

TITUS

N'accablez point, Madame, un prince malheureux.
Il ne faut point ici nous attendrir tous deux.
Un trouble assez cruel m'agite et me dévore,
Sans que des pleurs si chers me déchirent encore.
Rappelez bien plutôt ce cœur qui tant de fois
1050 M'a fait de mon devoir reconnaître la voix.
Il en est temps. Forcez votre amour à se taire ;
Et d'un œil que la gloire et la raison éclaire
Contemplez mon devoir dans toute sa rigueur.
Vous-même, contre vous, fortifiez mon cœur ;
Aidez-moi, s'il se peut, à vaincre ma faiblesse,
A retenir des pleurs qui m'échappent sans cesse ;
Ou si nous ne pouvons commander à nos pleurs,
Que la gloire du moins soutienne nos douleurs,
Et que tout l'univers reconnaisse sans peine
1060 Les pleurs d'un empereur et les pleurs d'une reine.
Car enfin, ma Princesse, il faut nous séparer.

BÉRÉNICE

Ah ! cruel, est-il temps de me le déclarer ?
Qu'avez-vous fait ? Hélas ! je me suis crue aimée.
Au plaisir de vous voir mon âme accoutumée
Ne vit plus que pour vous. Ignoriez-vous vos lois
Quand je vous l'avouai pour la première fois ?
A quel excès d'amour m'avez-vous amenée ?
Que ne me disiez-vous : « Princesse infortunée
Où vas-tu t'engager, et quel est ton espoir ?
1070 Ne donne point un cœur qu'on ne peut recevoir. »
Ne l'avez-vous reçu, cruel, que pour le rendre
Quand de vos seules mains ce cœur voudrait
[dépendre ?

Tout l'Empire a vingt fois conspiré contre nous.
Il était temps encor : que ne me quittiez-vous ?
Mille raisons alors consolaient ma misère :
Je pouvais de ma mort accuser votre père,
Le peuple, le sénat, tout l'Empire romain,
Tout l'univers, plutôt qu'une si chère main.
Leur haine, dès longtemps contre moi déclarée,
1080 M'avait à mon malheur dès longtemps préparée.
Je n'aurais pas, Seigneur, reçu ce coup cruel
Dans le temps que j'espère un bonheur immortel ;
Quand votre heureux amour peut tout ce qu'il désire,
Lorsque Rome se tait, quand votre père expire,
Lorsque tout l'univers fléchit à vos genoux,
Enfin quand je n'ai plus à redouter que vous.

TITUS

Et c'est moi seul aussi qui pouvais me détruire.
Je pouvais vivre alors et me laisser séduire.
Mon cœur se gardait bien d'aller dans l'avenir
1090 Chercher ce qui pouvait un jour nous désunir.
Je voulais qu'à mes vœux rien ne fût invincible ;
Je n'examinais rien, j'espérais l'impossible.
Que sais-je ? j'espérais de mourir à vos yeux
Avant que d'en venir à ces cruels adieux.
Les obstacles semblaient renouveler ma flamme.
Tout l'Empire parlait ; mais la gloire, Madame,
Ne s'était point encor fait entendre à mon cœur
Du ton dont elle parle au cœur d'un empereur.
Je sais tous les tourments où ce dessein me livre ;
1100 Je sens bien que sans vous je ne saurais plus vivre,
Que mon cœur de moi-même est prêt à s'éloigner ;
Mais il ne s'agit plus de vivre, il faut régner.

BÉRÉNICE

Eh bien ! régnez, cruel ; contentez votre gloire :
Je ne dispute plus. J'attendais, pour vous croire,
Que cette même bouche, après mille serments
D'un amour qui devait unir tous nos moments,
Cette bouche, à mes yeux s'avouant infidèle,
M'ordonnât elle-même une absence éternelle.
Moi-même j'ai voulu vous entendre en ce lieu.
1110 Je n'écoute plus rien, et pour jamais : adieu.

Pour jamais ! Ah ! Seigneur, songez-vous en vous-même
Combien ce mot cruel est affreux quand on aime ?
Dans un mois, dans un an, comment souffrirons-nous,
Seigneur, que tant de mers me séparent de vous ?
Que le jour recommence, et que le jour finisse,
Sans que jamais Titus puisse voir Bérénice,
Sans que de tout le jour je puisse voir Titus ?
Mais quelle est mon erreur, et que de soins perdus !
L'ingrat, de mon départ consolé par avance,
1120 Daignera-t-il compter les jours de mon absence ?
Ces jours si longs pour moi lui sembleront trop courts.

TITUS

Je n'aurai pas, Madame, à compter tant de jours.
J'espère que bientôt la triste Renommée
Vous fera confesser que vous étiez aimée.
Vous verrez que Titus n'a pu, sans expirer...

BÉRÉNICE

Ah ! Seigneur, s'il est vrai, pourquoi nous séparer ?
Je ne vous parle point d'un heureux hyménée ;
Rome à ne plus vous voir m'a-t-elle condamnée ?
Pourquoi m'enviez-vous l'air que vous respirez ?

TITUS

1130 Hélas ! vous pouvez tout, Madame. Demeurez :
Je n'y résiste point ; mais je sens ma faiblesse :
Il faudra vous combattre et vous craindre sans cesse,
Et sans cesse veiller à retenir mes pas
Que vers vous à toute heure entraînent vos appas.
Que dis-je ? En ce moment mon cœur, hors de lui-
                                                    [même,
S'oublie, et se souvient seulement qu'il vous aime.

BÉRÉNICE

Eh bien, Seigneur, eh bien ! qu'en peut-il arriver ?
Voyez-vous les Romains prêts à se soulever ?

TITUS

Et qui sait de quel œil ils prendront cette injure ?
1140 S'ils parlent, si les cris succèdent au murmure,
Faudra-t-il par le sang justifier mon choix ?

S'ils se taisent, Madame, et me vendent leurs lois,
A quoi m'exposez-vous ? Par quelle complaisance
Faudra-t-il quelque jour payer leur patience ?
Que n'oseront-ils point alors me demander ?
Maintiendrai-je des lois que je ne puis garder ?

BÉRÉNICE

Vous ne comptez pour rien les pleurs de Bérénice.

TITUS

Je les compte pour rien ? Ah ciel ! quelle injustice !

BÉRÉNICE

Quoi ? pour d'injustes lois que vous pouvez changer,
1150 En d'éternels chagrins vous-même vous plonger ?
Rome a ses droits, Seigneur : n'avez-vous pas les
[vôtres ?
Ses intérêts sont-ils plus sacrés que les nôtres ?
Dites, parlez.

TITUS

Hélas ! que vous me déchirez !

BÉRÉNICE

Vous êtes empereur, Seigneur, et vous pleurez !

TITUS

Oui, Madame, il est vrai, je pleure, je soupire,
Je frémis. Mais enfin, quand j'acceptai l'empire,
Rome me fit jurer de maintenir ses droits :
Je dois les maintenir. Déjà plus d'une fois,
Rome a de mes pareils exercé la constance.
1160 Ah ! si vous remontiez jusques à sa naissance,
Vous les verriez toujours à ses ordres soumis :
L'un, jaloux de sa foi, va chez les ennemis[26]
Chercher, avec la mort, la peine toute prête ;
D'un fils victorieux l'autre proscrit la tête ;
L'autre, avec des yeux secs et presque indifférents,
Voit mourir ses deux fils, par son ordre expirants[27].
Malheureux ! mais toujours la patrie et la gloire
Ont parmi les Romains remporté la victoire.
Je sais qu'en vous quittant le malheureux Titus

1170 Passe l'austérité de toutes leurs vertus ;
Qu'elle n'approche point de cet effort insigne.
Mais, Madame, après tout, me croyez-vous indigne
De laisser un exemple à la postérité,
Qui sans de grands efforts ne puisse être imité ?

BÉRÉNICE

Non, je crois tout facile à votre barbarie.
Je vous crois digne, ingrat, de m'arracher la vie.
De tous vos sentiments mon cœur est éclairci ;
Je ne vous parle plus de me laisser ici.
Qui ? moi ? j'aurais voulu, honteuse et méprisée,
1180 D'un peuple qui me hait soutenir la risée ?
J'ai voulu vous pousser jusques à ce refus.
C'en est fait, et bientôt vous ne me craindrez plus.
N'attendez pas ici que j'éclate en injures,
Que j'atteste le ciel, ennemi des parjures ;
Non, si le ciel encore est touché de mes pleurs,
Je le prie en mourant d'oublier mes douleurs.
Si je forme des vœux contre votre injustice,
Si devant que mourir la triste Bérénice
Vous veut de son trépas laisser quelque vengeur,
1190 Je ne le cherche, ingrat, qu'au fond de votre cœur.
Je sais que tant d'amour n'en peut être effacée ;
Que ma douleur présente, et ma bonté passée,
Mon sang, qu'en ce palais je veux même verser,
Sont autant d'ennemis que je vais vous laisser ;
Et, sans me repentir de ma persévérance,
Je me remets sur eux de toute ma vengeance.
Adieu.

SCÈNE VI

TITUS, PAULIN

PAULIN

Dans quel dessein vient-elle de sortir,
Seigneur ? Est-elle enfin disposée à partir ?

TITUS

Paulin, je suis perdu, je n'y pourrai survivre :
1200 La reine veut mourir. Allons, il faut la suivre.
Courons à son secours.

PAULIN

Hé quoi ? n'avez-vous pas
Ordonné dès tantôt qu'on observe ses pas ?
Ses femmes, à toute heure autour d'elle empressées,
Sauront la détourner de ces tristes pensées.
Non, non, ne craignez rien. Voilà les plus grands coups,
Seigneur : continuez, la victoire est à vous.
Je sais que sans pitié vous n'avez pu l'entendre ;
Moi-même en la voyant je n'ai pu m'en défendre.
Mais regardez plus loin : songez, en ce malheur,
1210 Quelle gloire va suivre un moment de douleur,
Quels applaudissements l'univers vous prépare,
Quel rang dans l'avenir.

TITUS

Non, je suis un barbare.
Moi-même, je me hais. Néron, tant détesté,
N'a point à cet excès poussé sa cruauté.
Je ne souffrirai point que Bérénice expire.
Allons, Rome en dira ce qu'elle en voudra dire.

PAULIN

Quoi, Seigneur ?

TITUS

Je ne sais, Paulin, ce que je dis.
L'excès de la douleur accable mes esprits.

PAULIN

Ne troublez point le cours de votre renommée :
1220 Déjà de vos adieux la nouvelle est semée ;
Rome, qui gémissait, triomphe avec raison ;
Tous les temples ouverts fument en votre nom ;
Et le peuple, élevant vos vertus jusqu'aux nues,
Va partout de lauriers couronner vos statues.

TITUS

Ah, Rome ! Ah, Bérénice ! Ah, prince malheureux !
Pourquoi suis-je empereur ? Pourquoi suis-je amou-
[reux ?

SCÈNE VII

TITUS, ANTIOCHUS, PAULIN, ARSACE

ANTIOCHUS

Qu'avez-vous fait, Seigneur ? l'aimable Bérénice
Va peut-être expirer dans les bras de Phénice.
Elle n'entend ni pleurs, ni conseil, ni raison ;
1230 Elle implore à grands cris le fer et le poison.
Vous seul vous lui pouvez arracher cette envie.
On vous nomme, et ce nom la rappelle à la vie.
Ses yeux, toujours tournés vers votre appartement,
Semblent vous demander de moment en moment.
Je n'y puis résister : ce spectacle me tue.
Que tardez-vous ? allez vous montrer à sa vue.
Sauvez tant de vertus, de grâces, de beauté,
Ou renoncez, Seigneur, à toute humanité.
Dites un mot.

TITUS

       Hélas ! quel mot puis-je lui dire ?
1240 Moi-même en ce moment sais-je si je respire ?

SCÈNE VIII

TITUS, ANTIOCHUS, PAULIN,
ARSACE, RUTILE,

RUTILE

Seigneur, tous les tribuns, les consuls, le sénat
Viennent vous demander au nom de tout l'État.
Un grand peuple les suit, qui, plein d'impatience,
Dans votre appartement attend votre présence.

TITUS

Je vous entends, grands dieux. Vous voulez rassurer
Ce cœur que vous voyez tout prêt à s'égarer.

PAULIN

Venez, Seigneur, passons dans la chambre prochaine :
Allons voir le sénat.

ANTIOCHUS

Ah ! courez chez la reine.

PAULIN

Quoi ? vous pourriez, Seigneur, par cette indignité
1250 De l'empire à vos pieds fouler la majesté ?
Rome...

TITUS

Il suffit, Paulin, nous allons les entendre.
Prince, de ce devoir je ne puis me défendre.
Voyez la reine. Allez. J'espère, à mon retour,
Qu'elle ne pourra plus douter de mon amour[28].

ACTE CINQUIÈME

SCÈNE I

ARSACE, *seul.*

Où pourrai-je trouver ce prince trop fidèle ?
Ciel, conduisez mes pas, et secondez mon zèle.
Faites qu'en ce moment je lui puisse annoncer
Un bonheur où peut-être il n'ose plus penser.

SCÈNE II

ANTIOCHUS, ARSACE

ARSACE

Ah ! quel heureux destin en ces lieux vous renvoie,
1260 Seigneur ?

ANTIOCHUS

Si mon retour t'apporte quelque joie,
Arsace, rends-en grâce à mon seul désespoir.

ARSACE

La reine part, Seigneur.

ANTIOCHUS

Elle part ?

ARSACE

Dès ce soir.
Ses ordres sont donnés. Elle s'est offensée
Que Titus à ses pleurs l'ait si longtemps laissée.
Un généreux dépit succède à sa fureur.
Bérénice renonce à Rome, à l'empereur,
Et même veut partir avant que Rome instruite
Puisse voir son désordre, et jouir de sa fuite.
Elle écrit à César.

ANTIOCHUS

O ciel ! qui l'aurait cru ?
1270 Et Titus ?

ARSACE

A ses yeux Titus n'a point paru.
Le peuple avec transport l'arrête et l'environne,
Applaudissant aux noms que le sénat lui donne ;
Et ces noms, ces respects, ces applaudissements,
Deviennent pour Titus autant d'engagements
Qui le liant, Seigneur, d'une honorable chaîne,
Malgré tous ses soupirs, et les pleurs de la reine,
Fixent dans son devoir ses vœux irrésolus.
C'en est fait. Et peut-être il ne la verra plus.

ANTIOCHUS

Que de sujets d'espoir, Arsace, je l'avoue !
1280 Mais d'un soin si cruel la fortune me joue,
J'ai vu tous mes projets tant de fois démentis,
Que j'écoute en tremblant tout ce que tu me dis ;
Et mon cœur prévenu d'une crainte importune
Croit même, en espérant, irriter la fortune.
Mais que vois-je ? Titus porte vers nous ses pas.
Que veut-il ?

SCÈNE III

TITUS, ANTIOCHUS, ARSACE

TITUS, *en entrant.*

Demeurez. Qu'on ne me suive pas.
Enfin, Prince, je viens dégager ma promesse.
Bérénice m'occupe et m'afflige sans cesse.
Je viens, le cœur percé de vos pleurs et des siens,
1290 Calmer des déplaisirs moins cruels que les miens.
Venez, Prince, venez : je veux bien que vous-même
Pour la dernière fois vous voyiez si je l'aime.

SCÈNE IV

ANTIOCHUS, ARSACE

ANTIOCHUS

Eh bien ! Voilà l'espoir que tu m'avais rendu,
Et tu vois le triomphe où j'étais attendu.
Bérénice partait justement irritée !
Pour ne la plus revoir Titus l'avait quittée !
Qu'ai-je donc fait, grands dieux ? Quel cours infortuné
A ma funeste vie aviez-vous destiné ?
Tous mes moments ne sont qu'un éternel passage
1300 De la crainte à l'espoir, de l'espoir à la rage.
Et je respire encor ? Bérénice ! Titus !
Dieux cruels ! de mes pleurs vous ne vous rirez plus.

SCÈNE V

TITUS, BÉRÉNICE, PHÉNICE

BÉRÉNICE

Non, je n'écoute rien. Me voilà résolue :
Je veux partir. Pourquoi vous montrer à ma vue ?
Pourquoi venir encore aigrir mon désespoir ?
N'êtes-vous pas content ? Je ne veux plus vous voir.

TITUS

Mais de grâce, écoutez.

BÉRÉNICE

Il n'est plus temps.

TITUS

                              Madame,
Un mot.

BÉRÉNICE

    Non.

TITUS

        Dans quel trouble elle jette mon âme !
Ma Princesse, d'où vient ce changement soudain ?

BÉRÉNICE

1310 C'en est fait. Vous voulez que je parte demain ;
Et moi, j'ai résolu de partir tout à l'heure,
Et je pars.

TITUS

        Demeurez.

BÉRÉNICE

                Ingrat, que je demeure !
Et pourquoi ? Pour entendre un peuple injurieux
Qui fait de mon malheur retentir tous ces lieux ?
Ne l'entendez-vous pas, cette cruelle joie,
Tandis que dans les pleurs moi seule je me noie ?
Quel crime, quelle offense, a pu les animer ?
Hélas ! et qu'ai-je fait que de vous trop aimer ?

TITUS

Écoutez-vous, Madame, une foule insensée ?

BÉRÉNICE

1320 Je ne vois rien ici dont je ne sois blessée
Tout cet appartement préparé par vos soins,
Ces lieux, de mon amour si longtemps les témoins,
Qui semblaient pour jamais me répondre du vôtre,
Ces festons, où nos noms enlacés l'un dans l'autre,
A mes tristes regards viennent partout s'offrir,

Sont autant d'imposteurs que je ne puis souffrir.
Allons, Phénice.

TITUS

O ciel ! Que vous êtes injuste !

BÉRÉNICE

Retournez, retournez vers ce sénat auguste
Qui vient vous applaudir de votre cruauté.
1330 Eh bien, avec plaisir l'avez-vous écouté ?
Êtes-vous pleinement content de votre gloire ?
Avez-vous bien promis d'oublier ma mémoire ?
Mais ce n'est pas assez expier vos amours.
Avez-vous bien promis de me haïr toujours ?

TITUS

Non, je n'ai rien promis. Moi, que je vous haïsse !
Que je puisse jamais oublier Bérénice !
Ah dieux ! dans quel moment son injuste rigueur
De ce cruel soupçon vient affliger mon cœur !
Connaissez-moi, Madame, et depuis cinq années,
1340 Comptez tous les moments, et toutes les journées
Où par plus de transports, et par plus de soupirs
Je vous ai de mon cœur exprimé les désirs :
Ce jour surpasse tout. Jamais, je le confesse,
Vous ne fûtes aimée avec tant de tendresse,
Et jamais...

BÉRÉNICE

Vous m'aimez, vous me le soutenez,
Et cependant je pars, et vous me l'ordonnez !
Quoi ! dans mon désespoir trouvez-vous tant de
[charmes ?
Craignez-vous que mes yeux versent trop peu de
Que me sert de ce cœur l'inutile retour ?   [larmes ?
1350 Ah, cruel ! par pitié, montrez-moi moins d'amour ;
Ne me rappelez point une trop chère idée,
Et laissez-moi du moins partir persuadée
Que, déjà de votre âme exilée en secret,
J'abandonne un ingrat qui me perd sans regret.
    (Il lit une lettre[29].)

Vous m'avez arraché ce que je viens d'écrire.
Voilà de votre amour tout ce que je désire :
Lisez, ingrat, lisez, et me laissez sortir.

TITUS

Vous ne sortirez point, je n'y puis consentir.
Quoi ? ce départ n'est donc qu'un cruel stratagème ?
1360 Vous cherchez à mourir ? Et de tout ce que j'aime
Il ne restera plus qu'un triste souvenir ?
Qu'on cherche Antiochus, qu'on le fasse venir.

(Bérénice se laisse tomber sur un siège.)

SCÈNE VI

TITUS, BÉRÉNICE

TITUS

Madame, il faut vous faire un aveu véritable :
Lorsque j'envisageai le moment redoutable
Où, pressé par les lois d'un austère devoir,
Il fallait pour jamais renoncer à vous voir ;
Quand de ce triste adieu je prévis les approches,
Mes craintes, mes combats, vos larmes, vos reproches,
Je préparai mon âme à toutes les douleurs
1370 Que peut faire sentir le plus grand des malheurs.
Mais, quoi que je craignisse, il faut que je le die,
Je n'en avais prévu que la moindre partie ;
Je croyais ma vertu moins prête à succomber,
Et j'ai honte du trouble où je la vois tomber.
J'ai vu devant mes yeux Rome entière assemblée,
Le sénat m'a parlé. Mais mon âme accablée
Écoutait sans entendre, et ne leur a laissé
Pour prix de leurs transports qu'un silence glacé.
Rome de votre sort est encore incertaine ;
1380 Moi-même à tous moments je me souviens à peine
Si je suis empereur, ou si je suis Romain.
Je suis venu vers vous sans savoir mon dessein :
Mon amour m'entraînait, et je venais peut-être
Pour me chercher moi-même, et pour me reconnaître.
Qu'ai-je trouvé ? Je vois la mort peinte en vos yeux ;
Je vois pour la chercher que vous quittez ces lieux.
C'en est trop. Ma douleur à cette triste vue

A son dernier excès est enfin parvenue.
Je ressens tous les maux que je puis ressentir,
1390 Mais je vois le chemin par où j'en puis sortir.
Ne vous attendez point que las de tant d'alarmes,
Par un heureux hymen je tarisse vos larmes :
En quelque extrémité que vous m'ayez réduit,
Ma gloire inexorable à toute heure me suit ;
Sans cesse elle présente à mon âme étonnée
L'empire incompatible avec votre hyménée ;
Me dit qu'après l'éclat et les pas que j'ai faits,
Je dois vous épouser encor moins que jamais.
Oui, Madame ; et je dois moins encore vous dire
1400 Que je suis prêt pour vous d'abandonner l'empire,
De vous suivre, et d'aller, trop content de mes fers,
Soupirer avec vous au bout de l'univers.
Vous-même rougiriez de ma lâche conduite :
Vous verriez à regret marcher à votre suite
Un indigne empereur, sans Empire, sans Cour,
Vil spectacle aux humains des faiblesses d'amour.
Pour sortir des tourments dont mon âme est la proie,
Il est, vous le savez, une plus noble voie ;
Je me suis vu, Madame, enseigner ce chemin,
1410 Et par plus d'un héros et par plus d'un Romain :
Lorsque trop de malheurs ont lassé leur constance,
Ils ont tous expliqué cette persévérance
Dont le sort s'attachait à les persécuter
Comme un ordre secret de n'y plus résister.
Si vos pleurs plus longtemps viennent frapper ma vue,
Si toujours à mourir je vous vois résolue,
S'il faut qu'à tous moments je tremble pour vos jours,
Si vous ne me jurez d'en respecter le cours,
Madame, à d'autres pleurs vous devez vous attendre.
1420 En l'état où je suis je puis tout entreprendre,
Et je ne réponds pas que ma main à vos yeux
N'ensanglante à la fin nos funestes adieux.

BÉRÉNICE

Hélas !

TITUS
Non, il n'est rien dont je ne sois capable.
Vous voilà de mes jours maintenant responsable.
Songez-y bien, Madame. Et si je vous suis cher...

SCÈNE DERNIÈRE

TITUS, BÉRÉNICE, ANTIOCHUS

TITUS

Venez, Prince, venez, je vous ai fait chercher
Soyez ici témoin de toute ma faiblesse ;
Voyez si c'est aimer avec peu de tendresse ;
Jugez-nous.

ANTIOCHUS

Je crois tout : je vous connais tous deux.
1430 Mais connaissez vous-même un prince malheureux.
Vous m'avez honoré, Seigneur, de votre estime ;
Et moi, je puis ici vous le jurer sans crime,
A vos plus chers amis j'ai disputé ce rang ;
Je l'ai disputé même aux dépens de mon sang.
Vous m'avez, malgré moi, confié l'un et l'autre,
La reine, son amour, et vous, Seigneur, le vôtre.
La reine, qui m'entend, peut me désavouer :
Elle m'a vu toujours ardent à vous louer,
Répondre par mes soins à votre confidence.
1440 Vous croyez m'en devoir quelque reconnaissance :
Mais le pourriez-vous croire en ce moment fatal,
Qu'un ami si fidèle était votre rival ?

TITUS

Mon rival !

ANTIOCHUS

Il est temps que je vous éclaircisse.
Oui, Seigneur, j'ai toujours adoré Bérénice.
Pour ne la plus aimer j'ai cent fois combattu ;
Je n'ai pu l'oublier ; au moins je me suis tu.
De votre changement la flatteuse apparence
M'avait rendu tantôt quelque faible espérance :
Les larmes de la reine ont éteint cet espoir.
1450 Ses yeux baignés de pleurs demandaient à vous voir ;
Je suis venu, Seigneur, vous appeler moi-même ;
Vous êtes revenu. Vous aimez, on vous aime ;
Vous vous êtes rendu : je n'en ai point douté.
Pour la dernière fois je me suis consulté ;

J'ai fait de mon courage une épreuve dernière ;
Je viens de rappeler ma raison toute entière :
Jamais je ne me suis senti plus amoureux.
Il faut d'autres efforts pour rompre tant de nœuds :
Ce n'est qu'en expirant que je puis les détruire ;
1460 J'y cours. Voilà de quoi j'ai voulu vous instruire.
Oui, Madame, vers vous j'ai rappelé ses pas.
Mes soins ont réussi, je ne m'en repens pas.
Puisse le ciel verser sur toutes vos années
Mille prospérités l'une à l'autre enchaînées.
Ou s'il vous garde encore un reste de courroux,
Je conjure les dieux d'épuiser tous les coups
Qui pourraient menacer une si belle vie,
Sur ces jours malheureux que je vous sacrifie

BÉRÉNICE, *se levant.*

Arrêtez, arrêtez ! Princes trop généreux,
1470 En quelle extrémité me jetez-vous tous deux.
Soit que je vous regarde, ou que je l'envisage,
Partout du désespoir je rencontre l'image.
Je ne vois que des pleurs. Et je n'entends parler
Que de trouble, d'horreurs, de sang prêt à couler.
      (A Titus.)
Mon cœur vous est connu, Seigneur, et je puis dire
Qu'on ne l'a jamais vu soupirer pour l'empire :
La grandeur des Romains, la pourpre des Césars,
N'a point, vous le savez, attiré mes regards.
J'aimais, Seigneur, j'aimais, je voulais être aimée.
1480 Ce jour, je l'avouerai, je me suis alarmée :
J'ai cru que votre amour allait finir son cours.
Je connais mon erreur, et vous m'aimez toujours.
Votre cœur s'est troublé, j'ai vu couler vos larmes.
Bérénice, Seigneur, ne vaut point tant d'alarmes,
Ni que par votre amour l'univers malheureux,
Dans le temps que Titus attire tous ses vœux,
Et que de vos vertus il goûte les prémices,
Se voie en un moment enlever ses délices [30].
Je crois depuis cinq ans jusqu'à ce dernier jour
1490 Vous avoir assuré d'un véritable amour.
Ce n'est pas tout : je veux en ce moment funeste
Par un dernier effort couronner tout le reste :
Je vivrai, je suivrai vos ordres absolus.

Adieu, Seigneur, régnez : je ne vous verrai plus.
    (A Antiochus.)
Prince, après cet adieu, vous jugez bien vous-même
Que je ne consens pas de quitter ce que j'aime
Pour aller loin de Rome écouter d'autres vœux.
Vivez, et faites-vous un effort généreux.
Sur Titus et sur moi réglez votre conduite :
1500 Je l'aime, je le fuis ; Titus m'aime, il me quitte.
Portez loin de mes yeux vos soupirs et vos fers.
Adieu. Servons tous trois d'exemple à l'univers
De l'amour la plus tendre et la plus malheureuse
Dont il puisse garder l'histoire douloureuse.
Tout est prêt. On m'attend. Ne suivez point mes pas.
    (A Titus.)
1506 Pour la dernière fois, adieu, Seigneur.

ANTIOCHUS

Hélas[31] !

DOSSIER

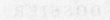

CHRONOLOGIE

CHRONOLOGIE

1638. *13 septembre :* Jean Racine, père du poète, « procureur » au
bailliage de La Ferté-Milon, épouse Jeanne Sconin, fille de
Pierre Sconin, président du grenier à sel.

1639. *22 décembre :* Jean Racine est tenu sur les fonts baptismaux, en
l'église Saint-Vaast de La Ferté-Milon, par son grand-père
maternel et sa grand-mère paternelle, Marie Desmoulins.

1641. *24 janvier :* baptême de Marie Racine, sœur du poète.

1642. *29 janvier :* inhumation de leur mère.

1643. *7 février :* inhumation de Jean Racine, père du futur dramaturge. Son fils est recueilli par les grands-parents paternels, sa
fille par Pierre Sconin.

1649. *22 septembre :* inhumation de Jean Racine, grand-père du poète.
Sa veuve, Marie Desmoulins, rejoint à Port-Royal leur fille
Agnès, en religion sœur, puis mère Agnès de Sainte-Thècle,
entrée dans la maison en 1642. De 1649 à 1653, Racine est élevé,
gratuitement, aux Petites Écoles du monastère.

1653. *1ᵉʳ octobre :* Racine entre au collège de Beauvais. Il y fait sa
seconde année de Lettres et sa Rhétorique.

1655. *1ᵉʳ octobre :* il retourne à Port-Royal-des-Champs. Sous la
conduite d'Antoine Le Maître, qui l'a pris en affection, il
perfectionne sa connaissance du grec, annote Plutarque,
recueille des extraits de Tacite et de Quintilien. De cette époque
datent aussi les plus anciennes de ses poésies latines.

1656. *30 mars :* les Petites Écoles sont fermées, les élèves et leurs
maîtres dispersés. Mais Racine, semble-t-il, reste à proximité,
chez le duc de Luynes (dont Nicolas Vitart, cousin du père de
notre poète, est l'intendant), à son château de Vaumurier. Il
paraît avoir l'année suivante regagné Port-Royal, y composant
les sept odes qui forment *Les Promenades de Port-Royal-des-
Champs.*

1658. *Octobre :* on envoie Racine à Paris, pour étudier la Logique au
collège d'Harcourt.

1659. Racine habite avec Nicolas Vitart à l'Hôtel de Luynes, quai des
Grands Augustins. Il y reste probablement jusqu'au printemps
ou même à l'été de l'année 1661. Il se lie avec La Fontaine, dont
la femme est sa parente, l'abbé Le Vasseur, d'autres amateurs

de poésie et de belles-lettres. Après des pièces d'inspiration religieuse, ou parallèlement, il compose des chansons, des sonnets, des madrigaux, des lettres, dont certaines mêlées de vers.

7 novembre : entre la France et l'Espagne est conclu le traité des Pyrénées. Racine, à cette occasion, célèbre Mazarin dans un sonnet, aujourd'hui perdu.

1660. *5 septembre : La Nymphe de la Seine à la Reine* est achevée. Racine charge Nicolas Vitart de soumettre son ode à Chapelain, qui, non sans suggérer des retouches, la juge « fort belle ». Vitart la communique également à Charles Perrault, qui formule d'utiles remarques. Elle est imprimée. Quelque temps auparavant, Racine a terminé, sous le titre d'*Amasie,* une pièce de théâtre, dont rien ne subsiste et dont on ignore le sujet.

1661. *26 janvier :* Racine est au château de Chevreuse. Il y surveille des travaux commandés par le duc de Luynes.

Juin : Racine a dressé le plan d'une pièce nouvelle, dont il a composé déjà quelques vers et dans laquelle il prend Ovide pour personnage principal. A cette période remontent aussi *Les Bains de Vénus,* poème galant et mythologique dont nous n'avons rien conservé. Dans le courant de l'été, Racine tombe malade.

Octobre : Racine part pour Uzès, où son oncle Antoine Sconin, ancien supérieur des génovéfains, exerce auprès de l'évêque les fonctions de vicaire général et d'official. Il escompte par son aide être pourvu d'un bénéfice. Il s'habille de noir, lit saint Thomas, se constitue « force extraits de théologie », mais n'en continue pas moins à lire les auteurs profanes, commente les *Olympiques* de Pindare, annote l'*Odyssée,* correspond avec La Fontaine, songe toujours au théâtre.

1er novembre : naissance du Dauphin, célébrée à Uzès par des festivités dont Racine envoie une *Relation* destinée à la *Gazette de France.*

1662. *25 juillet :* dernière lettre d'Uzès, dans ce qui nous est parvenu de la correspondance. La première de celles qui suivent sera datée de Paris, le 23 juillet 1663. On ne sait quand Racine a regagné la capitale. Il a, semble-t-il, rejoint Nicolas Vitart à l'Hôtel de Luynes.

1663. *29 mai :* Louis XIV est atteint de la rougeole ; sa santé donne des inquiétudes. Pour célébrer sa guérison, Racine compose et, en juillet, publie son ode *Sur la convalescence du Roi,* qu'il a montrée en juin à Chapelain, puis corrigée selon ses avis.

23 juillet : Racine écrit à sa sœur qu'il espère une pension du roi, dont il tient de lui la promesse.

12 août : mort de sa grand-mère Marie Desmoulins.

Octobre : il compose et, en novembre, publie une nouvelle ode, *La Renommée aux Muses.* En décembre, il termine sa tragédie des *Frères ennemis,* que Molière accepte et paraît même avoir suscitée.

1664. *20 juin :* création de *La Thébaïde,* par la troupe de Molière.

3 octobre : privilège pris par Barbin pour *La Thébaïde,* registré le 17.

30 octobre : publication de *La Thébaïde.*

1665. *3 février :* Racine lit trois actes et demi d'*Alexandre,* à l'Hôtel de

Nevers, chez Mme Du Plessis-Guénégaud, devant Mme de Sévigné, sa fille, Mme de Lafayette. La Rochefoucauld, Barillon, le comte d'Avaux et quelques autres personnes. Boileau y récite quelques-unes de ses satires. Cette réunion est mentionnée le lendemain par Pomponne dans une lettre à son père, Arnauld d'Andilly.

30 octobre : Racine figure pour six cents livres sur la liste des gratifications aux gens de lettres.

29 novembre : le gazetier Robinet annonce comme prochaine la représentation simultanée de deux *Alexandre* (celui de Boyer par les Comédiens de l'Hôtel, celui de Racine par la troupe de Molière).

4 décembre : création d'*Alexandre,* sur la scène du Palais-Royal.

14 décembre : Alexandre est représenté par la Troupe Royale chez la comtesse d'Armagnac.

30 décembre : Racine obtient pour *Alexandre* (qui, joué pendant quelques jours sur les deux scènes rivales, ne se donne plus désormais qu'à l'Hôtel de Bourgogne) un privilège qui sera registré le 7 janvier suivant.

1666. *13 janvier :* achevé d'imprimer d'*Alexandre le Grand,* Paris, Trabouillet et Girard, in-12.

Janvier : publication de la *Lettre à l'auteur des Hérésies imaginaires et des deux Visionnaires.*

10 mai : Lettre aux deux apologistes de l'auteur des Hérésies imaginaires, que Racine renonce finalement à publier.

1667. *Mai : Préface* de Racine pour une édition (non publiée) de ses *Lettres* à l'auteur des *Imaginaires.*

21 mai : Racine figure sur la liste des gratifiés pour une somme de huit cents livres.

26 octobre : Racine, qui se qualifie prieur de Sainte-Pétronille d'Épinay, dans le diocèse d'Angers, donne procuration à Nicolas Vitart pour le partage de ce qu'a laissé Pierre Sconin, inhumé le 23 avril.

17 novembre : représentation d'*Andromaque* par la Troupe Royale, dans l'appartement de la Reine. Il semble qu'il s'agissait là de la première. La pièce, dans les jours qui suivent, obtient le plus vif succès à l'Hôtel de Bourgogne.

28 décembre : Racine prend un privilège pour l'impression d'*Andromaque.* Il s'y trouve désigné comme prieur de l'Espinay. La tragédie paraît, en janvier 1668, dans un volume in-12, chez Théodore Girard, Thomas Jolly ou Claude Barbin.

1668. *18 ou plus probablement 25 mai :* création, par la troupe de Molière, sur la scène du Palais-Royal, de *La Folle Querelle ou La Critique d'Andromaque,* trois actes en prose par le gazetier Adrien-Thomas Perdou de Subligny.

5 décembre : privilège pris pour *Les Plaideurs.* Il sera registré le 8 janvier suivant. On ignore quand la comédie fut jouée pour la première fois.

11 décembre : décès de la Du Parc, inhumée le 13 aux Carmes des Billettes.

18 décembre : Racine, « bien versé dans la poésie française » figure pour huit cents livres sur la liste des gratifiés, « en considération de son mérite », au titre de 1667.

29 décembre : Racine figure sur la liste des gratifiés pour 1668. Il se voit allouer douze cents livres, en considération de son « application aux belles-lettres ».

1669. *Janvier :* publication des *Plaideurs* (Paris, Claude Barbin, in-12).
13 décembre : création de *Britannicus* à l'Hôtel de Bourgogne. La pièce n'aurait été jouée que cinq fois ou peu davantage.
16 décembre : Racine figure pour douze cents livres sur la liste des gratifiés.

1670. *7 janvier :* privilège pour l'impression de *Britannicus.* Il sera registré le 3 février. Le volume a dû paraître, chez Claude Barbin, dans les derniers jours de janvier.
21 novembre : création de *Bérénice* à l'Hôtel de Bourgogne.
28 novembre : création de *Tite et Bérénice,* comédie héroïque de Corneille, sur la scène du Palais-Royal.
23 décembre : Racine est, dans un acte notarié, désigné comme prieur de La Ferté.
Décembre (?) : Racine figure pour quinze cents livres sur la liste des gratifiés.

1671. *22 janvier :* le privilège obtenu par Racine ce même mois pour l'impression de *Bérénice* est enregistré par la Communauté des Libraires.
24 février : achevé d'imprimer de *Bérénice* (Paris, Claude Barbin, in-12).

1672. *5 janvier :* création de *Bajazet* à l'Hôtel de Bourgogne.
30 janvier : Racine figure pour quinze cents livres sur la liste des gratifiés.
16 février : privilège pris par Racine pour *Bajazet,* registré le lendemain.
20 février : achevé d'imprimer de *Bajazet* (Paris, Pierre Le Monnier, in-12).
5 décembre : élection de Racine à l'Académie française. Il y sera reçu le 12 janvier suivant, le même jour que Fléchier et l'abbé Gallois. Son *Remerciement,* aujourd'hui perdu, ne remporte qu'un médiocre succès.

1673. *13 janvier :* création de *Mithridate* à l'Hôtel de Bourgogne.
16 mars : achevé d'imprimer de *Mithridate* (Paris, Claude Barbin, in-12).

1674. *22 juin :* Racine figure pour quinze cents livres sur la liste des gratifiés.
18 août : création d'*Iphigénie,* dans l'Orangerie de Versailles, lors des *Divertissements donnés par le Roi à toute sa Cour au retour de la Conquête de la Franche-Comté* (titre que porte la relation de ces fêtes par Félibien, Paris, Guignard, achevé d'imprimer du 22 octobre 1674). La pièce ne sera jouée à l'Hôtel de Bourgogne que quatre ou cinq mois plus tard.
27 octobre : Racine trésorier de France en la généralité de Moulins.

1675. *28 janvier :* Racine prend un privilège pour *Iphigénie.* Il sera registré le 19 mars. La tragédie paraît vers cette époque.
24 mai (?) : création, au Théâtre Guénégaud, de l'*Iphigénie* composée par Coras et Le Clerc, qui sera imprimée en janvier 1676.
31 décembre : achevé d'imprimer de la première édition collective que Racine ait publié de ses *Œuvres* (Paris, Denis Thierry ou Claude Barbin, 1676, deux volumes).

1676. *10 juin :* Racine figure pour quinze cents livres sur la liste des gratifiés.

1677. *1ᵉʳ janvier :* création de *Phèdre* à l'Hôtel de Bourgogne.

3 janvier : la *Phèdre* de Pradon est représentée pour la première fois, par la troupe de la rue Guénégaud.

Janvier-février : affaire des sonnets, le premier contre la *Phèdre* de Racine (qu'on croit composé par Philippe Mancini, duc de Nevers), le deuxième contre les mœurs de ce duc. Ils seront suivis, toujours sur les mêmes rimes, de deux autres, attribués au duc de Nevers, contre Racine et Boileau.

15 mars : achevé d'imprimer de *Phèdre* (Paris, Claude Barbin).

30 mai : signature du contrat de mariage entre Racine et Catherine de Romanet, fille d'un trésorier de France en la généralité d'Amiens. Le mariage sera célébré le lendemain à l'église Saint-Séverin. Les témoins, pour le marié, sont Nicolas Vitart et Boileau.

30 septembre : Racine et Boileau, promus historiographes du roi, reçoivent chacun six mille livres.

1678. *4-12 mars :* siège de Gand, auquel assistent les deux historiographes.

24 mars : capitulation d'Ypres, où Racine et Boileau se trouvent à la suite du roi.

5 novembre : réception de l'abbé Jacques-Nicolas Colbert à l'Académie française. Racine lui répond en qualité de directeur.

11 novembre : baptême de Jean-Baptiste Racine, fils aîné du poète.

1679. *17 mai :* visite de l'archevêque de Paris, Harlay de Champvallon, à Port-Royal-des-Champs. Racine s'y trouve lors de son arrivée et s'entretient longuement avec lui des affaires de la maison.

21 novembre : Catherine Monvoisin (la Voisin) accuse Racine d'avoir empoisonné la Du Parc.

1680. *11 janvier :* l'arrestation de Racine est envisagée. Louvois se déclare prêt à en expédier l'ordre.

17 mai : baptême de Marie-Catherine, deuxième enfant du poète.

12 août : Racine figure pour deux mille livres sur la liste des gratifiés.

1682. *20 janvier :* Racine figure pour deux mille livres sur la liste des gratifiés.

29 juillet : naissance d'Anne Racine (Nanette), troisième enfant du poète, qui sera baptisée le 8 mai 1683.

1683. Racine et Boileau participent au voyage de Louis XIV en Alsace.

Mars : Racine, après avoir, avec Boileau, travaillé sur la proposition de Mᵐᵉ de Thianges au livret d'un opéra (*La Chute de Phaéton*) que se verra finalement confier Quinault, reçoit, ainsi que son collaborateur, dix mille livres pour « un petit opéra [un ballet] qu'ils ont fait en trois jours, et qui a été un des divertissements de la Cour pendant le carnaval » (*Nouvelles extraordinaires* [Gazette de Leyde], 16 mars 1683).

2 mars : la *Comédie des Appartements*, dont l'acteur Brécourt paraît le principal auteur, mais à laquelle Racine et Boileau probablement, ainsi que d'autres, ont mis la main, est représentée à Versailles par les Comédiens Français.

11 octobre : création d'*Arlequin Protée*, de Fatouville, à l'Hôtel de Bourgogne, par les Comédiens Italiens. La pièce contient une *Parodie de Bérénice*.

Boileau, Racine et le médecin Rainssant sont adjoints par Louvois aux cinq membres qui siègent déjà dans la Petite Académie, future Académie des Inscriptions et Médailles.

De cette année date le *Précis des campagnes de Louis XIV*.

1684. *2 août :* baptême d'Élisabeth Racine (Babet), son quatrième enfant.

1ᵉʳ octobre : mort de Pierre Corneille, le jour même où Racine devient directeur trimestriel de l'Académie française. Il essaie d'obtenir que le duc du Maine, alors âgé de douze ans, y soit reçu, mais il se heurte à l'opposition du roi.

31 décembre : Mᵐᵉ de Montespan offre au roi, comme étrennes, un livre où sont représentées en miniature toutes les villes conquises en 1672 et dont tous les textes sont de Racine et de Boileau.

1685. *2 janvier :* réception de Thomas Corneille et de Jean-Louis Bergeret à l'Académie française. Dans sa réponse, Racine prononce l'éloge de Pierre Corneille et celui de Louis XIV. Le 5, Racine lira sa harangue dans le cabinet du roi. Le 7 avril, il en sera félicité par Antoine Arnauld, alors en exil.

16 juillet : le marquis de Seignelay, fils de Colbert, donne dans les jardins de Sceaux une fête pour laquelle Racine compose son *Idylle sur la paix*, mise en musique par Lully.

21 juillet : l'abbé Colbert prononce, à la tête du clergé, devant Louis XIV, une harangue pour laquelle Racine a prêté sa plume.

29 (ou 28 ?) octobre : Racine rédige son testament. Entre 1678 et 1686, il a partiellement traduit le *Banquet* de Platon pour l'abbesse de Fontevrault, sœur de Mᵐᵉ de Montespan.

1686. *27 octobre :* Racine figure en tête, pour deux mille livres, sur la liste des gratifiés.

29 novembre : naissance de Jeanne-Nicole-Françoise Racine (Fanchon), cinquième enfant du poète, baptisée le même jour.

1687. *Mai :* Louis XIV visite les fortifications de Luxembourg. Racine participe à ce voyage.

Deuxième édition collective des *Œuvres*.

1688. *14 mars :* naissance de Madeleine Racine (Madelon), sixième enfant du poète, baptisée le 18.

22 avril : le roi donne à Racine et à Boileau mille pistoles de gratification pour chacun.

1689. *26 janvier :* création d'*Esther*, à Saint-Cyr, en présence du roi, du Dauphin et de quelques courtisans privilégiés.

3 février : privilège pris par les dames de Saint-Cyr pour *Esther*.

2 mars : achevé d'imprimer d'*Esther* (Paris, Claude Barbin ou Denis Thierry, in-12).

1690. *11 décembre :* Racine prend un privilège pour *Athalie*. Il sera registré le 8 février suivant.

12 décembre : Racine se voit pourvu par le roi d'une charge de gentilhomme ordinaire, moyennant qu'il paiera dix mille livres à la veuve du précédent titulaire.

1691. *5 janvier :* création d'*Athalie* (dont les répétitions ont commencé depuis le mois de mars précédent), à Saint-Cyr, devant le roi.

3 mars : achevé d'imprimer d'*Athalie* (Paris, Claude Barbin ou Denis Thierry, in-4°).

21 mars-8 avril : Louis XIV au siège de Mons. Racine participe à ce voyage.

1692. *15 avril :* Racine et Boileau reçoivent par brevet une pension, le premier de quatre mille livres, le second de deux mille.
24 mai-30 juin : siège de Namur, où Racine accompagne le roi.
2 novembre : naissance de Louis Racine (Lionval), dernier enfant du poète, baptisé le même jour.

1693. *15 mai :* préparatifs de Louis XIV pour sa dernière campagne. Ayant quitté Versailles le 18, il se trouvait à Péronne le 23, au Quesnoy le 25, le 2 juin près de Mons, à Bavay. Quelques jours après, il prenait la route du retour. Racine participe à ce voyage.
2 novembre : Louis accorde par brevet à Jean-Baptiste Racine la charge de gentilhomme ordinaire, en survivance de son père.

1694. *4 août :* Racine ménage à l'Académie française la réconciliation publique de Charles Perrault et de Boileau, qui met fin à la Querelle des Anciens et des Modernes. Son déclenchement remontait au 27 janvier 1687.
8 août : mort d'Antoine Arnauld. Racine assiste au service funèbre qu'on célèbre à Port-Royal. Il compose pour le défunt une épitaphe en vers ainsi qu'une autre pièce pour son portrait. De cette même année datent, semble-t-il, les quatre *Cantiques spirituels.*

1695. *20 juin :* le roi donne à Racine le logement dont jouissait auparavant à Versailles le marquis de Gesvres.

1696. *13 février :* Racine achète cinquante-cinq mille livres un office de nouvelle création, et devient un des cinquante conseillers secrétaires du roi, maison couronne de France et de ses finances, institués par un édit de février 1694. Il achèvera de payer cette charge le 31 juillet. Le 10 mars, il est dispensé d'en exercer les fonctions à cause de ses occupations à la Cour.
Septembre : pendant les insomnies du roi, qui se trouve souffrant, Racine, qui couche dans son appartement, lui lit *La Vie d'Alexandre,* traduite de Plutarque par Amyot, dont il modernise à livre ouvert la langue devenue par endroits désuète.
29 décembre : Marie-Catherine Racine entre aux Carmélites du faubourg Saint-Jacques.

1697. Troisième édition collective des *Œuvres* (Paris, Denis Thierry, Claude Barbin ou Trabouillet, deux volumes in-12), avec d'importantes retouches.

1698. *Janvier :* Jean-Baptiste Racine vient d'arriver à La Haye, chez l'ambassadeur de France, M. de Bonrepaux. Il sera de retour dans sa patrie en janvier 1699.
4 mars : de Marly, Racine écrit à Mme de Maintenon, pour se défendre sur les accusations de jansénisme portées contre lui. La rédaction de son *Abrégé de l'Histoire de Port-Royal* se situe entre 1695 et 1699.
Avril : Racine souffre d'un rhume, d'un rhumatisme et d'un érésipèle.
Septembre et octobre : Racine à nouveau souffrant, plus sérieusement cette fois.
10 octobre : par un codicille à son testament, Racine demande qu'on l'enterre à Port-Royal-des-Champs, aux pieds de M. Hamon.
6 novembre : Racine assiste à la profession de sa fille Anne chez

les Ursulines de Melun, ainsi que sa femme et sa fille aînée.

1699   *7 janvier :* Marie-Catherine Racine, après avoir quitté les Carmélites pour des raisons de santé, puis avoir séjourné jusqu'à Pâques 1698 à Port-Royal, espérant que l'interdiction d'y recevoir des novices finirait par être levée, épouse Claude-Pierre Collin de Moramber.

15 mars : Dangeau, dans son *Journal,* dit Racine « à l'extrémité ».

21 avril : Racine meurt, d'un abcès au foie, entre trois et quatre heures du matin. Le corps, déposé d'abord à Saint-Sulpice, est porté, par autorisation du roi, le lendemain 22 à Port-Royal, où sa dépouille est inhumée au-dessus de M. Hamon. Sa pierre tombale, qu'on peut aujourd'hui voir à Saint-Étienne-du-Mont, porte une épitaphe due à Boileau, que le médecin Dodart a traduite en latin.

NOTICES

LA THÉBAÏDE

Sur les circonstances auxquelles nous devons cette tragédie, Racine reste discret. Il se borne à nous livrer dans la *Préface* de 1676 de maigres indications.

Grimarest, dans sa *Vie de Molière*, en 1705, se montre moins avare de précisions. Son récit inspire de légitimes défiances. On ne peut toutefois se passer de le rappeler. Suivant ce témoignage, *Les Frères ennemis* seraient nés de la concurrence entre la troupe de Molière et celle des Grands Comédiens ses rivaux : « On allait à celle de l'Hôtel de Bourgogne ; les auteurs tragiques y portaient presque tous leurs ouvrages : Molière en était fâché. De manière qu'ayant su qu'ils devaient représenter une pièce nouvelle dans deux mois, il se mit en tête d'en avoir une toute prête pour ce temps-là, afin de figurer avec l'ancienne troupe. Il se souvint qu'un an auparavant un jeune homme lui avait apporté une pièce intitulée *Théagène et Chariclée*, qui, à la vérité, ne valait rien, mais qui lui avait fait voir que ce jeune homme en travaillant pouvait devenir un excellent auteur. Il ne le rebuta point, mais il l'exhorta de se perfectionner dans la poésie avant que de hasarder ses ouvrages au public, et il lui dit de revenir dans six mois. Pendant ce temps-là, Molière fit le dessein des *Frères ennemis ;* mais le jeune homme n'avait point encore paru ; et lorsque Molière en eut besoin, il ne savait où le prendre : il dit à ses comédiens de le lui déterrer à quelque prix que ce fût. Ils le trouvèrent. Molière lui donna son projet ; et le pria de lui en apporter un acte par semaine, s'il était possible. Le jeune auteur, ardent et de bonne volonté, répondit à l'empressement de Molière ; mais celui-ci remarqua qu'il avait pris presque tout son travail dans la *Thébaïde* de Rotrou. On lui fit entendre que l'on n'avait point d'honneur à remplir son ouvrage de celui d'autrui ; que la pièce de Rotrou était assez récente pour être encore dans la mémoire des spectateurs ; et qu'avec les heureuses dispositions qu'il avait, il fallait qu'il se fit honneur de son premier ouvrage, pour disposer favorablement le public à en recevoir de meilleurs. Mais comme le temps pressait, Molière lui aida à changer ce qu'il avait pillé et à achever la pièce, qui fut prête dans le temps, et qui fut d'autant plus applaudie que le public se prêta à la jeunesse de M. Racine qui fut

animé par les applaudissements et par le présent que Molière lui fit [1]. »
Certes, on voit bien comment le biographe, sachant que *La Thébaïde*
avait été créée au Palais-Royal, a brodé sur ce qu'il a pu lire dans la
Préface de la pièce, de manière à donner le beau rôle à Molière et à
majorer la dette de Racine à son égard. Pourtant, il ne paraît pas
invraisemblable que Molière ait alors ambitionné de concurrencer les
Comédiens de l'Hôtel sur le terrain de la tragédie, où leur supériorité
demeurait incontestée, et qu'il ait délibéré de susciter contre leurs
fournisseurs habituels un nouveau venu. La Guerre comique, à
l'automne de 1663, sévit plus que jamais. Or le fécond abbé Boyer
vient de composer, pour la troupe rivale, une *Thébaïde*, qu'on « promet [2] », rue Mauconseil, au moment où Racine achève la sienne. Le
récit de Grimarest, somme toute, demeure donc plausible. Sur un
point, même, il est corroboré par le registre de La Thorillière, qui
mentionne un prélèvement de vingt-quatre livres sur la recette de la
dernière représentation, le 31 août 1664, pour payer l'orfèvre chez qui
l'on s'est procuré le cadeau reçu par le jeune auteur.

La Grange-Chancel, dans la *Préface* à l'édition de ses *Œuvres* publiée
en 1734 et 1735, donne quelques autres détails : « J'ai ouï dire à des
amis particuliers de M. Racine que lorsqu'il fit sa *Thébaïde,* dont
Molière lui avait donné le plan, il n'avait presque rien changé à deux
récits admirables qui sont dans l'*Antigone* de Rotrou, soit qu'il crût ne
pouvoir mieux faire que de retirer deux si beaux morceaux de la
poussière où ils étaient ensevelis ; soit que Molière ne lui ayant donné
que six semaines pour achever cette pièce, il ne lui fût pas possible de
faire autrement ; mais l'ayant fait imprimer quelque temps après
qu'elle eut été représentée, il la mit dans l'état que nous la voyons
aujourd'hui [3]. » Ces emprunts concernaient sans doute les passages où
sont contés la mort d'Hémon [4], puis le combat singulier d'Etéocle et de
Polynice [5]. Ils n'auraient disparu que lorsque le texte fut publié.

Trois lettres de Racine à l'abbé Le Vasseur fournissent quelques
indications sur son travail. La première suit de peu l'impression de *La
Renommée aux Muses* et remonte par conséquent au mois de novembre
1663. Elle peut se concilier avec ce que relate Grimarest. La composition de la pièce, jusqu'alors, a progressé vite. L'auteur peine davantage
sur le quatrième acte. Non qu'il ne l'ait terminé, comme sans doute les
précédents, à la fin de la semaine écoulée, donc dans les délais voulus.
Mais il ne s'en montre pas plus satisfait que ceux avec lesquels,
aussitôt après l'avoir achevé sous cette première forme, il en a conféré.
Leurs critiques décèlent des professionnels du théâtre : on est tenté de
reconnaître en eux Molière lui-même, probablement Madeleine Béjart
et peut-être le reste de la troupe. Dans l'entrevue où s'affrontent les fils
d'Œdipe et qui marque le point culminant de l'action, le poète,
vraisemblablement sous l'influence de Rotrou, qu'il suit de près, avait
d'abord donné trop libre cours sur la scène à des manifestations de

1. Grimarest, *Vie de Monsieur de Molière*, Paris, La Renaissance du Livre, 1930,
pp. 21-22.
2. Racine, lettre à l'abbé Le Vasseur, décembre 1663, dans : Racine, *Œuvres
complètes*, éd. Raymond Picard, t. II, p. 460.
3. P. 38. Cité dans : François et Claude Parfaict, *Histoire du Théâtre français*,
t. IX, p. 305.
4. Racine, *La Thébaïde*, III, 3, v. 620-661 ; Rotrou, *Antigone*, I, 2.
5. Racine, *La Thébaïde*, IV, 3 ; Rotrou, *Antigone*, II, 4.

violence dont la suppression l'a contraint à des remaniements : « Pour ce qui regarde *Les Frères*, écrit-il, ils ne sont pas si avancés qu'à l'ordinaire. Le 4ᵉ était fait dès samedi ; mais malheureusement je ne goûtais point, ni les autres non plus, toutes les épées tirées : ainsi il a fallu les faire rengainer, et pour cela ôter plus de deux cents vers, ce qui est malaisé[6]. »

Quand il adresse au même destinataire la lettre suivante, Racine met la dernière main à son cinquième acte, dont l'achèvement, s'il ne coïncide pas avec la fin de la semaine, la débordera de peu. Depuis son précédent message, il n'a pas repris contact avec Molière, qu'il aurait pu rencontrer lors d'une représentation de *L'Impromptu*. Pour le personnage d'Antigone, il a, comme Rotrou, composé des stances. Comme il compte sur l'effet qu'elles produiront, il recommande à son correspondant le secret : « Je n'ai point vu *L'Impromptu* ni son auteur depuis huit jours : j'irai tantôt, annonce-t-il. J'ai tantôt achevé ce que vous savez, et j'espère que j'aurai fait dimanche ou lundi. J'y ai mis des stances qui me satisfont assez. En voilà la première [...] C'est un lieu commun qui vient bien à mon sujet ; mais ne le montrez à personne, je vous en prie, parce que, si on l'avait vu, on s'en pourrait souvenir, et on serait moins surpris quand on le récitera[7]. »

Cette strophe, pourtant, ne sera pas conservée, et les trois suivantes subiront également des modifications profondes. L'idée de réutiliser cette forme d'écriture théâtrale jadis en vogue mais qui, depuis la Fronde, tendait à tomber en désuétude, n'était pas venue de lui. Il n'avait introduit des stances dans sa pièce qu'à la sollicitation, semble-t-il, des comédiens, qui n'avaient oublié ni celles de Thomas Corneille dans son *Timocrate*, en 1656, ni celles de son frère Pierre, trois ans plus tard, dans *Œdipe*. Molière, sans doute, y tenait, lui qui avait l'actrice chargée d'interpréter le rôle de la jeune princesse. Mais on jugea que le poète se fourvoyait lorsqu'il y développait des thèmes généraux comme ceux qui, dans les chœurs de la tragédie antique, servent de commentaire moral à l'action. Aussi dut-il remettre l'ensemble sur le métier : « Je n'ai pas de grandes nouvelles à vous mander, dit-il, dans une troisième lettre à l'abbé Le Vasseur. Je n'ai fait que retoucher continuellement au cinquième acte, et il n'est tout achevé que d'hier. J'ai changé toutes les stances avec quelque regret. Ceux qui me les avaient demandées s'avisèrent ensuite de me proposer quelque difficulté sur l'état où était ma princesse, peu convenable à s'étendre sur des lieux communs. J'ai donc tout réduit à 3 stances, et ôté celle de *l'ambition,* qui me servira peut-être ailleurs[8]. »

On aimerait pouvoir dater avec plus de précision ces trois lettres. La deuxième se place après le serment des Ligues Suisses, prêté le dimanche 18 novembre à Notre-Dame. Racine assistait à la cérémonie. Comme il déclare n'être pas sorti depuis quatre jours, à cause du mauvais temps, il ne peut écrire plus tôt que le jeudi 22. Mais comme il se propose d'aller voir l'après-midi même *L'Impromptu*, dont la septième représentation fut donnée le vendredi 23, tout invite à retenir cette dernière date pour celle de la lettre. Dès lors, la précédente pourrait se situer entre le 12 et le 16. Le quatrième acte de *La Thébaïde*,

---

6. Racine, lettre à l'abbé Le Vasseur, novembre 1663, dans : Racine, *Œuvres complètes*, édition Raymond Picard, t. II, p. 457.
7. Racine, lettre à l'abbé Le Vasseur, 1663, *ibid.* t. II, pp. 458-459.
8. Racine, lettre à l'abbé Le Vasseur, décembre 1663, *ibid.*, t. II, pp. 459-460.

sous sa forme primitive, aurait été terminé par conséquent le samedi 10. Les trois premiers, à raison d'un par semaine, renverraient la mise en chantier aux environs du 13 octobre. Mais, le 11, Molière était parti pour Versailles avec sa troupe. Il faudrait donc avancer de quelques jours l'accord qu'il aurait conclu pour *La Thébaïde* avec Racine. Impossible, toutefois, de remonter plus haut que le 5, car, du 29 septembre à cette date, Molière jouait à Chantilly, par ordre de Monsieur le Prince. Quant à la troisième lettre, elle ne put être rédigée que le lendemain d'une représentation à l'Hôtel de Bourgogne et doit donc dater soit d'un mercredi, soit d'un samedi, soit d'un lundi : l'on proposerait volontiers le 1er ou le 3 décembre. L'élaboration de la pièce aurait à peine duré deux mois.

La *Préface* confirmera qu'il s'agissait bien de rajeunir un « sujet [...] » autrefois traité par Rotrou sous le nom d'*Antigone* ». Racine, surtout, simplifie. S'il rend justice aux beautés de son modèle, il refuse la « duplicité » d'une tragédie dont l'action emprunte successivement sa matière aux *Phéniciennes* d'Euripide puis à l'*Antigone* de Sophocle. Il retarde jusqu'à l'acte IV, qui marque le paroxysme de la crise, la rencontre des deux frères, et recule jusqu'au dénouement le récit de leur duel fratricide, qui, chez son devancier, se plaçait à la scène 2 de l'acte III. Au lieu de pratiquer, ainsi que son prédécesseur, l'amalgame de deux œuvres antiques, il se limite à la première, sur laquelle il se modèle en gros pour dresser son plan. Il pouvait aussi s'inspirer d'Eschyle, mais ses annotations sur *Les Phéniciennes* attestent qu'il goûtait peu la description des boucliers qui tient tant de place dans *Les Sept contre Thèbes*. Quant aux *Thébaïdes* latines, celle de Sénèque se présente comme un ensemble informe et lacunaire, auquel il doit cependant plus d'un détail, celle de Stace comme une épopée en douze chants, qu'il paraît n'avoir à peu près pas utilisée, sauf pour le récit du combat singulier entre Etéocle et Polynice.

La création, par la troupe de Molière, sur la scène du Palais-Royal, fut, on ne sait pourquoi, retardée jusqu'au vendredi 20 juin 1664. Il avait été prévu, semble-t-il, que le rôle d'Antigone serait tenu par Marquise Du Parc, la « déhanchée[9] » dont il est parlé dans la deuxième des lettres à l'abbé Le Vasseur mentionnées plus haut. Mais elle ne figurait pas dans la distribution, si du moins l'on peut se fier à la liste donnée par *Le Mercure de France*, à l'occasion d'une reprise, en octobre 1721. Etéocle, suivant cette source, était interprété par Hubert, Polynice par La Grange, Jocaste par Madeleine Béjart, Antigone par Catherine de Brie, Créon par La Thorillière, Hémon par Louis Béjart. *La Thébaïde* sera représentée seule pendant toute une semaine, le dimanche 22, le mardi 24, le vendredi 27. La recette, médiocre, qui s'était élevée le premier jour à 370 livres, tombe à 281, ne remonte qu'à 290 en dépit d'un spectacle dansé qu'on donne en supplément, puis fléchit jusqu'à 130 ou 139. Pour soutenir la pièce, les 29 juin, 4, 6 et 8 juillet, on ajoute au programme *Le Médecin volant*. Mais le niveau des recettes, s'il se relève d'abord un peu, montant à 310 livres et même à 430, redescend à 222 et 263. Le 11 juillet, avec l'accompagnement d'une danse, on atteint 341 livres. Le 13 et le 15, *Gorgibus dans le sac* remplace, comme divertissement comique, *Le Médecin volant*, sans attirer la foule : de 320 livres, le chiffre s'abaisse à 150. Après une représentation qui, le vendredi 18 juillet, agrémentée à

9. *Loc. cit.*, p. 459.

nouveau d'une danse, rapporte 158 livres, la troupe, le lundi 21, part pour Fontainebleau. *La Thébaïde* y sera jouée une fois. En août, l'œuvre, associée avec *Le Cocu imaginaire,* est donnée le dimanche 24, où l'on encaisse 373 livres, le lendemain, en visite, chez un maître des requêtes, M. Moran, et le mardi 26, où l'on n'enregistre que 170 livres de recette. Elle est représentée encore entre le samedi 20 septembre et le 27 à Villers-Cotterêts, où les comédiens du Palais-Royal se sont rendus par ordre de Monsieur. Ces dix-sept représentations valent à l'auteur, pour ses parts, la somme, relativement modique de 348 livres, plus un présent. En 1665, la tragédie sera reprise cinq fois, les 6 et 8 février, le 17 avril (avec *Le Cocu imaginaire*), le 19, enfin le 2 octobre (avec *L'Amour médecin*), mais les recettes restent décevantes : 255 livres, 460, 145, 185, 658 (à cause de la comédie, à laquelle surtout va le succès).

Elle avait été imprimée dès le 30 octobre 1664, avec un privilège obtenu par Claude Barbin le 3 octobre précédent. Il en parut deux éditions in-12, sous la rubrique des libraires Barbin, Quinet ou Jolly.

ALEXANDRE LE GRAND

Dès le 3 février 1665, ainsi que nous l'apprend une lettre écrite le lendemain par Pomponne à son père Arnauld d'Andilly, chez Mme Du Plessis Guénégaud, à l'Hôtel de Nevers, devant un auditoire qui comprenait Mme de Sévigné, sa fille, Mme de Lafayette, La Rochefoucauld, Mme de Feuquières, les évêques de Sens, Saintes, Laon, le comte d'Avaux, Paul de Barillon, Châtillon de Caumartin, Boileau, venu là pour y « réciter de ses satires », et quelques autres personnes choisies, Racine lut « trois actes et demi d'une comédie de Porus, si célèbre contre Alexandre, qui est assurément d'une grande beauté[1] ».

Le poète, selon Valincour, aurait soumis son œuvre à l'auteur du *Cid* : « Un autre fait, qui mérite plus d'attention, et que je tiens encore de lui, c'est qu'étant allé lire au grand Corneille la seconde de ses tragédies, qui est *Alexandre,* Corneille lui donna beaucoup de louanges, mais en même temps lui conseilla de s'appliquer à tout autre genre de poésie qu'au dramatique, l'assurant qu'il n'y était pas propre[2]. »

La pièce était annoncée par les gazetiers quelques jours avant sa création. Le 29 novembre, Charles Robinet, dans une *Apostille* de sa *Lettre en vers à Madame*, parlant des deux *Mère coquette*, ajoutait :

> *Mais on attend deux Alexandres*
> *Qui leur feront bien faire flandres,*
> *Proverbe et façon de parler*
> *Pour dire faire détaler[3].*

Celle de Quinault, à l'Hôtel de Bourgogne, avait « déjà plié bagage », mais celle du Palais-Royal, qu'on devait à Donneau de Visé, se jouait

1. Voir Raymond Picard, *Nouveau corpus racinianum*, Paris, Éditions du Centre National de la Recherche Scientifique, 1976, p. 28.
2. Valincour, *Lettre* à l'abbé d'Olivet, dans *Histoire de l'Académie française*, par l'abbé d'Olivet, p. 373.
3. *Les Continuateurs de Loret. Lettres en vers de La Gravette de Mayolas, Robinet, Boursault, Perdou de Subligny, Laurent et autres (1665-1689)*, recueillies et publiées par le baron James de Rothschild, Paris, Damascène Morgand et Charles Fatout t. I, pp. 437-438.

encore. Adrien Perdou de Subligny, dans sa *Muse de la Cour,* à la même date, vantait « *Le Grand Alexandre* » comme un « Ouvrage, dit-on, sans égal[4] ». Il allait être donné pour la première fois par la troupe de Molière le vendredi 4 décembre, tandis que sur la scène rivale était repris *Porus ou la Générosité d'Alexandre,* dont la composition, par l'abbé Boyer, remontait à 1647. L'analyse des frères Parfaict suffit pour montrer combien celle de Racine en diffère : « Personne n'ignore le trait d'histoire qui fait le sujet de cette tragédie. Voyons comment l'auteur s'en est servi : il suppose qu'Argie, femme de Porus, Oraxène et Clairance ses filles, sont prisonnières d'Alexandre. Perdicas, favori d'Alexandre, aime Clairance, et Arsacide, prince indien, est amant d'Oraxène. Porus, qui s'est imaginé qu'Alexandre est amoureux d'Argie, vient, sous le nom de son ambassadeur, offrir une rançon pour cette reine : le prétendu ambassadeur est reconnu pour Porus; mais Alexandre, loin de profiter de cet avantage, fait conduire Porus dans son camp; la bataille se donne, Porus est défait, blessé et pris prisonnier. Son vainqueur lui rend sa femme, ses filles et ses États. Perdicas épouse Clairance, et Arsacide est uni à Oraxène. Nulles beautés dans cette tragédie : il semble que l'auteur n'en ait choisi le sujet que pour en dégrader les personnages; aucuns ne ressemblent à l'idée que les historiens nous en ont laissée[5]. »

Aussi le succès alla-t-il à l'autre *Alexandre,* comme l'attestent les recettes : 1 294 livres le 4, 1 262 le dimanche 6, 943 le vendredi 11, 1 165 le 13. A la première avaient assisté Philippe d'Orléans, Henriette d'Angleterre, le Grand Condé, son fils, la Princesse Palatine, ainsi que le relate Subligny le 7.

Mais la reprise de *Porus* à l'Hôtel pourrait n'avoir servi qu'à dissimuler une manœuvre. Dès le 14 décembre, en effet, les Grands Comédiens, semble-t-il, jouent la pièce de Racine chez la comtesse d'Armagnac. Les témoignages, cependant, ont pu paraître assez peu décisifs pour que Gustave Michaut[6] ait supposé que l'*Alexandre* qui fut représenté ce jour-là doive être identifié plutôt avec celui de Boyer[7]. On lit, le 19, dans *La Gazette de France* : « Le même jour[8], la comtesse d'Armagnac traita le Roi à souper avec toute la magnificence possible : ce superbe festin, où étaient aussi Monsieur et Madame, ayant été précédé de la représentation du *Grand Alexandre* par la Troupe Royale, et suivi d'un bal, où grand nombre de dames se trouvèrent toutes brillantes de pierreries[9]. » Aucun doute sur les acteurs. L'incertitude porte sur ce qu'ils ont interprété : le journaliste laisse, à dessein peut-être, ce point dans le vague. La Gravette de Mayolas, dans des vers de mirliton, n'en dit pas davantage. Il parle, en termes qui ne lèvent pas l'ambiguïté, d'une

> *fort belle comédie,*
> *Ou plutôt tragi-comédie,*
> *D'Alexandre portant le nom*[10].

4. *Ibid.,* t. I, pp. 445-446.
5. Parfaict, *Histoire du Théâtre français,* t. VII (1746), pp. 162-163.
6. Gustave Michaut, *La Bérénice de Racine,* Paris, 1907, pp. 228-239.
7. Qu'une réédition ne va pas tarder à nommer *Alexandre le Grand,* tragédie, pour bénéficier de la confusion ainsi créée entre les deux ouvrages.
8. Le 14.
9. Voir Raymond Picard, *Nouveau corpus racinianum,* p. 30.
10. La Gravette de Mayolas, *Lettre en vers à Mme la duchesse de Nemours,* 20 décembre 1665 (écrite le 19), *Les Continuateurs de Loret,* éd. cit., t. I, p. 503.

Mais une apostille à sa lettre annoncera plus loin que seule se donne, désormais, sur les deux théâtres, la tragédie de Racine. Et la même information, chez Robinet, suit de si près, sans solution de continuité, son compte rendu de la représentation offerte par la comtesse d'Armagnac à ses invités qu'il paraît aller comme de soi que, le 14, avait été jouée la pièce qui, quelques jours plus tard, allait demeurer maîtresse du champ de bataille[11]. Subligny n'apporte de précision supplémentaire que sur l'identité du comédien (Floridor) qui tenait ce soir-là le rôle du protagoniste, et qui le conserva par la suite. Mais sa relation reflète fidèlement le climat d'une fête où les alexandrins surannés de l'abbé Boyer n'eussent pu que détonner, tandis que se trouvaient parfaitement en harmonie avec elle les tendresses galantes de la poésie racinienne[12].

Au Palais-Royal, dès le mardi 15 décembre, la recette avait brusquement fléchi, tombant à 460 livres. Le 18, elle descend jusqu'à 378 : « Ce même jour, note La Grange dans son *Registre*, la troupe fut surprise que la même pièce d'*Alexandre* fût jouée sur le théâtre de l'Hôtel de Bourgogne. Comme la chose s'était faite de complot avec M. Racine, la troupe ne crut pas devoir les parts d'auteur audit M. Racine qui en usait si mal que d'avoir donné et fait apprendre la pièce aux autres comédiens[13]. » Les 564 livres qui lui revenaient furent partagées entre les acteurs.

Sur les motifs par lesquels il fut poussé à cette défection, nous ne possédons que des témoignages plus que suspects. Selon Brossette pourtant, l'idée de donner sa nouvelle œuvre aux interprètes qui, l'année précédente, avaient créé sa *Thébaïde* serait venue de lui. Ce choix, auquel il paraissait tenir, avait reçu l'approbation de Boileau : « Quand M. Racine fit sa tragédie d'*Alexandre le Grand*, l'abbé de Bernay, chez qui il demeurait, souhaita qu'elle fût représentée par les comédiens de l'Hôtel de Bourgogne ; et M. Racine voulait que ce fût par la troupe de Molière. Comme ils étaient en grande contestation là-dessus, M. Despréaux intervint, et décida par une plaisanterie, disant qu'il n'y avait plus de bons acteurs à l'Hôtel de Bourgogne : qu'à la vérité il y avait encore le plus habile moucheur de chandelles qui fût au monde, et que cela pouvait bien contribuer au succès d'une pièce Cette plaisanterie seule fit revenir l'abbé de Bernay, qui était d'ailleurs très obstiné[14]. » Suivant une tradition plus douteuse encore qui se trouve rapportée par le *Furetiriana*, Racine aurait rapidement déchanté : « Ses amis l'avaient tous assuré de la bonté de sa pièce, ils avaient raison. Lui, sur cette confiance, la met dans les mains de la troupe de Molière. Qu'arriva-t-il ? Cette si belle pièce tomba à la première représentation. M. Racine, au désespoir d'un si mauvais succès, s'en prend à ses amis qui lui avaient donné si bonne opinion. A cela les amis répondent : Votre pièce est excellente ; mais vous la donnez à jouer à une troupe qui ne sait jouer que le comique, c'est pour cela seulement qu'elle n'a pas réussi ; mais donnez-la à l'Hôtel de

11. Voir Robinet, *Lettre en vers à Madame,* 20 décembre 1665 (écrite le 19), *ibid* t. I, pp. 511-512.
12. Voir Subligny, *La Muse de la Cour à Monseigneur le Prince,* 20 décembre 1665, dans *Les Continuateurs de Loret,* éd. cit., t. I, pp. 519-520.
13. Voir Raymond Picard, *Nouveau corpus racinianum,* p. 30.
14. Note sur le v. 185 dans la Satire III de Boileau, *Œuvres de M. Boileau-Despréaux,* Genève, Fabri et Barrillot, 1716, t. I.

Bourgogne, vous verrez quel succès elle aura. Ce conseil fut suivi, et cette pièce lui donna grande réputation[15]. » Losme de Montchesnay, dans le *Bolaeana*, donne sur ce qui s'est passé des explications analogues : « *L'Alexandre* de Racine fut joué d'abord par la troupe de Molière ; mais ses acteurs jouant trop lâchement la pièce, l'auteur se rendit aux avis de ses amis qui lui conseillèrent de la retirer et de la donner aux Grands Comédiens de l'Hôtel de Bourgogne. Elle eut en effet chez eux tout le succès qu'elle méritait ; ce qui déplut fort à Molière[16]. »

La tragédie poursuivit sa carrière rue Mauconseil, mais elle ne fut plus jouée dès lors que trois fois sur la scène du Palais-Royal. Elle y rapporta 597 livres le dimanche 20 décembre, 116 le 22, 277 le 27. Robinet a vu la première de ces représentations. Il décrit le décor, qui découvre « en perspective » les « pavillons et campements » de Taxile, et passe en revue la distribution : le rôle d'Alexandre était tenu par La Grange, celui de Cléofile par Armande Béjart, dont la beauté dans tout son éclat est rehaussée par des habits

> *Semés de perles, de rubis*
> *Et de toute la pierrerie*
> *Dont l'Inde brillante est fleurie,*

ceux de Porus et d'Axiane par La Thorillière et Marquise Du Parc,

> *Brillante comme une Diane,*
> *Tant par ses riches vêtements*
> *Que par tous ses attraits charmants,*

enfin, sous des costumes qui « sont sans doute aussi de prix[17] », ceux d'Ephestion et de Taxile par Du Croisy pour l'un, Hubert pour l'autre. La semaine suivante, il assiste à la représentation de la pièce par les comédiens de la troupe rivale, mais il en rend compte plus brièvement :

> *A l'Hôtel, j'ai vu l'Alexandre [...]*
> *Floridor, cet acteur charmant,*
> *Le représente dignement.*
> *Et d'Ennebaut, sa Cléofile,*
> *De mille jeunes charmes brille.*
> *Montfleury fait si bien Porus*
> *Qu'il semble qu'il soit encor plus,*
> *Et l'Axiane, sa maîtresse,*
> *S'y rend admirable sans cesse*
> *En l'excellente Des Œillets,*
> *Dont l'habit fut fait à grands frais.*
> *Bref Ephestion et Taxile*
> *S'expriment en assez bon style*
> *Par Hauteroche et par Brécourt ;*

15. *Ana,* [...] éd. cit., t. I, p. 73. L'ouvrage remonte à 1724.
16. *Ibid.,* t. X, pp. 414-415. Première édition en 1742.
17. Robinet, *Lettre en vers à Madame* du 27 décembre 1665, dans *Les Continuateurs de Loret,* éd. cit., t. I, p. 538.

Et tous ces acteurs, coupant court,
Font tout ce qu'on en peut attendre,
Pour bien retracer Alexandre[18].

Le succès même de la pièce, notamment auprès de la Cour et du public mondain, lui suscita des détracteurs, ignorants fermés à sa tendresse délicate, comme le noble campagnard évoqué par Boileau dans la satire du repas ridicule[19], censeurs malveillants, venus six fois de suite entendre l'œuvre pour mieux la décrier, dont Racine, dans sa *Préface*, tourne en dérision le « branlement de tête » et les « grimaces affectées », admirateurs de Corneille, qui commencent à s'alarmer et dont le plus marquant reste, dans son exil, Saint-Évremond. Ayant appris, à La Haye, l'existence de l'œuvre par son amie Mᵐᵉ Bourneau, qui la portait aux nues, il avait aussitôt manifesté l'envie de la lire : « Si elle n'est pas imprimée, demandait-il à sa correspondante, tâchez d'en avoir un acte de l'auteur, ou des comédiens, une scène seule où je puisse comparer ses sentiments et ses vers avec ceux de Corneille[20]. » D'avance, il redoute que Racine ait moins bien su prêter à son Alexandre le langage d'un Grec, à Porus celui d'un Indien : « Je sais que l'imitation est servile et je serai bien aise de voir des sentiments forts, aussi bien poussés que ceux de Corneille, d'une manière différente. Comme les siens sont fort justes, il est à craindre que ceux qui s'en éloignent n'aient quelque chose de faux[21]. » La tragédie fut publiée vers le milieu de janvier 1666, chez Girard et Trabouillet, en édition in-12 : dès le 15, le ministre Hugues de Lionne l'envoyait au cardinal de Retz, alors à Rome, et, par son intermédiaire, à la reine Christine de Suède. Saint-Évremond reçut aussi de son côté l'exemplaire qu'il sollicitait : « J'ai lu la pièce que vous m'avez envoyée, écrit-il à la même destinataire, avec plus de curiosité que de plaisir. Il n'y a rien de surprenant ; ce qui m'étonne c'est qu'elle ait tant d'admirateurs et de critiques, n'y voyant rien qui doive donner des transports ni exciter l'envie. Tout y est médiocre[22], et la médiocrité aux choses héroïques est, peut-être, un plus grand défaut que l'extravagance [...][23]. » Saint-Évremond reprit ensuite ces critiques pour les développer dans une *Dissertation sur Le Grand Alexandre*, véritable parallèle tout à l'avantage de Corneille, dont il est finalement plus parlé que de Racine. Le comte de Lionne, cousin du ministre, de passage à La Haye, en lut, vers septembre ou octobre 1667, une première version qui fut remaniée en décembre. Ayant appris que ses deux lettres à Mᵐᵉ Bourneau circulaient dans le public, l'exilé consent à ce que sa *Dissertation*, plus modérée et dans une certaine mesure plus équitable, paraisse en 1668 parmi les *Œuvres mêlées*[24]. On y lit : « Depuis que j'ai lu *Le Grand Alexandre*, la vieillesse de Corneille me donne bien moins d'alarmes, et je n'appréhende plus tant de voir avec lui finir la tragédie. Mais je voudrais qu'avant qu'il soit mort il adoptât

---

18. Robinet, *Lettre en vers à Madame* du 3 janvier 1666, dans *Les Continuateurs de Loret*, éd. cit., t. I, pp. 573-574.
19. Boileau, *Satires*, III, v. 185-186.
20. Saint-Évremond, *Œuvres en prose*, éd. René Ternois, Paris, Marcel Didier, t. II, 1965, p. 76.
21. *Ibid.*, pp. 77-78.
22. C'est-à-dire, sans valeur particulièrement péjorative, moyen, modéré.
23. Saint-Évremond, *Œuvres en prose*, éd. cit., t. II, pp. 78-81.
24. Paris, Barbin, 1668. Privilège du 2 mai. Achevé d'imprimer du 26 juin.

l'auteur de cette pièce, pour former avec la tendresse d'un père son vrai successeur. Je voudrais qu'il lui donnât le bon goût de cette Antiquité qu'il possède si avantageusement, qu'il le fît entrer dans le génie de ces nations mortes et connaître sainement le caractère des héros qui ne sont plus. C'est, à mon avis, la seule chose qui manque à un si bel esprit ; il a des pensées fortes et hardies, des expressions qui égalent la force de ses pensées ; mais vous me permettrez de vous dire après cela qu'il n'a pas connu Alexandre ni Porus [...] [25]. » Saint-Évremond estime « qu'Alexandre et Porus devaient conserver leur caractère tout entier ; que c'était à nous à les regarder sur les bords de l'Hydaspe, tels qu'ils étaient, non pas à eux de venir sur les bords de la Seine étudier notre naturel, et prendre nos sentiments [26] ».

La pièce n'en poursuivit pas moins tout au long du siècle une honorable carrière.

ANDROMAQUE

On ne sait rien sur la genèse d'*Andromaque*, sinon le peu que Racine en dit dans sa dédicace à Madame.

Une représentation fut donnée le 17 novembre 1667 « par la Troupe royale », devant « Leurs Majestés », dans « l'appartement de la Reine, où étaient quantité de seigneurs et de dames de la Cour », comme l'indique le surlendemain *La Gazette de France* [1]. L'information se retrouve, le même jour, chez Robinet, qui, dans sa *Lettre en vers* du 26, donne un compte rendu plus détaillé. Le gazetier, en même temps qu'il résume l'intrigue, précise la distribution. La veuve d'Hector est incarnée par Mlle Du Parc,

> *une actrice,*
> *Des humains grande tentatrice,*
> *Et qui, dans un deuil très pompeux,*
> *Par sa voix, son geste et ses yeux,*

s'acquitte « admirablement » de son rôle. Pyrrhus est « en relief représenté » par Floridor. Oreste, « pire qu'un Fairfax [2] », est « figuré par Montfleury », qui « fait mieux que feu Montdory [3] ».

Il s'y dépensera même tant qu'un mois plus tard à peine il y laissera la vie, ainsi que Robinet l'annonce le 17 décembre et que le rappelle Gabriel Guéret dans son *Parnasse réformé* lorsqu'il prête ces propos à l'ombre du comédien : « Qui voudra donc savoir de quoi je suis mort, qu'il ne demande point si c'est de la fièvre, de l'hydropisie, ou de la goutte, mais qu'il sache que c'est d'*Andromaque*. Nous sommes bien fols de nous mettre si avant dans le cœur des passions, qui n'ont été qu'au bout de la plume de Messieurs les poètes [...] Mais ce qui me fait le plus de dépit, c'est qu'*Andromaque* va devenir plus célèbre par la

25. Saint-Évremond, *Œuvres en prose*, éd. cit., t. II, pp. 84-87.
26. *Ibid.*, p. 91.
1. Voir Raymond Picard, *Nouveau corpus racinianum*, p. 40.
2. Général anglais qui défit Charles Ier.
3. Robinet, *Lettre en vers à Madame* du 26 novembre 1667, dans *Les Continuateurs de Loret*, éd. cit., t. II, pp. 1091-1093.

circonstance de ma mort, et que désormais il n'y aura plus de poète qui ne veuille avoir l'honneur de crever un comédien[4]. »

Hermione, poursuivait Robinet dans sa *Lettre* du 26 novembre, était jouée par « l'excellente Des Œillets », avec assez de talent pour en tirer « gloire très plénière ». Bref, la pièce était servie par une interprétation propre « à charmer le spectateur ». Son « heureux auteur[5] », cette fois, eût été mal venu de se plaindre. Selon Charles Perrault, elle « fit le même bruit, à peu près, que *Le Cid* lorsqu'il fut représenté la première fois[6] ». Chacun donnait son avis : « les plus grands seigneurs de la Cour en disaient hautement leur sentiment, selon l'étendue, ou selon les bornes de leurs goûts et de leurs lumières. Il revint à M. Racine que sa pièce avait été frondée par deux de ces seigneurs, à propos de quoi il fit l'Épigramme suivante, qu'il s'adressait à lui-même :

> La vraisemblance est choquée en ta pièce,
> Si l'on en croit et d'Olonne et Créquy.
> Créquy dit que Pyrrhus aime trop sa maîtresse ;
> D'Olonne, qu'Andromaque aime trop son mari.

Le plaisant de l'épigramme, c'est que le maréchal de Créquy n'avait pas la réputation d'aimer trop les femmes ; et quant à M. d'Olonne, il n'avait lieu de se plaindre d'être trop aimé de la sienne[7]. » Le premier s'attira, par une autre critique, un nouveau quatrain, qui rappelait l'incident diplomatique survenu lors de son ambassade auprès du Pape, en 1662, à la suite d'une altercation entre ses domestiques et les Gardes corses :

> Créquy prétend qu'Oreste est un pauvre homme
> Qui soutient mal le rang d'ambassadeur ;
> Et Créquy de ce rang connaît bien la splendeur :
> Si quelqu'un l'entend mieux, je l'irai dire à Rome[8].

Condé, pour sa part, trouvait Pyrrhus, au dire de Louis Racine et de Brossette[9], « trop violent et trop emporté ». Boileau lui-même, qui remarquera dans son *Épître à Racine* en 1677 :

> *Au Cid persécuté Cinna doit sa naissance,
> Et peut-être ta plume aux censeurs de Pyrrhus
> Doit les plus nobles traits dont tu peignis Burrhus*[10],

4. Gabriel Guéret, *Le Parnasse réformé*, Paris, Thomas Jolly, 1671, et Genève, Slatkine Reprints, 1968, pp. 85-88. Montdory déjà, pour avoir déclamé les imprécations d'Hérode dans la *Mariane* de Tristan avec trop de véhémence, au Théâtre du Marais, en août 1637, avait été victime d'une attaque.

5. Robinet, *Lettre en vers à Madame* du 26 novembre 1667, dans *Les Continuateurs de Loret*, éd. cit., t. II, p. 1093 et p. 1094.

6. Charles Perrault, *Les Hommes illustres qui ont paru en France pendant ce siècle*, Paris, Dezallier, 1700, t. II, p. 81. Cf. Louis Racine, *Mémoires* [...], dans *Œuvres* de J. Racine, éd. Paul Mesnard, Paris Hachette, Collection Les Grands Écrivains de la France, t. I (1885), p. 244.

7. *Bolaeana, dans Ana* [...], éd. cit., t. X, p. 414.

8. *Œuvres complètes de Racine*, éd. Raymond Picard, t. I, p. 978.

9. Voir Paul Mesnard, *Œuvres* de J. Racine, éd. cit., pour Louis Racine (*Mémoires* [...]), t. I, p. 245, pour Brossette, t. II (1886), p. 11.

10. Boileau, *Épître VII*, v. 52-54.

traitait de « héros à la Scudéry [11] » le roi d'Epire, ne s'en montrait pas satisfait, jugeait son entretien avec son confident à la scène 5 de l'acte II trop proche, par le ton, de la comédie [12]. Lorsque Saint-Évremond recevra la pièce, imprimée avec un privilège du 28 décembre 1667 et parue sans doute au mois de janvier suivant [13], il formulera depuis La Haye, dans une lettre de mars ou d'avril 1668 au comte de Lionne, une appréciation nuancée de réserves, où perce un préjugé plutôt défavorable : « [...] il me paraît qu'*Andromaque* a bien de l'air des belles choses, il ne s'en faut presque rien qu'il n'y ait du grand. Ceux qui n'entreront pas assez dans les choses l'admireront ; ceux qui veulent des beautés pleines, y chercheront je ne sais quoi qui les empêchera d'être tout à fait contents. Mais à tout prendre, c'est une belle pièce, et qui est fort au-dessus du médiocre, quoiqu'un peu au-dessous du grand [14]. » Quelques jours plus tard, ayant reçu la tragédie de Racine en triple exemplaire par trois voies différentes, il se plaint au même correspondant d'avoir dû payer bien inutilement le port, puisque « toutes ces choses-là s'impriment à Amsterdam huit ou dix jours après qu'elles ont plu en France [15] », puis il poursuit : « elle m'a semblé très belle ; mais je crois qu'on peut aller plus loin dans les passions, et qu'il y a encore quelque chose de plus profond dans les sentiments, que ce qui s'y trouve : ce qui doit être tendre n'est que doux, et ce qui doit exciter la pitié, ne donne que de la tendresse. Cependant, à tout prendre, Racine doit avoir plus de réputation qu'aucun autre, après Corneille [16] ».

Vers le même temps s'élaborait *La Folle Querelle ou la Critique d'Andromaque*, trois actes en prose par le gazetier Adrien-Thomas Perdou de Subligny. La comédie était annoncée dès le 12 mai dans la *Lettre en vers à Madame*, de Robinet.

La création, toutefois, si l'on se fie au registre de La Grange, ne daterait que du 25. Dès le lendemain, Robinet certifie qu'elle est « jouée » et « même grandement louée ». Le « sujet en est petit et faiblement imaginé », constatent les frères Parfaict : « Hortense, prête d'épouser Eraste, qu'elle n'aime point, mais que sa mère l'oblige d'accepter, se brouille avec lui, sous prétexte qu'il est le partisan déclaré de la tragédie d'*Andromaque*, qu'elle trouve pleine de défauts, tant dans la conduite que dans la versification. Voilà ce qui donne lieu au titre de la pièce, et à la critique qui y est répandue [17]. » Restée à l'affiche jusqu'en décembre, *La Folle Querelle* atteignit près de trente représentations. Elle avait été publiée en août, avec un achevé d'imprimer daté du 22, chez Thomas Jolly. Subligny, dans la *Préface*, revendique la paternité de l'œuvre, que d'aucuns avaient attribuée à Molière, comme Racine, au dire de Grimarest [18], l'aurait cru lui-même. Le préfacier se défendait d'avoir voulu dénigrer la tragédie qu'il prenait pour cible. Il disait avoir partagé l'enthousiasme qu'elle avait provo-

---

11. *Bolaeana*, dans *Ana* [...], éd. cit., t. X, p. 385.
12. Voir *Andromaque*, note 92.
13. À Paris, chez Théodore Girard, Thomas Jolly, Claude Barbin.
14. Saint-Évremond, *Lettres*, édition René Ternois, Paris, Marcel Didier, t. I. (1967), pp. 136-137.
15. *Ibid.*, t. I, p. 140. Dès 1668 en effet parut une édition hollandaise de la pièce, publiée par un libraire d'Amsterdam.
16. Saint-Évremond, *Lettres*, éd. cit., t. I, pp. 140-141.
17. Parfaict, *Histoire du Théâtre français*, t. X (1747), p. 279.
18. Grimarest, *Vie de Monsieur de Molière*, éd. cit., p. 23

qué chez les spectateurs dès sa création : « Je fus charmé à la première représentation de l'*Andromaque*; ses beautés firent sur mon esprit ce qu'elle fit sur l'esprit de tous les autres, et si je l'ose dire, j'adorai le beau génie de son auteur, sans connaître son visage. Le tour de son esprit, la vigueur de ses pensées et la noblesse de ses sentiments m'enlevèrent en beaucoup d'endroits [19]. » Mais, ayant gardé dans l'admiration plus de lucidité que ceux qui prétendaient que le jeune poète avait atteint la perfection, qu'il n'irait jamais plus loin dans la « régularité » ni dans la « justesse, et « qu'il fallait qu'il travaillât toujours de même pour être le premier homme du monde » [20], il avait dénombré « près de trois cents fautes [21] », ainsi qu'une infinité de « petits péchés véniels [22] » contre la « netteté » de l'expression. Il peut paraître impertinent, pour un écrivain et un dramaturge lui-même si médiocre, de s'ériger en censeur de Racine et de lui donner des conseils sur la qualité de l'expression. Mais cette leçon d'exigence toujours accrue envers soi-même ne partait pas d'une intention absolument condamnable. Il s'agissait de l'inviter à ne pas demeurer en si bon chemin, à mériter vraiment la louange d'écrire mieux que les autres, d'empêcher que, grisé par les applaudissements, il ne s'endormît dans sa gloire : « La France a intérêt de ne point arrêter au milieu de sa carrière un homme qui promet visiblement de lui faire beaucoup d'honneur. Elle devrait le laisser arriver à ce point de pureté de langue et de conduite du théâtre qu'il sait bien lui-même qu'il n'a pas atteint; car autrement, il se trouverait qu'au lieu d'avoir déjà surpassé le vieux Corneille, il demeurerait toute sa vie au-dessous [23] ». Alcipe déclarait déjà, dans le cours même de la comédie : « De vouloir qu'il soit vrai qu'il ait surpassé tous ceux qui ont jamais écrit, hé ! Madame, le bon sens peut-il souffrir qu'on se trompe de la sorte ? C'est gâter un homme à force d'encens, et sans cela peut-être que nous aurions vu quelque jour une bonne pièce de lui [24]. » Sous une formulation volontairement sévère jusqu'à l'excès, ce jugement résume assez bien la pensée de l'auteur, qui s'en prend somme toute moins à Racine lui-même qu'il n'est irrité par ses admirateurs inconditionnels et ses thuriféraires excessifs. Certes, on regrette que le préfacier prétende enfermer Racine dans les limites sclérosantes d'un classicisme étroit, et surtout qu'il se croie permis de lui suggérer ensuite comment il aurait fallu corriger sa tragédie pour la ramener au modèle cornélien. Mais on aime qu'au jeune dramaturge soit rendu cet hommage, qui marquait précisément le point atteint par lui dans cette étape de sa carrière, et que lui soit prophétisé, tout à la fin de la *Préface*, l'avenir auquel il était promis : « j'espère, y peut-on lire en guise de conclusion, qu'un jour je n'admirerai pas moins la conduite de ses ouvrages que j'admire aujourd'hui la noble impétuosité de son génie [25]. » A cette vigueur de la pensée, à cette fermeté de l'accent, on se demande si Subligny ne servirait pas ici de porte-parole à des voix plus autorisées que la

19. Subligny, *La Folle Querelle*, Préface, dans Victor Fournel, *Les Contemporains de Molière*, Paris, Firmin-Didot, t. III (1875), p. 495.
20. *Ibid.*, p. 496.
21. *Ibid.*, p. 499.
22. *Ibid.*, p. 498.
23. *Ibid.*, p. 496.
24. *La Folle Querelle*, I, 7, dans Victor Fournel, *Les Contemporains de Molière*, éd. cit., t. III, p. 514.
25. *Ibid.*, t. III, p. 501.

sienne, et l'on serait tenté, par instants, de discerner la discrète présence de Molière.

Ces conseils, ces exhortations, ces encouragements ne furent pas perdus. Robinet, dans sa *Lettre* du 8 septembre, les approuve ; il y considère « ce faux Subligny [26] » comme un « homme d'honneur »,

> *Car sa critique, ou bien satire,*
> *Loin qu'un auteur elle déchire,*
> *En le louant, elle l'instruit,*
> *Et peut produire bien du fruit*
> *Dans la République lettrée ;*
> *Telle* Critique *enfin m'agrée* [27].

Et, dans le paragraphe qu'il consacre à « *l'Andromaque* », Adrien Baillet pourra dire très justement : « Cette pièce fit grand bruit, et elle attira à l'auteur beaucoup d'envieux et quelques censeurs mêlés parmi eux. Les uns et les autres n'ont pas été inutiles à la pièce qui en reçut plus d'éclat, ni au poète qui s'encouragea de plus en plus à se perfectionner et qui prit encore de plus grandes précautions dans la composition des pièces suivantes [28]. » Boileau, dès 1677, ne parlait pas autrement, quand il écrivait dans son *Épître VII* :

> *Le mérite en repos s'endort dans la paresse.*
> *Mais par les envieux un génie excité*
> *Au comble de son art est mille fois monté* [29].

Aux divers jugements que nous avons déjà mentionnés s'ajoute en 1669 celui de La Fontaine dans *Les Amours de Psyché et de Cupidon*. Son témoignage, pour demeurer presque allusif, n'en vaut pas moins d'être rapporté. Gélaste constate au cours de sa dispute avec Ariste que la pièce remporte un succès de larmes auquel contribue pour une large part le talent de l'actrice principale : « Vous allez là pour vous réjouir, et vous y trouvez un homme qui pleure auprès d'un autre homme, et cet autre auprès d'un autre, et tous ensemble avec la comédienne qui représente Andromaque, et la comédienne avec le poète : c'est une chaîne de gens qui pleurent, comme dit votre Platon [30]. » De ce plaisir-là, Madame de Sévigné saura, l'on s'en souvient, elle aussi se repaître : « Je fus encore à la comédie, m'écrira-t-elle à sa fille, de Vitré, le 12 août 1671. Ce fut *Andromaque*, qui me fit pleurer plus de six larmes ; c'est assez pour une troupe de campagne [31]. »

Avec la Du Parc s'éteignit le 11 décembre 1668 la comédienne par qui le rôle d'Andromaque avait été créé. Mais, à la rentrée de Pâques 1670, la Des Œillets allait être détrônée dans celui d'Hermione par une

26. Cette épithète invite à penser que le journaliste considère Subligny comme un prête-nom.
27. Robinet, *Lettre en vers à Madame* du 8 septembre 1668, citée par Pierre Mélèse, *Le Théâtre et le public à Paris sous Louis XIV*, Paris, Droz, 1934, p. 346.
28. Adrien Baillet, *Jugements des savants* [...], Paris, Antoine Dezallier, 1686, t. IV, pp. 412-413.
29. Boileau, *Épître VII*, v. 48-50, cités *ibid.*, t. IV, p. 413.
30. La Fontaine, *Psyché*, Livre premier, *Œuvres diverses*, éd. Pierre Clarac, pp. 179-180. La formule de Platon se lit dans *Ion*, 533*e*.
31. Mme de Sévigné, *Correspondance*, éd. Roger Duchêne, Paris, Gallimard, Bibliothèque de la Pléiade, t. I (1972), p. 319.

interprète venue du Marais, qui le joua pour ses débuts à l'Hôtel de
Bourgogne. Racine, « craignant de voir défigurer son ouvrage par la
nouvelle débutante », n'avait accepté d'assister à la représentation
que sur les instances de ses amis et avait trouvé l'actrice assez faible
dans les deux premiers actes, qui demandent « une grande finesse ».
Mais elle montra tant de feu dans les deux derniers qu'à l'issue du
spectacle il courut à sa loge « et lui fit des compliments pour elle et des
remerciements pour lui [32] ». La jeune tragédienne s'appelait la Champmeslé.

LES PLAIDEURS

On ne sait quand furent pour la première fois représentés *Les
Plaideurs*, dont aucun gazetier, lors de la création, n'a dit le moindre
mot. La pièce dut être donnée, à l'Hôtel de Bourgogne, « vers le mois
de novembre 1668 », conjecturent les frères Parfaict dans leur *Histoire
du théâtre français* [1]. La date paraît vraisemblable, puisque le privilège
était pris pour l'impression le 5 décembre. On ignore de même quand
la comédie fut mise en chantier. Mais Racine déclare dans son avis au
lecteur qu'elle « ne tarda guère à être achevée ».

Cette libre adaptation des *Guêpes* avait été primitivement conçue
pour les acteurs de la troupe italienne. On peut s'en étonner, car ils ne
jouaient d'ordinaire que des canevas, selon le principe du jeu *all'im-
proviso*, propre à la *commedia dell'arte*. Mais on sait par la *Lettre en
vers*, datée du 15 décembre 1668, où Robinet relate la sépulture de la
Du Parc, le mercredi précédent, que les Comédiens Italiens suivirent le
convoi, comme leurs camarades français. Racine, par l'entremise de
son interprète, avait-il noué des relations avec eux ?

Le départ de Scaramouche pour l'Italie empêcha le projet de se
réaliser. L'œuvre changea dès lors de destination. L'Hôtel de Bourgogne, pour concurrencer Molière, se cherchait justement un répertoire
comique, sans qu'il y fût jusque-là parvenu, faute d'avoir trouvé mieux
que de médiocres fournisseurs.

Les amis de Racine, qui l'encourageaient dans cette entreprise, y
mirent eux-mêmes la main. La remarque de Brossette sur l'épigramme
de Boileau : « Racine, plains ma destinée [...] [2] », à propos du dernier
vers, permet d'imaginer l'atmosphère des joyeuses réunions au cours
desquelles s'est élaborée la pièce. Louis Racine [3] les évoque à son tour.
Il oublie, on ne comprend pas trop pourquoi, de nommer aussi La
Fontaine : « Il se faisait alors de fréquents repas chez un fameux
traiteur où se rassemblaient Boileau, Chapelle, Furetière et quelques
autres [...] Plusieurs traits de la comédie des *Plaideurs* furent le fruit de
ces repas ; chacun s'empressait d'en fournir à l'auteur. M. de Brilhac
conseiller au Parlement de Paris, lui apprenait les termes de Palais.
Boileau lui fournit l'idée de la dispute entre Chicanneau et la comtesse

---

32. Parfaict, *Histoire du Théâtre français*, t. XIV (1748), pp. 513-514.
1. Parfaict, *Histoire du théâtre français*, t. X (1747), p. 359.
2. *Œuvres complètes* de Boileau, éd. Antoine Adam et Françoise Escal, Paris
Gallimard, Bibliothèque de la Pléiade, 1966, p. 254.
3. Louis Racine, *Mémoires* [...], *Œuvres complètes* de Racine, éd. Raymond
Picard, t. I, p. 28.

[...] Plusieurs autres traits de cette comédie avaient également rapport à des personnes alors très connues. »

Sur le mauvais accueil que reçurent d'abord *Les Plaideurs*, puis le succès dont Louis XIV en personne donna le signal et qui provoqua le revirement du public, nous ne possédons, hors le peu que dit Racine lui-même, d'autre témoignage que celui de Valincour, dans sa lettre à l'abbé d'Olivet[4]. Il y rappelle qu'à sa création, cette « pièce où règne admirablement le goût attique pour la fine satire » n'avait pas été mieux traitée que *Phèdre* : « Aux deux premières représentations, les acteurs furent presque sifflés, et n'osèrent hasarder la troisième. Molière, qui était alors brouillé avec lui[5], alla à la seconde ; mais il ne se laissa pas entraîner au jugement de la Ville, et dit en sortant que ceux qui se moquaient de cette pièce méritaient qu'on se moquât d'eux. Un mois après, les Comédiens étant à la Cour, et ne sachant quelle pièce donner à la suite d'une tragédie, risquèrent *Les Plaideurs*. Le feu roi, qui était très sérieux, en fut frappé, y fit même de grands éclats de rire ; et toute la Cour, qui juge ordinairement mieux que la Ville, n'eut pas besoin de complaisance pour l'imiter. Les Comédiens, partis de Saint-Germain[6] dans trois carrosses à onze heures du soir, allèrent porter cette bonne nouvelle à Racine, qui logeait à l'Hôtel des Ursins. Trois carrosses après minuit, dans un lieu où jamais il ne s'en était vu tant ensemble, réveillèrent tout le voisinage. On se mit aux fenêtres ; et comme on vit que les carrosses étaient à la porte de Racine, et qu'il s'agissait des *Plaideurs*, les bourgeois se persuadèrent qu'on venait l'enlever pour avoir mal parlé des juges. Tout Paris le crut à la Conciergerie le lendemain. Et ce qui donna lieu à une vision si ridicule, c'est qu'effectivement un vieux conseiller des Requêtes, dont je vous dirai le nom à l'oreille, avait fait grand bruit au Palais contre cette comédie. » Valincour, manifestement, brode sur ce que Racine lui-même a rapporté dans son avis au lecteur. Louis Racine[7], qui se borne à paraphraser ce passage de sa lettre, ne mérite pas davantage une confiance absolue.

On pourrait douter, en particulier, que Molière ait porté sur la pièce une appréciation aussi favorable, car, selon Gabriel Guéret, il avait envisagé pour *Tartuffe* un dénouement auquel il aurait renoncé parce que « ce dénouement était un procès » : « et je lui ai ouï dire que *Les Plaideurs* ne valaient rien[8] ». Mais il a pu ne pas se montrer toujours aussi sévère à leur égard. La remarque de Racine sur « ces sales équivoques », « ces malhonnêtes plaisanteries qui coûtent maintenant si peu à la plupart de nos écrivains[9] » l'aurait-elle blessé, bien que, semble-t-il, elle ne le visât pas, et serait-il revenu sur son premier jugement lorsque la comédie fût imprimée ? On se persuade mal en tout cas que, toute rancune à part, il n'ait pas rendu justice à la valeur d'une comédie qui, d'ailleurs, s'apparentait aux siennes par plus d'un trait.

---

4. *Histoire de l'Académie française* [...], par l'abbé d'Olivet, pp. 368-369.
5. Avec Racine.
6. Racine dans son avis au lecteur écrit que cette représentation fut donnée Versailles.
7. Louis Racine, *Mémoires* [...], *loc. cit.*, t. I, pp. 28-29.
8. Gabriel Guéret, *La Promenade de Saint-Cloud*, éd Georges Monval, Paris Librairie des Bibliophiles, 1888, p. 62.
9. *Les Plaideurs* « Au Lecteur », *in fine*

La pièce avait paru dès janvier 1669 en librairie. La même année fut publiée une contrefaçon[10]. Dans l'édition collective de 1676, elle figure à la fin du premier tome, après *Britannicus*; dans celle de 1697, elle clôt également le volume dans lequel elle se trouve, mais elle y suit *Bérénice*.

Elle se releva si bien de son échec initial qu'aucune œuvre de Racine, jusqu'à sa mort, ne devait être plus souvent représentée. De 1680 à 1699, elle ne fut pas mise à l'affiche de la Comédie-Française moins de cent trente-deux fois, comme l'atteste le registre de La Grange.

BRITANNICUS

Britannicus fut créé le vendredi 13 décembre 1669. Edme Boursault, en guise de préambule à sa nouvelle d'*Artémise et Poliante*[1], a raconté comment s'est passée la séance. Une visible malveillance inspire ce témoignage ironique. Il n'en mérite pas moins d'être intégralement rapporté : « Il était sept heures sonnées par tout Paris quand je sortis de l'Hôtel de Bourgogne, où l'on venait de représenter pour la première fois le *Britannicus* de M. Racine, qui ne menaçait pas moins que de mort violente tous ceux qui se mêlent d'écrire pour le théâtre. Pour moi, qui m'en suis autrefois mêlé, mais si peu que par bonheur il n'y a personne qui s'en souvienne[2], je ne laissais pas d'appréhender comme les autres ; et dans le dessein de mourir d'une plus honnête mort que ceux qui seraient obligés de s'aller pendre, je m'étais mis dans le parterre pour avoir l'honneur de me faire étouffer par la foule ; mais le marquis de Courboyer, qui ce jour-là justifiait publiquement qu'il était noble[3], ayant attiré à son spectacle tout ce que la rue Saint-Denis a de marchands qui se rendent régulièrement à l'Hôtel de Bourgogne pour avoir la première vue de tous les ouvrages qu'on y représente, je me trouvai si à mon aise que j'étais résolu de prier M. de Corneille, que j'aperçus tout seul dans une loge, d'avoir la bonté de se précipiter sur moi, au moment que l'envie de se désespérer le voudrait prendre : lorsque Agrippine, ci-devant impératrice de Rome, qui, de peur de ne pas trouver Néron, à qui elle désirait parler, l'attendait à sa porte dès quatre heures du matin, imposa silence à tous ceux qui étaient là pour écouter, et me fit remettre ma prière à une autre fois. Monsieur De ***[4], admirateur de tous les nobles vers de M. Racine, fit tout ce qu'un véritable ami d'auteur peut faire pour contribuer au succès de son ouvrage, et n'eut pas la patience d'atten-

---

10. Cologne, P. Du Marteau.
1. Paris, Guignard, 1670 (achevé d'imprimer : 10 juillet), pp. 1-16.
2. Il avait débuté dès 1661 avec *Le Médecin volant*, puis avait donné *Le Mort vivant* (1662), *Le Portrait du peintre ou la Contre-Critique de l'École des femmes* et *Les Cadenas ou le Jaloux endormi* (1663), *Les Nicandres ou les Menteurs* (1664), *Les Yeux de Philis changés en astres* (1665). Il venait de composer *La Satire des Satires*, dirigée contre Boileau, qui put obtenir qu'elle ne fût pas représentée. Il se pourrait bien que son animosité contre Racine soit pour une large part liée à cette affaire.
3. Il fut décapité (non pendu, comme les roturiers), en place de Grève, le jour même où l'on créait la tragédie de Racine.
4. Despréaux, selon Parfaict, *Histoire du Théâtre français*, t. X, p. 431. L'identification peut paraître vraisemblable, mais Paul Mesnard (*Œuvres* de J. Racine, éd. cit., t. II (1886), p. 231) et Raymond Picard (*La Carrière de Jean Racine*, éd. cit., p. 587) l'ont contestée.

dre qu'on le commençât pour avoir la joie d'applaudir. Son visage, qui,
à un besoin, passerait pour un répertoire du caractère des passions [5],
épousait toutes celles de la pièce l'une après l'autre, et se transformait
comme un caméléon à mesure que les acteurs débitaient leurs rôles :
surtout le jeune Britannicus, qui avait quitté la bavette depuis peu et
qui lui semblait élevé dans la crainte de Jupiter Capitolin, le touchait
si fort que le bonheur dont apparemment il devait jouir bientôt l'ayant
fait rire, le récit qu'on vint faire de sa mort le fit pleurer ; et je ne sais
rien de plus obligeant que d'avoir à point nommé un fonds de joie et un
fonds de tristesse au très humble service de M. Racine. Cependant les
auteurs qui ont la malice de s'attrouper pour décider souverainement
des pièces de théâtre, et qui s'arrangent d'ordinaire sur un banc de
l'Hôtel de Bourgogne qu'on appelle le banc formidable, à cause des
injustices qu'on y rend, s'étaient dispersés de peur de se faire
reconnaître ; et tant que durèrent les deux premiers actes, l'appréhen-
sion de la mort leur faisait désavouer une si glorieuse qualité ; mais le
troisième acte les ayant un peu rassurés, le quatrième qui lui succéda
semblait ne leur vouloir point faire de miséricorde, quand le cinquième, qu'on estime le plus méchant de tous, eut pourtant la bonté de
leur rendre tout à fait la vie. Des connaisseurs, auprès de qui j'étais
incognito, et de qui j'écoutais les sentiments, en trouvèrent les vers
fort épurés ; mais Agrippine leur parut fière sans sujet, Burrhus
vertueux sans dessein, Britannicus amoureux sans jugement, Narcisse
lâche sans prétexte, Junie constante sans fermeté, et Néron cruel sans
malice. D'autres, qui pour les trente sous [6] crurent avoir la permission
de dire ce qu'ils en pensaient [7], trouvèrent la nouveauté de la
catastrophe si étonnante, et furent si touchés de voir Junie, après
l'empoisonnement de Britannicus, s'aller rendre religieuse dans l'ordre de Vesta qu'ils auraient nommé cet ouvrage une tragédie chrétienne, si l'on ne les eût assurés que Vesta ne l'était pas. » Après les
impressions du spectateur vient son jugement sur la pièce : « Comme
ce jour-là j'étais prié d'aller souper chez une dame, je ne fus pas plus
tôt arrivé où l'on m'attendait qu'on me demanda des nouvelles de la
tragédie que je venais de voir ; et voici de quelle manière j'en parlai.
Quoique rien ne m'engage à vouloir du bien à M. Racine, et qu'il m'ait
désobligé sans lui en avoir donné aucun sujet, je vais rendre justice à
son ouvrage, sans examiner qui en est l'auteur. Il est constant que dans
le *Britannicus* il y a d'aussi beaux vers qu'on en puisse faire, et cela ne
me surprend pas ; car il est impossible que M. Racine en fasse de
méchants. Ce n'est pas qu'il n'ait répété en bien des endroits : " que
fais-je ? Que dis-je ? " et " quoi qu'il en soit ", qui n'entrent guère dans
la belle poésie ; mais je regarde cela comme sans doute il l'a regardé
lui-même, c'est-à-dire comme une façon de parler naturelle qui peut
échapper au génie le plus austère, et paraître dans un style d'ailleurs
fort châtié. Le premier acte promet quelque chose de fort beau, et le

    5. Boursault, ici, se réfère très probablement aux deux conférences prononcées
par le peintre Charles Le Brun les 6 octobre et 10 novembre 1668 sur l'*Expression
des passions*, devant ses confrères, à l'Académie royale de peinture et de sculpture.
    6. La pièce était, comme pour toutes les nouveautés d'importance, « donnée au
double » — entendons que le prix des places était multiplié par deux lors des
représentations données les premiers jours.
    7. Boursault tourne ici contre Racine ce qu'avait écrit Boileau dans sa neuvième
satire, v. 177-178 : « Un clerc, pour quinze sous, sans craindre le holà,/Peut aller
au parterre attaquer *Attila* », etc.

second même ne le dément pas; mais au troisième il semble que l'auteur se soit lassé de travailler; et le quatrième, qui contient une partie de l'histoire romaine, et qui par conséquent n'apprend rien qu'on ne puisse voir dans Florus et dans Coëffeteau, ne laisserait pas de faire oublier qu'on s'est ennuyé au précédent, si dans le cinquième la façon dont Britannicus est empoisonné, et celle dont Junie se rend vestale ne faisaient pitié. » Boursault, passé naguère par le journalisme, n'oublie pas de compléter son compte rendu par des indications sur les interprètes : « Au reste, si la pièce n'a pas eu tout le succès qu'on s'en était promis, ce n'est pas faute que chaque acteur n'ait triomphé dans son personnage. La Des Œillets, qui ouvre la scène en qualité de mère de Néron, et qui a coutume de charmer tous ceux devant qui elle paraît, fait mieux qu'elle n'a jamais fait jusqu'à présent; et quand Lafleur, qui vient ensuite sous le titre de Burrhus, en serait aussi bien l'original qu'il n'en est que la copie, à peine le représenterait-il plus naturellement. Brécourt, de qui l'on admire l'intelligence, fait mieux que s'il était le fils de Claude; et Hauteroche joue si finement ce qu'il y représente [8] qu'il attraperait un plus habile homme que Britannicus. La D'Ennebaut, qui dès la première fois qu'elle parut sur le théâtre attira les applaudissements de tous ceux qui la virent, s'acquitte si agréablement du personnage de Junie qu'il n'y a point d'auditeurs qu'elle n'intéresse en sa douleur; et pour ce qui est de Floridor, qui n'a pas besoin que je fasse son éloge, et qui est si accoutumé à bien faire que dans sa bouche une méchante chose ne la paraît plus, on peut dire que si Néron, qui avait tant de plaisir à réciter des vers, n'était pas mort il y a quinze cents je ne sais combien d'années, il prendrait un soin particulier de sa fortune, ou le ferait mourir par jalousie. Voilà, Madame, dis-je à la personne de qualité chez qui j'étais, ce que je puis vous apprendre de *Britannicus*, et ce que vous devez savoir des acteurs qui le représentent, puisqu'il ne se passe point d'hiver que vous ne les alliez voir cinq ou six fois. Quand vous aurez vu le chef-d'œuvre de M. Racine, ou du moins ce qu'on croyait qui le dût être, je viendrai m'informer de ce que vous en pensez; car, bien que je vous en aie dit mon sentiment, je ne le donne pas pour infaillible jusqu'à ce que le vôtre l'ait confirmé. »

Robinet, pour sa part, assistait à la deuxième représentation, le 15 décembre. Il en parle dans sa *Lettre en vers* du 21 [9]. Après avoir brièvement résumé la pièce, il en loue surtout les

> *vers d'un style magnifique,*
> *Et tous remplis de politique,*
> *Qui font la nique hautement,*
> *Au moins c'est là mon sentiment,*
> *A plusieurs de ceux d'*Andromaque,
> *Si qu'ils ne craignent point l'attaque,*
> *Ou l'examen, nenni, nenni,*
> *De ce petit de Subligny,*
> *Qui fit sa* Critique *contre elle*
> *Sous le nom de* Folle Querelle :
> *Qu'il aille, et qu'il aille un peu là,*
> *Ce beau Monsieur le censeur-là,*

8. Narcisse.
9. *Les Continuateurs de Loret*, éd. cit., t. III, pp. 1136-1138, v. 201-276.

Et nous verrons s'il aura prise
Sur ces vers, que tout chacun prise.
Mais là, là Clion, bellement,
Car, pour en parler franchement,
C'est, je crois, grâce à sa critique
Que l'on trouve en ce dramatique
Un style bien plus châtié,
Plus net et plus purifié.

Robinet lui-même se déclare l'auteur d'une tragédie sur la mort de Britannicus, qui ne paraît pas avoir été jouée et qui n'a pas été conservée. S'agissait-il d'un simple artifice utilisé par le journaliste pour donner un tour plus piquant à sa critique, ou comme pour *La Thébaïde, Alexandre,* plus tard *Bérénice, Iphigénie* et *Phèdre,* d'un épisode — un de plus, mais celui-là manqué — de l'émulation entre les troupes ou de la concurrence entre les auteurs ? Le gazetier, en tout cas, se sent mal placé pour porter un jugement objectif sur la pièce rivale de la sienne, sans toutefois cacher qu'il préfère avec une outrecuidance naïve et réjouissante son œuvre propre à celle de Racine. Plus à l'aise pour parler des comédiens, il ne leur mesure pas les éloges, proclamant

Que les acteurs et les actrices,
Comme enchanteurs, comme enchantrices,
Par leur jeu tout miraculeux,
Et leurs vêtements merveilleux,
Qui sont des choses nonpareilles,
Charment les yeux et les oreilles,
De telle sorte en vérité
Qu'il faudrait de nécessité
Trouver maintes choses très belles,
Quand elles ne seraient point telles.

 Britannicus n'alla point pour ses débuts au-delà de quelques représentations, cinq selon certains[10], à peine plus selon d'autres. La pièce, écrit Antoine de Léris[11], « quoique excellente, tomba à la huitième représentation qui en fut faite en décembre 1669 ; mais elle s'est si heureusement relevée de sa chute qu'elle charme encore aujourd'hui tout le monde. On prétend qu'une partie du cinquième acte a été refait [sic] ». Sans doute ce prétendu remaniement correspond-il à la suppression de la courte scène[12] où reparaissait Junie.
 La tragédie fut imprimée au cours du mois suivant[13]. Le privilège, accordé le 7 janvier, fut registré le 3 février. La dédicace était adressée au duc de Chevreuse. Racine l'avait connu très jeune, chez son père le duc de Luynes, auprès duquel Nicolas Vitart exerçait les fonctions d'intendant. Il avait épousé la fille de Colbert. Le poète, par son entremise, put lire sa pièce au ministre. Peut-être avait-il ambitionné

 10. *Préface des éditeurs,* au-devant de *Britannicus,* dans l'édition de Racine procurée par Luneau de Boisjermain, Paris, Cellot, 1768.
 11. *Dictionnaire portatif des théâtres,* p. 65.
 12. Acte V, scène 6, dans la version primitive.
 13. Paris, Barbin, 1670, in-12.

de la lui dédier, ne se rabattant sur le gendre qu'à défaut du puissant beau-père.

Vers le mois de mars ou d'avril, Saint-Évremond formule, dans une lettre au comte de Lionne, un jugement qui montre qu'il ne s'est pas départi de ses préventions contre Racine : « [...] passons au sentiment que vous me demandez de *Britannicus*. Je l'ai lu avec assez d'attention pour y remarquer de belles choses : elles passent à mon sens l'*Alexandre* et l'*Andromaque* ; les vers en sont plus magnifiques, et je ne serais pas étonné qu'on y trouvât du sublime. Cependant je déplore le malheur de cet auteur d'avoir si dignement travaillé sur un sujet qui ne peut souffrir une représentation agréable. En effet l'idée de Narcisse, d'Agrippine et de Néron, l'idée, dis-je, si noire et si horrible qu'on se fait de leurs crimes, ne saurait s'effacer de la mémoire du spectateur ; et quelques efforts qu'il fasse pour se défaire de la pensée de leurs cruautés, l'horreur qu'il s'en forme détruit en quelque manière la pièce. Je ne désespère pas de ce nouveau génie, puisque la *Dissertation sur Alexandre* l'a corrigé. Pour les caractères, qu'il a merveilleusement bien représentés dans le *Britannicus*, il serait à souhaiter qu'il fût toujours aussi docile ; l'on pourrait attendre de lui qu'il approcherait un jour d'assez près M. de Corneille[14]. »

Boileau, selon Brossette, estimait *Britannicus* « la pièce de Racine dont les vers sont les plus finis[15] ». « Ce fut, observe Louis Racine, en remarquant combien les vers de *Britannicus* étaient travaillés qu'il dit pour la première fois ce qu'il a souvent répété : C'est moi qui ai appris à M. Racine à faire des vers difficilement[16]. » Cependant, si l'on en croit Jacques de Losme de Montchesnay, l'admiration ne le rendait pas aveugle aux défauts de l'œuvre : « Je vantais à M. Despréaux la pièce de *Britannicus*, en présence du fils de M. Racine. M. Despréaux disait que son ami n'avait jamais fait de vers plus sentencieux ; mais il n'était pas content du dénouement. Il disait qu'il était trop puéril ; que Junie, voyant son amant mort, se fait tout d'un coup religieuse, comme si le couvent des vestales était un couvent d'ursulines, au lieu qu'il fallait des formalités infinies pour recevoir une vestale. Il disait encore que *Britannicus* est trop petit devant Néron[17]. » Mais Louis Racine s'inscrit en faux contre ces assertions : « Il y a grande apparence que M. de Montchesnay, mal servi par sa mémoire lorsqu'il composa ce recueil, s'est trompé en cet endroit, comme dans plusieurs autres. Je n'ai jamais entendu dire que Boileau eût fait de pareilles critiques[18]. »

L'échec initial, selon le satirique, si du moins le *Bolaeana* mérite sur ce point quelque créance, s'expliquerait par une erreur de distribution : « il m'apprit, rapporte Montchesnay dans son recueil, une circonstance assez particulière sur cette pièce, qui n'eut pas d'abord un succès proportionné à son mérite. Le rôle de Néron y était joué par Floridor, le meilleur comédien de son siècle ; mais comme c'était un acteur aimé du public, tout le monde souffrait de lui voir représenter Néron, et d'être obligé de lui vouloir du mal. Cela fut cause que l'on donna le rôle à un acteur moins chéri, et la pièce s'en trouva mieux[19]. »

14. Saint-Évremond, *Lettres*, éd. René Ternois, t. I, pp. 155-156.
15. Cité par Paul Mesnard, *Œuvres* de J. Racine, t. II, p. 236.
16. Louis Racine, *Mémoires* [...], dans *Œuvres complètes de Racine*, éd. Raymond Picard, t. I, p. 30.
17. *Bolaeana* [...], dans *Ana* [...] éd. cit., t. X, pp. 415-416.
18. Louis Racine, *Mémoires* [...], *loc. cit.*, p. 30.
19. *Bolaeana* [...], *loc. cit.*, t. X, p. 416.

Après un commencement difficile, *Britannicus* n'allait pas tarder pour autant, comme Racine le constate dès 1676 dans sa seconde *Préface*, à devenir celle de ses tragédies que « la cour et le public » revoyaient « le plus volontiers ». La fortune de *Britannicus* est fort bien résumée par Voltaire dans la *Préface du Commentateur* aux *Remarques sur Bérénice*[20] : « cette estimable pièce était tombée parce qu'elle avait paru un peu froide ; le cinquième acte surtout avait ce défaut ; et Néron, qui revenait alors avec Junie, et qui se justifiait de la mort de Britannicus, faisait un très mauvais effet. Néron, qui se cache derrière une tapisserie pour écouter, ne paraissait pas un empereur romain. On trouvait que deux amants, dont l'un est aux genoux de l'autre, et qui sont surpris ensemble, formaient un coup de théâtre plus comique que tragique ; les intérêts d'Agrippine, qui veut seulement avoir le premier crédit, ne semblaient pas un objet assez important. Narcisse n'était qu'odieux ; Britannicus et Junie étaient regardés comme des personnages faibles. Ce n'est qu'avec le temps que les connaisseurs firent revenir le public. On vit que cette pièce était la peinture fidèle de la cour de Néron. On admira enfin toute l'énergie de Tacite exprimée dans des vers dignes de Virgile. On comprit que Britannicus et Junie ne devaient pas avoir un autre caractère. On démêla dans Agrippine des beautés vraies, solides, qui ne sont ni gigantesques ni hors de la nature, et qui ne surprennent point le parterre par des déclamations ampoulées. Le développement du caractère de Néron fut enfin regardé comme un chef-d'œuvre. On convint que le rôle de Burrhus est admirable d'un bout à l'autre, et qu'il n'y a rien de ce genre dans toute l'Antiquité. *Britannicus* fut la pièce des connaisseurs, qui conviennent des défauts et qui apprécient les beautés. »

BÉRÉNICE

Bérénice fut représentée pour la première fois à l'Hôtel de Bourgogne le vendredi 21 novembre 1670. Le 28 était créée sur la scène du Palais-Royal par la troupe de Molière *Tite et Bérénice*, la comédie héroïque de Pierre Corneille, inspirée du même épisode, qui nous est connu par Suétone[1] et par Xiphilin, l'abréviateur de Dion Cassius.

Le thème avait déjà servi : Georges de Scudéry l'avait exploité dans la *Huitième harangue*[2] de ses *Femmes illustres*[3] : « Comme Titus, dit l'argument[4], fut retourné à Rome où il la mena, le peuple romain qui traitait toutes les étrangères de barbares, et les reines aussi bien que les autres, n'approuva point cette alliance : de sorte que l'empereur Vespasian ordonna à son fils de la renvoyer. » Sous son portrait se lit ce quatrain :

> *Tu perds amant et sceptre, ô beauté sans seconde !*
> *Mais en dépit du peuple, et malgré sa rigueur,*

20. Voltaire, *Commentaires sur Corneille*, éd. cit., p. 523.
1. *Vies des douze Césars, Titus*, VII.
2. « Bérénice à Titus ».
3. Georges de Scudéry, *Les Femmes illustres ou les harangues héroïques* (Paris, Antoine de Sommaville et Augustin Courbé 1642, pp. 149-168).
4. *Loc. cit.*, p. 150.

Tu te consolerais de l'empire du monde,
Si tu pouvais garder l'empire de son cœur[5].

La reine de Chalsis dit, au commencement de sa harangue : « Ne pensez pas, ô illustre et généreux Titus, que je me plaigne de vous en m'en séparant : puisque au contraire, vous connaissant comme je fais, je vous plains au lieu de vous accuser [...] car je ne doute point que vous ne ressentiez plus de douleur à m'abandonner que vous n'avez de joie de toutes vos victoires[6]. » Plus loin, elle s'exclame : « Mais dieux ! puis-je seulement songer à ne vous voir jamais ? Non, Titus, il m'est absolument impossible : mon destin est inséparable du vôtre[7]. » « Il est certain, assure-t-elle, voyant pleurer Titus, que vos larmes diminuent l'amertume des miennes, et qu'en l'état qu'est mon âme, je ne puis avoir de sentiment plus doux que de vous voir infiniment affligé[8]. » « Je pars, conclut-elle, la plus malheureuse personne qui fut jamais[9]. » On observera cependant que cette harangue concerne une séparation qui fut exigée alors que Vespasien vivait encore, et que Corneille, plus proche de Scudéry, n'omet pas de mentionner dans sa pièce. On remarque en outre que l'obstacle ne consiste pas ici pour Bérénice en son titre de reine, mais en sa qualité d'étrangère.

Le thème se retrouve ensuite au théâtre dans la très médiocre tragicomédie du Normand Le Vert, *Arricidie ou le mariage de Tite*, représentée en 1646. Mais, seulement évoquée, Bérénice ne tient aucun rôle dans cette pièce dont l'intrigue a pu fournir toutefois un certain nombre d'éléments à celle de *Tite et Bérénice*, chez Corneille.

En revanche elle devient l'héroïne du roman qui porte son nom pour titre et dont les deux premières parties, en quatre volumes, ont paru chez Toussaint Quinet du 8 février 1648 au 15 octobre 1649, avec un privilège du 20 novembre 1647. Mais Segrais, qui n'a jamais achevé l'ouvrage, n'y pousse pas l'histoire jusqu'au moment où l'héroïne répond à l'amour de Titus.

En 1660, enfin, le Tournusien Jean Magnon, dans sa tragi-comédie de *Tite*, imagine, contre les données historiques, le mariage de la reine et de l'empereur, qui fournit à sa pièce un heureux dénouement.

On se persuade mal que Racine et Corneille aient choisi de traiter en même temps ce sujet par une coïncidence fortuite. Henriette d'Angleterre aurait suscité leur compétition. Mais les témoignages qu'on possède sur ce point datent d'une époque trop tardive pour ne pas paraître suspects. Ils ont été discutés par Gustave Michaut[10]. Bornons-nous à les rappeler. L'abbé Du Bos, dans ses *Réflexions critiques sur la poésie et sur la peinture*[11], écrit : « Racine avait mal choisi son sujet ; et pour dire plus exactement la vérité, il avait eu la faiblesse de s'engager à le traiter sur les instances d'une grande princesse. Quand il se chargea de cette tâche, l'ami dont les conseils lui furent tant de fois utiles était absent. Despréaux a dit plusieurs fois qu'il eût bien empêché son ami de se consommer [*sic*] sur un sujet aussi peu propre à

5. *Ibid.*, p. 151.
6. *Ibid.*, pp. 151-152.
7. *Ibid.*, pp. 157-158.
8. *Ibid.*, p. 161.
9. *Ibid.*, p. 164.
10. *La Bérénice de Racine*, Paris, Lecène et Oudin, 1907.
11. Paris, Pissot, septième édition, 1770 [première édition en 1719], **Première Partie**, Section XVI, t. I, pp. 128-129.

la tragédie que *Bérénice*, s'il avait été à portée de le dissuader de promettre qu'il le traiterait. » Fontenelle, de son côté, rapporte dans sa *Vie de Corneille*[12], dont le premier état remonte à 1702 : « *Bérénice* fut un duel dont tout le monde sait l'histoire. Une princesse, fort touchée des choses d'esprit, et qui eût pu les mettre à la mode dans un pays barbare, eut besoin de beaucoup d'adresse pour faire trouver les deux combattants sur le champ de bataille sans qu'ils sussent où on les menait. Mais à qui demeura la victoire ? au plus jeune. » Louis Racine[13] emboîte le pas : « Une princesse[14] fameuse par son esprit et par son amour pour la poésie, avait engagé les deux rivaux à traiter ce même sujet. Ils lui donnèrent en cette occasion une grande preuve de leur obéissance, et les deux *Bérénice* parurent, en même temps, en 1671. » Les « meilleurs amis de Racine, rapporte encore son fils[15], vantaient l'art avec lequel il avait traité un sujet si simple, en ajoutant que le sujet n'avait pas été bien choisi. Il ne l'avait pas choisi ; la princesse que j'ai nommée lui avait fait promettre qu'il le traiterait ; et comme courtisan, il s'était engagé. Si je m'y étais trouvé, disait Boileau, je l'aurais bien empêché de donner sa parole. » François et Claude Parfaict, dans leur *Histoire du Théâtre français*[16], affirment de même : « Ce fut Madame (Henriette d'Angleterre) qui engagea M. Racine à traiter le sujet de *Bérénice*. » Voltaire enfin se montre prodigue de précisions dans son *Siècle de Louis XIV*[17] : « Lorsque Madame fit depuis travailler Racine et Corneille à la tragédie de *Bérénice*, elle avait en vue non seulement la rupture du roi avec le connétable Colonne[18], mais le frein qu'elle-même avait mis à son propre penchant, de peur qu'il ne devînt dangereux. » Il y revient dans ses *Remarques sur Bérénice*[19] : « Elle crut qu'une victoire obtenue sur l'amour le plus vrai et le plus tendre ennoblissait le sujet, et en cela elle ne se trompait pas ; mais elle avait encore un intérêt secret à voir cette victoire représentée sur le théâtre : elle se ressouvenait des sentiments qu'elle avait eus longtemps pour Louis XIV, et du goût vif de ce prince pour elle. Le danger de cette passion, la crainte de mettre le trouble dans la famille royale, les noms de beau-frère et de belle-sœur, mirent

12. Dans Corneille, *Œuvres complètes*, éd. André Stegmann, Paris, Éditions du Seuil, 1963, pp. 25-26.
13. Louis Racine, *Mémoires*, dans *Œuvres complètes* de Racine, éd. Raymond Picard, t. I, p. 33. Voir aussi, par Louis Racine, l'*Examen de Bérénice*.
14. « Henriette-Anne d'Angleterre » (note de Louis Racine).
15. Louis Racine, *Mémoires* [...], *loc. cit*, t. I, p. 34.
16. Éd. cit., t. XI (1747), p. 66.
17. Chapitre XXV, « Particularités et anecdotes du règne de Louis XIV », dans *Œuvres historiques* de Voltaire, éd. René Pomeau, Paris, Gallimard, Bibliothèque de la Pléiade, 1957, p. 904.
18. Marie Mancini, nièce de Mazarin, dont Louis XIV s'était épris, et qui, lorsqu'il se sépara d'elle pour se marier avec l'infante Marie-Thérèse d'Espagne, lui dit le mot célèbre : « Vous m'aimez, vous êtes roi, et je pars. » Voir ce qu'écrivait la Palatine, le 15 octobre 1709 (Duchesse d'Orléans, Princesse Palatine, *Correspondance*, traduction Jaeglé, Paris, 1890, t. II, p. 103) : « *Bérénice* est une des comédies de Racine qui me plaisent le moins : car je ne peux souffrir que la reine aime encore Titus, quand elle voit qu'il est las d'elle et qu'il la renvoie avec son rival. Toutes ces pleurnicheries à ce propos m'impatientent. Elle aurait dû bonnement épouser le roi de Comagène et dédaigner Titus. J'ai souvent vu cette comédie, mais je ne savais pas que le Roi et Madame Colonne en eussent fourni le sujet, car elle n'a été faite que longtemps après. »
19. *Préface du commentateur*, dans Voltaire, *Commentaires sur Corneille*, Paris, Firmin-Didot, 1863, p. 522.

un frein à leurs désirs ; mais il resta toujours dans leurs cœurs une inclination secrète, toujours chère à l'un et à l'autre. Ce sont ces sentiments qu'elle voulut voir développés sur la scène, autant pour sa consolation que pour son amusement. Elle chargea le marquis de Dangeau, confident de ses amours avec le roi, d'engager secrètement Corneille et Racine à travailler l'un et l'autre sur ce sujet, qui paraissait si peu fait pour la scène. Les deux pièces furent composées dans l'année 1670, sans qu'aucun des deux sût qu'il avait un rival [...]. La pièce de Corneille tomba ; celle de Racine eut trente représentations de suite ; et toutes les fois qu'il s'est trouvé un acteur et une actrice capables d'intéresser dans les rôles de Titus et de Bérénice, cet ouvrage dramatique, qui n'est peut-être pas une tragédie, a toujours excité les applaudissements les plus vrais : ce sont les larmes. » La légende, on le voit, s'organise à partir de quatre éléments qui ne présentent pas tous le même degré d'incertitude : le rapprochement de Bérénice et de Marie Mancini, son identification avec Madame, le rôle de cette princesse dans la mise en chantier simultanée de leur pièce par Corneille et Racine, la réprobation de Boileau.

Sur la pièce de Racine, le gazetier Robinet se montre moins loquace que sur celle de Corneille. Dans sa *Lettre en vers* du 29 novembre 1670. il se borne à signaler :

> *Au grand Théâtre de l'Hôtel,*
> *Ce m'a dit un sage mortel,*
> *Une autre Bérénice on joue,*
> *Que grande tendresse on loue*[20].

Le dimanche 14 décembre, la tragédie de Racine est donnée devant le Roi, Monsieur, la Cour, à l'occasion du mariage qui doit, ce jour-là, se célébrer entre Mlle de Thianges, nièce de Mme de Montespan, et le duc de Nevers. Le même journaliste évoque cette représentation dans sa *Lettre* du 20. Il loue les interprètes, surtout Floridor et « la charmante Champmeslé[21] ». Que le souverain s'y reconnût ou non, la tragédie de Racine plut à Louis XIV : « [...] le Roi a [...] été content de *Bérénice*, lui dont l'approbation est trop glorieuse pour un auteur, et dont le seul plaisir est l'unique but de l'ambition du poète le plus ambitieux qui soit en France.[22] »

Bérénice paraîtra le 24 février 1671 en librairie, chez Claude Barbin, avec un privilège pris le mois précédent et registré le 16 janvier. Racine, dans la *Préface*, constate avec satisfaction que « la trentième représentation a été aussi suivie que la première ». *Tite et Bérénice* a moins longtemps tenu l'affiche et ne fut donnée que vingt-quatre fois, avec des recettes médiocres. Corneille l'impute à ses interprètes. Sa comédie héroïque avait été publiée dès le 3 février par Thomas Jolly, Guillaume de Luyne et Louis Billaine.

Le 31 décembre 1670, l'abbé Montfaucon de Villars, plus connu par son *Comte de Gabalis*[23], que venait d'imprimer Claude Barbin, prenait

20. Cité dans Parfaict, *Histoire du Théâtre français*, t. XI, pp. 106-107.
21. Cité *ibid.*, t. XI, pp. 107-108.
22. *Réponse à la Critique de Bérénice,* par le sieur de S. (voir ci-dessous, n. 34-35), citée *ibid.*, t. XI, pp. 82-83. Voir aussi Racine, épître dédicatoire de *Bérénice* à Colbert, fin du premier paragraphe.
23. *Le Comte de Gabalis ou entretiens sur les sciences secrètes*, Paris, Claude Barbin, 1670.

un privilège, registré le 13 du mois suivant, pour une *Critique de Bérénice*, datée par inadvertance du 17 novembre, alors que la pièce ne fut créée que le 21, qui parut en janvier : « Cette *Critique* de l'abbé de Villars, notent François et Claude Parfaict[24] avec une excessive indulgence pour cet opuscule, est assez judicieuse en quelques endroits, mais l'envie et la prévention y dominent beaucoup. Mme de Sévigné en fit l'éloge, mais l'esprit supérieur de cette dame ne l'empêchait pas d'être souvent d'un goût singulier. » La marquise, fidèle admiratrice de son vieil ami Corneille, la juge « fort plaisante et fort spirituelle », en dépit de « cinq ou six petits mots qui ne valent rien du tout, et même qui sont d'un homme qui ne sait pas le monde[25] ». L'auteur de la *Critique* feint d'y chanter la palinodie : déçu par la première représentation de *Bérénice* à laquelle il ait assisté, pour avoir voulu juger la tragédie selon les règles observées par Corneille dans son théâtre, il affecte par ironie d'avoir été, lorsqu'il a revu la pièce, guéri de tous ses préjugés. L'inepte futilité de ses reproches et l'inintelligence dont ils témoignent ne méritent pas mieux que le mépris dont Racine l'accable dans sa *Préface*. Sous couleur de tenir la balance égale, sans mettre pour autant les deux rivaux en parallèle, Villars, quelques jours après, récidive, ajoutant à sa *Critique* une seconde partie, dans laquelle il examine cette fois *Tite et Bérénice*, avec non moins d'irrévérence. Un Sieur de S., qu'on a pris pour Subligny[26], mais qui s'identifie sans doute avec Pierre de Saint-Glas, abbé de Saint-Ussans, se chargea de lui répliquer : sa *Réponse à la Critique de Bérénice*, publiée le 16 mars, « se laisse lire avec plaisir », estiment François et Claude Parfaict[27]. Cependant, si le défenseur de Racine y relève quelques erreurs d'interprétation commises par son adversaire, à tout prendre, le plaidoyer ne vaut guère mieux que le réquisitoire.

À la fin de juillet 1671, Mme Bossuet, de Dijon, sollicite sur *Bérénice* l'avis de Bussy-Rabutin, comme, naguère, Mme Bourneau consultait Saint-Évremond sur *Alexandre* : « Je suis assurée qu'elle vous plaira ; mais il faut pour cela que vous soyez en goût de tendresse, je dis de la plus fine, car jamais femme n'a poussé si loin l'amour et la délicatesse qu'a fait celle-là. Mon Dieu la jolie maîtresse, et que c'est grand dommage qu'un seul personnage ne puisse pas faire une bonne pièce ; la tragédie de Racine serait parfaite[28]. » Le 5, envoyant la pièce, elle écrit : « Je vous défie, tout révolté que vous puissiez être contre l'amour, de la lire sans émotion, et, quelque entêté que vous soyez de la gloire, de ne vouloir pas un mal enragé à Titus de la préférer à une si aimable maîtresse[29]. » Le 10, elle appréhende qu'après le bien qu'elle a dit par avance de la pièce, son correspondant ne soit déçu. Sa crainte n'est pas mal fondée, car, le 13, Bussy formule une opinion mitigée : « Je ne fais que de recevoir votre lettre, Madame, avec *Bérénice* : je viens de la lire. Vous m'aviez préparé à tant de tendresse que je n'en ai

24. *Histoire du Théâtre français*, t. XI, p. 75.
25. *Correspondance* de Madame de Sévigné, éd. Roger Duchêne, t. I, p. 346 (A Mme de Grignan, 16 septembre 1671).
26. Voir Parfaict, *Histoire du Théâtre français* t. XI, pp. 76-77.
27. *Ibid.*, t. XI, p. 76.
28. Bussy-Rabutin, *Correspondance avec sa famille et ses amis (1666-1693)*, éd. Ludovic Lalanne, Paris, Charpentier, t. 1 (1858), pp. 440-441.
29. *Ibid.*, t. I, p. 444.

pas tant trouvé. Du temps que je me mêlais d'en avoir, il me souvient que j'eusse donné là-dessus le reste à Bérénice : cependant il me paraît que Titus ne l'aime pas tant qu'il dit, puisqu'il ne fait aucuns efforts en sa faveur à l'égard du sénat et du peuple romain. Il se laisse aller d'abord aux remontrances de Paulin, qui le voyant ébranlé, lui amène le peuple et le sénat pour l'engager ; au lieu que s'il eût parlé ferme à Paulin, il aurait trouvé tout le monde soumis à ses volontés. Voilà comment j'en aurais usé, Madame, et ainsi j'aurais accordé la gloire avec l'amour. Pour Bérénice, si j'avais été à sa place, j'aurais fait ce qu'elle fit, c'est-à-dire que je serais parti de Rome la rage dans le cœur contre Titus, mais sans qu'Antiochus en valût mieux [30]. » Mais Bayle observe : « Je ne trouve point que la critique du comte de Rabutin soit juste, car il eût voulu que le poète eût falsifié un événement qui devait être conservé sur le théâtre. Le renvoi de Bérénice est si connu pour l'histoire, que ceux qui ne l'eussent pas trouvé dans la tragédie eussent justement crié contre l'auteur. M. Racine pressentit cela sans doute, et ce fut apparemment la raison pourquoi il représenta la tendresse de l'amant inférieure à la tendresse de l'amante ; cette économie pouvait déplaire au beau sexe, mais enfin on trouva que cet inconvénient n'égalait point l'autre [31] ! »

Saint-Évremond porte à son tour une appréciation nuancée. Non qu'il mette cette fois Corneille au-dessus de Racine, puisque ni l'un ni l'autre n'échappe à l'acuité de sa critique : « Un grand défaut des auteurs dans les tragédies, c'est d'employer une passion pour une autre, de mettre de la douleur où il ne faut que de la tendresse ; de mettre au contraire du désespoir où il ne faut que de la douleur. Dans les tragédies de Quinault, vous désireriez souvent de la douleur, où vous ne voyez que de la tendresse. Dans le *Titus* de Racine vous voyez du désespoir, où il ne faudrait qu'à peine de la douleur. L'histoire nous apprend que Titus plein d'égards et de circonspections, renvoya Bérénice en Judée pour ne pas donner le moindre scandale au peuple romain, et le poète en fait un désespéré, qui veut se tuer lui-même, plutôt que de consentir à cette séparation. Corneille n'a pas eu des sentiments plus justes sur le sujet de son Titus. Il nous le représente prêt à quitter Rome, et à laisser le gouvernement de l'Empire, pour aller faire l'amour en Judée. En quoi certes il va contre la vérité et la vraisemblance, ruinant le naturel de Titus, et le caractère de l'empereur, pour donner tout à une passion éteinte. C'est vouloir que ce prince s'abandonne à Bérénice comme un fou, lorsqu'il la renvoie en politique et qu'il s'en défait comme un homme las et dégoûté [32]. »

D'autres en jugeaient plus favorablement, s'il faut en croire le P. Nicéron [33] : « La tragédie de *Bérénice* triompha de toutes les critiques ; et la Cour et la Ville se passionnèrent pour elle. Longtemps après qu'elle eut commencé à paraître, le Grand Condé, chez qui on parlait souvent des ouvrages d'esprit, dit à son sujet ces deux vers, où Titus parle de sa maîtresse :

30. *Ibid.*, t. II, p. 6.

31. *Dictionnaire historique et critique*, Rotterdam, Reinier Leers, 1702, article « Bérénice ». Voir Raymond Picard, *Nouveau Corpus Racinianum*, p. 409.

32. « Sur les caractères des tragédies », dans Saint-Évremond, *Œuvres en prose*, éd. René Ternois, t. II (1966), pp. 332-333.

33. *Mémoires* [...], t. XVIII, article « Racine ». Cité dans Parfaict, *Histoire du Théâtre français*, t. XI, p. 99.

Depuis cinq ans entiers chaque jour je la vois;
Et crois toujours la voir pour la première fois[34]. »

Peut-être n'avait-il pas toujours pensé de la pièce autant de bien. Car on lit dans *Le Mercure* d'août 1724 : « Lorsque cette pièce parut, on demanda à M. le Prince son sentiment ; il ne répondit jamais autre chose que ce refrain de chanson :

Marion pleure, Marion crie,
Marion veut qu'on la marie[35]. »

Mais Louis Racine[36] lui retire la paternité de cette plaisanterie, qui frappa Racine, et produisit « plus d'impression sur lui que toutes les critiques de l'abbé de Villars » : « Chapelle, sans louer ni critiquer, gardait le silence. Mon père enfin le pressa vivement de se déclarer : " Avouez-moi en ami votre sentiment. Que pensez-vous de *Bérénice* ? — Ce que j'en pense ? répondit Chapelle :

Marion pleure, [etc.] "

Ce mot, qui fut bientôt répandu, a été depuis attribué mal à propos à d'autres. »

« Si l'on veut voir une critique des deux *Bérénices*, dans un style gai et badin, disent François et Claude Parfaict[37], il faut lire une pièce en trois actes, sous le titre de *Tite et Titus ou les Bérénices,* qui fut imprimée à Utrecht, in-12 », non en 1671, comme ils prétendent, mais deux ans plus tard : « On peut assurer qu'il y a peu de comédies dans ce genre dont le ton soit aussi ingénieux. » La *Bibliothèque du Théâtre français*[38] formule une appréciation plus sévère : « C'est une espèce de critique fort froide et fort plate. »

Dix ans plus tard, en 1683, Anne Mauduit de Fatouville insère dans son *Arlequin Protée,* comédie en trois actes, représentée pour la première fois le 11 octobre à l'Hôtel de Bourgogne par les Comédiens Italiens, son insipide *Parodie de Bérénice*[39]. Elle comporte cinq scènes. Colombine y tient le rôle de Bérénice, Arlequin celui de Titus, tandis que Scaramouche représente Paulin. Selon Louis Racine[40], son père « assista à cette parodie bouffonne, et y parut rire comme les autres ; mais il avouait à ses amis qu'il n'avait ri qu'extérieurement. La rime indécente[41] qu'Arlequin mettait à la suite de " la reine Bénérice " le chagrinait au point de lui faire oublier le concours du public à sa pièce, les larmes des spectateurs, et les éloges de la Cour. »

Certes, à partir de 1680 et jusqu'à la fin du siècle, *Bérénice,* pour le

---

34. *Bérénice,* II, 2, v. 545-546. Le trait est également rapporté par Louis Racine, *Mémoires* [...], *loc. cit.,* t. I, p. 34 : « Sa tragédie, quoique honorée du suffrage du Grand Condé par l'heureuse application qu'il avait faite de ces deux vers [...].
35. *Le Mercure,* août 1724, p. 1791. Cité dans Parfaict, *op. cit.,* t. XI, p. 99. On le retrouvera chez Fatouville dans *Arlequin Protée (Parodie de Bérénice,* scène 4).
36. Louis Racine, *Mémoires* [...], *loc. cit.,* t. I, p. 34.
37. *Histoire du Théâtre français,* t. XI, p. 111.
38. T. III, p. 87.
39. Voir le *Théâtre Italien de Gherardi,* éd. cit., t. I, pp. 111-118.
40. Louis Racine, *Mémoires* [...], dans *Œuvres complètes* de Racine, éd. Raymond Picard, t. I, p. 34.
41. « Pisse. »

nombre des représentations (cinquante et une à la Ville et six à la Cour), restera très loin d'*Andromaque,* jouée cent onze fois sur la scène de la Comédie-Française et quatorze dans les résidences royales[42]. Mais, peut écrire Adrien Baillet[43], « la tragédie de *Bérénice* a toujours paru nouvelle toutes les fois qu'on l'a représentée ; et il y en a peu qui aient coûté plus de larmes aux spectateurs ».

42. Voir Raymond Picard, *La Carrière de Jean Racine,* éd. cit., p. 589.
43. Adrien Baillet, *Jugements des savants,* [...], éd. cit., t. IV *(Cinquième Partie),* p. 414.

NOTES

LA THÉBAÏDE

Page 54.

1. Cette *Préface* n'apparaît pas avant l'édition de 1676.

2. *Antigone*, tragédie, dédiée à M. le Comte de Guébriant, Paris, Antoine de Sommaville, 1639. La pièce avait été représentée l'année précédente.

3. Voir Daniel Heinsius, *L. Annaei Senecae Tragoediae, cum animadversionibus*, Leyde, 1611 : « *Fabula declamatoris* ».

4. Peut-être convient-il de voir dans cette dernière phrase une critique à l'adresse de Corneille et de son *Œdipe* (1659), où les amours de Thésée et de Dircé pouvaient paraître tenir une place excessive.

Page 58.

5. Var. 1664. On lisait, après ce vers :

> *Ce sang, en leur donnant la lumière céleste,*
> *Leur donna pour le crime une pente funeste,*
> *Et leurs cœurs, infectés de ce fatal poison,*
> *S'ouvrirent à la haine avant qu'à la raison.*

Page 59.

6. Var. 1664-1676. Après ce vers on lisait :

> *Je n'ai que trop langui derrière une muraille ;*
> *Je brûlais de me voir en un champ de bataille.*
> *Lorsque l'on peut paraître au milieu des hasards,*
> *Un grand cœur est honteux de garder les remparts.*
> *J'étais las d'endurer que le fier Polynice*
> *Me reprochât tout haut cet indigne exercice,*
> *Et criât aux Thébains afin de les gagner,*
> *Que je laissais aux fers ceux qui me font régner.*

7. Var. 1664 : Après ce vers, la réplique de Jocaste commençait ainsi :

> *Vous préserve le ciel d'une telle victoire !*
> *Thèbes ne veut point voir une action si noire.*
> *Laissez là son salut et n'y songez jamais ;*
> *La guerre vaut bien mieux que cette affreuse paix.*
> *Dure-t-elle à jamais cette cruelle guerre*
> *Dont le flambeau fatal désole cette terre !*
> *Prolongez nos malheurs, augmentez-les toujours,*
> *Plutôt qu'un si grand crime en arrête le cours !*
> *Vous-même d'un tel sang souilleriez-vous vos armes ?*

Page 60.

8. Var. 1664, à la place des vers 91-92 :

> *Il est vrai, je promis ce que voulut mon père.*
> *Pour un trône est-il rien qu'on refuse de faire ?*
> *On promet tout, Madame, afin d'y parvenir ;*
> *Mais on ne songe après qu'à s'y bien maintenir.*
> *J'étais alors sujet et dans l'obéissance,*
> *Et je tiens aujourd'hui la suprême puissance.*
> *Ce que je fis alors ne m'est plus une loi :*
> *Le devoir d'un sujet n'est pas celui d'un roi.*
> *D'abord que sur sa tête il reçoit la couronne,*
> *Un roi sort à l'instant de sa propre personne :*
> *L'intérêt du public doit devenir le sien,*
> *Il doit tout à l'Etat et ne se doit plus rien.*

> JOCASTE
> *Au moins doit-il, mon fils, quelque chose à sa gloire,*
> *Dont le soin ne doit pas sortir de sa mémoire ;*
> *Et quand ce nouveau rang l'affranchirait des lois,*
> *Au moins doit-il tenir sa parole à des rois.*

> ÉTÉOCLE
> *Polynice à ce titre aurait tort de prétendre :*
> *Thèbes sous son pouvoir n'a point voulu se rendre.* etc.

Page 69.

9. Var. 1664. Entre ce vers et le suivant, on lisait :

> *Lorsqu'on se sent pressé d'une main inconnue,*
> *On la craint sans réserve, on hait sans retenue :*
> *Dans tous ces mouvements le cœur n'est pas contraint,*
> *Et se sent soulagé de haïr ce qu'il craint.*
> *Mais voyant attaquer mon pays et mon frère,*
> *La main qui l'attaquait ne m'était pas moins chère ;*
> *Mon cœur qui ne voyait que mes frères et vous,*
> *Ne haïssait personne, et je vous craignais tous.*

Page 70.

10. Var. 1664. Après ce vers, on lisait :

> *Je le chéris toujours, encore qu'il m'oublie.*
>
> HEMON
>
> *Non, non, son amitié n'en est point affaiblie :*
> *Il vous chérit encor ; mais ses yeux ont appris*
> *Que mon amour pour vous est bien d'un autre prix.*
> *Quoique son amitié surpasse l'ordinaire,*
> *Il voit combien l'amant l'emporte sur le frère,*
> *Et qu'auprès de l'amour dont je ressens l'ardeur,*
> *La plus forte amitié n'est au plus que tiédeur.*
>
> ANTIGONE
>
> *Mais enfin si sur lui j'avais le moindre empire*, etc.

11. Texte de 1664 et de 1676. Celui de 1687 et de 1697, évidemment fautif, porte : « sa sœur ».

Page 72.

12. Var. 1664 (et, pour les quatre premiers vers seulement de l'addition, 1676-1687) :

> *Aussi, quand jusqu'à vous j'osai porter ma flamme,*
> *Vos yeux seuls imprimaient la terreur dans mon âme ;*
> *Et je craignais bien plus d'offenser vos appas*
> *Que le courroux des dieux que je n'offensais pas.*
>
> ANTIGONE
>
> *Autant que votre amour votre erreur est extrême,*
> *Et vous les offensiez beaucoup plus que moi-même.*
> *Quelque rigueur pour vous qui parût en mes yeux,*
> *Hélas ! ils approuvaient ce qui fâchait les dieux.*
> *Oui, ces dieux ennemis de toute ma famille,*
> *Aussi bien que le père en détestaient la fille.*
> *Vous aimâtes, Hémon, l'objet de leur courroux,*
> *Et leur haine pour moi s'étendit jusqu'à vous.*
> *C'est là de vos malheurs le funeste principe ;*
> *Fuyez, Hémon, fuyez de la fille d'Œdipe.*
> *Tâchez de n'aimer plus, pour plaire aux Immortels,*
> *Et la fille et la sœur de tant de criminels.*
> *Le crime en sa famille...*
>
> HEMON
>
>   *Ah ! Madame, leur crime*
> *Ne fait que relever votre vertu sublime,*
> *Puisque, par un effort dont les dieux sont jaloux,*
> *Vous brillez d'un éclat qui ne vient que de vous.*

Page 73.

13. Var. 1664. Après ce vers, on lisait :

> *Plût aux dieux seulement que votre amant fidèle*
> *Pût avoir de leur haine une cause nouvelle,*

> *Et que pour vous aimer méritant leur courroux,*
> *Il pût mourir encor pour être aimé de vous!*

Page 75.

14. Dans ses notes sur *Les Phéniciennes* d'Euripide (éd. R. Picard, t. II, pp. 873-875), Racine souligne « l'honnêteté » de Polynice, à propos des v. 431 et 1365 de la tragédie grecque, par opposition à la « violence » de son frère, qu'il observe aux v. 443 et 588.

15. Var. 1664. Entre ce vers et le suivant, on lisait :

> *Il revient ; mais, hélas ! c'est pour notre supplice.*
> *Je ne vois point mon frère en voyant Polynice.*
> *En vain il se présente à mes yeux éperdus :*
> *Je ne le connais point, il ne me connaît plus*

16. Var. 1664. Entre ce vers et le suivant, on lisait :

> *De votre changement ce traître est le complice :*
> *Parce qu'il me déteste, il veut qu'on me haïsse.*
> *Aussi, sans imiter votre exemple aujourd'hui,*
> *Votre haine ne fait que m'aigrir contre lui.*

Page 78.

17. Var. 1664. Entre ce vers et le suivant, on lisait .

> *D'un triomphe si beau vient-il de s'honorer ?*
> *Qui des deux dois-je plaindre, et qui dois-je abhorrer ?*
> *Ou n'ont-ils point tous deux, en mourant sur la place,*
> *Confirmé par leur sang la céleste menace ?*

Page 79.

18. Cf. cette note de Racine sur le v. 1313 des *Phéniciennes* (*loc. cit.*, t. II, p. 875) : « Fils qui meurt généreusement. »

19. C'est-à-dire des Argiens et de leurs alliés. Comme les Thébains sont aussi des Grecs, Racine, à d'autres endroits de la pièce, mais non à tous, a modifié l'expression. Ici, la correction n'a pas été faite.

Page 80.

20. Var. 1664. Entre ce vers et le précédent, on lisait :

> *Ce sont eux dont la main suspend la barbarie*
> *De deux camps animés d'une égale furie ;*
> *Et si de tant de sang ils n'étaient point lassés,*
> *A leur bouillante rage ils les auraient laissés.*

Page 81.

21. Var. 1664. Entre ce vers et le suivant, on lisait .

> *En vain tous les mortels s'épuiseraient le flanc,*
> *Ils se veulent baigner dedans leur propre sang.*

> *Tous deux voulant régner, il faut que l'un périsse*
> *L'un a pour lui le peuple, et l'autre la justice.*

Page 86.

22. Var. 1664. Entre ce vers et le suivant, on lisait :

> *Et j'abandonnerais avec bien moins de peine*
> *Le soin de mon salut que celui de ma haine.*
> *J'assurerais ma gloire en courant au trépas ;*
> *Mais on la perd, Attale, en ne se vengeant pas.*

Page 89.

23. Var. 1664-1687. Au lieu des v. 920-926, on lisait :

> *Et déjà nous l'étions avecque violence ;*
> *Nous le sommes au trône aussi bien qu'au berceau,*
> *Et le serons peut-être encor dans le tombeau.*

Page 90.

24. Var. 1664. Au lieu des v. 956-958, on lisait :

> *La paix est trop cruelle avecque Polynice :*
> *Sa présence aigrirait ses charmes les plus doux,*
> *Et la guerre, Seigneur, nous plaît avecque vous.*
> *La rage d'un tyran est une affreuse guerre :*
> *Tout ce qui lui déplaît, il le porte par terre ;*
> *Du plus beau de leur sang il prive les Etats,*
> *Et ses moindres rigueurs sont d'horribles combats.*

Page 91.

25. Texte des éditions antérieures à celle de 1697, qui porte, vraisemblablement par erreur, « mon fils ».

Page 92.

26. Sur les v. 366-367 des *Phéniciennes* (*Annotations de l'Euripide* [...] conservé à la *Bibliothèque de Toulouse*, loc. cit., t. II, p. 872), Racine observe : « Tendresse pour les lieux où l'on est né ».

27. Var. 1664. Entre ce vers et le suivant, on lisait :

> *La fière ambition qui règne dans leur cœur*
> *N'écoute de conseils que ceux de la fureur.*
> *Leur sang même, infecté de sa funeste haleine,*
> *Ou ne leur parle plus, ou leur parle de haine.*

28. Une injustice, au sens du latin « *injuria* ». Cf. l'adage : « *Summum jus summa injuria* », cité par Cicéron (*De officiis*, I, 10, 33).

Page 93.

29. Var. 1664. Entre ce vers et le suivant, on lisait :

> *Je ne me connais plus en ce malheur extrême :*
> *En m'arrachant au trône on m'arrache à moi-même.*

> *Tant que j'en suis dehors, je ne suis plus à moi :*
> *Pour être vertueux, il faut que je sois roi.*

Page 94.

30. Ici se plaçait probablement le passage supprimé que mentionne Racine dans une lettre écrite en novembre 1663 à l'abbé Le Vasseur : « [...] je ne goûtais point, ni les autres non plus, toutes ces épées tirées [...] »

Page 95.

31. A la place de ce vers, on trouvait tout ce passage :

> *ɔn exil innocen͏t vaut mieux qu'une couronne*
> *Que le crime noirci: aue le parjure donne.*
> *Votre bannissement vou͏s rendra glorieux,*
> *Et le trône, mon fils, vous rendrait odieux.*
> *Si vous n'y montez pas, c'est ͏ιe crime d'un autre ;*
> *Mais si vous y montez, ce sera par le vôtre.*
> *Conservez votre gloire.*

ANTIGONE

> *Ah ! mon frère, en effet*
> *Pouvez-vous concevoir cet horrible forfait ?*
> *Ainsi donc tout à coup l'honneur vous abandonne ?*
> *O dieux ? est-il si doux de porter la couronne ?*
> *Et pour le seul plaisir d'en être revêtu,*
> *Peut-on se dépouiller de toute sa vertu ?*
> *Si la vertu jamais eût régné dans votre âme,*
> *En feriez-vous au trône un sacrifice infâme ?*
> *Quand on l'ose immoler, on la connaît bien peu ;*
> *Et la victime, hélas ! vaut bien plus que le dieu.*

HÉMON

> *Seigneur, sans vous livrer à ce malheur extrême,*
> *Le ciel à vos désirs offre le diadème.*
> *Vous pouvez, sans répandre une goutte de sang,*
> *Dès que vous le voudrez monter à ce haut rang,*
> *Puisque le roi d'Argos vous cède une couronne.*

Page 96.

32. Passage inspiré des réflexions qu'Euripide prête, dans ses *Phéniciennes* (v. 504-506), au personnage d'Etéocle, et en face desquelles Racine a noté sur son exemplaire : « Envie de régner » (voir ses *Annotations, loc. cit.*, t. II, p. 874).

Page 99.

33. Ces stances resteront les seules que l'on trouve dans le théâtre de Racine. Cette forme d'écriture dramatique tendait, depuis une douzaine d'années, à tomber en désuétude. Il en existait aussi dans l'*Antigone* de Rotrou. Prononcées par l'héroïne au début de l'acte III, elles consistaient en une longue apostrophe à la Fortune, dont étaient accusées les rigueurs. Racine, pour *La Thébaïde*, en avait composé plus de trois. Mais il s'est vu contraint de procéder à des remaniements. Il a

supprimé celle qui devait figurer en tête des autres, et dont une de ses lettres à l'abbé Le Vasseur nous permet de connaître le texte :

> *Cruelle ambition dont la noire malice*
> *Conduit tant de monde au trépas,*
> *Et qui, feignant d'ouvrir le trône sous nos pas,*
> *Ne nous ouvre qu'un précipice :*
> *Que tu causes d'égarements !*
> *Qu'en d'étranges malheurs tu plonges tes amants !*
> *Que leurs chutes sont déplorables !*
> *Mais que tu fais périr d'innocents avec eux !*
> *Et que tu fais de misérables*
> *En faisant un ambitieux !*

On remarquera que, sous cette première forme, la strophe présentait une structure très différente de celle qu'elle revêt dans l'état définitif du texte. L'ensemble a donc été totalement refondu.

Page 100.

34. Var. 1664. Entre ce vers et la réplique d'Olympe, on lisait :

> *Quand on est au tombeau, tous nos tourments s'apaisent ;*
> *Quand on est furieux, tous nos crimes nous plaisent ;*
> *Des plus cruels malheurs le trépas vient à bout ;*
> *La fureur ne sent rien, mais la douleur sent tout.*
> *Cette vive douleur, dont je suis la victime,*
> *Ressent la mort de l'un, et de l'autre le crime.*
> *Le sort de tous les deux me déchire le cœur ;*
> *Et plaignant le vaincu, je pleure le vainqueur.*
> *A ce cruel vainqueur quel accueil dois-je faire ?*
> *S'il est mon frère, Olympe, il a tué mon frère.*
> *La nature est confuse et se tait aujourd'hui :*
> *Elle n'ose parler pour lui, ni contre lui.*

ALEXANDRE LE GRAND

Page 113.

1. Cette épître ne figure que dans les éditions séparées de 1666 et 1672.

2. Racine paraît d'abord avoir été tenté d'intituler sa tragédie *Porus*, comme celle de Boyer.

3. « *Siluit terra in conspectu ejus* » (« La terre se tut devant lui », *Premier Livre des Macchabées*, I, 3). Cf. *Alexandre le Grand*, v. 920.

Page 114.

4. Voir Plutarque, dans ses deux traités *De la Fortune ou vertu d'Alexandre*.

5. Mot d'Alexandre, envieux d'Achille (dont les exploits avaient été chantés après sa mort par Homère), que rapporte Plutarque dans sa *Vie d'Alexandre le Grand*, XV.

6. Nous donnons ici le texte de 1666. Les trois passages supprimés dans l'édition de 1672 ont été mis entre crochets.

7. Voir Quinte-Curce, *Histoires*, VIII, chapitres IX-XIV pour les débuts de l'expédition dans les Indes, et plus spécialement XIII-XIV pour ce qui concerne Porus (dont il est encore question dans les livres suivants), ainsi que la bataille de l'Hydaspe.

Page 116.

8. Ce texte apparaît pour la première fois dans l'édition de 1676

Page 117.

9. Sénèque, *Consolation à Heivia*, XIII.

10. Justin, *Histoire universelle*, XII, 7-9. Il nomme la reine « Cleophis ». Quinte-Curce (*Histoires*, livre VIII, chapitre X) l'appelle « Cleophes ».

11. Racine a supprimé juste avant ce mot l'indication : « *concubitu redemptum* » (« racheté par l'octroi de ses faveurs »), qui figure chez Justin.

12. Cette *Préface*, primitivement, de même encore que dans les éditions de 1681 et de 1689, ne s'arrêtait pas là, mais se terminait sur ces lignes : « Il paraît par la suite de ce passage que les Indiens regardaient cette Cléofile comme les Romains regardèrent depuis Cléopâtre. Aussi y a-t-il quelque conformité entre les aventures de ces deux reines ; et Cléofile en usa envers Alexandre à peu près comme Cléopâtre en a usé depuis envers César. L'une eut un fils qu'elle appelait Alexandre ; et l'autre eut un fils qu'elle appelait Césarion. On pouvait ajouter cette ressemblance au parallèle que l'on a fait de ces deux conquérants, d'autant plus qu'ils se ressemblent beaucoup dans la manière dont ils ont été amoureux. Cette passion ne les a jamais tourmentés plus que de raison. Et quand Cléofile aurait été sœur de Taxile, comme elle l'est dans ma tragédie, je suis persuadé que l'amour qu'Alexandre avait pour elle ne l'aurait pas empêché de rétablir Porus en présence de cette princesse. »

Page 120.

13. Leçon de 1666 et des éditions suivantes. Celle de 1697 donne : « à ».

14. Var. 1666. Entre ce vers et le suivant, on lisait :

> *Mes yeux de leur conquête ont-ils fait un mystère ?*
> *Vîtes-vous ses soupirs d'un regard de colère ?*
> *Et lorsque devant vous ils se sont présentés,*
> *Jamais comme ennemis les avez-vous traités ?*

Page 125.

15. Par exemple, à Tyr, Abdolonyme. Voir Quinte-Curce, *Histoires*, livre IV, chapitre I.

Page 126.

16. Var. 1666-1676. Après ce vers, on lisait :

TAXILE
Votre fierté, Seigneur, s'accorde avec la sienne.

PORUS
J'aime la gloire et c'est tout ce qu'aime la reine.

TAXILE

Son cœur vous est acquis.

PORUS

J'empêcherai du moins
Qu'aucun maître étranger ne l'enlève à mes soins.

TAXILE

Mais enfin croyez-vous, etc.

Page 134.

17. Des dieux tels que Dionysos (cf. Quinte-Curce, livre VIII, chapitre X, § 11). Des héros tels qu'Héraclès (cf. *ibid*, livre VIII, chapitre X, § 1).

Page 135.

18. Cf. dans Quinte-Curce, livre VII, chapitre VIII, § 16, le discours des Scythes.

Page 136.

19. Cf. ce que Quinte-Curce (livre VIII, chapitre XI, § 2-25) conte sur la façon dont fut pris le rocher d'Aorne, au bord de l'Indus.

Page 141.

20. Var. 1666. Entre ce vers et le suivant, on lisait :

Ah ! Madame, s'il m'aime, il le témoigne mal.
Ses lâches soins ne font qu'avancer son rival.
Il devait dans un champ, plein d'une noble envie,
Lui disputer mon cœur et le soin de ma vie,
Balancer mon estime, et comme lui courir
Bien moins pour me sauver que pour me conquérir

CLEOFILE

D'un refus si honteux il craint peu les reproches :
Il n'a point du combat évité les approches ;
Il en eût partagé la gloire et le danger ;
Mais Porus avec lui ne veut rien partager ·
Il aurait cru trahir son illustre colère,
Que d'attendre un moment le secours de mon frère.

AXIANE

Un si lent défenseur, quel que soit son amour,
Se serait fait, Madame, attendre plus d'un jour.
Non, non, vous jouissez d'une pleine assurance :
Votre amant, votre frère étaient d'intelligence.
Le lâche, qui dans l'âme était déjà rendu,
Ne cherchait qu'à nous vendre après s'être vendu.
Et vous m'osez parler encor de votre frère ?
Ah ! de ce camp, Madame, ouvrez-moi la barrière !

Page 144.

21. Ce satrape fut battu de verges et subit le supplice de l'écartèlement pour avoir enchaîné puis assassiné Darius après la bataille d'Arbèles.

Page 146.

22. Les v. 859-864, insérés ainsi que les v. 883-886, 895-897, 925-926 dans une version désavouée par Boileau de son *Dialogue* sur les héros de romans et publiée suivant une copie vraisemblablement fournie par Charles de Sévigné, suscitent ce commentaire de Diogène : « Ne l'avais-je pas bien dit, qu'il s'était gâté dans ses voyages ? Alexandre le Grand est devenu conteur de fleurettes. » Et Pluton remarque : « Quel diable de jargon nous vient-il parler ? Quoi ? Alexandre qui ne respirait que les combats, s'oublie auprès d'une maîtresse ? » (cité par Parfaict, *Histoire du Théâtre français*, t. IX, p. 406).

Page 152.

23. Cf. Plutarque, *Vie d'Alexandre le Grand*, LVIII, quand Parménion lui conseille, avant la bataille d'Arbèles, d'attaquer de nuit : « et il leur fit adonc cette réponse, qui depuis a tant été célébrée : Je ne veux, dit-il, point dérober la victoire » (*Les Vies des hommes illustres*, traduction de Jacques Amyot, éd. cit., t. II, 1951, p. 362).

Page 157.

24. Var. 1666 et 1672. A la place de ce vers, on lisait :

> *Hé bien ! n'en parlons plus. Les soupirs et les larmes*
> *Contre tant de mépris sont d'impuissantes armes ;*
> *Mais c'est user, Madame, avec trop de rigueur*
> *Du pouvoir que vos yeux vous donnent sur mon cœur.*
> *Tout amant que je suis, vous oubliez peut-être*, etc.

Page 161.

25. Cf. Juvénal, *Satire X*, v. 168-170, et chez Quinte-Curce (livre IX, chapitre III, § 7-8) la réflexion de Coenus.
26. Cf. les récriminations des Macédoniens, dans Quinte-Curce (livre IX, chapitre IV, § 18). Les Malliens sont évoqués quelques lignes plus haut (même livre, même chapitre, § 15).
27. C'est en effet ce qui se produit après le discours de Coenus, évoqué dans la note 25. Voir Quinte-Curce, livre IX, chapitre IV, § 22-23 : il suffit d'une courte allocution d'Alexandre pour galvaniser de nouveau son armée.

Page 163.

28. Var. 1672 : les v. 1393-1396 manquent. Dans le texte de 1666, après le v. 1396, on lisait :

> *Je croyais que touché de mes justes alarmes,*
> *Vous sauveriez Porus...*

> ALEXANDRE
> 					*Que j'écoute vos larmes,*
> *Tandis que votre cœur, au lieu de s'émouvoir,*
> *Désespère Taxile et brave mon pouvoir !*
> *Pensez-vous, après tout, que j'ignore son crime ?*
> *C'est moi dont la faveur le noircit et l'opprime :*
> *Vous le verriez sans moi d'un œil moins irrité.*
> *Mais on n'en croira pas votre injuste fierté.*

> *Porus est son captif. Avant qu'on le ramène,*
> *Consultez votre amour, consultez votre haine.*
> *Vous le pouvez d'un mot ou sauver ou punir :*
> *Madame, prononcez ce qu'il doit devenir.*

AXIANE

> *Hélas ! que voulez-vous que ma douleur prononce ?*
> *Pour sauver mon amant, faut-il que j'y renonce ?*
> *Faut-il, pour obéir aux ordres du vainqueur,*
> *Que je livre à Taxile ou Porus ou mon cœur ?*
> *Pourquoi m'ordonnez-vous un choix si difficile ?*
> *Abandonnez mes jours au pouvoir de Taxile,*
> *J'y consens. Ne peut-il se venger à son tour ?*
> *Qu'il contente sa haine, et non pas son amour.*
> *Punissez les mépris d'une fière princesse,*
> *Qui d'un cœur endurci le haïra sans cesse.*

CLÉOFILE

> *Et pourquoi ces mépris qu'il n'a pas mérités,*
> *Lui qui semble adorer jusqu'à vos cruautés ?*
> *Pourquoi garder toujours cette haine enflammée ?*

AXIANE

> *C'est pour vous avoir crue et pour m'avoir aimée.*
> *Je connais vos desseins. Votre esprit alarmé*
> *Veut éteindre un courroux par vous-même allumé.*
> *Vous me craignez enfin. Mais qu'il vienne, ce frère,*
> *Il saura quelle main l'expose à ma colère :*
> *Heureuse si je puis lui donner aujourd'hui*
> *Plus de haine pour vous que je n'en ai pour lui !*

Page 166.

29. Var. 1666-1676. La réplique de Porus commençait par quatre vers supprimés depuis :

> *Ah ! Madame, sur moi laissez tomber leurs coups.*
> *Ne troublez point un sort que vous rendez si doux.*
> *Vous m'allez regretter. Quelle plus grande gloire*
> *Pouvait à mes soupirs accorder la victoire ?*

30. Le mot est rapporté par Arrien (*Expédition d'Alexandre*, livre **V**, chapitre XIX) et par Plutarque (*Vie d'Alexandre-le-Grand*, CIII, *loc. cit.*, pp. 396-397) : « Etant donc ce roi Porus pris, Alexandre lui demanda comment il le traiterait. Porus lui répondit qu'il le traitât royalement. Alexandre lui redemanda s'il voulait rien dire davantage, et il répondit derechef que le tout se comprenait sous ce mot « royalement ». Parquoi Alexandre ne lui laissa pas seulement les provinces dont il était roi auparavant, pour de là en avant les tenir de lui comme satrape, en forme de gouvernement, mais aussi lui ajouta encore beaucoup de pays. »

ANDROMAQUE

Page 171.

1. Henriette d'Angleterre, fille de Charles Ier. Elle avait épousé Philippe d'Orléans, frère de Louis XIV (Monsieur), le 31 mars 1661. J. E. Morel (« La vivante Andromaque », *Revue d'Histoire littéraire de la France*, 1924, pp. 60 sq.) puis Jean Pommier (*Tradition littéraire et modèles vivants dans l'Andromaque de Racine*, Presidential Address of the Modern Humanities Research Association, Cambridge, 1962) ont mis en rapport les épreuves qu'elle avait subies en Angleterre pendant la guerre civile avec la captivité de l'héroïne racinienne chez l'ennemi de sa famille et de sa patrie. Voir encore, à ce sujet, l'édition de la pièce publiée par R. C. Knight et H. T. Barnwell (Genève, Droz, Collection des Textes littéraires français, 1977, pp. 18 et 53), si précieuse à consulter pour tout ce qui concerne les sources ou les rapprochements possibles. On observera cependant que Henriette ne resta que de sa naissance à l'âge de deux ans aux mains de ses geôliers. Cette dédicace figure dans les éditions séparées de 1668 et 1673. Elle disparaît ensuite et ne sera réimprimée qu'en 1736.

Page 172.

2. Cette *Préface* figure dans les éditions séparées de 1668 et 1673. Elle disparaît ensuite, remplacée par celle de 1676.

3. Virgile, *Énéide*, III, v. 292-293 (les éditeurs modernes donnent en général « *accedimus* » pour « *ascendimus* »), 301, 303-305, 320-328, 330-332 (les mêmes donnent ici « *flammatus* » plutôt que « *inflammatus* »). Traduction des v. 292-332 (les passages qui correspondent aux vers non cités par Racine sont mis entre crochets) : « Nous longeons le littoral de l'Épire, nous pénétrons dans un port chaonien et nous abordons à la haute ville du Buthrote. [Là, parvient à nos oreilles une incroyable nouvelle : un fils de Priam, Hélénus, règne parmi les cités grecques, possesseur de l'épouse et du sceptre de l'Éacide Pyrrhus. Et Andromaque est une seconde fois échue en partage à un mari de la même patrie. Stupéfait, je conçus en mon cœur un désir étrangement fort de m'entretenir avec son épouse et de m'informer d'événements à ce point extraordinaires. Je quitte le port, laissant la flotte et le rivage], au moment où le hasard voulut que les libations accoutumées et les tristes offrandes, [dans un bois sacré situé devant la ville, au bord d'un Simoïs fictif,] fussent portées par Andromaque à la cendre de son époux et qu'elle invoquât ses mânes près du cénotaphe d'Hector, au gazon verdoyant, qu'elle avait consacré ainsi que deux autels jumeaux, pour y pleurer. [Dès qu'elle m'aperçut venir et vit éperdue autour de moi des Troyens en armes, terrifiée par cette apparition prodigieuse, elle s'immobilisa dans cette contemplation, et la chaleur laissa ses os. Elle chancelle, et, après un long moment, elle dit enfin avec peine : Est-ce bien toi, n'est-ce pas un messager trompeur, fils de la déesse ? Vis-tu ? Mais si tu ne vois plus la lumière du jour, où donc est Hector ? Elle se tut, versa des larmes, et emplit tout l'endroit de ses cris. Tandis qu'elle délire, je lui réponds péniblement quelques mots et, troublé, je n'ouvre la bouche que pour proférer des paroles entrecoupées : N'en doute pas : ce que tu vois est vrai. Hélas ! quel est ton malheureux sort, épouse dépossédée d'un tel mari ? Ou quelle fortune assez digne

d'Andromaque, la femme d'Hector, t'a souri ? Es-tu mariée encore avec Pyrrhus ?] Elle baissa la tête et, d'une voix faible, elle dit : O seule et plus que toute autre heureuse, la fille de Priam [Polyxène] qui, près du tombeau d'un ennemi [Achille], au pied des hautes murailles de Troie, reçut l'ordre de mourir, qui ne subit aucun tirage au sort et n'entra pas, captive, dans la couche du vainqueur ! Nous, après l'incendie de notre patrie, après avoir traversé les mers, nous avons souffert, enfantant dans l'esclavage, les insolences auxquelles s'est livré le fils d'Achille, ce jeune orgueilleux qui soupira depuis pour Hermione, fille de Léda, et pour un mariage lacédémonien. [Il me donna pour esclave à son esclave Hélénus.] Quant à lui-même, Oreste, brûlant d'un immense amour pour sa fiancée perdue, et poursuivi par les Furies qui tourmentent les criminels, l'assassine à l'improviste nor loin des autels consacrés à son père. »

Page 173.

4. Le héros de *L'Astrée*, roman publié par Honoré d'Urfé à partir de 1607.

5. Cf. Subligny, *La Folle Querelle*, II, 9, dans Victor Fournel, *Les Contemporains de Molière*, éd. cit., t. III, p. 524 : « du moins il avait lu les romans de son temps, car l'amour est l'âme de toutes ses actions, aussi bien que de la pièce, en dépit de ceux qui [comme Corneille] tiennent cela indigne des grands caractères ».

6. *Épître aux Pisons*, v. 120-122.

7. *Poétique*, XIII, 5.

8. *Poétique*, XIII, 2.

9. *Poétique*, XIII, 4.

10. Cette seconde préface remplace à partir de 1676 la précédente.

Page 174.

11. Suivant une tradition qui remonte à Darès le Phrygien, continuateur tardif d'Homère, mais dont on a cru longtemps qu'il avait vécu, comme Dictys de Crète, à l'époque où s'était déroulée la guerre de Troie.

12. « Trithème, lit-on dans *Le Grand Dictionnaire historique* [...] de Moréri (Amsterdam, etc., P. Brunel, *et alii*, 1740, t. IV, p. 183) à l'article " Francus ", rapporte cette fable après Hunibaud ; et certains auteurs de même volée ont donné grossièrement dans ces contes. » Voir aussi la *Chronique de Saint-Denis*, qui remonte au XIIIe siècle, Jean Lemaire de Belges, *Illustrations de Gaule* (1513), Scipion Dupleix, *Mémoires des Gaules depuis le déluge jusqu'à l'établissement de la monarchie française* (1619), livre 2, chapitre 24.

Page 175.

13. Livre II, Euterpe, 113-120.

14. Voir l'*Iliade*, XXI, v. 166 sq : Achille est blessé par Astéropée.

15. Sophocle, *Œdipe roi*, v. 1234-1267.

16. Euripide, *Les Phéniciennes*, v. 1455-1459.

17. Racine a pu lire cette observation d'un scoliaste grec sur les v. 539-541 d'*Electre*, où Sophocle dote Ménélas de deux enfants nés d'Hélène, tandis que, selon Homère, le frère d'Hermione serait fils d'une esclave (*Odyssée*, IV, v. 1-14), soit dans le Sophocle publié par Paul Estienne en 1603, où elle se trouve reproduite avec sa traduction en latin par l'humaniste allemand Joachim Camerarius, et dont la

Bibliothèque de Toulouse possède un exemplaire annoté par Racine, soit dans le Sophocle procuré par Henri Estienne en 1568. Dans l'exemplaire de cette édition conservé par la Bibliothèque de Bruxelles, Racine, en face de cette glose, a noté : « Différences qui sont dans les poètes pour la Fable » et, au bas de la page : « Il ne faut point y regarder de si près, mais bien plutôt au bel usage qu'ils font de la fable, et aux excellents préceptes qu'on en peut tirer » (Racine, *Œuvres complètes*, éd. Raymond Picard, t. II, p. 867).

Page 178.

18. Var. 1668 et 1673 : « venger ». Racine a tenu compte d'une critique formulée par Subligny dans la *Préface* de *La Folle Querelle* (*loc. cit.*, t. III, p. 499).

Page 180.

19. Var. 1668 et 1673 : « d'apaiser ». Cf. Subligny, *Préface* de *La Folle Querelle* (*loc. cit.*, t. III, p. 499) : « on n'apaise point une rigueur [...] on l'adoucit ».

Page 181.

20. Var. 1668 et 1673 : « [...] que je me flatte en secret. » Subligny, *Préface* de *La Folle Querelle*, où les huit premiers vers de cette tirade sont passés au crible (*loc. cit.*, t. III, p. 498) : « [...] on lui demandera à quoi il faudra qu'on rapporte ce choix des Grecs, et même ce que voudra dire cet *en secret*, qui est un beau galimatias. »

Page 182.

21. Voir l'*Iliade*, XV, v. 696 sq., XVI, v. 101-129.

Page 184.

22. Pour compenser la restitution de Chryséis, Agamemnon avait exigé d'Achille sa captive Briséis (*Iliade*, I, v. 318-348). Hector avait profité de leur dissentiment.

23. Hermione, fille de Ménélas et d'Hélène, est doublement sa cousine, puisqu'il est fils d'Agamemnon et de Clytemnestre.

Page 185.

24. Chateaubriand, *Génie du christianisme*, éd. Maurice Regard, Paris, Gallimard, Bibliothèque de la Pléiade, 1978, p. 665 (IIᵉ partie, livre II, chapitre VI : « La Mère — Andromaque ») : « Ce vers si simple et si aimable [...] est le mot d'une femme chrétienne : cela n'est point dans le goût des Grecs, et encore moins des Romains », etc.

Page 186.

25. Le père d'Andromaque, Eétion, roi de Thèbe en Cilicie, avait été tué par Achille ainsi que ses sept fils (*Iliade* VI, v. 414-420). Voir également le v. 929.

26. Voltaire, dans ses *Commentaires sur Corneille*, publiés en 1764 (*Remarques sur Pertharite*), rapproche les v. 661-666 de cette pièce (II, 5), où Rodélinde, prisonnière du tyran Grimoald, lui dit que la restitution du trône occupé jadis par son époux au fils de celui-ci ne doit pas paraître due à son amour pour elle, et les v. 297-300, 305-310 d'*Andromaque* : « On reconnaît dans Racine, observe-t-il, la même idée, les mêmes nuances que dans Corneille, mais avec cette douceur,

cette mollesse, cette sensibilité, et cet heureux choix de mots qui portent l'attendrissement dans l'âme » (*Commentaires sur Corneille*, Paris, Firmin Didot, 1862, pp. 428-429).

27. Var. 1668 et 1673 :

> *Que feriez-vous, hélas ! d'un cœur infortuné*
> *Qu'à des pleurs éternels vous avez condamné ?*

Le « cœur ne pleure pas », avait remarqué Subligny dans la *Préface* de *La Folle Querelle* (*loc. cit.*, t. III, p. 497).

Page 187.

28. Voir, sur ce vers, R. C. Knight, « Brûlé de plus de feux », dans *Studies offered to R. L. G. Ritchie*, Cambridge, 1949, pp. 107 sq., et Jean Pommier, « Brûlé de plus de feux », dans les *Mélanges Daniel Mornet* (1951), pp. 83 sq.

Page 188.

29. Voltaire (*loc. cit.*, p. 429) rapproche ce vers, et les trois précédents, de *Pertharite*, III, 1, v. 755-762, où Grimoald, irrité par le refus de Rodélinde, lui met en main le marché de consentir à l'aimer ou de voir mourir son fils. Il ajoute ce commentaire : « on ne peut voir une ressemblance plus entière ; mais c'est la ressemblance d'un tableau de Raphaël à une esquisse grossièrement dessinée [...] Il est évident que Racine a tiré son or de cette fange. »

Page 189.

30. Texte de 1668 et de 1673. Les éditions suivantes donnent, par erreur, « une autre ».

Page 192.

31. Leurs dieux. Dans *Iphigénie en Tauride*, Oreste échappe aux Scythes qui mettent à mort tous les étrangers ayant accosté chez eux. Il a risqué sa vie pour enlever sa sœur devenue prêtresse d'Artémis, et la statue de la déesse.

Page 193.

32. Var. 1668 et 1673 :

> *Non, non, ne pensez pas qu'Hermione dispose*
> *D'un sang sur qui la Grèce aujourd'hui se repose.*
> *Mais vous-même est-ce ainsi que vous exécutez*
> *Les vœux de tant d'Etats que vous représentez ?*

Subligny, dans la *Préface* de *La Folle Querelle* (*loc. cit.*, t. III, pp. 497-498), a critiqué cette première version : « se reposer sur un sang » lui paraît « une étrange figure » ; « exécuter les ordres n'est pas la même chose qu'exécuter les vœux, qui ne se dit que quand on a voué quelque chose ; mais ce n'était point un pèlerinage que les Grecs avaient voué en Epire ».

33. Var. 1668 et 1673 :

> *[...] il ne me reste rien*
> *Qu'à venir prendre ici la place du Troyen .*

Nous sommes ennemis, lui des Grecs, moi le vôtre ;
Pyrrhus protège l'un, et je vous livre l'autre.

HERMIONE

Hé quoi ? Dans vos chagrins sans raison affermi,
Vous croirez-vous toujours, Seigneur, mon ennemi ?

Subligny, dans *La Folle Querelle*, III, 6 (*loc. cit.*, t. III, p. 535), avait traité la rédaction primitive de « galimatias ». Et dans la *Préface* (*ibid.*, t. III, pp. 496-497), on pouvait lire : « Je ne trouve point que *vous croirez-vous mon ennemi*, pour dire *me croirez-vous votre ennemie*, soit une chose bien écrite. »

Page 195.

34. Voltaire (*loc. cit.*, p. 428), à propos des v. 577-578 (et 1214), remarque : « Hermione parle absolument comme Eduige dans *Pertharite*, [II, 1]. [...] l'intention d'Eduige est que Garibalde la serve en détachant le parjure Grimoald de sa rivale Rodélinde ; et Hermione veut qu'Oreste, lui demandant Astyanax, dégage Pyrrhus de son amour pour Andromaque. »

Page 197.

35. Var. 1668 et 1673. Entre ce vers et le suivant, on lisait :

Et qui l'aurait pensé, qu'une si noble audace
D'un long abaissement prendrait si tôt la place ?
Que l'on pût si tôt vaincre un poison si charmant ?
Mais, Pyrrhus, quand il veut, sait vaincre en un moment.

Page 199.

36. Var. 1668-1676 : « [...] en secret ». Boileau « n'était point du tout satisfait du personnage que fait Pyrrhus dans l'*Andromaque*, qu'il traitait de héros à la Scudéry, au lieu qu'Oreste et Hermione sont de véritables caractères tragiques. Il frondait encore cette scène, où M. Racine fait dire par Pyrrhus à son confident :

Crois-tu, si je l'épouse,
Qu'Andromaque en son cœur n'en sera pas jalouse ?

Sentiment puéril qui revient à celui de Perse :

Censen' plorabit, Dave, relicta ?

[*Satire V*, v. 168], où le poète montre combien on ne se dégage qu'avec peine de la passion car Perse n'a en vue que la comédie de Térence, où de pareils sentiments sont en place, au lieu qu'ils sont trop badins ailleurs, et dérogent à la gravité magnifique de la tragédie » (*Bolaeana* [...] dans *Ana* [...] éd. cit., t. X, p. 385). « M. Despréaux condamnait cet endroit de l'*Andromaque* de Racine, confirme Brossette dans une lettre à Jean-Baptiste Rousseau du 6 août 1716 (*Œuvres* de Jean-Baptiste Rousseau, Bruxelles, et Paris, Didot, 1757, t. IV, p. 126) [...] Ce n'est pas que ce sentiment soit faux [...] au contraire, il est pris dans la nature, mais c'est parce qu'il n'est pas assez tragique ; et M. Despréaux avait remarqué qu'aux représentations de l'*Andromaque*, l'on ne manquait jamais de sourire en cet endroit : or ce n'est pas l'effet que doit produire la tragédie ; l'amour doit y être traité autrement que dans la comédie. » A quoi le destinataire, le 3 septembre suivant, répondait : « Je suis entièrement du sentiment de M. Despréaux sur la dernière scène du second acte de l'*Andromaque*, et j'ai toujours condamné cette scène en l'admirant, parce que quelque belle quelle soit, elle est plutôt dans le genre comique ennobli que dans le genre tragique. En effet, si vous y prenez garde, ce n'est autre chose qu'une paraphrase de cet endroit de *L'Eunuque* [Térence, *Eunuchus*, I, 1, v. 49] :

> exclusit, revocat : redeam ? non, si me obsecret.

[« elle me chasse, me rappelle : reviendrai-je ? Non, m'en conjurerait-elle. »] Cependant, si c'est une faute, on doit être bien aise que Racine l'ait faite, par les beautés dont elle est parée ; mais il ne serait pas sûr de l'imiter en cela. Quand l'amour n'est point tragique, comme dans *Phèdre* et dans le *Cid*, il devient petit et bas ; et nous n'avons point de tragédies en notre langue qui ne soient gâtées par là. » L'opinion de Boileau, partagée par Jean-Baptiste Rousseau, restera celle de Voltaire, qui note que, « si la pièce n'était pas un peu affaiblie par quelques scènes de coquetterie et d'amour, plus dignes de Térence que de Sophocle, elle serait la première tragédie du théâtre français » (*Remarques sur le troisième discours du poème dramatique de Corneille*, dans *Œuvres complètes* de Voltaire, éd. Beuchot, t. XXXVI, p. 520).

Page 201.

37. Var. 1668 et 1673 : « et surtout d'Hermione », faute grossière, selon Geoffroy (qu'allègue Paul Mesnard, *Œuvres* de J. Racine, éd. cit., t. II, p. 80). Cependant, si le sens diffère d'une leçon à l'autre, la plus ancienne pouvait parfaitement s'accepter.

Page 206.

38. G. Rudler (« Une source d'*Andromaque* ? », *Modern Language Review*, 1917, p. 292) a rapproché cette scène de celle (II, 3) qui, dans l'*Hercule mourant* de Rotrou, met en présence Iole et sa rivale Déjanire

Page 212.

39. Var. 1668 et 1673 : « [...] il m'en souvient ». Le passage évoque très librement les adieux d'Hector et d'Andromaque au sixième chant de l'*Iliade* (v. 369-502), « tableau » que Racine qualifie de « divin » dans ses *Annotations* sur le poème homérique (*Œuvres complètes* de Racine, éd. Raymond Picard, t. II, p. 714). De ce qu'Hector « ne trouve point Andromaque au logis », observait-il également (*ibid.*, t. II, p. 713), leur « conversation même devient plus tragique et plus noble ; elle se passe à la porte de la ville, par où Hector va sortir pour n'y plus rentrer ». Il admirait Homère (*ibid.*) « d'avoir mêlé le rire, les larmes la gravité, la tendresse, le courage, la crainte, et tout ce qui peut toucher ».

40. Dans ses *Annotations* sur l'*Iliade*, sur les v. 447-449 du chant VI, Racine observait : « Hector prévoit que Troie sera prise quelque jour Cela excite plus de compassion que s'il était sûr de la victoire. »

Page 215.

41. Chateaubriand, *Génie du christianisme,* éd. cit., IIᵉ partie, livre II, chapitre VI, p. 666 : « De tels préceptes sont directement opposés au cri de l'orgueil : on y voit la nature corrigée, la nature plus belle, la nature évangélique. Cette humilité que le christianisme a répandue dans les sentiments, et qui a changé pour nous le rapport des passions [...], perce à travers tout le rôle de la moderne Andromaque », etc.

42. *Ibid.,* p. 665 : « Qui ne reconnaît la chrétienne ? C'est le *deposuit potentes de sede''* il a détrôné les puissants ''. L'antiquité ne parle pas de la sorte, car elle n'imite que les sentiments *naturels ;* or, les sentiments exprimés dans ces vers de Racine *ne sont point purement dans la nature ;* ils contredisent au contraire la voix du cœur », etc.

Page 218.

43. Voltaire observe dans son *Commentaire sur Corneille,* éd. cit. pp. 427-428 : « Il me paraît prouvé que Racine a puisé toute l'ordonnance de sa tragédie d'*Andromaque* dans ce second acte de *Pertharite.* Dès la première scène vous voyez Eduige qui est avec son Garibalde précisément dans la même situation qu'Hermione avec Oreste. Cf. *Pertharite,* II, 1, v. 395-408.

Page 220.

44. Subligny, dans *La Folle Querelle,* II, 9 (*loc. cit.,* t. III, p. 524), accuse ici Racine d'avoir plagié *Cinna,* III, 4, v. 931-932, 1013-1018, 1039-1042, etc.

45. Var. 1668-1676. Après ce vers, on lisait :

> *Mais que dis-je ? Ah ! plutôt permettez que j'espère.*
> *Excusez un amant que trouble sa misère,*
> *Qui tout près d'être heureux, envie encor le sort*
> *D'un ingrat, condamné par vous-même à la mort.*

Page 221.

46. Cf. les v. 101-102 dans *Cinna* (I, 2), dont Voltaire dit, dans son *Commentaire sur Corneille* (éd. cit., p. 111) : « Ce sentiment atroce et ces beaux vers ont été imités par Racine dans *Andromaque.* »

Page 223.

47. Boileau, le 2 août 1703, écrit à Brossette (*Œuvres complètes* de Boileau, éd. Antoine Adam et Françoise Escal, 1966, p. 678) : « Où en serait M. Racine si on allait lui chicaner ce beau vers [...] qui dit si bien, et avec une vitesse si heureuse : *Je t'aimais lorsque tu étais inconstant, qu'eussé-je donc fait si tu avais été fidèle ?* Ces sortes de petites licences de construction, non seulement ne sont pas des fautes, mais sont même assez souvent un des plus grands charmes de la poésie [..]. »

Page 228.

48. Var. 1668. Au lieu des trois premiers vers de cette scène, on lit :

ORESTE
Madame, c'en est fait. Partons en diligence.
Venez dans mes vaisseaux goûter votre vengeance.

Voyez cette captive ; elle peut mieux que moi
Vous apprendre qu'Oreste a dégagé sa foi.

HERMIONE

O dieux ! c'est Andromaque ?

ANDROMAQUE

> *Oui, c'est cette princesse*
Deux fois veuve, et deux fois l'esclave de la Grèce,
Mais qui jusque dans Sparte ira vous braver tous,
Puisqu'elle voit son fils à couvert de vos coups.
Du crime de Pyrrhus complice manifeste,
J'attends son châtiment. Car je vois bien qu'Oreste
Engagé par votre ordre à cet assassinat,
Vient de ce triste exploit vous céder tout l'éclat.
Je ne m'attendais pas que le ciel en colère
Pût, sans perdre mon fils, accroître ma misère,
Et gardât à mes yeux quelque spectacle encor
Qui fît couler mes pleurs pour un autre qu'Hector.
Vous avez trouvé seule une sanglante voie
De suspendre en mon cœur le souvenir de Troie.
Plus barbare aujourd'hui qu'Achille et que son fils,
Vous me faites pleurer mes plus grands ennemis ;
Et ce que n'avaient pu promesse ni menace,
Pyrrhus de mon Hector semble avoir pris la place.
Je n'ai que trop, Madame, éprouvé son courroux :
J'aurais plus de sujet de m'en plaindre que vous.
Pour dernière rigueur ton amitié cruelle,
Pyrrhus, à mon époux me rendait infidèle.
Je t'en allais punir. Mais le ciel m'est témoin
Que je ne poursuis pas ma vengeance si loin ;
Et sans verser ton sang, ni causer tant d'alarmes,
Il ne t'en eût coûté peut-être que des larmes.

HERMIONE

Quoi ? Pyrrhus est donc mort ?

ORESTE

> *Oui, nos Grecs irrités*, etc.

49. On peut comparer ce récit avec celui du messager, dans l'*Andromaque* d'Euripide (v. 1085-1165), où l'épisode se situe à Delphes, non à Buthrote. Racine condense, mais conserve les principales péripéties.

50. Var. 1668. Au lieu de ce vers et des deux précédents, on lisait :

> *Le Troyen est sauvé. Mais partons, le temps presse ;*
L'Épire tôt ou tard satisfera la Grèce.
Cependant j'ai voulu qu'Andromaque aujourd'hui
Honorât mon triomphe et répondit de lui.
Du peuple épouvanté la foule fugitive
M'a laissé sans obstacle enlever ma captive,
Et regagner ces lieux, où bientôt nos amis, etc.

Page 230.

51. Var. 1668. Après ce vers, on lisait

> *Allons, Madame, allons. C'est moi qui vous délivre.*
> *Pyrrhus ainsi l'ordonne, et vous pouvez me suivre.*
> *De nos derniers devoirs allons nous dégager.*
> *Montrons qui de nous deux saura mieux le venger.*

Page 232.

52. Le texte de 1697 porte : « Dieu », au singulier. Nous rétablissons le pluriel comme dans les éditions antérieures.

LES PLAIDEURS

Page 235.

1. Les Comédiens Italiens, dont l'implantation en France remontait à Catherine de Médicis, chassés du Petit-Bourbon en même temps que Molière, partageaient avec lui la salle du Palais-Royal depuis janvier 1661. Ils y jouaient les lundis, mercredis, jeudis et samedis. Ils improvisaient sur des canevas en leur langue, où pouvaient s'interca ler des scènes en français : un certain nombre, de date plus tardive, nous ont été conservées par Gherardi, qui lui-même tiendra l'emploi d'Arlequin à partir de 1689 et jusqu'à l'expulsion de la troupe en 1697, dans son *Théâtre Italien.*

2. De son véritable nom Tiberio Fiorelli, maître incomparable dans l'art de s'exprimer par le geste, arrivé peut-être dès 1639 à Paris. Il jouait tout de noir vêtu. Son emploi tenait du Capitan et de l'Arlequin. Pâle comme Pierrot, il portait une moustache en parenthèse, se distinguait par la noirceur de ses sourcils, et se reconnaissait à sa guitare. Cet « incomparable » acteur, « qui a été l'ornement du Théâtre, et le modèle des plus illustres comédiens de son temps, qui avaient appris de lui cet art si difficile, et si nécessaire aux personnes de leur caractère, de remuer les passions, et de les savoir bien peindre sur le visage », se montrait capable de faire « pâmer de rire pendant un gros quart d'heure, dans une scène d'épouvantes, où il ne proférait pas un seul mot » (*Le Théâtre Italien* de Gherardi [...], Amsterdam, Isaac Elzevir, 1707, t. I, *Colombine avocat pour et contre*, II, 7, p. 377).

3. On n'en connaît pas la date exacte. Mais il se trouvait encore à Paris, semble-t-il, en mai 1668, sinon même le mois suivant : Robinet le mentionne dans ses *Lettres en vers* du 5 mai, puis du 2 juin, à propos de ses rôles dans *Le Régal des dames*, pièce à machines créée en avril.

Page 236.

4. On ne sait rien sur cette affaire. L'abbé d'Olivet (*Réponse à M. de Valincour*, dans *Histoire de l'Académie française depuis 1652 jusqu'à 1700*, Paris, Jean-Baptiste Coignard fils, 1730, pp. 378-379) la rattache au séjour en Languedoc. Voici comment il explique « à quelle occasion M. Racine fit sa comédie des *Plaideurs* » : « Peut-être ne vous a-t-il jamais conté qu'à l'âge de vingt-deux ans, se voyant sans père ni mère, et avec peu de biens, il se retira chez un de ses oncles, chanoine régulier, official, et vicaire général d'Uzès, qui lui résigna un prieuré de son ordre dans l'espérance qu'il en prendrait l'habit. Il accepta le

prieuré ; mais pour l'habit, il différait toujours à le prendre : de sorte qu'à la fin un régulier lui disputa ce bénéfice, et l'emporta. Voilà le procès que ni ses juges, ni lui n'entendirent jamais bien, à ce qu'il dit dans la Préface de ses *Plaideurs*. » Pour Louis Racine (*Mémoires* [...] dans *Œuvres complètes* de Racine, éd. Raymond Picard, t. I, p. 28), il s'agirait des tracasseries que valut à son père le prieuré de l'Espinay : « Fatigué enfin du procès, las de voir des avocats et de solliciter des juges, il abandonna le bénéfice et se consola de cette perte par une comédie contre les juges et les avocats. » Mais, bien que Racine, dans le privilège des *Plaideurs*, ainsi qu'avant Louis Racine l'avait déjà remarqué l'abbé d'Olivet, ne soit pas désigné comme prieur de Sainte-Pétronille, il en resta titulaire au moins une année environ, et peut-être davantage, après la création de la pièce (voir Raymond Picard, *La Carrière de Jean Racine*, éd. cit., pp. 96-97).

5. On a voulu voir ici, sans doute à cause des plaisanteries dont les prudes s'étaient effarouchées dans *L'École des femmes*, une attaque sournoise contre Molière. Mais Racine, plutôt que lui, vise probablement des auteurs tels que Gabriel Gilbert (*Les Intrigues amoureuses*, 1666), Brécourt (*La Noce de village*, même date), Chevalier (*Les Aventures de nuit*, même date), Montfleury (*L'École des filles*, même date), Donneau de Visé (*L'Embarras de Godard*, 1667), Raymond Poisson (*Le Poète basque*, 1668). Voir d'ailleurs ce que Montfleury, l'année même où *Les Plaideurs* paraissent en librairie, dira de sa *Femme juge et partie*, dans *Le Procès de La Femme juge et partie*, scène 2 (*Les Œuvres de M. Montfleury* [...], La Haye, J Van den Kieboom *et alii*, 1735, t. II, p. 467) :

ZELAN
Est-ce un si doux plaisir [...]
N'entendre pour tous vers qu'une prose affamée,
Pleine de quolibets, et pauvrement rimée [...]

DORANTE
Cependant tout le monde admire ces beautés.

ZELAN
Hé, c'est que tout le monde aime les saletés.
Pour peu qu'une sottise aujourd'hui soit fardée,
Bien qu'elle fasse naître une vilaine idée,
On lui voit immoler le scrupule et l'honneur.
Hé, nous verrons bientôt que malgré la pudeur,
Puisque l'on se plaît tant à ces pointes infâmes,
Il faudra des gros mots pour contenter les dames.

Des comédies telles que *Les Faux Moscovites*, de Raymond Poisson et *Le Duel fantasque* de Rosimont, représentées l'une en octobre 1668 à l'Hôtel de Bourgogne, l'autre vers le même temps sur la scène du Marais, attestent que le comique, à l'époque des *Plaideurs*, tendait à tomber bien bas.

Page 237.

6. Le nom rappelle Perrin Dendin, « l'apoincteur de procès » qui, dans le *Tiers Livre* de Rabelais (chapitres XLI-XLII), avant de les arbitrer, les laisse patiemment mûrir et venir à « perfection » (*Œuvres*

complètes de Rabelais, éd. Jacques Boulenger, Paris, Gallimard, Bibliothèque de la Pléiade, 1942, pp. 496 et 499). Le nom de Perrin Dandin sera repris par La Fontaine dans *L'Huître et les Plaideurs* (*Fables*, IX, 9, v. 16).

7. Le nom rappelle, chez Rabelais encore (*Quart Livre*, chapitres XII à XVI, *loc. cit.*, pp. 593 sq.), les « Chicquanous », qui représentent non des plaideurs mais des huissiers. Il était porté par un danseur du temps.

8. L'intimé, selon Furetière, dans la langue du Palais, « se dit proprement de celui ou celle qui sont assignés devant le juge supérieur pour voir juger l'appel d'une sentence rendue à leur profit ».

Page 239.

9. « Sac, en termes de Palais, se dit de celui où l'on met les papiers d'un procès [...] Ce procès contient tant de sacs enfermés dans un sac commun. » (Furetière).

10. Comme le portier du théâtre, il ne laissait entrer personne sans qu'on l'eût payé.

11. « Plaids, au plurier, se dit des lieux et des temps où on plaide » (Furetière).

Page 240.

12. « Serviteur se dit proverbialement et ironiquement en cette phrase : Je suis votre serviteur, pour dire, je ne suis pas de votre avis, je ne ferai pas ce que vous me proposez » (Furetière).

Page 241.

13. « Guichetier : valet d'un geôlier commis à la garde des guichets de la geôle, et qui a soin d'enfermer et de garder les prisonniers » (Furetière). Terme de la langue judiciaire, par conséquent, comme, au vers suivant, « comparaître », « défaut » (v. 62), « élargir » (v. 64).

14. « On dit au Palais : Hors de cour et de procès, quand on déboute un demandeur de sa demande » (Furetière).

Page 242.

15. « Main-forte se dit aussi du secours qu'on prête à la Justice » (Furetière).

16. « Celui qui tient la buvette en plusieurs jurisdictions, et qui est comme le serviteur des Compagnies, qui reçoit les consignations des Commissaires, etc. » (Furetière, article « Beuvetier »). Buvette : « Lieu établi dans toutes les cours et jurisdictions, où les conseillers vont prendre un doigt de vin quand ils sont trop longtemps en l'exercice de leurs charges, et où ils parlent aussi de leurs affaires communes » (*ibid.*, article « Beuvette ».)

Page 243.

17. « Dans les logis bourgeois, on appelle garde-robe toute petite chambre qui en accompagne une grande » (Furetière).

Page 244.

18. La locution « sans autre forme de procès » — ou, comme ici, par abréviation, « sans autre forme » — s'employait dans tous les cas « où il n'était pas besoin de plus longue information, en raison de la qualité des accusés, par exemple lorsqu'il s'agissait d'étrangers vagabonds,

Bohémiens et Égyptiens » (Gauret, *Style universel de toutes les Cours et Jurisdictions du Royaume, pour l'instruction des matières criminelles*).

19. « En attendant » (Furetière). L'expression appartient, comme il se doit, à la langue du Palais.

Page 245.

20. Var. 1669 : « bien ». La question de l'Intimé semble provoquee par la formule « sans témoin » : cet emprunt à la langue du Palais l'amène à feindre par plaisanterie de redouter que le fils ne soit atteint de la même manie que le père.

21. « Sergent : huissier, le plus bas des officiers de justice, qui sert à exécuter ses ordres [les ordres de la justice] ; les sentences et arrêts en forme » (Furetière). « Procureur se dit d'un officier créé pour se présenter en justice et instruire les procès des parties qui le voudront charger de leur exploit, ou de leur procuration » (*ibid.*).

Page 246.

22. « Exploit se dit aussi des actes et expéditions que font les sergents » (Furetière). « J'ai vu feu M. Corneille fort en colère contre M. Racine pour une bagatelle, lit-on dans le *Menagiana* (3ᵉ éd., Paris, Florentin Delaulne, 1715, t. III, pp. 306-307), tant les poètes sont jaloux de leurs ouvrages. M. Corneille dans *Le Cid*, act. I sc. 1 [v. 35] avait dit en parlant de Don Diègue : " Ses rides sur son front ont gravé ses exploits ". M. Racine par manière de parodie s'en joua dans ses *Plaideurs.* " Quoi, disait M. Corneille, ne tient-il qu'à un jeune homme de venir tourner en ridicule les plus beaux vers des gens ? " Mais l'abbé Laurent Bordelon, dans ses *Diversités curieuses*, 5ᵉ partie (Amsterdam, 1699, p. 198) déclare : " Si M. Corneille vivait, je ne sais s'il avouerait, comme on le fait dire par M. M., qu'il voulut du mal à M. Racine, à cause que, dans sa comédie des *Plaideurs*, il avait mis ce vers " » (cité dans Raymond Picard, *La Carrière de Jean Racine*, éd. cit., p. 141).

23. Cf. Rabelais, *Quart Livre*, XVI (*loc. cit.*, p. 607) : « si en tout le territoire n'estoient que trente coups de baston à guaigner, il en emboursait tousjours vingt huict et demi. »

Page 247.

24. Cette province passait, au temps de Rabelais déjà, pour fournir de faux témoins tous ceux qui voulaient acheter leurs services.

Page 249.

25. « Particule qui signifie : avec tout cela, mais qui en ce sens est hors d'usage » (Richelet).

26. « Se dit au Palais d'un jugement qui est rendu sur quelque différend par des juges inférieurs, et dont on peut appeler » (Furetière).

27. « Arrêt. Terme de Palais. Jugement souverain contre lequel il n'y a nul appel » (Richelet).

28. « Requête civile, dit Furetière, est un remède de droit introduit pour faire casser les arrêts qui ont été surpris [obtenus par surprise], et où il y a erreur [ici, la sentence déboutant la plaignante] [...] Les arrêts sur requête ne sont d'aucune considération quand on juge le fond. » Drolichon désigne le procureur de Chicanneau.

29. « Difficulté nouvelle, question nouvelle qui naît dans le cours d'un procès, et qui embarrasse le procès davantage, et le rend plus difficile à juger » (Richelet).

30. Formule juridique : « Quand on donne des défenses, on prononce : Toutes choses demeurant cependant en état » (Furetière).

31. « Appointer : prononcer un appointement » (Furetière). Celui dont il est ici question semble consister « à écrire et produire, et donner causes d'appel, quand on appointe une cause sur le rôle à la Grande Chambre » (*ibid.*).

Page 250.

32. « Frais se dit particulièrement au Palais, pour signifier la dépense, le coût d'un procès » (Furetière). Mais aussi : « On dit proverbialement : Travailler sur nouveaux frais, pour dire : Recommencer sa besogne, comme s'il n'y avait rien de fait » (*ibid.*).

33. « Terme de Palais. Ecritures par lesquelles on contredit les pièces produites par la partie adverse » (Richelet).

34. « Compulsoire : lettre de chancellerie que le roi accorde à des parties pour contraindre des notaires ou des personnes publiques à leur délivrer les actes dont elles ont besoin, qui portent commission pour appeler les parties adverses, afin de les voir collationner » (Furetière).

35. « Transport, en termes de Palais, se dit des descentes des juges sur des lieux contentieux pour les visiter » (Furetière).

36. « Interlocutoire : [...] c'est la sentence ou l'arrêt qui prononcent l'interlocution » ou « jugement préparatoire avant le définitif » (*ibid.*).

37. « Lettres, au plur., se dit de toutes les expéditions de la grande ou petite chancellerie ; et alors on les appelle Lettres Royaux au masculin : ce sont des secours de droit qui sont émanés de la faveur du prince » (Furetière).

38. Soit cent vingt. « Production, en termes de Palais, se dit de quelques titres ou papiers qu'on fait paraître en justice pour appuyer le bon droit qu'on a en un procès, la vérité des faits qu'on y allègue » (Furetière).

39. « On donne des arrêts de défenses particulières pour lier les mains à des juges, ou à des officiers, pour empêcher qu'ils ne continuent l'instruction d'un procès, l'exécution d'un jugement ; et aux parties pour empêcher qu'elles ne passent outre à un mariage, à la construction de quelque bâtiment, ou autre chose semblable » (Furetière). La plupart des termes énumérés ici se trouvent déjà chez Rabelais (*Tiers Livre,* XXXIX, éd. cit., p. 491) : « Ayant bien veu, reveu, leu, relleu, paperassé et feuilleté les... productions [...] intenditz, contredictz, requestes, enquestes [...] escritures [...] griefs [...] letres royaux, compulsoires [...] apoinctemens [...] exploictz et telles autres dragées et espisseries d'une part et d'aultre [...] » La liste de Rabelais ne compte pas moins de trente-sept expressions empruntées au jargon du Palais.

Page 253.

40. Exclamation équivalant à « Ouais ! » pour marquer l'impatience.

Page 255.

41. Selon le *Menagiana* (éd. cit., t. III, pp. 24-25), cette scène serait « arrivée de la même manière qu'on la rapporte, chez M. Boileau le greffier [Jérôme, frère aîné du satirique, greffier de la Grand Chambre] » : « Chicanneau était M. le Président de L... [Balthazard de

Lyonne, Président à la Cour des Monnaies]. Je ne sais point qui était la Comtesse, mais j'ai su autrefois son nom ; et il me souvient seulement que lorsqu'on la joua pour la première fois, on avait conservé à celle qui la représentait sur le théâtre un habit de couleur de rose sèche et un masque sur l'oreille, qui était l'ajustement ordinaire de cette Comtesse. » Brossette, dans une note sur le v. 105 de la *Satire III* (*Œuvres de M. Boileau-Despréaux* [...], Genève, Fabri et Barrillot, 1716. Voir aussi Parfaict, *Histoire du Théâtre français*, t. X, pp. 364-365), identifie la comtesse de Pimbêche avec Mme de Crissé, « plaideuse de profession, qui passa toute sa vie dans les procès, et qui a dissipé de grands biens dans cette occupation ruineuse. Le Parlement, fatigué de son obstination à plaider, lui défendit d'intenter aucun procès sans l'avis par écrit de deux avocats que la Cour lui nomma. Cette interdiction de plaider la mit dans une fureur inconcevable. Après avoir fatigué de son désespoir les juges, les avocats et son procureur, elle alla encore porter ses plaintes à M. Boileau le greffier chez qui se trouva par hasard M. de L*** [...] Cet homme qui voulait se rendre nécessaire partout, s'avisa de donner des conseils à cette plaideuse. Elle les écouta d'abord avec avidité, mais, par un malentendu qui survint entre eux, elle crut qu'il voulait l'insulter, et l'accabla d'injures. M. Despréaux, qui était présent à cette scène, en fit le récit à M. Racine, qui l'accommoda au théâtre et l'inséra dans la comédie des *Plaideurs*. Il n'a presque fait que la rimer. »

Page 257.

42. « Officier royal et subalterne, qui a soin de tenir la main à l'exécution des règlements de police. Il y a à Paris plusieurs Commissaires du Châtelet, qui se qualifient commissaires enquêteurs et examinateurs, qui font les informations [...] » (Furetière).

Page 258.

43. « On dit qu'un jeune homme fait l'amour à une fille, quand il la recherche en mariage » (Furetière, article « Amour »). « Faire l'amour, c'est tâcher de plaire à quelque dame, et de s'en faire aimer » (*ibid.*, article « Faire »). Le « contrat » dont il s'agit au v. 321 consiste en un contrat de mariage dressé dans les formes.

Page 261.

44. Prononciation dès lors désuète, sauf dans la langue des tribunaux.
45. Souvenir parodique du *Cid*, I, 5, v. 268 : « Viens mon fils, viens mon sang [...] »
46. Ouvrage d'un avocat au Parlement nommé Lepain, publié plusieurs fois, sous divers titres (*Le Vrai Praticien françois, Le Vrai et Nouveau Praticien françois, Le Parfait Praticien françois*). L'édition de 1663 avait été revue par un de ses confrères, F. Desmaisons. Il en existait une autre, parue en 1666. Le « praticien » désigne « celui qui sait bien le style, l'usage du barreau, les formes, les procédures et les règlements de la justice, qui sait bien dresser un contrat, instruire un procès [...] On appelle aussi praticiens ceux qui ont écrit et donné des formules des styles, comme Imbert, Boyer, Gastier, Le Brun, qui a écrit du procès civil et criminel, le Praticien françois » (Furetière).
47. On disait aussi « mettre au pis » : « On l'a mis au pis, pour dire : on l'a défié de faire tout le mal qu'il pourrait » (Furetière).

Page 263.

48. « Zest » se dit « pour montrer qu'on ne fait point de cas d'une chose » : « On a beau le menacer, il dit zest, il ne fait que s'en moquer » (Furetière). « Hiérome » : forme ancienne pour Jérôme.

Page 265.

49. Plaisanterie inspirée de Rabelais (*Quart Livre*, XII, éd. cit., p. 594) : « Cela fait, voylà Chiquanous riche pour quatre mois, comme si coups de bastons feussent ses naïfves moissons », etc.

Page 266.

50. « Protester : faire des protestations » (Furetière). « Protestation [...] : déclaration solennelle [...] contre l'oppression et la violence [...] portant qu'on a dessein de se pourvoir contre en temps et lieu » (*ibid.*). Mais aussi, « dans le discours ordinaire », « offres de service, d'amitié, qu'on affirme et réitère puissamment et avec serment » (*ibid.*) : Racine joue sur les deux sens.

Page 271.

51. Autrefois, le terme se disait « du sucre, des dragées et des confitures qu'on donnait en présent aux juges, quand ils avaient fait gagner un procès, et cela par pure gratification » (Furetière). « Épices, aujourd'hui, se dit au Palais des salaires que les juges se taxent en argent au bas des jugements, pour leur peine d'avoir travaillé au rapport et à la visitation des procès par écrit » (*ibid.*). Petit-Jean ignore cet autre sens du mot.

Page 275.

52. « Bas se dit aussi de ce qui est au rez-de-chaussée, ou au-dessous. Une salle basse [...] » (Furetière).

Page 279.

53. Parodie du *Cid*, I, 3, v. 221 : « Achève, et prends ma vie après un tel affront. » La référence implicite à ce vers de Corneille suggère que Dandin tient à ce sac de procès autant qu'à sa vie, comme l'Harpagon de Molière à sa cassette (voir *L'Avare*, IV, 7).

Page 281.

54. « On appelle un amené sans scandale, une ordonnance de juge décernée sur le simple exposé d'une requête, et sans information, qui permet d'amener un homme par-devant lui doucement, et pied à pied pour l'interroger » (Furetière).

55. « Authentique », en termes de jurisprudence, signifie revêtu de toutes les formes [...] » (Furetière).

Page 282.

56. Var. 1669. Entre ce vers et le suivant, on lisait :

PETIT-JEAN
Je vous entends, oui ; mais d'une première cause,
Monsieur, à l'avocat revient-il quelque chose ?

LÉANDRE
Ah, fi ! garde-toi bien d'en vouloir rien toucher :
C'est la cause d'honneur, on l'achète bien cher.

> *On sème des billets par toute la famille;*
> *Et le petit garçon et la petite fille,*
> *Oncle, tante, cousins, tout vient, jusques au chat,*
> *Dormir au plaidoyer de Monsieur l'avocat.*

57. Var. 1669 :

> *[...] à vous-même funeste,*
> *Vous en voulez encore absorber tout le reste.*
> *Ne vaudrait-il pas mieux, sans soucis, sans chagrins,*
> *Et de vos revenus régalant vos voisins,*
> *Vivre en père jaloux du bien de sa famille,*
> *Pour en laisser un jour le fonds à votre fille,*
> *Que de nourrir un tas d'officiers affamés*
> *Qui moissonnent les champs que vous avez semés;*
> *Dont la main toujours pleine, et toujours indigente,*
> *S'engraisse impunément de vos chapons de rente?*
> *Le beau plaisir d'aller, tout mourant de sommeil,*
> *A la porte d'un juge attendre son réveil,*
> *Et d'essuyer le vent qui vous souffle aux oreilles,*
> *Tandis que Monsieur dort, et cuve vos bouteilles!*
> *Ou bien, si vous entrez, de passer tout un jour*
> *A compter, en grondant, les carreaux de sa cour!*
> *Hé! Monsieur, croyez-moi, quittez cette misère.*

Page 287.

58. Toujours est-il. « Tant y a : pour conclusion » (Furetière).

Page 288.

59. Le Maine était réputé pour ses chapons (voir Étienne Martin de Pinchesne, *La Chronique des chapons et des gelinottes du Mans*, rééditée par Frédéric Lachèvre en 1907, et La Fontaine, *Le Faucon et le Chapon, Fables*, VIII, 21, v. 5 : « Un citoyen du Mans, chapon de son métier », etc.). Mais on a vu que cette province passait également pour une inépuisable pourvoyeuse de faux témoins (voir ci-dessus le v. 167 et la note 24).

60. Le *Menagiana* (éd. cit., t. III, p. 26) offre pour ce passage une clé : « Quand L'Intimé répond au juge, qui lui demande s'il sera long, en disant oui, contre la coutume, c'est M. de Montauban; et il me souvient de lui avoir entendu dire en pareille occasion par M. le Premier Président : du moins vous êtes de bonne foi. »

Page 289.

61. « La plupart des avocats du temps sont joués dans *Les Plaideurs* et les différents tons sur lesquels L'Intimé déclame sont autant de copies des différents tons des avocats. Par L'Intimé, qui emploie dans une cause de bibus [« Terme indéclinable et ironique, qui se dit des choses qu'on veut mépriser. Un avocat, un poëte de bibus, est un méchant avocat, un mauvais poëte » (Furetière)] le magnifique exorde de l'oraison *pro Quinctio : Quae res in civitate duae plurimum possunt, hae contra nos ambae faciunt in hoc tempore, summa gratia, et eloquentia.* [Les deux pouvoirs les plus forts dans la cité se réunissent aujourd'hui contre nous : l'extrême faveur et l'extrême éloquence], on a voulu tourner en ridicule M. P... [Patru?] qui, dans un procès qu'un pâtissier avait pour une vétille contre un boulanger, s'était servi du

même exorde. J'ai entendu dire que l'avocat de la partie adverse lui dit : Maître P... ne se tiendra pas pour interrompu si je lui dis que, pour l'éloquence, je n'en ai jamais été autrement soupçonné ; quant au crédit de ma partie, c'est un maître boulanger de petit pain » (*Menagiana*, éd. cit., t. III, pp. 25-26). La même anecdote se trouve dans les *Historiettes* de Tallemant (éd. Antoine Adam, t. I, pp. 193-194) ; mais elle y concerne un « jeune avocat, ayant à plaider contre un nommé Desfitas, bon praticien et non autre chose », qui, lui coupant la parole alors qu'il se lançait dans un exorde inspiré du *Pro Quinctio*, dit : « Messieurs, l'avocat de la partie adverse ne se tiendra pas pour interrompu : je ne me pique point d'éloquence et ma partie est un savetier. » Selon Le Verrier, qui rapporte aussi cette mésaventure (voir *Les Satires de Boileau commentées par lui-même,* éd. Frédéric Lachèvre, Le Vésinet, 1906, et Antoine Adam, note sur le passage précédemment cité des *Historiettes, loc. cit.,* t. I, p. 873), elle serait arrivée au célèbre avocat Claude Gautier, surnommé la Gueule.

62. Lucain, *La Pharsale,* I, v. 128 (« La cause victorieuse plut aux dieux, mais celle des vaincus à Caton »).

63. Luneau de Boisjermain rapproche de ce passage une épigramme de Martial (VI, 19), *In Posthumum causidicum :* le personnage visé, dans une affaire qui concernait trois chèvres, alléguait la bataille de Cannes, la guerre contre Mithridate, la mauvaise foi des Carthaginois, Sylla, Marius, d'autres encore, avec des effets de voix et de geste.

Page 290.

64. Pierre Rebuffe, ou Rebuffi, savant jurisconsulte (1487-1557). Le « grand Jacques » désigne probablement le célèbre Cujas.

65. Var. 1699 : « Armen Pul en son *Prompt...* » Constantin Harmenopule, ou bien Harmenopoulos, jurisconsulte byzantin du XIVᵉ siècle, dont le *Manuel des lois* avait été plusieurs fois traduit en latin, sous le titre de *Promptuarium juris civilis.* « M. Racine, lit-on dans le *Menagiana* (Amsterdam, Braakman, 1693, p. 295), s'est diverti des citations de droit dans ses *Plaideurs,* aussi bien que du reste. »

66. Mot latin : pour sa part, de son côté.

67. C'est-à-dire : on donne un décret de prise de corps. « On a décrété prise de corps, ajournement personnel contre les accusés » (Furetière).

Page 291.

68. Le *Digeste* de Justinien, autrement nommé les *Pandectes,* recueil méthodique de lois. Celle qu'invoque ici L'Intimé (loi « Si quelque chien », au titre « De la violence » (1. XLIII, ch. XVI), paragraphe « Des chapons ») relève de la pure imagination.

69. « Ce mot n'est plus en usage qu'en pratique » (Furetière), c'est-à-dire dans le style du Palais. Partout ailleurs « celui » l'a supplanté.

Page 292.

70. Graphie et prononciation archaïques pour « omettre ».

71. « Où l'auteur a-t-il été chercher ce mot de six syllabes, qui tient un demi-vers, et qui signifie en abrégé ? C'est une bonne fortune » (Laharpe).

Page 293.

72. Ovide, *Métamorphoses,* I, v. 6-7 : « La nature offrait partout le même visage dans tout l'univers : les Grecs l'ont nommé le Chaos, masse informe et inorganisée. » Le mot « *Graeci* » n'appartient pas au texte du poète latin. Racine a pu le trouver, mis entre parenthèses, dans les éditions scolaires.

Page 294.

73. « Tirez, tirez, terme dont on se sert ordinairement pour chasser un chien » (*Dictionnaire* de l'Académie française, 1694).

74. « Ouf », au XVIIᵉ siècle, marque, non le soulagement, mais « quelque sentiment de douleur » (Richelet).

BRITANNICUS

Page 301.

1. Charles-Honoré d'Albert, duc de Luynes, de Chevreuse et de Chaulnes, né le 7 octobre 1646, élève de Lancelot. Racine l'avait connu très jeune et parle de lui dans ses lettres de 1661.

2. Colbert, dont le duc de Chevreuse avait épousé la fille « aînée et bien-aimée » (Saint-Simon, *Mémoires,* Pléiade, t. IV, p. 88), Jeanne-Marie, en 1667.

Page 302.

3. *Préface* de l'édition séparée publiée en 1670.

4. Tacite, *Annales,* XIII, 1. Racine omet « *per avaritiam et prodigentiam* » (« par sa cupidité de même que par sa prodigalité ») entre « *vitiis* » et « *mire* ».

Page 303.

5. Corneille, dans *Héraclius.*

6. Sénèque, *Apocolocynthosis,* VIII (« la plus enjouée des jeunes personnes »).

7. Tacite, *Annales,* XII, 4.

8. Dans l'ancienne scène 6 de l'acte V, que Racine a supprimée à partir de 1676. Voir la variante indiquée en note au v. 1637.

Page 304.

9. Voir Sophocle, *Antigone,* v. 1223-1353, soit 131 vers contre 134 dans la première version de *Britannicus* (v. 1657-1690).

10. Attila, dans la pièce de Corneille qui porte son nom pour titre.

11. Cf. *Attila,* III, 2, v. 885-888.

12. Agésilas, dans la pièce de Corneille qui porte son nom pour titre.

13. Sertorius, dans la pièce de Corneille qui porte son nom pour titre, plutôt que César, dans *La Mort de Pompée.* Voir sur ce point Georges Couton, *La Vieillesse de Corneille,* Paris, Maloine, 1949, pp. 167 et 339.

14. Sophonisbe, dans la pièce de Corneille qui porte son nom pour titre, plutôt que Cornélie, dans *La Mort de Pompée,* V, 4, v. 1700-1754. Voir sur ce point Georges Couton, *loc. cit.*

15. Longin, *Du Sublime,* XIV, 1-2.

16. Cicéron, *De Republica*, VI, 16 : « Ce que d'autres disent à ton sujet, cela les regarde ; mais à coup sûr ils parleront. »

Page 305.

17. Térence, *L'Andrienne, Prologue*, v. 6-7. Il s'agit de Luscius de Lavinium. Racine vise ici Corneille.
18. Térence, *L'Eunuque, Prologue*, v. 22-23 (« La représentation a commencé. Il s'écrie [...] »).
19. *Nuits attiques*, I, 12.
20. Térence, *Les Adelphes*, v. 99 (« Rien de plus injuste qu'un ignorant »).
21. Préface des éditions collectives, à partir de 1676.

Page 306.

22. Tacite, *Annales*, XIV, 56. Racine omet « *et consuetudine exercitus* » (« et exercé par l'habitude ») après « *natura* ». Traduction : « formé par la nature à masquer sa haine sous de trompeuses caresses ».
23. *Ibid.*, XIII, 47 : « Néron chercha jusqu'alors à masquer ses turpitudes et ses crimes. »
24. *Ibid.*, XIII, 12 : « soit par fatalité, soit par l'attrait du fruit défendu ; et l'on craignait qu'il ne se mît à déshonorer les femmes de haute naissance ». Racine omet le verbe « *abhorrebat* » après « *illicita* », l'ayant traduit au début de sa phrase (« Il ne pouvait souffrir »). Il coupe avant la proposition conditionnelle « *si illa libidine prohiberetur* » (« si l'on mettait obstacle à sa passion pour une " créature " »).
25. Tacite, *Annales*, XIII, 1.

Page 307.

26. *Ibid.*, XIII, 2. Racine traduit avant de citer.
27. *Ibid.*, XIV, 51. Cette fois encore, la traduction précède la citation.
28. *Ibid.*, XIII 2. Racine a traduit le début de la phrase avant de citer la suite. Traduction : « qui, brûlant de toutes les passions d'une souveraineté malfaisante, comptait dans son parti Pallas ».
29. *Ibid.*, XIII, 16.
30. *Ibid.*, XIII, 16. Racine paraphrase avant de citer.
31. *Ibid.*, XII, 26. Racine a traduit avant de citer. Il omet « *enim* » après « *neque* ».
32. *Ibid.*, XIII, 15. Racine a traduit librement avant de citer.

Page 310.

33. Caligula, fils de Germanicus et frère d'Agrippine.

Page 312.

34. L'épisode s'est passé le jour où les ambassadeurs arméniens reçurent audience pour plaider leur cause devant Néron, à qui Sénèque inspira de se jeter au-devant de sa mère pour éviter le scandale de la voir prendre place sur le trône.

Page 314.

35. Agrippine, fille de Germanicus, sœur de Caligula, femme de Claude, est mère de Néron.

Page 315.

36. Narcisse, Pallas, Calliste, affranchis de Claude.

37. « Ce passage du *Panégyrique de Trajan* par Pline : *" Insulas quas modo senatorum, jam delatorum turba compleverat, etc. "*, a fourni ces beaux vers » (Louis Racine, *Mémoires* [...], dans *Œuvres complètes* de Racine, éd. Raymond Picard, t. I, p. 33). Voir Pline le Jeune, *Panégyrique de Trajan, XXXV.*

Page 324.

38. Tandis qu'Auguste répudiait Scribonia, Livie se séparait de Tiberius Claudius Néron, père du futur empereur Tibère
39. La trop célèbre Julie.

Page 329.

40. Héritière en tant que fille de Claude et de Messaline. Elle est en effet la sœur de Britannicus

Page 332.

41. Nous rétablissons le texte de 1670 et de 1676. Les éditions de 1687 et de 1697 donnent ici, par erreur : « moyens ».
42. Texte de 1670. De 1676 à 1697 : « même ».

Page 334.

43. Le murmure d'indignation provoqué parmi les spectateurs par les derniers vers de Néron a longtemps, semble-t-il, empêché l'acteur chargé d'interpréter Narcisse de prononcer son court monologue. Voir Louis Racine, *Remarques sur Britannicus,* et Jean-François La Harpe, allégués par Paul Mesnard, *Œuvres* de J. Racine, t. II, p. 297.
44. Boileau, rapporte Louis Racine (*Mémoires* [...], dans Raymond Picard, *Œuvres complètes* de Racine, t. I, pp. 30-32), « engagea mon père à supprimer une scène entière de cette pièce avant que de la donner aux comédiens [...] Ces deux amis avaient un égal empressement à se communiquer leurs ouvrages avant que de les montrer au public, égale sévérité de critique l'un pour l'autre, et égale docilité. Voici cette scène, que Boileau avait conservée, et qu'il nous a remise : elle était la première du troisième acte.

BURRHUS, NARCISSE

BURRHUS

Quoi ? Narcisse au palais obsédant l'empereur,
Laisse Britannicus en proie à sa fureur,
Narcisse, qui devrait d'une amitié sincère
Sacrifier au fils tout ce qu'il tient du père ;
Qui devrait en plaignant avec lui son malheur,
Loin des yeux de César détourner sa douleur ?
Voulez-vous qu'accablé d'horreur, d'inquiétude,
Pressé du désespoir qui suit la solitude,
Il avance sa perte en voulant l'éloigner,
Et force l'empereur à ne plus l'épargner ?
Lorsque de Claudius l'impuissante vieillesse
Laissa de tout l'empire Agrippine maîtresse,
Qu'instruit du successeur que lui gardaient les dieux,

Il vit déjà son nom écrit dans tous les yeux,
Ce prince, à ses bienfaits mesurant votre zèle
Crut laisser à son fils un gouverneur fidèle,
Et qui sans s'ébranler verrait passer un jour
Du côté de Néron la fortune et la cour.
Cependant aujourd'hui, sur la moindre menace
Qui de Britannicus présage la disgrâce,
Narcisse, qui devait le quitter le dernier,
Semble dans le malheur le plonger le premier.
César vous voit partout attendre son passage.

NARCISSE

Avec tout l'univers je viens lui rendre hommage,
Seigneur : c'est le dessein qui m'amène en ces lieux.

BURRHUS

Près de Britannicus vous le servirez mieux.
Craignez-vous que César n'accuse votre absence ?
Sa grandeur lui répond de votre obéissance.
C'est à Britannicus qu'il faut justifier
Un soin dont ses malheurs se doivent défier.
Vous pouvez sans péril respecter sa misère :
Néron n'a point juré la perte de son frère.
Quelque froideur qui semble altérer leurs esprits,
Votre maître n'est point au nombre des proscrits.
Néron même en son cœur touché de votre zèle
Vous en tiendrait peut-être un compte plus fidèle
Que de tous ces respects vainement assidus,
Oubliés dans la foule aussitôt que rendus.

NARCISSE

Ce langage, Seigneur, est facile à comprendre ;
Avec quelque bonté César daigne m'entendre :
Mes soins trop bien reçus pourraient vous irriter...
A l'avenir, Seigneur, je saurai l'éviter.

BURRHUS

Narcisse, vous réglez mes desseins sur les vôtres.
Ce que vous avez fait, vous l'imputez aux autres.
Ainsi lorsqu'inutile au reste des humains,
Claude laissait gémir l'empire entre vos mains,
Le reproche éternel de votre conscience
Condamnait devant lui Rome entière au silence.
Vous lui laissiez à peine écouter vos flatteurs,
Le reste vous semblait autant d'accusateurs
Qui, prêts à s'élever contre votre conduite,
Allaient de nos malheurs développer la suite,
Et lui portant les cris du peuple et du sénat,
Lui demander justice au nom de tout l'Etat.
Toutefois pour César je crains votre présence :
Je crains, puisqu'il vous faut parler sans complaisance,
Tous ceux qui comme vous flattant tous ses désirs,
Sont toujours dans son cœur du parti des plaisirs.
Jadis à nos conseils l'empereur plus docile
Affectait pour son frère une bonté facile,
Et de son rang pour lui modérait la splendeur,

De sa chute à ses yeux cachait la profondeur.
Quel soupçon aujourd'hui, quel désir de vengeance
Rompt du sang des Césars l'heureuse intelligence?
Junie est enlevée, Agrippine frémit;
Jaloux et sans espoir Britannicus gémit :
Du cœur de l'empereur son épouse bannie
D'un divorce à toute heure attend l'ignominie.
Elle pleure; et voilà ce que leur a coûté
L'entretien d'un flatteur qui veut être écouté.

NARCISSE

Seigneur, c'est un peu loin pousser la violence;
Vous pouvez tout; j'écoute, et garde le silence.
Mes actions un jour vous pourront repartir :
Jusque-là...

BURRHUS

Puissiez-vous bientôt me démentir!
Plût aux dieux qu'en effet ce reproche vous touche!
Je vous aiderai même à me fermer la bouche.
Sénèque, dont les soins devraient me soulager,
Occupé loin de Rome, ignore ce danger.
Réparons, vous et moi, cette absence funeste :
Du sang de nos Césars réunissons le reste.
Rapprochons-les, Narcisse, au plus tôt, dès ce jour,
Tandis qu'ils ne sont point séparés sans retour.

On ne trouve rien dans cette scène (poursuit Louis Racine) qui ne réponde au reste de la pièce pour la versification; mais son ami craignit qu'elle ne produisît un mauvais effet sur les spectateurs : Vous les indisposerez, lui dit-il, en leur montrant ces deux hommes ensemble. Pleins d'admiration pour l'un, et d'horreur pour l'autre, ils souffriront pendant leur entretien. Convient-il au gouverneur de l'empereur, à cet homme si respectable par son rang et sa probité, de s'abaisser à parler à un misérable affranchi, le plus scélérat de tous les hommes? Il le doit trop mépriser pour avoir avec lui quelque éclaircissement. Et d'ailleurs quel fruit espère-t-il de ses remontrances? Est-il assez simple pour croire qu'elles feront naître quelques remords dans le cœur de Narcisse? Lorsqu'il lui fait connaître l'intérêt qu'il prend à Britannicus, il découvre son secret à un traître, et au lieu de servir Britannicus, il en précipite la perte. Ces réflexions parurent justes, et la scène fut supprimée. »

Page 338.

45. Marcus Julius Agrippa Postumus, petit-fils d'Auguste et fils de Julie.

Page 348.

46. Voltaire, dans ses *Remarques sur Rodogune* (*Commentaires sur Corneille*, éd. cit., p. 286), observe, à propos de ce que Cléopâtre dit à ses fils (II, 3, v. 521-582 : « Mes enfants, prenez place », etc.), que son discours, à quelques vers près, où l'on relève de légers défauts, « est très artificieux, et plein de grandeur » : « Il semble que Racine l'ait pris en quelque chose pour modèle du grand discours d'Agrippine à Néron. »

Page 349.

47. Calliste favorisait Lollia Paulina, Pallas Agrippine et Narcisse Ælia Paetina.

Page 355.

48. « Tout ce que Burrhus dit à Néron quand il se jette à ses pieds, et qu'il tâche de l'attendrir en faveur de Britannicus, observe Louis Racine, est un extrait de ce que Sénèque a écrit de plus beau dans son traité *sur la Clémence*, adressé à ce même Néron » (*Mémoires* [...], dans *Œuvres complètes* de Racine, éd. Raymond Picard, t. I, pp. 32-33).

Page 356.

49. Trait rapporté par Suétone, *Vies des douze Césars, Néron*, X, 3.

Page 359.

50. Boileau, dans une lettre à Losme de Montchesnay, voulant montrer que la tragédie et la comédie ne produisent pas nécessairement de mauvais effets sur les mœurs, observe (*Œuvres complètes* de Boileau, éd. Antoine Adam et Françoise Escal, p. 834) : « Et pour vous en donner un exemple admirable je vous dirai qu'un très grand prince qui avait dansé à plusieurs ballets, ayant vu jouer le *Britannicus* de M. Racine où la fureur de Néron à monter sur le théâtre est si bien attaquée, il ne dansa plus à aucun ballet, non pas même au temps du carnaval. » Louis Racine (*Mémoires* [...], dans *Œuvres complètes* de Racine, éd. Raymond Picard, t. I, pp. 29-30) note pour sa part : « On sait l'impression que firent sur Louis XIV quelques vers de cette pièce [...] Ces vers frappèrent le jeune monarque, qui avait quelquefois dansé dans les ballets ; et quoiqu'il dansât avec beaucoup de noblesse, il ne voulut plus paraître dans aucun ballet, reconnaissant qu'un roi ne doit point se donner en spectacle. »

Page 362.

51. Var. 1670. La réplique de Britannicus était plus longue ; avant ce vers on lisait :

> *Lui me trahir ? Hé quoi ! vous voulez donc, Madame,*
> *Qu'à d'étranges soupçons j'abandonne mon âme ?*
> *Seul de tous mes amis Narcisse m'est resté.*
> *L'a-t-on vu de mon père oublier la bonté ?*
> *S'est-il rendu, Madame, indigne de la mienne ?*
> *Néron de temps en temps souffre qu'il l'entretienne,*
> *Je le sais. Mais il peut, sans violer sa foi,*
> *Tenir lieu d'interprète entre Néron et moi.*

Page 365.

52. Victor Hugo prendra ce récit comme exemple pour montrer combien Racine s'est trouvé gêné par les exigences contraignantes de la doctrine et de l'esthétique classiques (*Préface de Cromwell*, dans *Œuvres dramatiques complètes, Œuvres critiques complètes*, éd. Francis Bouvet, Paris, Jean-Jacques Pauvert, 1963, p. 146).

Page 366.

53. Var. 1670 :

[...] *si je suis sa complice.*
Demeurez.

Ensuite se plaçait cette scène supprimée depuis :

SCÈNE VI
NÉRON, AGRIPPINE, JUNIE, BURRHUS

NÉRON, *à Junie.*
        De vos pleurs j'approuve la justice.
Mais, Madame, évitez ce spectacle odieux ;
Moi-même en frémissant j'en détourne les yeux.
Il est mort. Tôt ou tard il faut qu'on vous l'avoue.
Ainsi de nos desseins la fortune se joue.
Quand nous nous rapprochons, le ciel nous désunit.

JUNIE
J'aimais Britannicus, Seigneur, je vous l'ai dit.
Si de quelque pitié ma misère est suivie,
Qu'on me laisse chercher dans le sein d'Octavie
Un entretien conforme à l'état où je suis.
Je vais, par tous les soins que la tendresse inspire,
Vous...

Ici commençait la scène VII, devenue depuis la scène VI :

AGRIPPINE
Arrêtez, Néron [...], etc.

Page 368.

54. En 1670, cette scène forme la huitième.

Page 369.

55. Scène IX en 1670.

BÉRÉNICE

Page 373.

1. Cette épître ne figure que dans l'édition séparée de 1671.
2. La pièce avait été représentée le dimanche 14 décembre 1670 à l'occasion du mariage entre Mlle de Thianges, nièce de Mme de Montespan, et le duc de Nevers, en présence de Louis XIV et de son frère.

Page 374.

3. Suétone, *Vies des douze Césars, Titus*, VII : « *Nec minus libido* [*propter exoletorum et spadonum greges*] *properque insignem reginae Berenices amorem cui etiam nuptias pollicitus ferebatur* [...] *Berenicem statim ab urbe dimisit invitus invitam.* » (« Et [l'on n'avait pas conçu

meilleure opinion] de ses mœurs [à cause de ses troupeaux de débauchés et d'eunuques], à cause aussi de sa passion violente pour la reine Bérénice, à qui même il avait, disait-on, promis de l'épouser [...] il chassa Bérénice aussitôt de Rome, à regret, pour lui comme pour elle. ») Racine arrange le texte latin, amalgamant deux membres de phrase assez distants l'un de l'autre.

4. Horace, *Épître aux Pisons*, v. 23.

5. *Œdipe Roi*, de Sophocle, dont Corneille s'était inspiré pour son *Œdipe*, en 1659, non sans compliquer l'intrigue par les amours de Thésée et de Dircé.

Page 375.

6. Cf. *La Critique de Bérénice*, dans Montfaucon de Villars, *Le Comte de Gabalis ou entretiens sur les sciences secrètes, La Critique de Bérénice*, éd. Roger Laufer, Paris, A.-G. Nizet, 1963, p. 147 : « Je veux grand mal à ces règles, et je sais fort mauvais gré à Corneille de me les avoir apprises dans ce que j'ai vu de pièces de sa façon ; j'ai été privé à la première fois que j'ai vu *Bérénice* à l'Hôtel de Bourgogne du plaisir qu'y prenaient ceux qui ne les savaient pas : mais je me suis ravisé le second jour, j'ai attrapé M. Corneille, j'ai laissé Mesdemoiselles les règles à la porte, j'ai vu la comédie, je l'ai trouvée fort affligeante et j'ai pleuré comme un ignorant. »

Page 376.

7. Voir Plutarque, *Comment on pourra discerner le flatteur d'avec l'ami* (*Les Œuvres morales et mêlées de Plutarque* [...], s. l., Jacob Stoer, 1604, f⁰. 51 F) : « [...] un musicien jadis fort gentiment et de bonne grâce ferma la bouche au roi Philippus, qui disputait et contestait à l'encontre de lui de la manière de toucher des cordes d'un instrument de musique, en lui disant : Dieu te gard, Sire, d'un si grand mal que d'entendre cela mieux que moi » (traduction de Jacques Amyot).

8. [Abbé Nicolas Montfaucon de Villars], *La Critique de Bérénice*, Paris, Louis Bilaine, Michel Le Petit, Etienne Michallet, 1671 (privilège du 31 décembre 1670, registré le 10 janvier suivant).

9. Var. 1671 : « très proche ». Cf. *La Critique de Bérénice*, éd. Roger Laufer, p. 148, à propos de la première scène de l'acte I : « Je trouvais mauvais que la scène ne s'ouvrît pas plus près de la catastrophe [...] Si Antiochus s'en va comme il le dit, il ne sera (disais-je) qu'un acteur de protase [...] Ses adieux à Bérénice sont de l'invention du poète pour gagner du temps, pour tricher et pour fournir un acte [...] Si cet Antiochus eût ouvert le théâtre en disant que Titus veut renvoyer Bérénice, ce qu'il dit n'eût pas été si éloigné de la catastrophe [...] et ainsi tout cet acte n'eût pas été hors d'œuvre comme il est, et la protase y eût été achevée. » Protase : « Terme de poésie. C'est la première partie d'un poème dramatique, qui explique au peuple le sujet ou l'argument de la pièce ; ce qui se fait au premier et au second acte » (Furetière). Selon Aristote, *Poétique*, XII, 1, les quatre « parties de quantité », comme les appelle Corneille (*Discours de l'utilité et des parties du poème dramatique*, dans Corneille, *Œuvres complètes*, éd. André Stegmann, p. 827), sont constituées par le prologue, équivalant à l'acte I, l'épisode, qui correspond aux trois actes centraux, l'exode, auquel répond le cinquième acte de nos tragédies classiques, et le chœur, qu'elles n'ont pas conservé.

10. Cf. [Montfaucon de Villars], *La Critique de Bérénice*, éd. Roger

Laufer, p. 156 : « Car toute cette pièce, si l'on y prend garde, n'est que la matière d'une scène, où Titus voudrait quitter Bérénice ; l'amante en serait marrie, et se voudrait tuer ; l'empereur la menacerait de se tuer lui-même si elle se tuait : et Bérénice, afin de n'avoir pas le déplaisir de voir en l'autre monde l'ombre de son ingrat, aimerait mieux vivre, et prendrait congé pour la Palestine. N'est-il pas plus adroit, sans s'aller embarrasser d'incidents, d'avoir ménagé cette scène, et d'en avoir fait cinq actes ? Premièrement, on se délivre par ce stratagème de la fatigue que donnait à Sophocle le soin de conserver l'unité d'action dans la multiplicité des incidents : car à peine y a-t-il une action ici, bien loin d'y en avoir plusieurs [...] »

11. Cf. *ibid.* : « et on n'a que faire de craindre que la règle des vingt-quatre heures n'y soit pas gardée ; sans le prince de Comagène qui est naturellement prolixe en lamentations et en irrésolutions, et qui a toujours un *toutefois*, et un *hélas* de poche pour amuser le théâtre, il est certain que toute cette affaire s'expédierait en un quart d'heure, et que jamais action n'a si peu duré. » Pour « mesdemoiselles mes règles », voir ci-dessus, note 6.

12. Texte de toutes les éditions antérieures à celle de 1697, qui porte : « de lire », etc.

Page 379.

13. Voir Voltaire, dans ses *Remarques sur Bérénice* (*Commentaires sur Corneille*, éd. cit., p. 524) : « On pourrait dire que *la pompe de ces lieux* et *ce cabinet superbe* paraissent des expressions peu convenables à un prince que cette pompe ne doit point du tout éblouir, et qui est occupé de tout autre chose que des ornements d'un cabinet. J'ai toujours remarqué que la douceur des vers empêchait qu'on remarquât ce défaut. »

Page 383.

14. Josèphe (*Guerre de Judée*, V, XXIX) conte la tentative — restée vaine — d'Antiochus Epiphane pour donner l'assaut malgré Titus qui le railla de sa présomption.

Page 385.

15. Var. 1671 : « que les dieux semblent », etc. Pour cette correction, voir plus loin la note 17, sur le vers 312.

Page 386.

16. Cf. la formule dont se servit César pour annoncer au sénat sa victoire sur Pharnace, roi du Pont : « *Veni, vidi, vici* » (« je suis venu, j'ai vu, j'ai vaincu »).

Page 390.

17. Var. 1671 : « Dieux ! » Voir [Montfaucon de Villars], *La Critique de Bérénice*, éd. Roger Laufer, p. 151 : « Cet amour après lui avoir fait oublier ce qu'elle doit aux hommes, ne la laisse pas souvenir de sa religion : elle devient païenne, et la juive ne parle que des dieux et des immortels. » Voir également Louis Racine, *Mémoires* [...], dans *Œuvres complètes* de Racine, éd. Raymond Picard, t. I, p. 33 : « Tout sert aux auteurs sages. L'abbé de Villars avait vivement relevé cette exclamation, *Dieux !* échappée à Bérénice. L'auteur, en reconnaissant sa faute, en corrigea deux autres de la même nature, dont son critique ne s'était

pas aperçu. » Voir les v. 321-322 et le v. 591, ainsi que les v. 145, 183, 600.

Page 392.

18. Voltaire, *loc. cit.* : « *De si belles mains* ne paraît pas digne de la tragédie ; mais il n'y a que ce vers de faible dans cette tirade. » Selon Louis Racine (*Remarques sur Bérénice* ; cité par Paul Mesnard, *Œuvres* de J. Racine, t. II, p. 401), on « fut persuadé dans le temps que quelque raison particulière avait engagé l'auteur à se servir de cette expression. » L'allusion concernerait-elle Henriette d'Angleterre ?

Page 393.

19. Et même de trois selon Suétone, *Vies des douze Césars, Claude,* **XXVIII**, 1. Cf. Corneille, *Othon*, II, 2, v. 510 : « Sous Claude on vit Félix le mari de trois reines. »

20. Toutes deux nommées Drusille, l'une descendait de Cléopâtre, comme Bérénice, l'autre était sa sœur et celle d'Agrippa. Au vers suivant, var. 1671-1687 : « Et vous pourriez, Seigneur », etc.

21. Voltaire, *loc. cit.*, pp. 527-528, sur ce vers : « Il y a dans presque toutes les pièces de Racine de ces naïvetés puériles ; et ce sont presque toujours les confidents qui les disent. Les critiques en prirent occasion de donner du ridicule au seul nom de Paulin, qui fut longtemps un terme de mépris. Racine eût mieux fait d'ailleurs de choisir un autre confident, et de ne point le nommer d'un nom français, tandis qu'il laisse à Titus son nom latin. Ce qui est bien plus digne de remarque, c'est que les railleurs sont toujours injustes. S'ils relevèrent les mauvais vers qui échappent à Paulin, ils oublièrent qu'il en débite beaucoup d'excellents. Ces railleurs s'épuisèrent sur la *Bérénice* de Racine, dont ils sentaient l'extrême mérite dans le fond de leur cœur ; ils ne disaient rien de celle de Corneille, qui était déjà oubliée, mais ils opposaient l'ancien mérite de Corneille au mérite présent de Racine. »

Page 397.

22. Voltaire, *loc. cit.*, p. 528 : « Ces vers sont connus de presque tout le monde ; on en a fait mille applications ; ils sont naturels et pleins de sentiment ; mais ce qui les rend encore meilleurs, c'est qu'ils terminent un morceau charmant. Ce n'est pas une beauté, sans doute, de l'*Electre* et de l'*Œdipe* de Sophocle ; mais qu'on se mette à la place de l'auteur, qu'on essaye de faire parler Titus comme Racine y était obligé, et qu'on voie s'il est possible de le faire mieux parler. Le grand mérite consiste à représenter les hommes et les choses comme elles sont dans la nature, et dans la belle nature. Raphaël réussit aussi bien à peindre les Grâces que les Furies. »

Page 412.

23. Voltaire, *loc. cit.*, sur ce vers : « Tous les actes de cette pièce finissent par des vers faibles et un peu langoureux. Le public aime assez que chaque acte se termine par quelque morceau brillant qui enlève les applaudissements. Mais *Bérénice* réussit sans ce secours. Les tendresses de l'amour ne comportent guère ces grands traits qu'on exige à la fin des actes dans des situations vraiment tragiques »

Page 414.

24. Voltaire, *loc. cit.*, p. 531, sur le v. 987 : « Ou le théâtre reste vide, ou Titus voit Bérénice ; s'il la voit, il doit donc dire qu'il l'évite, ou lui parler. » Pour La Harpe (cité par Paul Mesnard, *Œuvres* de J. Racine t. II, p. 429), « il est clair que le théâtre reste vide ».

Page 415.

25. On reconnaît le mot rapporté par Suétone, *Vies des douze Césars, Titus*, VIII : « S'étant un jour à table souvenu qu'il n'avait répandu de toute la journée aucun bienfait sur personne, il dit cette parole mémorable et justement louée : Mes amis, j'ai perdu ma journée. »

Page 419.

26. Var. 1671 :

> *jaloux de leur devoir*
> *De tous les autres nœuds oublier le pouvoir :*

Et les v. 1163-1166 manquent.

27. « L'un » : Régulus. Sa « foi » : la parole donnée aux Carthaginois. « L'autre » (v. 1164) : Manlius Torquatus. Il condamna son fils à mort pour avoir outrepassé ses ordres. « L'autre » (v. 1165) : Brutus. Il condamna ses deux fils pour avoir conspiré contre la république. Cf. Virgile, *Enéide*, VI, v. 822-823, à propos de Brutus, évoqué par le poète latin dans les vers précédents. Manlius Torquatus est mentionné dans les v. 824-825 du même livre.

Page 423.

28. Var. 1671. L'acte se terminait par une « Scène IX », entre « Antiochus » et « Arsace » :

> ANTIOCHUS
> *Arsace, que dis-tu de toute ma conduite ?*
> *Rien ne pouvait tantôt s'opposer à ma fuite*
> *Bérénice et Titus offensaient mes regards :*
> *Je partais pour jamais. Voilà comme je pars.*
> *Je rentre, et dans les pleurs je retrouve la reine.*
> *J'oublie en même temps ma vengeance et sa haine ;*
> *Je m'attendris aux pleurs qu'un rival fait couler ;*
> *Moi-même à son secours je le viens appeler ;*
> *Et si sa diligence eût secondé mon zèle,*
> *J'allais, victorieux, le conduire auprès d'elle.*
> *Malheureux que je suis ! avec quelle chaleur*
> *J'ai travaillé sans cesse à mon propre malheur !*
> *C'en est trop. De Titus porte-lui les promesses,*
> *Arsace. Je rougis de toutes mes faiblesses.*
> *Désespéré, confus, à moi-même odieux,*
> *Laisse-moi : je me veux cacher même à tes yeux.*

Page 427.

29. Louis Racine précise (*Remarques sur Bérénice*, cité par Paul Mesnard, *Œuvres* de J. Racine, t. II, p. 447) : « Elle sort en tenant une lettre dans sa main, et Titus la lui arrache. Il la lut tout haut dans la

première représentation; mais cette lettre ayant été appelée par un mauvais plaisant *le testament de Bérénice,* Titus se contenta depuis de la lire tout bas. » Voir [Montfaucon de Villars], *La Critique de Bérénice,* éd. Roger Laufer, p. 151 : « Les comédiens feront bien de rétablir le madrigal [qu'il appelle plus haut « le madrigal testamentaire », « épitaphe du cœur de cette amante »]. S'ils s'avisent de retrancher à leur gré les madrigaux de cette pièce, ils la réduiront à peu de vers. L'auteur a trouvé à propos pour s'éloigner du genre d'écrire de Corneille de faire une pièce de Théâtre qui depuis le commencement jusqu'à la fin, n'est qu'un tissu galant de madrigaux et d'élégies; et cela pour la commodité des dames, de la jeunesse de la Cour, et des faiseurs de pièces galantes. »

Page 431.

30. Cf. Suétone, *Vies des douze Césars, Titus,* I : « *Titus amor ac déliciae generis humani* » (« Titus, l'amour et les délices du genre humain »).

Page 432.

31. Voltaire, *loc. cit. :* « Je n'ai rien à dire de ce cinquième acte, sinon que c'est en son genre un chef-d'œuvre, et qu'en le relisant avec des yeux sévères je suis encore étonné qu'on ait pu tirer des choses si touchantes d'une situation qui est toujours la même; qu'on ait trouvé encore de quoi attendrir, quand on paraît avoir tout dit; que même tout paraisse neuf dans ce dernier acte, qui n'est que le résumé des quatre précédents : le mérite est égal à la difficulté, et cette difficulté était extrême. On peut etre choqué qu'une pièce finisse par un *hélas !* Il fallait être sûr de s'être rendu maître du cœur des spectateurs pour oser finir ainsi. Voilà sans contredit la plus faible des tragédies de Racine qui sont restées au théâtre. Ce n'est pas même une tragédie; mais que de beautés de détail, et quel charme inexprimable règne presque partout dans la diction ! »

BIBLIOGRAPHIE SOMMAIRE

Immense déjà tant à l'étranger qu'en France, la bibliographie de Racine continue à s'enrichir de nouvelles contributions. Ne sont mentionnés ici que des éditions, des ouvrages et des articles parus depuis 1950, écrits en français ou traduits dans notre langue. Une première section porte sur les travaux d'ensemble, classés dans l'ordre chronologique de leur publication, une seconde sur les études concernant chacune des pièces qui figurent dans ce volume et rangées par ordre alphabétique de leurs auteurs. Le lieu d'édition est toujours Paris, quand il n'est pas spécifié.

I. OUVRAGES DE CARACTÈRE GÉNÉRAL

1. *Quelques éditions récentes des Œuvres complètes ou du* Théâtre .

1950. Picard (Raymond) : *Œuvres complètes*, t. I, Théâtre - Poésies, Gallimard (Bibliothèque de la Pléiade).

1952. Picard (Raymond) : *Œuvres complètes*, t. II, éd. cit.

1962. Clarac (Pierre) : *Œuvres complètes*, Éditions du Seuil (L'Intégrale).

1980. Morel (Jacques) et Viala (Alain) : *Théâtre complet*, Éditions Garnier Frères (Classiques Garnier).

2. *Principaux livres et articles :*

1954. Pommier (Jean) : *Aspects de Racine*, Nizet.

1956. Picard (Raymond) : *La Carrière de Jean Racine. Le génie et l'ambition*, Gallimard (Bibliothèque des idées). Nouvelle édition revue et augmentée, *ibid.*, 1961.

Picard (Raymond) : *Corpus racinianum. Recueil inventaire des textes et documents du XVIIe siècle concernant Jean Racine*, Les Belles Lettres. *Addenda* par Jean Dubu, *Bulletin de liaison racinienne*, n° 6, 1958. *Suppléments* par Raymond Picard en 1961, 1963, 1966. Édition cumulative sous le titre de : *Nouveau corpus racinianum*, Éditions du Centre National de la Recherche Scientifique, 1976.

Goldmann (Lucien) : *Le Dieu caché. Étude sur la vision tragique*

dans les Pensées de Pascal et dans le théâtre de Racine,
Gallimard (Bibliothèque des Idées).

Claudel (Paul) : *Conversations sur Jean Racine,* Gallimard.

1957. Descotes (Maurice) : *Les Grands Rôles du théâtre de Jean Racine,*
Presses Universitaires de France.

Hubert (Judd D.) : *Essai d'exégèse racinienne. Les secrets
témoins,* A.-G. Nizet.

Mauron (Charles) : *L'Inconscient dans la vie et l'œuvre de Racine,*
Gap, Éditions Ophrys.

1958. Jasinski (René) : *Vers le vrai Racine. Arriviste ou poète ?* Armand
Colin, 2 volumes. Voir la critique de cet ouvrage par Jean
Pommier : « Un nouveau Racine », dans la *Revue d'Histoire
littéraire de la France,* octobre-décembre 1960. Voir égale-
ment, *ibid.,* juillet-septembre 1961, René Jasinski : « Sur
Racine : critique d'une critique ».

1959. Butler (Philip) : *Classicisme et baroque dans l'œuvre de Racine,*
A.-G. Nizet.

Butor (Michel) : « Racine et les dieux », *Les Lettres nouvelles,*
10-17 juin 1959.

1961. Starobinski (Jean) : « Racine et la poétique du regard », dans
L'Œil vivant. Essai, Gallimard.

Gracq (Julien) : *Préférences,* José Corti.

Tricentenaire de l'arrivée de Jean Racine. Actes du 1er Congrès
international racinien, Uzès, 7-10 septembre 1961, imprimés
à Uzès, Atelier H. Péladan, sous la date de 1962, en 1963.

1963. Barthes (Roland) : *Sur Racine,* Éditions du Seuil (Pierres vives).

Baudoin (Charles) : *Jean Racine, l'enfant du désert,* Plon (La
Recherche de l'absolu, n° 13).

Vinaver (Eugène) : *Racine et la poésie tragique. Essai,* 2e édition,
A.-G. Nizet. Première édition en 1951.

1965. Picard (Raymond) : *Nouvelle critique ou nouvelle imposture ?*
Jean-Jacques Pauvert (Libertés, n° 27).

Picard (Raymond) : « Racine et la " nouvelle critique " »,
Revue des Sciences humaines, janvier-mars.

Tans (J. A. G.) : « Un thème clef racinien : la rencontre noc-
turne », *Revue d'Histoire littéraire de la France,* octobre-
décembre.

1966. Mercanton (Jacques) : *Racine,* Desclée de Brouwer (Les Écrivains devant Dieu).

Freudmann (Félix R.) : « Les trois premières pièces de Racine :
naissance et mise au point d'un procédé dramatique »,
French Review, mai 1965 (et *Cahiers raciniens,* 1er semestre
1966).

1967. Mourgues (Odette de) : *Autonomie de Racine,* José Corti.

Picard (Raymond) : *Racine polémiste,* Jean-Jacques Pauvert
(Libertés, n° 51).

Poulet (Georges) : « Racine, poète des clartés sombres », dans
*De Ronsard à Breton. Recueil d'essais. Hommage à Marcel
Raymond,* José Corti. Repris en 1968 dans : *Études sur le
temps humain**** (Mesure de l'instant),* Plon. Voir aussi,
dans le premier volume de cette série (Plon, 1950) : « Notes
sur le temps racinien ».

Pour le tricentenaire d'Andromaque. Racine, Europe, janvier
(présentation de Pierre Abraham).

Jean Racine (catalogue de l'exposition organisée par la Bibliothèque nationale. Préface d'Étienne Dennery).

1968. Freeman (Bryant C.) et Batson (Alan) : *Concordance du Théâtre et des Poésies de Jean Racine*, 2 volumes, Ithaca, N. Y., Cornell University Press.

Moreau (Pierre) : *Racine*, nouvelle édition revue, Hatier (Connaissance des Lettres, n° 13). Première édition : *Racine, l'homme et l'œuvre*, Boivin (Le Livre de l'étudiant), 1943.

Picard (Raymond) : « Les tragédies de Racine : comique ou tragique ? », *Revue d'Histoire littéraire de la France*, mai-août.

1969. Descotes (Maurice) : *Racine*, Bordeaux, G. Ducros (Tels qu'en eux-mêmes...).

Eigeldinger (Marc) : *La Mythologie solaire dans l'œuvre de Racine*, Neuchâtel, Faculté des Lettres, Genève, Droz.

Guibert (Albert-Jean) : *Bibliographie des œuvres de Jean Racine publiées au XVIIe siècle et œuvres posthumes*, Éditions du Centre National de la Recherche Scientifique.

1970. Bonzon (A.) : *La Nouvelle Critique et Racine*, A.-G. Nizet.

Delcroix (Maurice) : *Le Sacré dans les tragédies profanes de Racine. Essai sur la signification du dieu mythologique et de la fatalité dans* La Thébaïde, Andromaque, Iphigénie *et* Phèdre, A.-G. Nizet.

Gutwirth (Marcel) : *Jean Racine, un itinéraire poétique*, Montréal, Les Presses de l'Université de Montréal.

1971. Roubine (Jean-Jacques) : *Lectures de Racine*, Armand Colin (U², n° 158).

1972. Edwards (Michael), *La Tragédie racinienne*, La Pensée Universelle.

May (Georges) : « L'unité de sang chez Racine », *Revue d'Histoire littéraire de la France*, mars-avril.

1974. Knight (Roy C.) : *Racine et la Grèce*, deuxième édition, A.-G. Nizet. Première édition en 1951.

1975. Niderst (Alain) : *Les Tragédies de Racine. Diversité et unité*, A.-G. Nizet.

Truchet (Jacques) : *La Tragédie classique en France*, Presses Universitaires de France (Littératures modernes).

1976. *Racine. Mythes et réalités.* Actes du colloque tenu à l'Université de Western Ontario, London, Canada, en mars 1974. Texte établi par Constant Venesoen, Société d'étude du XVIIe siècle et Université de Western Ontario.

1977. Picard (Raymond) : *De Racine au Parthénon. Essais sur la littérature et l'art à l'âge classique*, Gallimard (Bibliothèque des Idées).

1978. Niderst (Alain) : *Racine et la tragédie classique*, Presses Universitaires de France (Que sais-je ? n° 1753).

Descotes (Maurice) : « Le visage du traître dans les tragédies de Racine », *Revue d'Histoire littéraire de la France*, juillet-août.

Dupêcher (Daniel R.) : « Racine à la Comédie-Française (1680-1774) », *Revue d'Histoire littéraire de la France*, mars-avril.

1979. [...] *Racine*. [...], *Cahiers de l'Association Internationale des Études Françaises*, n° 31, mai.

Dubu (Jean) : « La bibliothèque de Racine », *Revue française d'histoire du livre*, juillet-septembre.

1980. *Recherches de thématique théâtrale : l'exemple des conseillers des rois dans la tragédie classique*, sous la direction de Jacques Truchet, Tübingen, Gunter Narr Paris, Jean-Michel Place (Études littéraires, n° 8).

1981. Backès (Jean Louis) : *Racine*, Éditions du Seuil (Écrivains de toujours).

Bouchilloux (Hélène) : « Quand la critique se fait modèle (l'Antiquité selon Racine) , *Raison présente*, n° 59. 3ᵉ trimestre.

Jasinski (René) : *A travers le XVIIᵉ siècle*, A. G. Nizet, 2 vol.

Venesoen (Constant) : *Jean Racine et le procès de la culpabilité*, La Pensée Universelle.

1982 Munteano (Basil) : « Sur le jeune Racine : culture et découverte de soi », *XVIIᵉ siècle*, n° 134.

Scherer (Jacques) : *Racine et/ou la cérémonie*, Presses Universitaires de France.

II. ÉTUDES PARTICULIÈRES
CONCERNANT CHACUNE DES PIÈCES
CONTENUES DANS CE VOLUME

1. *La Thébaïde.*

Delmas (Christian) : « Le mythe des frères ennemis dans *La Thébaïde* de Racine », *Cahiers ae Littérature du XVIIᵉ siècle* (Toulouse), n° 2, 1980.

Edwards (Michael) : « Créon, homme de théâtre », *Jeunesse de Racine*, octobre-décembre 1963.
La Thébaïde de Racine, clé d'une nouvelle interprétation de son théâtre, A.-G. Nizet, 1965.

Venesoen (Constant) : « *La Thébaïde* et les dieux de Racine », *Revue d'Histoire littéraire de la France*, septembre-octobre 1979.

Zimmermann (Éléonore M.) : « La tragédie de Jocaste : le problème du destin dans *La Thébaïde* de Racine », *French Review*, février 1972.

2. *Alexandre le Grand.*

Freudmann (Félix R.) : « En marge d'*Alexandre le Grand* et de *Bajazet* : Racine et Desmarets de Saint-Sorlin », *Romance Notes*, hiver 1975.

Hartle (R. W.) : *Index des mots d'Alexandre le Grand*, Recherches et documents pour servir à l'histoire du vocabulaire poétique en français. Index du vocabulaire du théâtre classique. Racine, 5, C. Klincksieck, 1959.

Pommier (Jean) : « Le tricentenaire de l'*Alexandre le Grand* de Racine », *Revue des deux mondes*, 1ᵉʳ décembre 1965.
« Autour de l'*Alexandre* de Racine », *Mélanges d'Histoire littéraire (XVIᵉ-XVIIᵉ siècle) offerts à M. Raymond Lebègue* [...], A.-G. Nizet.

3. *Andromaque.*

Amat (Christian) : « Le thème de la vision dans l'*Andromaque* de Racine », *Revue des Sciences humaines*, octobre-décembre 1973.

Bandy (W. T.) : *Index des mots d'Andromaque*, Recherches et documents pour servir à l'histoire du vocabulaire poétique en français. Index du vocabulaire du théâtre classique, Racine, 6, C. Klincksieck, 1960.

Bénichou (Paul) : « Andromaque captive puis reine », *L'Écrivain et ses travaux*, José Corti, 1967.

Concordances, index et relevés statistiques, établis pour *Andromaque* d'après l'édition de P. Mesnard par le Laboratoire d'analyse lexicologique. Faculté des Lettres et Sciences humaines de Besançon (Documents pour l'étude de la langue littéraire publiés par Bernard Quemada. Vol. VI), Larousse, 1970.

Defaux (Gérard) : « Culpabilité et expiation dans l'*Andromaque* de Racine », *Romanic Review*, janvier 1977.

Delmas (Christian) : « A propos d'un compte rendu : l'interprétation d'*Andromaque*, acte IV, scène 5 », *Cahiers de Littérature du XVIIe siècle* (Toulouse), n° 3, 1981.

Hubert (Judd D.) : « Le triomphe symbolique d'Hector », *French Review*, mai 1954.

Knight (Roy C.) et Barnwell (Harry T.) : Racine, *Andromaque*, Genève, Droz (Textes littéraires français, n° 242), 1977.

Margitic (Milorad R.) : « *Andromaque* ou la lecture des signes : étude de l'ironie tragique », *Papers on French Seventeenth-Century Literature*, n° 11, été 1979.

Maulnier (Thierry) : « Trois fois centenaire et sans aucune ride », *Plaisir de France*, novembre 1967. Rappelons que Thierry Maulnier est l'auteur d'un important *Racine* publié en 1935 par Alexis Redier (Librairie de la *Revue française*), réédité en 1947 chez Gallimard (Leurs figures).

Pommier (Jean) : *Tradition littéraire et modèles vivants dans l'*Andromaque *de Racine* (The Presidential Address of the Modern Humanities Research Association), Londres, Cambridge University Press, 1962.

Ubersfeld (Annie) : Racine, *Andromaque*, Éditions sociales (Les Classiques du peuple), 1961.

4. *Les Plaideurs.*

Dubu (Jean) : « Racine, les plaideurs et les juges », Istituto universitario orientale, *Annali*, Sezione romana, janvier 1969.

Grosclaude (Pierre) : « Un document nouveau sur *Les Plaideurs*. L'avocat Bonaventure de Fourcroy, collaborateur de Racine [d'après des papiers inédits de Malesherbes], *Le Monde*, 3 décembre 1959.

Gutwirth (Marcel) : « La Muse Thalie, ou la folle gageure de Jean Racine », *Romanic Review*, avril 1970.

La Charité (Raymond C.) : « Le sujet des *Plaideurs* », *French Review*, octobre 1968.

5. *Britannicus.*

Adereth (Maxwell) : Racine, *Britannicus*, Éditions sociales (Les Classiques du peuple), 1970.

Couton (Georges) : « *Britannicus*, tragédie des cabales », *Mélanges d'Histoire littéraire (XVIe-XVIIe siècle) offerts à M. Raymond Lebègue* [...], A.-G. Nizet, 1969.

Doubrovsky (Serge) : « L'arrivée de Junie dans *Britannicus* : la tragédie d'une scène à l'autre », *Papers on French Seventeenth-Century Literature*, n° 10 (deuxième partie), 1978-1979 (Actes du colloque tenu à Toronto par la North-American Society for XVIIth-Century French Literature du 6 au 8 avril 1978).

Gutwirth (Marcel) : « *Britannicus* tragédie de qui ? », *Racine. Mythes et réalités* [...], 1976.

Hartle (Robert W.) : *Index des mots de Britannicus*. Recherches et documents pour servir à l'histoire du vocabulaire poétique en français. Index du vocabulaire du théâtre classique. Racine, C. Klincksieck, 1956.

Rohou (Jean) : « Étude d'un personnage racinien : les complaisances du vertueux Burrhus », *L'Information littéraire*, janvier-février 1974.

Rombout (A. F.) : « Le rôle de la crainte dans *Britannicus* », *Neophilologus*, janvier 1969.

Sweetser (Marie-Odile) : « Racine rival de Corneille : " innutrition " et innovations dans *Britannicus* », *Romanic Review*, janvier 1975.

Venesoen (Constant) : « Le Néron de Racine : un cas curieux d'impuissance verbale », *L'Information littéraire*, mai-juin 1981.

Zimmermann (Éléonore M.) : « La lumière et la voix. Étude sur l'unité de *Britannicus* », *Revue des Sciences humaines*, avril-juin 1968.

6. *Bérénice*.

Abram (Paul) : « *Bérénice* de Racine », *Les Annales*, avril 1955.

Akerman (Simone) : *Le Mythe de Bérénice* (*Préface* de Henri Peyre), A.-G. Nizet, 1978.

Antoine (Gérald) : « Pour une stylistique comparative des deux *Bérénice* », *Mélanges de Linguistique française et de Littérature médiévale offerts à M. Paul Imbs* [...], C. Klincksieck, 1973.

Barnett (Richard L.) : « Sur une scène de *Bérénice* (V, 6). Étude générative », *Lettres romanes*, mai 1977.

Biard (Jean-Dominique) : « Le ton élégiaque dans *Bérénice* », *French Studies*, janvier 1965.

Billy (André) : « L'amour de Louise de Lafayette pour Louis XIII fut-il l'une des sources d'inspiration de *Bérénice ?* », *Le Figaro littéraire*, 4 novembre 1961, *Cahiers raciniens*, 2e semestre 1961.

Hartle (R. W.) · *Index des mots de Bérénice*. Recherches et documents pour servir à l'histoire du vocabulaire poétique en français. Index du vocabulaire du théâtre classique. Racine, 7, C. Klincksieck, 1960.

Hepp (Noémi) . « Le personnage de Titus dans *Bérénice* : essai de mise au point », *Travaux de Linguistique et de Littérature* (Strasbourg), 1980, ʾ.

Morel (Jacques) : « A propos de *Bérénice* : le thème du mariage des Romains et des reines dans la tragédie française du xviie siècle », *Mélanges de Littérature française offerts à M. René Pintard* [...], Strasbourg, Centre de Philologie et de Littératures romanes, C. Klincksieck, 1975.

Scherer (Jacques) : « Les personnages de *Bérénice* », *Mélanges d'Histoire littéraire (xvie-xviie siècle) offerts à M. Raymond Lebègue* [...], A.-G. Nizet, 1969.

Touchard (Pierre-Aimé) : « La Du Parc était-elle Bérénice ? », *Arts*, 31 octobre-6 novembre 1956.

Wagner (N.) : « *Bérénice*, tragédie *sublime* », *L'Information littéraire*, septembre-octobre 1958.

COLLECTION FOLIO

Dernières parutions

Impression Bussière Camedan Imprimeries
à Saint-Amand (Cher),
le 3 août 2004.
Dépôt légal : août 2004.
1ᵉʳ dépôt légal dans la collection : septembre 1982.
Numéro d'imprimeur : 043124/1.
ISBN 2-07-037412-2./Imprimé en France.